東南亞華人信俗碑銘輯録

三

黄海德 編著

海峽出版發行集團
THE STRAITS PUBLISHING & DISTRIBUTING GROUP
福建教育出版社

目録

民间信仰

二十一 廣澤尊王（郭聖王） …… 一〇二〇

民间信仰

二十　天上聖母（天后媽祖）

二七三　粵海清廟天后聖母楹聯

【碑刻名稱】粵海清廟天后聖母楹聯
【材　質】木材
【形　制】長聯
【尺　寸】長二百四十五厘米、寬二十三厘米
【書　體】楷書
【碑　額】無
【碑　題】無
【碑文撰者】無
【碑文書丹】無

【立 碑 者】梅邑衆治子

【立碑時間】清道光六年（一八二六）

【存　佚】現存

【地　點】新加坡菲力街粤海清廟天后宮

【碑刻録文】

后德同天，廣蔭群生恩有再；

母儀稱聖，功超衆庶福無邊。

道光丙戌仲夏，梅邑衆治子同敬刊。

二七四　勝森慈安宮重修樂捐碑（一）

【碑刻名稱】勝森慈安宮重修樂捐碑（一）

【材　質】石材

【形　制】長方形立碑

【尺　寸】長一百一十厘米、寬五十八厘米

【書　體】楷書

【碑　額】無

【碑　題】無

【碑文撰者】無

【碑文書丹】無

【立 碑 者】甲必丹林長齡

【立碑時間】清道光十八年（一八三八）

【存　佚】現存

【地　點】印度尼西亞中爪哇勝森慈安宮

【碑刻録文】

我森村聖母宮由來久矣，墻垣毀壞，惟藉修葺以壯觀。於是爰集里人，鳩資告成。從此威儀凛遵，而祀典不紊焉。謹列姓名于左：

甲必丹林長齡捐金叁千肆百盾；黃汝漢捐金貳千肆百盾；陳畫觀捐金壹千柒百盾；董事林柑桔捐金壹千陸百盾；黃兩儀捐金伍百肆拾盾；雷珍蘭林國泰捐金伍百盾；陳岐山、陳西岐，各捐金叁百盾；陳東升、黃暢茂、黃景雲、黃四美、黃肇祥，各捐金貳百肆拾盾；林桂梧捐金貳百盾；郭燴焟捐金壹百捌拾盾；盧寶陽捐金壹百玖拾貳盾；陳岐興捐金壹百貳拾肆盾；吴潮水、林如松、林涌泉、林三江、林瑞金，各捐金壹百貳拾盾；盧長觀、顏還卿，各捐金壹百盾；林九鯉捐金柒拾盾；陳天春、黃以觀，各捐金伍拾盾；林淇水捐金肆拾捌盾；董事林命文捐金肆拾盾；盧朝維捐金叁拾貳盾；曾秀觀、林克昌、陳探郎、林占成、黃闍觀、林啓基、陳德陽、林維財、許萬山、許洛水、林季瑞，各捐金叁拾盾；陳淑老、林霑觀，各捐金貳拾伍盾；林錦山、林長興、林宙玉、余涇水，各捐金貳拾肆盾；鄭錢觀捐金貳拾貳盾；陳忠權、陳肯傳、林先陣、林四重、林文山、韓榮軒、蔡文蘭、周磯璇、陳丹桂、李有邦、李賢和、高醮居，各捐金貳拾盾；陳陸德、余麗水、余嫣生、張全生，各捐金壹拾伍盾；王文蹇、陳宅觀、林光位、楊傳觀、曾秋觀、王德修、李其進、余武生，各捐金壹拾貳盾；陳抱觀、莊容觀、陳啓觀、李秋觀、林體觀、高崇觀、楊萃觀、陳桃順、余理祐、林桂園、林伍蔭、李英才、陳長草、林長順、蔡陽春、李訓觀、陳清水、陳寒露、林皎光、林榮鳩、陳登雲、陳禧觀、莊秉麟、林滄海、林胤觀、林成章、林成美、林成寬、林遐齡、林榮耀、林永興、林得安，各捐金壹拾盾。

道光拾捌年歲次戊戌端月，甲必丹林長齡立石。

二七五　勝森慈安宮重修樂捐碑（二）

【碑刻名稱】勝森慈安宮重修樂捐碑（二）
【材　質】石材
【形　制】長方形立碑
【尺　寸】長一百二十厘米、寬五十八厘米
【書　體】楷書
【碑　額】無
【碑　題】無
【碑文撰者】無
【碑文書丹】無
【立 碑 者】慈安宮大總理林宣烈等
【立碑時間】清光緒二十六年（一九〇〇）
【存　佚】現存
【地　點】印度尼西亞中爪哇勝森慈安宮
【碑刻録文】

我森村聖母宮自昔重修以來，歷年多棟宇漸將隳壞，苟惰於更新，則壞益甚。即謀同人擬再重修，遂奠其事，爰捐里資，從此慶成，以顯神靈，春秋祀典，益增香馨。仍蒙神惠，庇祐闔境，而使人和，均得康寧。且以獲福，受於無疆也。謹乎爲序。

謹録捐金姓名臚列于左：

林宣烈甲必丹捐金貳仟伍佰盾；黄永貴捐金貳仟盾；許章美雷珍蘭捐金壹仟盾；李添貴、陳裕文、張協安、吴麗澤、黄益泰，各捐金叁佰盾；陳榮杰、陳遠懷、陳紹立、王任近、王義川、黄有恭、蔡瑞琪、張化惠、高池蓮、汪金堆，各捐金貳佰盾；陳榮煌、陳瑞焕、陳喜然、黄文鵬、黄有敬、黄永安、林强儒、曾聯科，各捐金壹佰伍拾盾；林有敬、林敬衡、林榮燦、林伯隆、陳德嘉、陳忠益、陳芳泉、陳便娘、曾良濟、曾良慶、王義泉、王育賢、曾潤澤、曾潤治、黄祥錦、黄康茂、林添榮、曾懷仁、王育泰、馬恒美、許發有，各捐金壹佰盾；林有固、林本固、林善慶、李初秀，各捐金捌拾盾；林陽生、林長喜、蔡瑞璧、蔡如薰、余育敏、馬初辰、高忠温、陳温恭、陳文魁，各捐金柒拾伍盾；楊芳幽、薛元慶，各捐金陸拾盾；林奇祥、林瑞文、林敬信、林有和、林儒仲、林徽明、林振隆、陳勤喜、陳温讓、陳文信、陳維謙、黄敬賢、黄源深、黄有謙、黄長木、曾初泰、曾元祥、曾有義、吴德懋、吴藏興、李光輔、李金佼、盧多寧、鄭延興、楊煅熺、詹德才、蔡瑞端、郭博仁、王五金，各捐金伍拾盾；張有珍捐金肆拾盾；林叠濟、余添景、李盛源、曾潤澤、林伯柔，各捐金叁拾盾；王滄流、王火觀、陳文質、陳有倫、鄭景福、李元燦、曾懷璞、林崇權，各捐金貳拾伍盾。

時在大清光緒廿六年庚子葭月穀旦。

大總理：林宣烈；副總理：許章美、許章盛；理事：黄益泰、林奇祥，仝立。

二七六　勝森慈安宮重修樂捐牌（三）

【碑刻名稱】勝森慈安宮重修樂捐牌（三）
【材　質】木材
【形　制】長方形横牌
【尺　寸】長一百七十八厘米、寬五十二厘米
【書　體】楷書
【碑　額】無
【碑　題】無
【碑文撰者】無
【碑文書丹】無
【立 碑 者】慈安宮大總理林宣烈等
【立碑時間】清光緒二十六年（一九〇〇）
【存　佚】現存
【地　點】印度尼西亞中爪哇勝森慈安宮
【碑刻録文】

光緒貳拾陸年庚子葭月穀旦。

□□□、黃延□、陳洪基、□純段、林世忠、陳維侯、□□□、林滄洲、郭綠寧、林重榮、曾克興、曾元瑞、
□□□、林文彩、陳益本、林樫楠、黃維蘭、林徵賢、□□□、鄭維東、林清溫、陳有定、李如意、郭巳己、
□□□、楊發昌、楊卓明、楊長芳，各捐金貳拾盾；楊□金、□□德、施榮恭、陳維城、盧三奇、魏順才、魏
□□、楊德榮、余錦祥、盧春萃、余澤懋、林溫輝，各捐金壹拾伍盾；陳惠□、林□葭、李成忠、陳振金、盧多
怡、曾有智、施□漳、□梁興、林德泰、高鴻庇、曾有信、曾光祥、蔡□輝、許□和、林有合、林徵良、余漢
泉、洪克濟、□□□、盧□禄、王萬順、潘文海、洪克昌、王金川、□□□、曾季有、曾心香、邱金砂、蔡澤
溪、黃若合、□□□、□□祥、馬初芳、方元春、曾心良、郭祥觀、□□□、□□□、□綿遠、傅滋潤、吳濟
川、周綿興、□□□、李□奉、□泥海、林保吉、陳濟川、楊長厚，各捐金壹拾盾；陳錫□、□□□、曾□□、
陸盾；□□□、黃金□、□益彰、李堆川、余世泰、徐風烈、□□□、□□□、洪□溪、魏順元、余國家、曾珍
觀、□□□、□□涌、傅□是、高順隆、陳忠清、詹有水、□□□、□□邦、張昆讓、王克壯、顏深受、陳致
銘、□□□、□□□、□仲潤、黃新德、余康德、高寧样、□□□、□□□陳順才、林柱春、楊天貴、郭紹租、
各捐金伍盾；□□□、□□□、魏□□、黃廣觀、林伯河、黃福恭，各捐金叁盾；□□□、□福清、余建□、林
六順、黃祥茂、郭克助，各捐金貳盾伍角；□□□、□□□、曾滄源、林松厝、曾金蘭、潘超群、□□□、
□□□、林清芬、林桂芳、鄭□□、鄭溪泉、□□□、□□□、黃南川、陳康受、林長和、黃清祥、□□□、
□□□、□西川、高宣榮、李篤歡、李篤忠、□□□、□□□、□盤川、林堆金、余棟梁、林歲秋、□良本、郭
中元，各捐金貳盾；□良咨、盧信發、楊金定、吳振泰、李永昌、李招寧、林桂□、盧瑞娘、陳寬娘、陳餘寬、
林春福、許順陽、□魁本、林□□、□榮安、郭文德、洪忠欽、洪丁吉、□啓禧、李三□、張亞三、陳振盛、謝
贊禧、蔡繼成、□□□、金□娘、陳錫類、謝續本、吳清風、黃順寧、□運容、黃福星、顏揚彩、邱延慶、曾艷

曾容華、余三友、張元泰、曾元德、李妙康、黃早觀、楊迎春、吳順治、林□華、陳天豐、許聯興、柯三溪、馬萬月、曾心惠、黃振芳、曾清池、林聯登、林滄波、林添宗、林添文、□天寧、盧温和、曾茂觀、李逢綿、黃庚福、蔡雀含、紀長庚、余金榮、余士杰、高榮華、陳登茂、吳文泉、吳敬求、□□觀、余德悅、陳育美、曾順安、秋、黃克恭、黃克儉、董博仁、黃肇昌、吳春興、林燦娘，各捐金壹盾；雅女有□、陳光儀、戴文宣、變盧潮江、余元禧、徐江□、林延□、盧漳河、余花娘、李秀藏、蔡茂順、林維□、王昆隆、余延儀、郭文旦、施寶發、陳娘才、陳賜福、黃家發、陳開娘、王奇榮、林慎安、施恩恭娘、楊成本、莊□□、王□璧、王維恭、許邱世衍、余聰敏、盧□□、楊伯源、林建春、藍維平、林禮明、李康安、吳□□、郭□福、林德和、陳成本、盧建立、錦和、邱敦化、邱敦勤、邱敦□，各捐金伍角；蔡延振、陳王昌、盧建泰、盧建文、陳綿颸、盧建康、盧建基，各捐金貳角伍仙。

大總理：林宣烈；副總理：許章美、許章盛；理事：黃益泰、林奇祥，仝立。

二七七　南旺興建慈惠宮碑記

【碑刻名稱】南旺興建慈惠宮碑記

【材　質】石材

【形　制】長方形立碑

【尺　寸】長九十八厘米、寬五十二厘米

【書　體】楷書

【碑　額】無

【碑　題】興建慈惠宮碑記

【碑文撰者】無

【碑文書丹】無

【立 碑 者】慈惠宮董事甲必丹族侄孫國泰等

【立碑時間】清道光二十一年（一八四一）

【存　佚】現存

【地　點】印度尼西亞中爪哇南旺慈惠宮

【碑刻録文】

興建慈惠宮碑記

考溯聖母芳踪，有宋建隆元年，誕於莆之湄島，生而靈异穎慧，長而神化，白日飛升。其救世利人，扶危濟險，功同造化。宋之崇封者一十有四。元之晋封者有五。明之加封凡四。皇清之加封、贈匾、編入祀典，統計有十。自宋迄今八百餘載，累代褒封崇爵，洊錫隆典，代彌遠而功彌著，世愈久而德愈彰。是功德不在一方，而在天下；不在一時，而在萬世。我南旺諸唐人，廣沐鴻庥，欲冀神靈之永赫，爰興宮殿，俾沾慈惠以無窮。募金建築，事已落成，馨香俎豆，崇奉千秋。特序神靈之赫濯長垂奕，祀于不朽云。

道光二十一年辛丑葭月穀旦，董事甲必丹族侄孫國泰、信士黃開三、信士郭德宗等勒。

二七八　慈惠宮南旺諸唐人捐題碑

【碑刻名稱】慈惠宮南旺諸唐人捐題碑
【材　　質】石材
【形　　制】長方形立碑
【尺　　寸】長一百一十厘米、寬六十五厘米
【書　　體】楷書
【碑　　額】無
【碑　　題】無
【碑文撰者】無
【碑文書丹】無
【立 碑 者】慈惠宮董事等
【立碑時間】清道光二十一年（一八四一）
【存　　佚】現存
【地　　點】印度尼西亞中爪哇南旺慈惠宮
【碑刻録文】

慈惠宮南旺諸唐人捐題緣金條列于左：

錦里杜族侄孫國泰觀捐緣金柒仟盾新；銅壹社族侄孫長齡觀捐緣金一仟四百盾新；古縣社鄭伸觀、漸山社李鳴鳳，各捐金壹仟貳百盾新；篁坑社黃汝漢捐緣金六百盾新；祥露社莊光偉、蕉坑社盧潤波、高坑社陳嘉生、篁坑社黃兩儀、厚山社陳文泗，各捐金三百六十盾；厚山社陳德祥、漳平縣黃開三、青礁族孫甘橘、東山社族孫汶來、小郭坑陳尚錦、塘邊社徐景山、東頭社高泗春，各捐金二百四十盾新；文苑社鄭芳觀、西井社施媽協、嶼頭族孫宇郎、崛頭族孫欠水、錦完社黃其成，各捐緣金二百盾新；溫厝社溫騎鯨捐緣金貳佰盾新；祥露社莊青雲、留山社潘金榜、徐邱社王禄觀，各捐金一百八十盾新；洋陶社楊緒觀、錦里族孫景光、錦宅社黃昆合，各捐金一百四十四盾新；錦里族孫簡生、錦里族孫九娘、溪頭族孫登芳、古縣社鄭喬木、浚尾社陳德松觀、上房社李長懷、溫寮社陳岐山、溫寮社陳西岐、篁坑社黃暢茂、青礁社族孫厥醴、篁坑社黃景雲、篁坑社黃四美、篁坑社黃肇祥、五板橋社楊徐、東高洲族孫如松、洋陶社楊濕觀，各捐金一百二十盾。

道光二十一年歲次辛丑仲冬之月穀旦勒石。

二七九　建立天福宫碑記（上片）

【碑刻名稱】建立天福宫碑記（上片）
【材　　質】石材
【形　　制】長方形立碑
【尺　　寸】長二百四十八厘米、寬一百三十一厘米
【書　　體】正文楷書，碑題隸書
【碑　　額】浮雕雙龍朝日
【碑　　題】建立天福宫碑記
【碑文撰者】無
【碑文書丹】無
【立 碑 者】大董事陳篤生、龔光傳、薛佛記等
【立碑時間】清道光三十年（一八五〇）
【存　　佚】現存
【地　　點】新加坡直落亞逸街天福宫
【碑刻録文】

建立天福宮碑記（上片）

新嘉坡天福宮崇祀聖母神像，我唐人所共建也。自嘉慶二十三年，英使斯臨，新闢是地，相其山川，度其形勢，謂可爲商賈聚集之區。剪荊除棘，開通道途，疏達港汊，於是舟檣雲集，梯航畢臻，貿遷化居，日新月盛，數年間，遂成乙大都會。我唐人由內地帆海而來，經商茲土，惟賴聖母慈航，利涉大川，得以安居樂業，物阜民康，皆神庥之保護也。我唐人食德思報，公議於新嘉坡以南直隸亞翼之地，創建天福宮，背戌面辰，爲宗祀聖母廟宇。遂僉舉總理董事勸捐，隨緣樂助，集腋成裘，共襄盛事，卜日興築，鳩工庀材，於道光二十年造成。宮殿巍峨，蔚爲壯觀，即以中殿祀聖母神像，特表尊崇；於殿之東堂祀關聖帝君，於殿之西堂祀保生大帝，復於殿之後寢堂祀觀音大士，爲我唐人會館議事之所。規模宏敞，棟宇聿新，神人以和，衆庶悦豫，顔其宮曰「天福」者，蓋謂神靈默佑如天之福也。共慶落成，爰勒貞石，志其創始之由，并將捐題姓氏列於碑陰，以垂永久，俾後之好義者得所考稽，以廣其祀於無窮焉。是爲記。

大董事：陳篤生、龔光傳、薛佛記；大總理：梁贊源、蘇源泉、蔡光禾、周陶觀、陳楚觀、周柏梅、曾青山、陳坤水、謝寶榮。

大信士：陳篤生捐金三千零二十三元五角三；薛佛記捐金二千四百元；金恒發鵤捐金八百元；金恒盛鵤捐金六百元；曾青山捐金五百元；戴炫煌捐金四百六十三元；吴鳳觀捐金四百四十元；金長和鵤捐金四百元；鷴麟鵤捐金三百六十元；協恒發公司捐金三百六十元；楊金水捐金三百零五元；鄭德成捐金三百元；龔光傳捐金二百八十元；周柏梅捐金二百六十乙元；梁瓚源捐金二百六十元；瑞鷴鵤捐金二百四十元；馬英周媽腰捐金二百四十元；蘇昭極捐

金二百三十元；薛文仲捐金二百廿四元；恒興鵃、陳有郎、陳文源、振泰亞片公司、陳坤水、詔安衆船户，以上各捐金二百元；章潮觀捐金乙百八十七元；陳瑞源嫣腰捐金一百八十元；曾峰薦捐金一百七十元；蔡信觀捐金一百七十元；蔡光采觀捐金一百六十五元；郭正南公司捐金一百六十元；福慶船捐金一百四十四元；吴順捐金一百四十元；楊佛應捐金一百四十元；劉臨德捐金一百卅三元；蘇章令捐金一百卅二元；林科觀捐金一百廿七元；佳興船、戴麗水、黄禹水、美祥公司、郭錦興船、合德船、金發盛船、二順源船、永利船、蘇光突、振廣裕酒公司、黄文鄉、陳東升、黄曹觀、郭開俊、永源公司、郭友觀、德隆船、永裕船、福源船、龔扳觀、林昭翰、陳天南、林略觀、甘四教、錦美公司、源助船、二永盛船、吴興盛船、二德盛船、陳智榮、萬盛船，以上各捐金乙百二十元；謝寶榮捐金乙百乙十四元；李㳺元捐金一百零四元；周正春捐金一百零一元；周神佑、黄暢茂、甘松壽、許絲綿、徐欽元、李和瑞、聯振公司、金吉泰船、金興福船、林瑞青，以上各捐金一百元；陳金聲捐金九十六元；蘇源泉捐金九十四元；林澤源捐金九十元；張續捐金九十元；周陶觀捐金八十九元；龔鏞觀捐金八十八元；林成家捐金八十四元；張捷成、邱牛觀、施光籌、金源盛、金恒利船、源觀、曾芳貴，捐金各八十；謝歲觀、施深觀，捐金七十二元；陳文秀、温潮觀，捐金六十八元；蔡奇郎捐金六十六元；李建安捐金六十六元；王連登捐金六十一元；陳俊杰、韓瑞興、陳炶觀、陳令觀、蔡延齡、楊鐵觀、林頂勒、□□□、金獅發船、陳應策、陳㳺宣、陳榷觀、周智觀、林看觀、鄭豐觀、盧光候、陳清溪、金萬發船、金洽勝船、金正隆船、金益順船、金合發船、金合德船、陳利石船、高順發船、林茂興船、澄源甲板、金泰益船、金合發船、陳有才、金鍾發船、龔合春船，以上各捐六十元；李淵源捐金五十八元；祥發船、陳利石，以上各捐金五十五元；林蘭觀捐金五十四元；許湖觀、金順和鵃，以上各捐金五十二元；林恒源船、協利雙層、陳振德、許榮科、余嫣生，各捐五十元；陳水觀捐金四十九元；金協益船、沈成仁鵃、陳長慶、陳國朝、蘇寮輝、蔡光碧、蔡情觀、高河觀、高聰明、郭熍觀，以上各捐金四十八元；曾福生捐金四十五元；振吉

號捐金四十三元；林亞元捐金四十二元；蘇昭珠、陳瑞駕、蘇銳觀、陳永求、周餅觀、陳卯觀、曾岳觀、薛占觀、
曾如古、蔡福觀、林新觀、林在觀、黃元輝、許光禄、李執觀、沈田義、振榮公司、廣德鵃、裕興鵃、蔡仁和、楊
佛敬、林審觀、黃光淵、黃榜元、温圓觀、蕭洞觀、金長泰船、福泰鵃，以上各捐金四十元；楊商觀捐金三十玖
元；黃集勝船、金裡安船、莊永觀、莊六觀、施廣觀、邱院觀、李捷觀、李招觀、林民觀、甘其和、蔡其麟、徐長
懷，以上各捐金三十六元；黃延觀捐金三十五元；蔡籃觀、鄭素觀，以上各捐金三十四元；陳振觀捐金三十二元；
黃肇基捐金三十二元；徐文龍捐金三十二元；何然觀捐金三十一元；吴珠亮、陳波觀、曾六觀、張晚觀、歐錦章、
恒順公司、陳江海、陳辛酉、曾長春、許株觀、洪敏觀、蕭綿觀、陳獨鑁、陳振生，以上各捐金三十元；黃祖觀捐
金廿九元；王文發捐金廿七元；薛倉泉捐金廿七元；陳楚觀捐金廿六元；吴五昌捐金廿六元；莊美資捐金廿六元；
黃守觀捐金廿六元；侯音聲捐金廿六元；金聯裕船捐金廿六元；陳志成捐金廿五元；蔡巢觀捐金廿五元；鄭榮葉捐
金廿五元；李獅觀捐金廿五元；黃象觀、林瑞觀、楊宗蔭、林瑞吉、楊寶藏、林大振、楊新和、蔡思觀、張懷安、
蔡降先、郭湖觀、蔡石生、郭經天、蔡文生、郭怡哲、蔡江石、鄭清水、蔡爲政、鄭源利、蔡太岩、曾位玠、蔡開
觀、曾明玠、蔡便資、曾浩觀、蔡光治、曾梅生、蔡延慶、周發觀、陳瑞利、周曹觀、陳瑞霖、周定國、陳活櫢、
梁瓚水、陳應湖、梁壬癸、陳福淵、龔鈞觀、龔棆觀、陳邦信、薛聞觀、薛榮山、陳雙霖、陳神静、陳天泉、薛昭
觀、石秉和、趙仁觀、尤啓明、丁青龍、黃辨觀、黃瑞迎、黃蛟觀、黃秋觀、黃水閣、黃爵觀、吴嫣成、戴容觀、
戴店觀、曾振芳、謝啓傳、謝名標、□□觀、周啓光、周濟川、周神吉、周英謨、周祈旋、薛換觀、葉處觀、潘祈
泉、魏埔觀、方連茂、林前觀、林守觀、林三華、林邦觀、林三畏、林晚旺、蔡蔭觀、蔡光新、蔡長庚、蔡光焕、
陳由觀、陳曾晢、陳日觀、陳景德、陳綿觀、陳長發、陳元玠、陳滿觀、陳明前，以上各捐金廿肆員。
時道光叁拾歲次庚戌年荔月吉日，大董事總理等仝立石。

二八〇　建立天福宮碑記（下片）

【碑刻名稱】建立天福宮碑記（下片）
【材　　質】石材
【形　　制】長方形立碑
【尺　　寸】長二百四十八厘米、寬一百三十一厘米
【書　　體】正文楷書，碑題隸書
【碑　　額】浮雕雙龍朝日
【碑　　題】建立天福宮碑記
【碑文撰者】無
【碑文書丹】無
【立 碑 者】大董事總理等
【立碑時間】清道光三十年（一八五〇）
【存　　佚】現存
【地　　點】新加坡直落亞逸街天福宮
【碑刻録文】

大信士陳金鍾於庚戌年造地岸并修理宮埕，捐添緣金壹千柒百十九員乙角乙占，三大條合共銀三萬柒仟壹佰捌拾玖員玖角捌占半；振廣合捐金六十元；蕭芳盛、歐陽帶、王運觀、沈運觀、高泗春、歐文池、王漢賓、金財奥船、高和陣、金永成船、王深源、金瑞春船、顏綿彩、龔進利船、王益盛、金長升船、顏元琢、林宏澤船、王簡觀、金寶盛船、盧理觀、安仁僯船、王桓觀、金源發船、施棟觀、蔡茂奥船、邱威儀、金永春船、施契觀、林順奥船、邱降水、金萬寶船、李祥觀、新振美船、邱光照、金永豐船、李庚觀、胡魁元、邱生財、金順泰船、李福觀、甘昆山、邱嘉行、林順發船、李梅觀、金順發船、邱卯觀、萬世利船、李文獻、振興發船、林廣觀、金益順船、李什觀、何雙觀、林朗觀、何霖觀、徐浩觀、何景觀、林勳觀、何抛觀、徐欽三、洪俊成、林瑞泉、何理明、黃春觀、莊任觀、林仕智、歐陽望、黃賽觀、朱坎觀、金益成船、金新泰船，以上各捐金廿四員。

一　登在二碑內自三千起至廿四元止，計四百零二名，合共收緣銀三萬一千四百十五元玖角。

列兑尚剩下諸對象：

一　收文覺籌得利銀三十一元三角七。

一　收敕司白布得利銀六元五角。

一　收清和白布得利銀九十元。

一　收邱山金水利息銀六元正。

一　收振源號利息銀三十元正。

一　收陳有郎利息銀四十九元。
一　兑漆三百四十一桶，銀六百零五元九角。
一　兑銀朱九百二十二包，銀二百六十九元。
一　兑寶藏桐油拾擔，銀乙百元。
一　兑黄金箔九包，銀四十元五角。
一　兑剩餘厝地一塊，銀七十元正。
一　兑舊厝殼并什柴，銀九十八元四角。
一　兑幼平埔八十一丈六尺七，銀五十元八角七。
一　兑瓦筒花窗，銀六元五角正。
一　兑五色草綾九疋，銀三元四角六。
一　兑四尺一磚二百塊，銀二十六元四角正。
一　兑二尺一磚六千七百三十塊，銀七十七元三角二五。
一　兑甲厝瓦五万一千九百一十，銀三十八元六角二五。
一　兑唐瓦八萬零八百一十，銀一百廿八元四角零五。
計十九條合共收來大銀壹千七百廿八元二角五占半。
登在梁籤内自廿二元起至乙角二占止，計八百卅三名，合共收緣銀四千零卅五元四角九占。
一　開買厝地八所，并費銀壹千玖佰四拾四元。
一　開贊源辦柴料等，銀三千四百零貳元二角七五。

一　開雕麟辦石料一單，銀六百四拾四元三角。

一　開買石龍柱六角柱三對，銀貳百拾四元。

一　開買石朱盤石獅石耳，銀七百三十元捌角。

一　開買石砱頭牌石椅，銀四百零三元三角五占二。

一　開買廖石石角做地基，銀一百柒十元二角三。

一　開周梅辦灰料三條，銀二千零四元二角乙占二。

一　開蔡禾辦沙塗二條，銀二百九十三元四角占。

一　開買平埔石三條，銀乙百卌九元九角四占。

一　開青山牛踏磚四條，銀八百三十五元五角四。

一　開買七尺一、二尺一幼面磚四條，銀四百廿三元七角七。

一　開買唐瓦并瓦筒朱，銀三百廿四元二角六。

一　開買甲厝瓦二萬四千四百，銀乙百五十七元零六占半。

一　開買剪繞料碗碟等，銀乙百六十九元二角六占半。

一　開陳楚辦諸鐵器等，銀二百廿四元乙角柒。

一　開買唐暹黃萡二條，銀三百零三元九角。

一　開銀朱黃舟土朱，銀三百五十八元七角八。

一　開買漆拾陸擔，銀六百九十四元七角正。

一　開文覺桐油六百六十六擔，銀一百六十六元二角三。

一　開買色料油并火油，銀一百六十二元八角五占半。
一　開銅綫烏糖牛皮等件，銀七十五元貳角七。
一　開買凉傘送緞啞南，銀四十元零四角九占。
一　開買色羽綾咟吱手巾，銀六十元五角六占。
一　開買黄藍緑凉傘三支，銀一百廿九元六角正。
一　開買蜈蚣旗襖裙一單，銀乙百六十九元二角三。
一　開買大鉎鍾并小銅鍾，銀乙百四十元零六角三。
一　開買大鼓金連桌等件，銀五十八元零二占。
一　開做花矸灼臺籤坂筒印，銀七十乙元五角二。
一　開做大殿木工二千一百九十工，銀四千五百八十元零五角。
一　開□□□□□。
一　開□□□□□。
一　開□□□□□。
一　開□□大殿□□□。
一　開做前落并東西所木工□□□。
一　開做後厝并再重修塗水工，銀七百□□□□。
一　開大落凹壽祠并竈下□□水土銀□□□。
一　開褐鐵包□□□。

一　開寶藏色漆□□□。

一　開漆□□□。

一　開漆戲枰八座長牌椅桌等□□□□□□□。

一　開漆後厝□□□□□等銀□□□。

一　開小船挑工搬俑諸物并□□□□□□□□。

一　開畫垛石門面做爐□□□□。

一　開貼降先允盛降并。

一　開先生和尚□同。

一　開演戲□□□戲□銀。

一　開五神頭家□主□金。

一　開秉和手繞。

一　開進殿遠境禮客宴客二百銀。

一　開還木司十六二客銀。

一　開做前落木工三千。

一　開做後厝木工乙千。

一　開做大殿花鳥乙千。

一　開做兩平凹壽灶下。

一　開做大龕三個屏。

一　開做大殿屏并□□等。
一　開做大案桌龍機五五五。
一　開做八仙桌戲臺□□□□□□。
一　開宮内什物□□□□□□。
計柒拾條合共開出大銀叁萬柒仟壹佰捌拾玖員玖角捌占半。
時道光叁拾庚戌年荔月　日，大董事總理等再立石。

二八一　重修天福宫碑記

【碑刻名稱】重修天福宫碑記

【材　　質】石材

【形　　制】長方形横碑

【尺　　寸】長一百零七厘米、寬七十六厘米

【書　　體】正文楷書，碑題隸書

【碑　　額】浮雕雙龍朝日

【碑　　題】重修天福宫碑記

【碑文撰者】無

【碑文書丹】無

【立 碑 者】大董事陳武烈、李清淵、吴壽珍等

【立碑時間】清光緒三十二年（一九〇六）

【存　　佚】現存

【地　　點】新加坡直落亞逸街天福宫

【碑刻録文】

重修天福宮碑記

茲將大修本宮工料并建造戲檯後厝柒座，置地建築并重修吲喊吧噶舊厝三座，所有開費列明于左：

壹置本宮戲檯後空地柒間，地大八三五一千脚，具去銀壹萬貳仟陸佰陸拾元零三角九。

壹造戲檯後新厝柒間，對薛華官包工料造，去英銀壹萬零陸佰柒拾肆大元。

壹開重造吲喊吧噶舊厝三座，對李度叠包工料，去英銀貳仟玖佰五拾大元。

又開對李度叠加造地基，去銀捌佰捌拾柒元零乙角七。

壹開油漆前後殿兩廊，去英銀貳仟貳佰陸拾貳元。

壹開油漆中殿并戲檯，去英銀貳仟柒佰壹拾貳元。

壹開對紅毛鐵廊造鐵欄杆，去銀陸佰柒拾柒元五角。

壹開買沙灰并牛車工，去英銀柒佰零壹元零肆占。

壹開工部局造煤火入水，去銀陸佰五拾肆元六角三。

壹開辦厦門綉料佛緞彩，去英銀伍佰陸拾肆元。

壹開造宮内打石工資，去英銀陸佰玖拾陸元三角。

壹開造後殿窗仔并布門，去英銀壹佰壹拾伍大元。

壹開置買噫智柴并木工，去銀陸佰玖拾伍元捌角。

壹開置辦祖家花磚，去英銀捌仟玖佰三拾元零二角八。

壹開置辦烏灰并紅磚，去英銀壹仟壹佰貳拾壹元。
壹開造埔花磚并半廳紅工，去銀壹仟陸佰零四元六角八。
壹開造水宮厝頂泥水，去英銀壹仟柒佰三拾貳元。
壹開造福食間并工料，去英銀貳佰陸拾元零伍角。
壹開造金亭貳座泥水工并料，去銀貳佰貳拾七元九角五。
壹開造墻壁龍虎花草包工料，去銀壹佰玖拾伍元。
壹開請顧工督本宮泥水埔磚，去銀貳佰肆拾乙元七角。
天福宮公司來英銀伍萬壹仟零肆拾捌大元六角五。
上下計合十九條開去銀伍萬壹仟零肆拾捌元五角六。
大董事：李清淵、陳武烈、吳壽珍；協理：張順善、陳鳳毛、劉金榜、周潤享、吳榮甲、顏煌年、魏正中、邱萬盛、林秉祥、陳贊榮、劉水萍、林清沙、許乃强、陳清雨、林摧遷、謝天細、葉珠盤、葉水辨，仝立。
大清光緒丙午卅貳年，大英壹仟玖佰零陸年貳月拾陸日，仝立石碑。

二八二　新嘉坡福建會館建築大厦捐助人芳名録碑（上片）

【碑刻名稱】新嘉坡福建會館建築大厦捐助人芳名録碑（上片）
【材　　質】石材
【形　　制】長方形横碑
【尺　　寸】長一百五十一厘米、寬六十厘米
【書　　體】楷書
【碑　　額】無
【碑　　題】新嘉坡福建會館建築大厦捐助人芳名録
【碑文撰者】柯進耒
【碑文書丹】無
【立　碑　者】陳六使等
【立碑時間】一九五五
【存　　佚】現存
【地　　點】新加坡直落亞逸街天福宫
【碑刻録文】

新嘉坡福建會館建築大厦捐助人芳名録（上片）

陳六使先生捐貳拾萬元、李光前先生捐貳拾萬元、永安堂有限公司捐壹萬元、嘉興樹膠有限公司捐壹萬元、慶隆有限公司捐伍仟元、張慶本先生捐伍仟元、四海源有限公司捐伍仟元、裕成有限公司捐伍仟元、光華有限公司捐伍仟元、協和有限公司捐伍仟元、大裕有限公司捐伍仟元、南春有限公司捐伍仟元、南合有限公司捐伍仟元、宜昌有限公司捐伍仟元、華僑銀行有限公司捐伍仟元、郭福成有限公司捐伍仟元、友聯樹膠經紀有限公司捐肆仟元、黄慶祥繪圖師捐肆仟元、益世美樹膠經紀有限公司捐叁仟元、策源有限公司捐叁仟元、振福樹膠經紀有限公司捐叁仟元、東益公司捐叁仟元、振和有限公司捐叁仟元、環球貿易公司捐叁仟元、萬興隆有限公司捐叁仟元、益隆興有限公司捐叁仟元、實丁那樹膠經紀有限公司捐叁仟元、王友海實業有限公司捐叁仟元、泉成公司黄梨廊捐叁仟元、大華銀行有限公司捐叁仟元、吉鄰吉列樹膠經紀有限公司捐叁仟元、南洋商報有限公司捐叁仟元、李康塔先生捐叁仟元、張榮汀先生捐叁仟元、雷申必樹膠經紀有限公司捐叁仟元、福桐樹膠經紀有限公司捐叁仟元、邱德梭先生捐叁仟元、北慕娘公會捐叁仟元、陳錦章先生捐貳仟元、何福安有限公司捐貳仟元、恒美商行捐貳仟元、太安實業有限公司捐貳仟元、友竹俱樂部捐貳仟元、祺福船務有限公司捐貳仟元、綠色巴士車有限公司捐貳仟元、建源興油廠有限公司捐貳仟元、林拱河先生捐貳仟元、遠東貿易公司捐貳仟元、新華公司樹膠製造廠捐貳仟元、周孝德先生捐貳仟元、歐羅勝有限公司捐貳仟元、孫貴春先生捐貳仟元、和成公司捐貳仟元、南發合記有限公司捐貳仟元、協發有限公司捐貳仟元、洪泉南有限公司捐貳仟元、順昌有限公司捐貳仟元、萬德成公司捐貳仟元、南亞有限公司捐貳仟元、麗貞電器公司捐貳仟元、長船有限公司捐貳仟元、金協利有限公司捐貳仟元、森林有限公司捐貳仟元、豐隆有限公司捐貳仟元、陳清吉先生捐貳仟元、文流有限公司捐貳仟元、慶和有限公司捐貳仟元、新市貿易公司捐貳仟元、黃鏡源父子有限公司捐貳仟元、星洲父子有限公司捐貳仟元、林明德先生捐貳仟元、達利有限公司捐貳仟元、美盛公司捐壹仟伍佰元、源成記有限公司捐壹仟伍佰元、卓曙東先生捐壹仟伍佰元、星柔巴士車有限公司捐壹仟伍佰元、林建福先生捐壹仟伍佰元、漳宜巴士車有限公司捐壹仟伍佰元、鄭古悅巴士車有限公司捐壹仟伍佰元、激成公司米郊捐壹仟元、源崇美茶莊捐壹仟元、亞南園巴士車有限公司捐壹仟元、聯豐五金公司捐壹仟元、東南有限公司捐壹仟元、永茂有限公司捐壹仟元、和豐油船有限公司捐壹仟元、和沼有限公司捐壹仟元、炳記公司捐壹仟元、榮興行有限公司捐壹仟元、美業發捐壹仟元、志英行捐壹仟元、亞洲保險有限公司捐壹仟元、周盛公司捐壹仟元、吳聲梓先生捐壹仟元、聯德號捐壹仟元、洪永安先生捐壹仟元、林耕讀先生捐壹仟元、陳玉泉先生捐壹仟元、蘇根柱先生捐壹仟元、卓怌德先生捐壹仟元、謙美公司捐壹仟元、美豐公司捐壹仟元、林建達先生捐壹仟元、萬春有限公司捐壹仟元、沈孔先生捐壹仟元、新泉泰號捐壹仟元、杜文輝先生捐壹仟元、德民貿易公司捐壹仟元、柯進來先生捐壹仟元、美東貿易捐壹仟元、黃奕歡先生捐壹仟元、劉木榮先生捐壹仟元、顏鴦娘女士捐壹仟元、曾紀華先生捐壹仟元、福興公司（中街）捐壹仟元、隆發有限公司捐壹仟元、和記棧捐壹仟元、振亞有限公司捐壹仟元、金聯成有限公司捐壹仟元、黃毓秀先生捐壹仟元、康振福先生捐壹仟元、新業樹膠有限公司捐壹仟元、建和號捐壹仟元、南島貿易有限公司捐壹仟元、陳文波先生捐壹仟元、新福興有限公司捐壹仟元、吳幼樓先生捐壹仟元、泉安船務公司捐壹仟元、金福昌火鋸有限公司捐壹仟元、星洲化學有限公司捐壹仟元、再興有限公司捐壹仟元、萬興利父子有限公司捐壹仟元、謝榮西父子有限公司捐壹仟元、經緯公司捐壹仟元、新南昌有限公司捐壹仟元、合泰行有限公司捐壹仟元、新源順豐有限公司捐壹仟元、泰利公司捐壹仟元、新松林有限公司捐壹仟元、集志公司捐壹仟元、合發有限公司捐壹仟元、蘇文斌先生捐壹仟元、德興公司捐壹仟元、陳天球先生捐壹仟元、陳温祥先生捐壹仟元、協和源號捐壹仟元、福利巴士車有限公司捐壹仟元、成豐棧捐壹仟元、高瑞錦先生捐壹仟元、泉和貿易公司捐壹仟元、黄萬隆號捐壹仟元、和昌珍廠捐壹仟元、隆發五金公司捐壹仟元、瑞記公司捐壹仟元、瑞芳號捐壹仟元、隆安記有限公司捐壹仟元、朝源公司捐壹仟元、宏利公司捐壹仟元、薛煜祺先生捐壹仟元、福安磚廠有限公司捐壹仟元、明發有限公司捐壹仟元、源順運輸有限公司捐壹仟元、美髮有限公司捐壹仟元、源和有限公司捐壹仟元、周永泉有限公司捐壹仟元、協茂有限公司捐壹仟元、宗利公司捐壹仟元、錦利有限公司捐壹仟元、楊瑞洪先生捐壹仟元。

二八三　新嘉坡福建會館建築大厦捐助人芳名録碑（下片）

【碑刻名稱】新嘉坡福建會館建築大厦捐助人芳名録碑（下片）
【材　質】石材
【形　制】長方形横碑
【尺　寸】長一百五十一厘米、寬六十厘米
【書　體】楷書
【碑　額】無
【碑　題】無
【碑文撰者】柯進耒
【碑文書丹】無
【立 碑 者】陳六使等
【立碑時間】一九五五
【存　佚】現存
【地　點】新加坡直落亞逸街天福宫
【碑刻録文】

新嘉坡鋁紙廠有限公司捐壹仟元、林理化先生捐壹仟元、崇僑銀行有限公司捐壹仟元、加東勿洛士巴士車有限公

司捐壹仟元、光華印務公司捐壹仟元、美成公司捐壹仟元、祥和有限公司捐壹仟元、捷成有限公司捐壹仟元、林
采爲先生捐壹仟元、協和咖啡粉廠捐伍佰元、鼎昌號捐伍佰元、莊奎章先生捐伍佰元、曾智生先生捐伍佰元、吴
浦雲先生捐伍佰元、莊水盒先生捐伍佰元、甘光峇魯巴士車有限公司捐伍佰元、新德發號捐伍佰元、廣益商店捐
伍佰元、楊福安號捐伍佰元、源春有限公司捐伍佰元、林戊己先生捐伍佰元、定昌有限公司捐伍佰元、萬昌公司
捐伍佰元、昭廊磚廠有限公司捐伍佰元、同興公司捐伍佰元、中興公司捐伍佰元、協源號捐伍佰元、建豐公司捐
伍佰元、建章公司捐伍佰元、美興號捐伍佰元、楊瑞春號捐伍佰元、謙源有限公司捐伍佰元、郭長文先生捐伍佰
元、金盛芳號捐伍佰元、萬豐隆號捐伍佰元、榮利行公司捐伍佰元、長春公司捐伍佰元、僑商俱樂部捐伍佰元、
源發公司捐伍佰元、新益美號捐伍佰元、恒源有限公司捐伍佰元、康元餅乾廠捐伍佰元、莊濟先生捐伍佰元、盒
福源號捐伍佰元、德源號捐伍佰元、陳秀邱先生捐伍佰元、江福源先生捐伍佰元、劉水源先生捐伍佰元、王松美
先生捐伍佰元、園芳公司捐伍佰元、南山合號捐伍佰元、錦昌公司捐伍佰元、裕成橋頭公司捐伍佰元、敦本有限
公司捐伍佰元、蔡芳嘗先生捐伍佰元、振業公司捐伍佰元、泉成公司捐伍佰元、蔣烏彌先生捐伍佰元、蘇明治先
生捐伍佰元、建利號捐伍佰元、聯東公司捐伍佰元、何成發先生捐伍佰元、聯和公司捐叁佰元、永合公司捐叁佰
元、振復業號捐叁佰元、陳輝煌先生捐叁佰元、南達公司捐叁佰元、南昌公司捐叁佰元、協德號捐叁佰元、永德
有限公司捐叁佰元、顏耀鵬先生捐叁佰元、東昌行捐叁佰元、大東榮公司捐叁佰元、永和興公司捐叁佰元、合福
公司捐叁佰元、源發公司捐叁佰元、大亞有限公司捐叁佰元、瑞興棧捐叁佰元、明興有限公司捐叁佰元、慶成棧
捐叁佰元、陳成丕先生捐叁佰元、陳玉池先生捐貳佰伍拾元、胡月梯先生捐貳佰元、大夏公司捐貳佰元、柯朝陽
先生捐貳佰元、林叔鶴先生捐貳佰元、萬福興車脚行捐貳佰元、陳碧相先生捐貳佰元、大路影室捐貳佰元、添發
公司捐貳佰元、茗珍餐室捐貳佰元、潔潔公司肥皂廠捐貳佰元、協利公司捐貳佰元、龍川有限公司捐貳佰元、聚

華商公司捐貳佰元、協華公司捐貳佰元、大順公司捐貳佰元、再成興號捐貳佰元、陳蘇兄弟公司捐貳佰元、建成號捐貳佰元、聚源公司捐貳佰元、東方貿易公司捐貳佰元、謝水業先生捐貳佰元、榮美信局捐貳佰元、信德貿易公司捐貳佰元、李德欣先生捐壹佰元、益發號捐壹佰伍拾元、林爲正先生捐貳佰元、誠興號捐貳佰元、百代影社捐壹佰元、福安棧捐壹佰元、再興公司絲絲街捐壹佰元、許順發先生捐壹佰元、陳有益先生捐壹佰元、崇成行捐壹佰元、洪澤應先生捐伍拾元。

計貳佰捌拾捌條，捐銀柒拾陸萬玖仟壹佰伍拾元正。

建築費開去銀柒拾肆萬玖仟捌佰捌拾肆元壹角三占正。

建設科主任柯進耒報告。

壹仟玖佰伍拾伍年春立。

二八四　天福宫重修碑記

【碑刻名稱】天福宫重修碑記

【材　　質】石材

【形　　制】長方形横碑

【尺　　寸】長一百零七厘米、寬七十六厘米

【書　　體】隸書

【碑　　額】浮雕雙龍朝日

【碑　　題】天福宫重修碑記

【碑文撰者】無

【碑文書丹】無

【立 碑 者】新加坡福建會館第卅四届理事會

【立碑時間】二〇〇〇

【存　　佚】現存

【地　　點】新加坡直落亞逸街天福宫

【碑刻録文】

天福宮重修碑記

天福宮係中國福建閩南風格的古建築，一九七二年被新加坡政府列爲國家重要古迹。天福宮歷經百年滄桑，遭受風雨蟲蟻之侵蝕，許多構件嚴重腐朽。爲保存這座優秀歷史古迹，福建會館義舉重修大計，聘請中國古建築專家王忠義先生爲工程制定了維修方案，由東藝建築設計工程公司承包。配合中國福建東方藝術建築設計工程公司，派遣專業古建築技師承擔維修重任。傳統材料也從福建進口，使修復質量達到良好效果。在維修過程中，還發掘出中國清光緒皇帝褒獎天福宮「波靖南溟」的御書真迹，更説明了天福宮當時在海外的地位和影響。爲使墨寶更好地保存，受更多人敬仰，會館將御書義捐給國家歷史博物館收藏。天福宮奉祀的主神是受中國歷代皇帝褒奬册封過達四十多次的天后聖母——媽祖和其他神祇。由於當時條件有限，對神像布局比例規格方面還不够完善，這次維修進行了合理調整和改良，全部按原狀新雕六尊神像，使道、釋、儒、民俗和冥界的各神祇都得到規範排列和完整的體現，更加豐富了神文化内涵和滿足人們的敬仰需求。本次大修工程總耗資新幣三佰八十萬員。工程的動工日一九九八年六月一日，竣工日二〇〇〇年六月一日。工程技術總指導王忠義，建築師鄧福財、曾湫英，工程師王本立，估價師楊松鶴，水電師張明聖，東藝建築公司陳達生。爲了將大修事迹與精神銘頌於世，特立此碑爲記。

新加坡福建會館第卅四届理事會：

主席：黄祖耀；副主席：孫炳炎、王邦文、陳篤山、陳共存；總務組：主任梁世海，副主任方百成；財政組：主任葉謀彬，副主任謝萬森；教育組：主任蔡成宗，副主任林源福；建設組：主任蔡天寶，副主任顔金鎮；慈善組：主任蔡錦淞，副主任莊志桂；理事：林理化、高秋垣、陳建存、唐裕、李坤成、高德祥、蘇晉興、劉仁心、陳義明、陳毓靈、林東彥、卓金杯、陳樹仁、黃書萍、林光景、丁明正、楊忠俊、王家梨、陳篤漢、楊松鶴、黃紹基、洪寶興；執行秘書：柯孫科。

庚辰年夏立。

二八五　天福宮匾

【碑刻名稱】天福宮匾
【材　質】木材
【形　制】長方形立匾
【尺　寸】長一百厘米、寬六十厘米
【書　體】楷書
【碑　額】雙龍盘繞
【碑　題】無
【碑文撰者】無
【碑文書丹】無
【立 碑 者】無
【立碑時間】清道光二十年（一八四〇）
【存　佚】現存
【地　點】新加坡直落亞逸街天福宮
【碑刻録文】

天福宮

二八六　天福宮「波靖南溟」御匾

【碑刻名稱】天福宮「波靖南溟」御匾

【材　　質】木材

【形　　制】長方形横匾

【尺　　寸】長二百九十厘米、寬一百五十厘米

【書　　體】楷書

【碑　　額】浮雕雙龍朝日

【碑　　題】無

【碑文撰者】清光緒帝

【碑文書丹】清光緒帝

【立 碑 者】福建衆紳耆

【立碑時間】清光緒三十三年（一九〇七）

【存　　佚】現存

【地　　點】新加坡國家歷史博物館

【碑刻録文】

波靖南溟

光緒三十三年十月吉旦，奉賜御書墨寶予天福宮，臣福建衆紳耆恭奉。

二八七　修建天后宮樂捐碑（咸豐）

【碑刻名稱】修建天后宮樂捐碑（咸豐）
【材　　質】石材
【形　　制】長方形横碑
【尺　　寸】長一百八十厘米、寬八十二厘米
【書　　體】楷書
【碑　　額】無
【碑　　題】天后宮
【碑文撰者】觀山華峰氏林子榮
【碑文書丹】無
【立 碑 者】林氏裔孫等
【立碑時間】清咸豐八年（一八五八）
【存　　佚】現存
【地　　點】印度尼西亞雅加達天后宮
【碑刻録文】

蓋聞祀典之興，由於恩澤之及人，而恩澤之及人者，莫如天上聖母。是以聖朝宗隆祀典，普天下之處有廟廷，男女老少咸尊崇而敬奉焉。自明季以來，中華之客販於巴陵、潮海之間，尤蒙聖母垂佑，行賈坐商，各得其宜。蓋聖母係出湄洲，爲我族之祖姑。我族之先客旅巴陵者，皆深感聖母之庇，且以親親之義，崇奉最虔，乃鳩族中同志，而西園天后宫之所由建焉。自是我族之人，悉知尊崇聖母。因逐年輪流值爐主，每逢十秋聖誕，則備禮物，演梨園而慶祝，迄今歷有年矣。殿廷之間，宫墻之内，無不損壞，永秀、子榮等在於巴陵所蒙聖母之佑，豈能盡述觸目警心。爰集同志捐資修葺，及今告成，而廟廷一新焉。願後之視今，猶今之視昔，永久而常新之，是於厚望也。謹將善信之捐資，列其芳名勒碑，以垂不朽云。

觀山華峰氏林子榮志之，諱生行四。

光耀觀捐銀伍佰盾正；有翼觀捐銀叁佰捌拾盾；□勝舍捐銀叁佰盾正；光振觀捐銀貳佰伍拾盾；光坤觀捐銀貳佰伍拾盾；忝山觀捐銀貳佰叁拾盾；青山觀捐銀貳佰盾正；及第觀捐銀壹佰柒拾伍盾；□□觀捐銀壹佰柒拾伍盾；□連觀捐銀壹佰柒拾伍盾；承爵觀捐銀壹佰柒拾盾；蜜水觀捐銀壹佰伍拾盾；□建觀捐銀壹佰伍拾盾；安生觀捐銀壹佰伍拾盾；長衡觀捐銀壹佰叁拾伍盾；鶯觀捐銀壹佰貳拾陸盾；溪泉觀捐銀壹佰貳拾伍盾；捷七觀捐銀壹佰貳拾伍盾；有志觀捐銀壹佰貳拾盾；水賢觀捐銀壹佰貳拾盾；碧輝觀捐銀壹佰壹拾盾；維泰觀捐銀壹佰零伍盾；桑樹觀捐銀壹佰盾正；長生觀捐銀壹佰盾正；夜光觀捐銀柒拾伍盾正；得利觀捐銀柒拾壹盾正；玩觀捐銀伍拾盾正；嘉和觀捐銀伍拾盾正；瑞禄觀捐銀伍拾盾正；長泉觀捐銀伍拾盾正；冉萬觀捐銀伍拾盾正；昂觀捐銀伍拾盾

正；長溪觀捐銀伍拾盾正；梅生觀捐銀伍拾盾正；船主周東南觀助銀伍拾盾正；戊寅觀捐銀肆拾伍盾；奇觀捐銀肆拾盾正；耀奢觀捐銀叁拾伍盾；豐年觀捐銀叁拾盾正；得江甲捐銀叁拾盾正；淑郎觀捐銀叁拾盾正；武潔觀捐銀叁拾盾正；錦相觀捐銀貳拾伍盾；彌力觀捐銀貳拾伍盾；清源觀捐銀貳拾伍盾；雙鎮觀捐銀貳拾伍盾；思聰觀捐銀貳拾伍盾；北山觀捐銀貳拾伍盾；甘露觀捐銀貳拾伍盾；金祿觀捐銀貳拾伍盾；遲船主祿小九觀助銀貳拾伍盾；永福觀捐銀貳拾伍盾；遲船主鄭抵觀助銀貳拾伍盾；圓觀捐銀貳拾伍盾；遲船主劉才觀助銀貳拾盾正；娘仔雲行觀捐銀貳拾盾正；三溪觀捐銀貳拾盾正；國客觀捐銀貳拾盾正；宗籟觀捐銀貳拾盾正；崇清觀捐銀貳拾盾正；仁福觀捐銀貳拾盾正；永泉觀捐銀貳拾盾正；振南觀捐銀壹拾伍盾；文山觀捐銀壹拾伍盾；遲船主陳靖觀助銀壹拾貳盾；新郎觀捐銀壹拾貳盾；清河觀捐銀壹拾貳盾；海水觀捐銀壹拾盾；軟觀捐銀壹拾盾；遠水觀捐銀壹拾盾；松閏觀捐銀壹拾盾；漳觀捐銀壹拾盾；娘仔南陽甲捐銀壹拾盾；亞彩觀捐銀壹拾盾；亞龍觀捐銀壹拾盾；娘仔壬癸觀捐銀壹拾盾；謙生觀捐銀壹拾盾；碧觀捐銀壹拾盾；長源觀捐銀壹拾盾；長潤觀捐銀壹拾盾；長生觀捐銀壹拾盾；玉泉觀捐銀壹拾盾；淵泉觀捐銀壹拾盾；曾泉觀捐銀壹拾盾；生合觀捐銀壹拾盾；昆玉觀捐銀壹拾盾；耀鄉觀捐銀壹拾盾；光臣觀捐銀壹拾盾；光羨觀捐銀壹拾盾；光裕觀捐銀壹拾盾；任光觀捐銀壹拾盾；章順觀捐銀壹拾盾；銀娘捐銀壹拾盾；秀觀捐銀壹拾盾；秀茂觀捐銀壹拾盾；椿秀觀捐銀壹拾盾；湘蘭觀捐銀壹拾盾；三貴觀捐銀壹拾盾；啓祥觀捐銀壹拾盾；火照觀捐銀壹拾盾；冬桂觀捐銀壹拾盾；專生觀捐銀壹拾盾；春福觀捐銀壹拾盾；啓寧觀捐銀壹拾盾；秀生觀捐銀壹拾盾；秀娘捐銀壹拾盾；娘仔九老捐銀壹拾盾；合應觀捐銀壹拾盾；智定觀捐銀捌盾；娘仔沈友觀捐銀捌盾；坤山觀、杰生觀、敬田觀、克□□、娘仔蕭壽、儀明觀、信德觀、則興觀、金龍觀、芹爹觀、亞捷觀、亞三觀、永水觀、亞二觀、源德觀、萬金觀、壽助觀、旦七觀、章觀、相□□、萬利公司、突觀、炎爐觀、松茂觀、勝豐公司、秋水觀、福郎觀、宗漢觀、慎福公司、福淵觀、榮壽觀、金生觀、任生觀、順智觀、膠水觀、開合觀、進水觀、四人觀、亞浮觀、元觀、暹船主河觀、永源觀、果珍觀、丙觀、金贈觀、江水觀、漢智觀、約觀、文龍觀、陳澤觀、野觀、音水觀、潘觀、己娘、亞周觀、元杰觀、順光觀、炎爐觀，自六盾起至一盾，以上計五十八名共銀貳佰零陸盾。以上總結乙佰六十八名，合共收緣銀陸仟肆佰壹拾伍盾叁角三占。

一　開亞丁包塗工并田司築殿座、垣墻并木工、梁礁，共去銀二千七百六拾一盾五。

一　開造龍頭、門鎖、帶巾、水槽、銅古并綠碗料，共去銀一百三十八盾八四。

一　開漆工色料、干漆并金銀箔很朱生銅油，共去銀一千六百二拾盾五。

一　開謝神并起工辦筵并初三日再辦筵，共去銀七拾三盾。

一　開灰粉厝瓦壁磚尺磚，共去銀九百八拾八盾三七五。

一　開馬車稅往山頂題緣并司阜禮拜，共去銀四拾二盾。

一　開大柚檜電柴抽工資，共去銀六百二十盾。

一　開修褪拜褥、旗平、大氈、宮燈并棵酒、嗎阵山、孤杵工桌帷，共去銀一百三拾三盾五。

一　開竹篙、□□、亞塔、紅銅、鐵丁、銅綫、籐仔，共去銀二百三拾一盾六。

一　開鎸石牌字并入壁費用餘資，共去銀一百五十盾。

告成總結十條合共銀陸仟柒佰伍拾玖盾叁角壹占。

總結對除外尚缺額銀叁佰肆拾柒盾玖角捌占，永秀、子榮二人補足。

咸豐八年歲次戊午仲冬之月，裔孫等公立。

二八八　修天后宮樂捐碑

【碑刻名稱】修天后宮樂捐碑
【材　質】石材
【形　制】長方形立碑
【尺　寸】長一百六十八厘米、寬八十五厘米
【書　體】楷書
【碑　額】無
【碑　題】無
【碑文撰者】無
【碑文書丹】無
【立　碑　者】董理人資玩觀等
【立碑時間】清同治三年（一八六四）
【存　佚】現存
【地　點】印度尼西亞雅加達天后宮
【碑刻録文】

從來善作尤貴善承，仍舊亦可翻新，即如我閩林始祖開基福建，共思水木之本原。厥後天上聖母化身湄洲，咸仰

祖姑之神聖，此在中華爲不祧之祀，豈在外邦可數典而忘。當時宗人來吧，首創廟貌於西門，天后宮在其中焉。迨至乾隆四十九年甲辰，跨觀、記觀重修廟亭，以及南生、永元更建後殿於乾隆辛亥歲。雖屢次創修，尚未壯厥觀瞻，乃集在吧宗親，議加創立兩護，改舊翻新，竪旂挂匾。即於同治三年甲子興工，既蕆事，合應崇德報功。凡西河派下捐銀，自五百盾以上者，准其入主一對，從祀春秋。其餘捐額不及此款者，亦應題名勒石，永垂不朽，以昭其裘成於集腋焉。是役也，開費條目并列附後，有所不足，董首補之。可見尊祖故敬宗收族故宗廟嚴一大快事，亦最盛事也云爾。

百禄捐銀壹千盾；及第、金禄、百華、耀奢、武潔、資玩、長衡、奇生、宗興、芳貳、芳塔、光坤、百富、毓秀舍、天德，以上十五名捐銀五百盾；溪泉捐銀三百五十盾；溪勝舍捐銀三百盾；新建、彩變、溪鈴、碧生、昂觀、春風、白娘，以上七名各捐銀二百盾；捷七、放觀，以上二名各捐銀一百五十盾；耀綢、清黎、乞觀，以上三名各捐銀一百二十五盾；如水捐銀一百二十盾；冬喜甲、永才、程觀、水賢、甘露、桑樹、朝沃、娘仔百爵，以上八名各捐銀一百盾；錦美甲、美玉，以上二名各捐銀八十盾；德武、水霜、河山、運使、長貢、泗彭、頂山、武松，以上八名各捐銀六十盾；清溪、寬綽、御觀、淑郎、浮祐、承爵、昆玉、玉水、釘仔鉉、嵩岳、贊傳、文興、文福、妙娘，以上一十四名各捐銀五十盾；六賽捐銀四十盾；美璋甲、國愈，以上二名各捐銀三十五盾；清平、茂寅、撻觀、維泰、連登、寬觀、宗蕙、有益，以上八名各捐銀三十盾；美英、甲觀、立權、生吁觀、銘河、永泉、坤佐、根元、深水、石娘、珠娘、珠娘、蔭娘、娘仔有華，以上一十四名各捐銀二十五盾；國容、松陶、國興、大斗、桃生、梅生、有福、陽蔡、峰觀、皆觀、丁舉、合婚、英秀、賢觀、阿秀、阿騰、阿皓、老觀、淡爐、心專、仁仕、百達、紹才、嗎觀、永順、山有、第六、君丹、續觀、奇容、志誠、文貴、正春、心娘，以上三十四名各捐銀二十盾；松茂、荧水、懷觀，以上三名各捐銀一十五盾；景泰甲、育士、克紹，以上三名各捐銀一十二盾；福情、芋觀、路觀、元德、遠觀、建順、玉定、竹生、桂源、文淑、水源、河圖、真偉、模觀、西河、信德、成郎、魚觀、向孺、抱觀、萬全、永水、□漸、受福、同璧、基祖、百邑、燕觀、泥封、光遠、士鐵、三德、延齡舍、延禧舍、福麒、碧觀、珍觀、三章、雙鎮、壽延、瑞興、合應、絢郎、思聰、陸觀、皆水、三水、壽至、壽錦、吉觀、敬娘、女娘、生娘、珠娘、蕊娘、芹娘、讓娘、經娘、緑娘、行娘、玉娘，以上六十一名各捐銀一十盾。計一百八十九名，共捐銀一萬五千五百五十六盾。又另列在梁簽五十三名，共捐銀一百八十六盾半。總計貳佰肆拾貳名，合共捐鈔銀壹萬伍仟柒佰肆拾貳盾半。

總録開費條列：

一 買碧磚共銀壹千壹百五十盾零貳角。

一 買厝瓦共銀玖百叁拾六盾八角二占。

一 買［幼］面磚共銀壹千二百壹拾叁盾。

一 買老古石共銀壹百陸拾盾。

一 買泥沙共銀貳百肆拾貳盾。

一 買灰粉共銀壹千七百玖十七盾四角八占。

一 買柴抽料木器共銀叁千九百貳拾五盾零八占。

一 買旗杆壹、旗杆本并工資共銀伍百盾。

一 木匠工資共銀叁千零捌拾九盾六角五占。

一 土水匠工資并小工共銀貳千叁百盾。

一 量地費共銀五十八盾壹角。

一　支零星諸雜費共銀壹千壹百伍拾肆盾十角五占。

一　漆匠共銀壹千零捌拾捌盾二角五占。

以上計壹拾叁條共開出鈔銀壹萬柒千陸百壹拾肆盾七角。

承捐緣來鈔銀壹萬伍千柒百肆拾貳盾半，對除外尚長費去鈔銀壹千捌百柒拾貳盾貳角，此條之項理事人百華開出銀凑足。

董理人資玩觀、金禄觀、百華觀、毓秀舍、耀奢觀仝勒石碑，同治三年歲次甲子。

二八九　修建天后宫樂捐碑（光緒）

【碑刻名稱】修建天后宫樂捐碑（光緒）
【材　　質】石材
【形　　制】長方形横碑
【尺　　寸】長一百二十八厘米、寬六十厘米
【書　　體】楷書
【碑　　額】無
【碑　　題】天后宫
【碑文撰者】無
【碑文書丹】無
【立　碑　者】天后宫衆善信
【立碑時間】清光緒三十年（一九〇四）
【存　　佚】現存
【地　　點】印度尼西亞雅加達天后宫
【碑刻録文】

天后宫

天上聖母崇祀，由來久矣。前經修整，而用度缺乏，草草告成。以故歷年既久，風霜剥蝕之下，朽者朽，敝者敝，漸有不能終日之勢焉。苟不能以修之，將朽者遂朽，敝者遂敝，其何以永傳而勿替也。歲之甲辰，福寧邀吧陵衆善信酌議捐題而修廟宇。但工費浩繁，捐題之項所用不敷。而福寧自行加題，補足用費，而不至功虧一簣，豈不美哉。仲冬起工，腊月告竣。

兹將衆善信捐題之款并用費等開列于左：

永義甲捐銀伍拾盾正；長輝甲捐銀伍拾盾正；亮武捐銀伍拾盾正；福寧捐銀伍拾盾正；桂枝捐銀叁拾盾正；添郎捐銀貳拾伍盾；娘仔辛娘捐銀貳拾伍盾；戊己捐銀貳拾盾正；順試捐銀貳拾盾正；長茂舍捐銀貳拾盾正；恕清捐銀拾伍盾正；捷欽捐銀拾伍盾正；恕漳捐銀壹拾盾正；錦標捐銀壹拾盾正；金鍾捐銀壹拾盾正；受福捐銀壹拾盾正；施福送捐銀柒盾伍鈁；娘仔月娘捐銀柒盾伍鈁；施利物捐銀柒盾伍鈁；施福娘捐銀柒盾伍鈁；娘仔温惠捐銀柒盾伍鈁；禎祥官、崇海官、炳三官、娘仔李成癸、娘仔李玉潤官、長吉官、水勢官、回春官、山玉官、宏束官、坤英官、清薦官、燕山官、李功都官、葉桂柳官，以上壹拾伍名各捐銀伍盾正；登壽捐款貳盾伍鈁；陳先老捐銀貳盾伍鈁；亞鴻捐銀貳盾伍鈁；新源盛捐銀貳盾伍鈁；娘仔永才捐銀貳盾伍鈁；瑞源捐銀貳盾伍鈁；王淡山捐銀貳盾伍鈁；茂寅捐銀貳盾伍鈁；長山捐銀貳盾伍鈁；章身捐銀貳盾伍鈁；炎水捐銀貳盾正；邱新玉捐銀壹盾伍鈁；菊官捐銀壹盾正；知官捐銀壹盾正；琴官捐銀壹盾正；弄官捐銀壹盾正；賜教捐銀壹盾正；望官捐銀壹盾正；維官捐銀壹盾正。總結上下計五十五名共題銀伍佰陸拾柒盾伍鈁正。

買柴柱去銀陸拾三盾五正、買磚瓦去銀伍拾三盾正、買竹鐵釘去銀陸拾盾正、買鉎膠去銀壹拾六盾正、買沙灰去銀貳拾叁盾正、買硍珠去銀叁拾盾正、買五色油水粉銀柒拾盾正、買大門楣去銀貳拾盾正、開題緣什費銀捌盾伍鈁、開添龍鳳柱銀捌拾盾正、開使漆工資銀伍拾盾正、開做木工資銀貳佰八十盾正、開入石碑去銀叁拾伍盾，合共使去銀柒佰捌拾玖盾正。

連上對除題緣來外仍尚不敷銀貳佰貳拾壹盾伍鈁正。此銀係福寧再加捐銀補足，無至不敷。

清光緒甲辰叁拾年仲冬月仝立。

二九〇　天后宮樂捐碑

【碑刻名稱】天后宮樂捐碑

【材　　質】石材

【形　　制】長方形横碑

【尺　　寸】長八十厘米、寬五十六厘米

【書　　體】楷書

【碑　　額】無

【碑　　題】天后宮

【碑文撰者】無

【碑文書丹】無

【立 碑 者】天后宮衆善信

【立碑時間】清光緒三十三年（一九〇七）

【存　　佚】現存

【地　　點】印度尼西亞雅加達天后宮

【碑刻録文】

天上聖母因庭中左右旗杆俱一朽壞，尚未修也。值今年是董事人福寧力勸衆士捐題，修整成工，樂助者必神護，名成利就，福禄壽齊全也。

各助題芳名開列：

永儀甲捐銀貳拾伍盾正；茂己捐銀貳拾伍盾正；長輝甲捐銀貳拾伍盾正；福寧捐銀貳拾伍盾正；水生甲捐銀貳拾伍盾正；禎祥捐銀貳拾伍盾正；亮武捐銀貳拾伍盾正；施利物、長茂舍、錦標號、恕漳、恕清、桂枝、漴海、炳三、添郎、長裕，以上各捐題銀壹拾盾正；伴堤捐銀陸盾正；俗新捐銀陸盾正；銅鏡捐銀陸盾正；金和捐銀陸盾正；張俊高捐銀伍盾正；潘萬淑捐銀伍盾正；潘榮輝捐銀伍盾正；燕山捐銀貳盾伍；郭春慶、甘水呼、捷欽、東盛號、金輝、活潑，各捐銀貳盾正。合共捐來銀叁佰伍拾肆盾伍鈁正。

開買旗杆去銀壹佰伍拾盾、開做旗杆工去銀壹佰叁拾盾、開買銋六角去銀共伍拾盾、開拆旗杆工去銀貳拾壹盾正、開買五色漆去銀壹拾玖盾、開立碑石工去銀貳拾伍盾正，合共用去銀叁佰玖拾伍盾正。

光緒丁未年孟冬月吉日立。

二九一　哥打答汝聖春宮門匾

【碑刻名稱】哥打答汝聖春宮門匾
【材　質】石材
【形　制】長方形横匾
【尺　寸】長一百一十六厘米、寬七十二厘米
【書　體】楷書
【碑　額】無
【碑　題】聖春宮
【碑文撰者】無
【碑文書丹】無
【立 碑 者】福建漳州府海澄邑三都白沙墅弟子顔塗等
【立碑時間】清同治十年（一八七一）
【存　佚】現存
【地　點】馬來西亞哥打答汝聖春宮
【碑刻録文】

聖春宮

大清同治十年歲次辛未葭月吉旦立。

福建漳州府海澄邑三都白沙墅弟子顏塗共叩謝。

匾額一面，另者園地一所。地中有椰十七株、榴槤二株、機二株并檳榔八株。憑衆議決，均入廟爲公利。倘苟日後不享，准他每年配享聖母祀。但恐日久廢盛，是以登我匾上爲照。

二九二　聖春宮重修捐緣碑

【碑刻名稱】聖春宮重修捐緣碑

【材　　質】石材

【形　　制】長方形立碑

【尺　　寸】長一百二十八厘米、寬七十六厘米

【書　　體】楷書

【碑　　額】雙龍朝日

【碑　　題】重修聖春宮石碑

【碑文撰者】無

【碑文書丹】無

【立 碑 者】聖春宮總理紀經麟等

【立碑時間】民國二十一年（一九三二）

【存　　佚】現存

【地　　點】馬來西亞哥打答汝聖春宮

【碑刻録文】

重修聖春宮石碑

茲將諸善男信女捐緣芳名列左：

林亞帆五十元、江長建五十元、林永福五十元、許水山五十元、源裕號三十元、王平章二十元、鄭紅嬰二十元、何亞南二十元、萬茂號二十元、李江司二十元、吳春金十九元、瑞成號十五元、陳忠酬十五元、黃氏清森十五元、金興號十二元、枝成號十元、福茂號十元、振通蜿十元、恒通號十元、炳昌號十元、春茂號十元、葉進十元、洪順標十元、許福金十元、陳明進十元、陳芳專十元、陳氏玉尺十元、陳登龍十元、陳慶芳十元、李蕃德十元、高亞嬰十元、江德里十元、莊亞才十元、易夏十元、顏氏彩簫十元、顏慶章十元、顏亞雙十元、黃玉在十元、黃和殊十元、林春發十元、林榮春十元、林怡和十元、林基十元、蘇嬰十元、許亞萬十元、王明后十元、江秀理十元、洪芋雷十元、陳金鍾十元、黃亞山十元、曾姑的十元、江永脹十元、許春安十元、江氏脉瑞十元、春源號五元、雙春號五元、益豐號五元、萬利號五元、美利號五元、振昌號五元、集茂號五元、聯春號五元、泰裕號五元、聯興當五元、吳文情五元、李蒼標五元、許金水五元、陳金安五元、周氏脉春五元、周務藝五元、周金吉五元、周烏龍五元、周福興五元、江亞細五元、洪和蘭五元、江亞彥五元、江永瑞五元、黃和立五元、黃金福五元、黃衍樸五元、黃春寶五元、黃少桂五元、許玉順五元、許天和五元、許吁味五元、許水來五元、洪氏脉花五元、洪亞松五元、洪亞能五元、林清雲五元、王亞如五元、郭煥章五元、尤金海五元、江德民五元、曾亞旺五元、孫芳五元、李元五元、顏亞福五元、鄭氏脉片五元。

天運壬申年葭月廿四日，正總理紀經麟、副總理洪金壽仝立。

二九三　瓊州會館「永遠流芳」碑

【碑刻名稱】瓊州會館「永遠流芳」碑
【材　　質】石材
【形　　制】長方形立碑
【尺　　寸】長一百八十八厘米、寬五十六厘米
【書　　體】楷書
【碑　　額】永遠流芳
【碑　　題】瓊州會館序
【碑文撰者】邱對欣
【碑文書丹】無
【立 碑 者】瓊州會館董事會
【立碑時間】清光緒六年（一八八〇）
【存　　佚】現存
【地　　點】新加坡瓊州大厦
【碑刻録文】

瓊州會館序永遠流芳

瓊南與新州相界，吾鄉懋遷此地者，貨物輻輳，商旅雲集。舊有會館祀天后聖母，因歲久傾圮，字向不合，簽議重建於兹。瀾水迴環，壯襟連之體格；秀峰聳拔，卓筆勢于雲霄。焕然重新，規模式廓，以今冬落成，不遠千里，馳書乞序于余。余以吾鄉質樸，頗爲近古，風俗茂美，不侈繁華。所願服賈來兹者，歲時薦馨，敦崇鄉誼，謹身節用，以養父母。每當會集時，與親舊叙離闊，陳説桑梓故事，以爲撫掌之資，致足樂也。喜其大工告竣，書此以勛之。是爲序。

賜進士出身特用知府前知柏鄉縣事鄉人邱對欣拜撰。

光緒六年歲次庚辰季春月十三日辰時重建會館立碑。

二九四　瓊州會館重建會館捐題芳名進支賬項碑

【碑刻名稱】瓊州會館重建會館捐題芳名進支賬項碑

【材　質】石材

【形　制】長方形立碑

【尺　寸】長二百零五厘米、寬七十三厘米

【書　體】楷書

【碑　額】無

【碑　題】無

【碑文撰者】無

【碑文書丹】無

【立 碑 者】瓊州會館董事會

【立碑時間】清光緒六年（一八八〇）

【存　佚】現存

【地　點】新加坡瓊州大厦

【碑刻録文】

今將重建會館捐題芳名進支賬項開列于后：

創理：錦源號、永洽豐、錦成號、瓊源豐、新日昌、嘉盛號、新德興、協新號。錦源號捐銀柒十元、錦成號捐銀伍十元、嘉盛號捐銀叁十元、中和堂捐銀廿伍元、永順豐捐銀廿貳元、新日昌捐銀貳十元、萬順堂捐銀貳十元、瓊源豐捐銀貳十元、源成豐捐銀貳十元、瓊盛號捐銀貳十元、錦綸號捐銀貳十元、滎源號捐銀貳十元、萬安堂捐銀拾伍元、萬能堂捐銀拾貳元、萬壽堂捐銀拾貳元、劉合利捐銀拾大元、廣日盛捐銀拾大元、新會昌捐銀拾大元、德興號捐銀拾大元、新美盛捐銀拾大元、楊合昌捐銀十元、瓊萬盛捐銀十元、黎登茂捐銀十元、符福成捐銀十元、文瓊裕捐銀十元、順興號捐銀十元、王錦成捐銀十元、新德興捐銀十元、聯發號捐銀十元、高士斗捐銀十元、泰安堂捐銀六元、新合發捐銀六元、永合順捐銀六元、史學安捐銀六元、韓錦隆捐銀五元、韓有美捐銀五元、吳美新捐銀五元、新錦昌捐銀五元、成盛號捐銀五元、陳萬發捐銀五元、新合興捐銀五元、協昌隆捐銀五元、興盛號捐銀五元、滎興號捐銀五元、龍積昌捐銀五元、新鴻順捐銀五元、韓協新捐銀五元、錦發號捐銀五元、潘有華捐銀五元、陳廷璇捐銀五元、林鴻儒捐銀五元、林之輝捐銀五元、成利號捐銀五元、和發號捐銀五元、王家隆捐銀五元、蘇萬賢捐銀五元、周緒寶捐銀五元、林樹元捐銀五元、全家球捐銀五元、陳開儒捐銀五元、韓德翌銀五元、詹修文銀五元、錦成號捐銀四元、联發號捐銀四元、南記號捐銀四元、森發安捐銀四元、順成號捐銀四元、瓊昌號捐銀四元、新源盛捐銀四元、李家宣捐銀四元、泰昌號捐銀四元、黃才裕捐銀四元、梁定祥銀貳元。

謹開來銀費款條目具列：

各执部共題大銀壹萬貳千八百三十一元四、公題所諸商題大銀柒千七百貳十六元四角、各船裝共題大銀三千八百七十五元、各鋪户共題大銀六百五十九元、進火諸商喜助大銀壹千八百元，計五條共題大銀貳萬六千八百九十一元八。

一　開買地基三座，大銀五千五百零五元五角。

一　開買石柱磉階石條，大銀壹千貳百柒十三元九角八。
一　開買金柱梆桁桷，大銀壹千九百四十另四角二占五。
一　開買磚瓦窗滴水，大銀貳千壹百八十壹元另五角五。
一　開買黄白土沙灰，大銀柒百八十伍元另一占。
一　開買金漆匾龕五彩雕工，大銀壹千四百一十五元一角二占五。
一　開請雕匠來船脚去大銀壹百貳十元。
一　開木灰匠廠厨需費大銀四十壹元壹角二占。
一　開木灰大小工金去大銀五千三百九十元另四角二占五。
一　開二次平基升梁什款費大銀柒百柒十九元二角五。
一　開公所費款辛金去大銀壹千五百貳十五元一角七。
一　開管理賬部辛金去大銀壹千六百壹十元五角五。
一　開执部抽勞金及去大銀柒百壹十元二角五。
一　開印部单仔共支去大銀壹百五十五元六角。
一　開迎神升座演戲設席費大銀壹千五百五十元。
一　開拜賀喜款去大銀壹百八十五元柒角。
計十六條共大銀貳萬五千壹百六十九元，除支費外尚余大銀壹千柒百貳十元。
光緒庚辰年九月十三日闔郡董事同衆等。

二九五　瓊州會館重建會館捐題芳名碑（一）[1]

【碑刻名稱】瓊州會館重建會館捐題芳名碑（一）
【材　　質】石材
【形　　制】長方形立碑
【尺　　寸】長一百五十五厘米、寬四十六厘米
【書　　體】楷書
【碑　　額】無
【碑　　題】無
【碑文撰者】無
【碑文書丹】無
【立 碑 者】瓊州會館董事會
【立碑時間】清光緒六年（一八八〇）
【存　　佚】現存
【地　　點】新加坡瓊州大厦

① 該捐款芳名碑共八片，此爲第一片。

【碑刻録文】

今將重建會館捐題芳名開列于左：

韓則準、龍逢新、陳貴琳、盧茂瑚、龍士章、陳所瑚，各銀十元；符昌志、陳國中、陳廷章、陳寶隆、周永泰、莫同友、龍其璋，各銀五元；林積英，銀五元；符開積、符開拔、宏發號、振盛號、協泰號、新和昌、協昌號、瓊昌號、奇盛號、茂昌號、瓊聯盛、關國祥，各銀四元；韓清甫、史仁章、陳明昌，各銀三元；歐承號、歐興號、陳元德、美利號、悦昌號、源利號、長發號、積盛號、瓊福昌、陳永選、嚴安信、新德裕、新鴻順、會昌號、符美盛、日成號、新發利、韓禄準、李明星、韓藩準、李開甲、黄才章；符福成部：許德昌、陳成孝、符振芳、符福信、李國順、王載和（公題）、王運德、陳聘三、林樹本、林明孝、魏永銘、歐基德、陳開儒、李澤蔚、王家佑、陳業統、黄有岱、王首熙、符宏江、陳天富、龍家頌、龍家業、潘如忠、華景春、胡明書、龍其和、張景瑚、林曙春、王家輝、吴世日、龍其蘭、伍耀秀、翁傳集、葉新基、韓統翼、符洪烈、林天標、周纘德、何和亨、伍秀芳、林書耀、蔡鳳岐、姚奇芬、吴家琇、范世普、符大任、林開仕、林英隆、方維義、符振岱、吴克善、鄭德順、周纘芳、許樂洲、彭忠吉、林樹良、賈宏綱、吴文泰、張修芬、雲茂源、陳廷禄、吕升篁、李熾春、張廷勛、王兆德、黄明玠、陳羽儀、盧錦盛、范昌熙、韓仁準、方維德、梁明倫、陳志生、劉肇琚、杜瓊英、何修欽、陳興富、翁世爵、鄭永禄、嚴福章、林樹芳、龍道文、陳元志、符家猷、勞文浮、韓宜準、陳貴仁、王文斌、翁家清、陳序和、吴孝元、陳如秀、王家瓚、李興山、周業清、陳明仕、陳開昌；錦成號部：林之釗、林純熙、林鴻琦、周緒明、周永裕、王士儒、王其南、王其梓、韓德豐、陳精璉、陳孝紀；瓊源豐部：黄家焕、范世昌、李樹記；吴孝福部：張德任、廖必有、孔廣吉、林之翰；翁世位部：翁德澤、王運志、湯家振、雲崇明、王道元；□六□甲：陳家鶴、龍逢聰、吴志貴；趙才明部：方惟賢、伍毓梁、曾輝明、符宏欽、陳寶信、余道義、陳家璉、陳貴文；永治豐部：林起鴻、鄭士琳、黃振瑚、盧懋榮、麥應耀、黎成昭、謝明杰、林烈邦、陳治富、嚴海忠、嚴瓊璋、符居清、李玉興、周文高、符可經、梁居龍、楊維萬、謝昌時、許家欽、陳家仕、堯運現；韓吕部：韓豐翼、韓益準、林書英、黃家禄、吳朝經、韓生準、林英珍、龍漢經、韓全準、陳子昭、張德裕、翁家欽、嚴長發、林樹和、郭書甲、范昌南、王永順、趙猷憲、王鳳、邢定深、王先猷、周運馨、陳文德、李粹圃、符宏佳、莫大山、蘆成書、符大德、陳居茂、陳貴盛、符載華、許書毓、陳有章、吕友仁、陳藴玉、韓緒翌、朱文定、林之柏；以上各銀貳元。

二九六　瓊州會館天后宮改建留芳録序牌（之一）

【碑刻名稱】瓊州會館天后宮改建留芳録序牌（之一）
【材　質】銅材
【形　制】長方形横牌
【尺　寸】長一百八十四厘米、寬四十九厘米，共兩片
【書　體】序文隸書，芳名楷書
【碑　額】無
【碑　題】新嘉坡瓊州會館天后宮改建留芳録序
【碑文撰者】無
【碑文書丹】無
【立 碑 者】瓊州會館改建委員會
【立碑時間】一九六三
【存　佚】現存
【地　點】新加坡瓊州大厦
【碑刻録文】

新嘉坡瓊州會館天后宮改建留芳録序

宮館宇改建之議倡始于一九四八年，天后宮董事及會館執監委聯席會議經十年籌劃，迨一九五九年召集吾瓊各社團共商，正式成立改建委員會，發動籌募改建基金，并于同年興工。一九六二年杪方告落成，美輪美奂。今且訂于歲之四月七日舉行開幕典禮。改建宮館之議，實有賴歷屆鄉賢之深謀遠慮；興工而後，得改建委員會諸公努力以赴，以及吾瓊熱心人士慷慨輸將，終底于成，偉績實不可没。爰將改建委員暨樂捐諸公名氏鏤志銅版，永資紀念，至先啓後繼，其功則一也。是爲序。

改建委員會委員（恕不稱呼）：

主席符致逢，副主席王先德、黄文湯；總務股：主任黄正本，副主任盧寧、瓊崖溪北同鄉會；財政股：主任王大藻，副主任郭開始；查賬股：主任李大枋，副主任張小松；督建股：主任謝門熙，副主任陳國卿、林英秉；籌募股：主任莫履瑞，副主任李會章、王國啓；布置股：主任陳鍾彦，副主任華友會、黄勝白。

委員：吴御之、王昌稚、高定簿、王先楠、陳治雲、林明芳、吴人杰、趙玉山、張昌焕、薛秀福、黄守勤、林衍橋、韓釗準、阜安號、瓊盛號、符氏社、神農藥房、萬美碹店、三盛信局、精華牙科、永吉昌號、恒裕興號、恒裕利號、符廣裕號、恒裕成號、善志社、雲氏公會、盧氏公會、四寶文印務、南福金鑽店、瓊南客棧行、瓊僑王氏祠、星洲韓氏祠、銀河音樂會、瓊州青年會、瓊樂同鄉會、仙林同鄉會、瓊联聲劇社、瓊崖潘氏社、德僑互助社、瓊職友劇社、瓊崖朱氏社、鎮南俱樂部、知行俱樂部、馬來亞電版彩色印刷公司、新生印務公司、咖啡商業公司、聯商有限公司、南興昌進兑莊、瓊崖林氏公會、瓊崖陳氏公會、瓊崖黄氏公會、瓊崖龍氏公會、瓊崖李氏公會、瓊崖周氏公會、瓊崖何氏公會、瓊崖楊氏公會、瓊崖許氏公會、瓊崖謝氏公會、瓊崖鄭氏公會、瓊崖翁氏公會、瓊崖邢氏公會、瓊崖吴氏公會、瓊崖梁氏公會、星華培進公會、南洋詹氏公會、瓊僑匯兑公會、瓊南音樂劇社、永利華有限公司、瓊崖重興同鄉會、瓊崖存信同鄉會、瓊崖南壁同鄉會、瓊崖沙港同鄉會、孟里南旅同鄉會、軍港瓊僑同鄉會、漳宜瓊僑同鄉會、泰家南旅同鄉會、東陵瓊崖同鄉會、後港瓊崖同鄉會、東方汽水有限公司、郭新父子有限公司、森吧旺瓊崖同鄉會、瓊僑咖啡酒餐商公會、武吉智嗎瓊崖联誼會。

樂捐芳名：

黄實甫壹萬貳仟元；符氣浩遺産壹萬壹仟元；瓊僑咖啡酒餐公會、符廣裕、王先德、郭新父子有限公司、何珍南、莫履瑞，各捐伍仟元；李會章肆仟元；黄循蛟、高定薄、瑞記餐室，各捐叁仟元；盧寧貳仟伍佰元；楊渠安貳仟壹佰元；蔡澤信，林漢波、李大枋、嚴福春、李城燕、再發酒店、翁德盛遺産、楊慶智、何基業、源裕昌汽水行、善志社、林熙鳳、王先樹，各捐貳仟元；周永润、陳治善，各捐壹仟伍佰元；翁紹蘭、星華培進公會，各捐壹仟貳佰元；蔡邦福、李學芳、王其雄、華友會、周德齊、符建耀、王德江、譚文瞟、張學海、詹行銮、雲紹熙、全英運、長春電器水喉工程、王大藻、林鴻舫、泉香有限公司、陳炳芳、林英秉、鎮南俱樂部，各捐壹仟元；武吉智嗎瓊崖聯誼會伍佰柒拾陸元；張從鵬伍佰貳拾元；莫泰金、符國棟、雲茂潮、瓊崖林氏公會、新生印務、蘇秀福、陳治雲、瓊崖陳氏公會、黎登序、韓鴻光、符建載、趙玉山、張曙明、益和堂、南安有限公司、周經綸、南發布莊、謝龍、符大炳夫人張金蘭女士、陳如煜、瓊联聲劇社、馮增福、陳玉熊、李嘉明、李學勤、李士榮、中華旅館、瓊崖黄氏公會、東陵瓊崖同鄉會、德僑互助社、森吧旺瓊崖同鄉會、符氏社、陳昌蕃、謝門熙、彭業保、符致輝、廣益醬園、周南成、范基壤、龍學佩、周懷椿、美芳酒店、新和成麵包廠、林樹旭，各捐伍佰元；林日寧、吴德岱、符炳成，各捐肆佰元；陳芹年、陳茂年，各捐叁佰伍拾元；嚴崇發、嚴崇發紀念故令尊嚴福謙先生，各捐叁佰叁拾元；符和美、魏大乾、賴明森、郭義山、義奮發號、王昌應、雲大欽、何南興、德安堂、南天善堂、林廷尊、陳澤春、陳昌杰、黎日暹、黄世棟、王天和、符世林、符氣球、何子蕃、蘇岱民、李學豐、李疏伍、王以及夫人、水泰安兄弟公司、發新酒店、瓊崖重興同鄉會、符之權、鄧文存、莫泰棟、龔茂泰、瓊崖沙港同鄉會、陳光宗、黄世光、黄循美、陳纘明、鄭心騰、麗都影相公司、符鴻拔、嚴本記、袁振琚、楊善權、黎良棟、符樹昌、符世菌、黎家彦、慶昌餐室、林猷漢、李學猷、李星光電器工程、李運瀚、李士林、李嘉和、南洋詹氏公會、瓊崖溪北同鄉會、鄧文禮、張傳欽、瓊崖楊氏公會、蘇偉璋、孟里南旅同鄉會、顔振連、潘正琨、盧修德、盧業松、王南山、王崇炳、王普昌、瓊崖邢氏公會、瓊崖謝氏公會、瓊州吴氏公會、吴朝儀、瓊州梁氏公會、符和松、瓊崖許氏公會、美昌洋服、朱家儒、鄺穰農、美利昌號、恒星碹店、朱儒榮、新瓊盛、韓培元、嚴福基、吴坤宏、趙錫農、鄭有應、端記餐室、王輝漢、萬和豐麵包廠、王老安、陳會盛、李琴、林鴻標、王禄謙、符鴻金、羅正焕、黄世烽、范運昺、范運憬、陳昌英、符樹瑶、王文昌、符國富、符氣傳、符致瑶、吴人杰、天和堂、永利華有限公司、美珍餐楼、中國書局、三盛信局、成隆號、友成麵包廠、和記信局、南方餅家、林衍橋、莊嚴寄廬，各捐叁佰元；翁氏公會貳佰叁拾陸元；綸彰有限公司、麒麟理髮室、后港瓊崖同鄉會、瓊園餐室、快樂酒吧、協泉發、仁風公司、林樹璋、永美牙科、本然影相館、軍港瓊僑同鄉會、大衆茶店、謙發號、瓊崖龍氏公會、龍兄弟汽水廠、瓊崖存信同鄉會、瓊崖南璧同鄉會、瓊南客棧行、盧南洲、星洲韓氏祠、符和慶、楊維樹、符鴻瀛、樟宜瓊僑同鄉會、萬安堂瑛記、富裕號、富興隆、永行麵包廠、潟安號、中國藥房、陳傳文、龍學璧、三樂酒店，各捐貳佰元；黄守谐、雲昌浩，各捐壹佰伍拾元；林熙烈、莫開榜，各捐壹佰貳拾元；瓊州青年會、泰家南旅同鄉會，各捐壹佰壹拾叁元；張小松、黄才蕃、馮裕謙、張昌焕、馮裕源、吴御之、楊培佳、莫履謨、吴淑卿、張朋潛、符瑞波，各捐壹佰壹拾元；湛永熙壹佰零伍元。

二九七　瓊州會館天后宮改建留芳録序牌（之二）

【碑刻名稱】瓊州會館天后宮改建留芳録序牌（之二）
【材　質】銅材
【形　制】長方形横牌
【尺　寸】長一百八十四厘米、寬四十九厘米，共兩片
【書　體】楷書
【碑　額】無
【碑　題】無
【碑文撰者】無
【碑文書丹】無
【立 碑 者】瓊州會館改建委員會
【立碑時間】一九六三
【存　佚】現存
【地　點】新加坡瓊州大厦
【碑刻録文】
林紹萬、盧愛榮女士、韓多元、陳世宣、薛福□、楊國光、辜義勤、莊運邱、符樹和、周標鳳、韓亞森、林和

四、吳玉柱、蘇日達、黃華苑、龍鵬萬、孫林輝、盛永標、許萬律、王永興、黃明發、胡振理、王賦昌、林深
廷、黎福家、錢開雲、袁春澤、陳家禮、鄭子武、老壹興菜館、黃壽松、吳乾春、符樹賓、黎易良、符和瓊、張
亞美、張詩成、陳進□、韓輝準、吳鍾瓊、李成文、方寶璋、黃家瓊、劉之貴、符園瑶、陳鍾秀、黃正本、陳秋
林、歐佳猷、陳禄如、王飛鴻、姚蕃善、李芳琳、盧業俊、盧鴻禮、符家俊、王業輝、謝達妹、李永冠、龍興
誠、梁寅生、何君竟、潘先清、符義盛、符勸熊、陳聞利、林詩軒、馮錦親、莫春炳、盧鴻仁、吳基虎、符客
光、林慶魏、陳玉翼、星洲西果廠、陳家富、李總瓊、梁定□、陳玉瑩、吳靈明、翁紹昆、周朝珍、王經悦、陳
家輝、陳維材、黎登安、葉用煥、詹所智、黃敦和、珍美真號、詹孝武、林鴻□、盧鏡□、左廷銮、何子彪、黃
守權、鄭菌玉、覃學裕、黃敦鱗、陳家庭、盧家文、陳家輝、黎德華、林樹業、馮增海、龔德□、余成錦、符明
池、邢穀仟、馮錦梓、謝成周、何書彬、譚學華、盧華民、王紹輝、符鴻鍾、林熙佐、符鴻川、唐輝章、符鴻
美、違開爾影相、林世耿、何家福、韓正豊、符致森、鍾炎洲、龍興雅、王運宇、黃守萬、謝晋芳、黃良登、吳
多泽、黎國昌、文華權、馮朝端、林猷山、李昌時、陳修拔、咖啞商業公司、林熙渭、符亞杰、陸志僑、黃其
漢、王業治、符氣成、林明甲、徐天明、董業華、黎德煥、黎德惠、黃循幹、符致華、瓊和興號、譚基福、施德
軒、聯合餐室、韓蔚豐、符氣源、符宏達、林日振、符東協、許闻通、符世鏡、符紹南、周永錫、馮鏡湖、符氣
誠、林鴻忠、符福海、王士湖、王昌詢、王經師、王惠德、王守華、何書軒、何書軾、何書文、翁紹群、梁安
全、雲正熙、雲昌熊、雲逢寶、雲丹運、雲逢蔭、雲氏公會、戚家才、何良漢、李棟芳、丁善寬、盧家文、符和
玉、黃明金、文國標、雲昌儒、陳德修、王昌貴、許萬强、許書紀、趙錫淵、黎汝傳、林猷連、陳學瓊、許福
生、張傳輝、黃學釗、黎先綱、陳國祥、陳永仁、黎松、新瓊興酒店、張運柄、黎光超、堪先泉、柯景鳳、施德
志、王祚賢、黎文錦、蔡有鶴、吳伯章、韓濃豐、張從宣、馮高漢、吳達森、西園餐室、何良耀、唐輝璵、張運

南、李健芳、何和豐、黃昭軒、瓊崖南梅同鄉會、林道椿、韓敬三、韓省吾、東興公司、楊善泰、周昌業、黃昌祿、何文華、李家浩、黎光搏、何和安、符載鳴、王興運、炳耀號、陳建炎、姚甸瓊、南生麵包廠、符福成、王康洲、黃友華、余紹棟、許振椿、宋業盈、陳達樞、林猷炳、林方光、符樹章、莊運平、符鴻珪、符載冠、蘇慶傳、鄭庭和、翁詩雄、傅丹雲、开福軒、邢詒讓、陳學僑、葉用佩、陳鳳梓、江祥發、馮成學、符國龍、吳光洲、袁大山、陳豪賢、梁振之、嚴文宣、林道全、吳川周、符致雲、符永英、陳華寶、吳可儒、符國岩、陳時炳、嚴崇琪、李啓榮、林英、符氣蕃、何書田、陳大坤、林振文、莊之友、莊運儀、鄧仁寬、洪運芬、莊耿海、馮維思、龍朝權、王弗英、林樹軒、韓通元、符家譽、何君灝、葉運廣、陳聞煌、同利餐室、陳序傳、陳培梁、陳家宣、陳學略、陳玉武、林總、王業豹、吳淑臻、符儒章、符鴻芳、鄭有宋、王家奮、符氣東、孫紹德、吳坤乙、盧業貴、謝文輝、甘邦壽、韓保豐、范肇琦、符鴻澄、周業禧、林玉嶺、何書浩、馬大欽、龍程衍、陳鳳書、潘孝煊、周朝翔、嚴崇寬、陳學來、王統興、蘇啓湖、李培源、符昌慶、何基民、郭澤雄、翁闕詩、陳傳國、李瓊菌、李城福、謝清民、王運就、岑居福、陳家秀、金陵餐室、協和號、德隆信局、豐盛合記、李大中、馮月菌、林猷翰、邢詒明、曾日珍、洪貴章、王苐平、瓊崖潘氏社、潘正連、盧鴻良、盧善民、盧修道、盧修昭、盧鴻堃、盧文仕、盧岩、盧鴻炎、盧業江、盧業育、梁安雲、王德布、符和蔭、張輝運、王國裕、謝式民、王亞德、吳天蔭、何子棟、陳猷、瓊崖鄭氏公會、李蟠雲、姚裕幹、符致星、符龍祥、瓊崖李氏公會、蘇慶住、梁定金、許聲溥、許聲順、許振國、許學宸、許振興、吳書亭、謝自孚、朱位椿、楊維雙、黃心訓、楊濃安、楊維良、楊善潤、楊維連、楊維武、楊善芬、林樹楹、楊善璧、楊慶虎、楊善運、楊善壯、楊慶東、楊善坊、楊善銘、楊攀丹、韓任元、楊善子、楊維鶴、楊維晃、楊善江、翁德鋆、翁紹孟、翁紹堅、翁波然、郭家謨、黃運德、王國治、王家焜、黃昌格、黃昌瑶、黃其文、黃昌蕃、黃良超、仙林同鄉會、黃守漢、陳家文、詹道垣、詹行鍔、詹所棟、詹行甫、詹道光、詹所模、詹所梓、陳昌才、周經琳、周德進、周懷顏、黎國漢、瓊南音樂劇社、黃業農、盧振華、李詩振、陳嘉杰、鄧煥濠、韓端豐、何業苑、何尼山、何世昱、何敦鑾、楊慶義、許聲雲、新益美號、陳德浴、高日旼、歐繼烈、歐繼泉、韓繞青、林其專、蔡其標、王大統、黃循鐵、黎家仁、黃守鳳、葉之桂、符振炳、李蕃龍、陳治倬、韓仲元、黃國光、李森苑、李正棟、李業垂、李起慶、李啓漢、李有仁、李居幹、李瑞麒、李昌輝、李業桂、李异波、李遴書、李嘉明、瓊崖周氏公會。

附録：

本館主席符致逢先生於一九四八年間，協助戰時死難同鄉海員遺屬領取撫恤金。其遺屬樂助本建築基金計共叁萬貳仟伍佰元。

兹刻録死難者芳名于下，永志留念。

陳昌佩、楊必文、馮茂楠、陳德富、周大亨、陳玉湖、黃士標、莊善良、符和洗、沈學才、王老、符文偉、王寬、黃成吉、廖善鋆、王永清、黎才良、李文炳、周德玉、許詩香、周德標、莫泰唯、孫文雲、林樹連、龍鵬英、馮朝子、陳邦龍、符亞山、梁其昌、韓魏豐、張文澤、王家升、吳多源、莫履柏、殷崇琳、李昭欽、潘正廉、吳世兰、莊振楠、符樹釗、陳達經、黃居卿、陸興繼、符樹鳳、陳弈鑾、陳名義、韓汶豐、符國連、張明樞、林鴻才、陳必清、黎汝秀、楊善洋、陳鳳清、陳善芳、林鴻煥、朱章萬、黃敦瓊、謝一猷、馮輝光、王綏國、趙錫義、曾繁輝、傅舟鑾、郭遠聲、盧業豐、楊振蕃、黃正琳、盧業華、韓江元、范大炳、黃大必、王亞經、楊善榮、楊善振、黃宜泮、符敦珽、符用益、黃家去、鄧仁之、謝自材、王敬亭、王茀蘭、符繼良、王大良、符樹風、黃亞維、陳明欽、工綏嵱、符昌盛、陳忠澤、符昌林、蔡時風、何君賢、李大勛、韓大豐、何居符福維、楊善樹、林明光、王永華、鄧學進、韓琚豐、雲逢鹿、李亞才、陳鳳里、楊緒萬、王會興、莫履才、陳業禎、符國三、雲逢春、符樹鳳、孔慶琛、吴多良、王業德、李運親、柯國芳、潘光禄、龍田材、符樹釗、李潤瓊、李昇華、賴行蘭、符儒獻、謝式臣、符世玲、周昌榮、陳文澤、李有江、沈學孔、姚蕃義、楊振南、陳家信、香、符世英、龍興泰、林雄、符氣禮、謝自峰、王序豐、韓琿元、何君明、符傳虞、謝家俊、符致文、盧家何啓春、胡家欽、王永洪、孟桃、符輔卿、王章福、周緒運、吴世雄、陳業經、莊耿春、莊光棟、莊之篤、陳成新、馮業釗、黎國棟、曾慶龍、王義運、楊學後、吴世書、邢益金、楊維球、吴茂惠、莫國俊、韓慶元、才、龍歷寶、鍾運義、馮經春、符明佳、何和昆、符國恩、陳寶成、林獻琨、許世昌。

（注：上録姓名，有者係由死難者登記證件中譯者。）

公元一九六三年四月七日立。

二九八　瓊州天后宫・新加坡海南會館銅牌

【碑刻名稱】瓊州天后宫・新加坡海南會館銅牌
【材　質】銅材
【形　制】長方形横牌
【尺　寸】長九十二厘米、寬七十五厘米
【書　體】宋體
【碑　額】無
【碑　題】瓊州天后宫・新加坡海南會館
【碑文撰者】無
【碑文書丹】無
【立 碑 者】海南會館
【立碑時間】一九六三
【存　佚】現存
【地　點】新加坡瓊州大厦
【碑刻録文】

瓊州天后宮・新加坡海南會館

瓊州天后宮、海南會館（舊名瓊州會館）創立於公元一八五四年，是新加坡最古老神廟/會館之一。原址在馬拉峇街六號（後被政府徵用）。内供奉天后聖母（海南人俗稱「婆祖」）、水尾聖娘、昭烈一百零八兄弟公諸神靈。公元一八八〇年「瓊州天后宮公司」集資購置美芝路四十七號（即現址），作爲永久産業。同時興建一座中國庭院式屋宇，作爲祭祀神靈及會務活動之場所。所需建築材料，全部采購自海南島（現海南省）；雕刻灰工，也選聘自海南島。工程於一八八七年竣工。至一九四八年鄉賢符致逢乃倡議改建，經過十年籌劃，一九五九年動土興建一座七層樓現代化大厦，除做宮/館活動場所外，兼具商業用途。後座「天后宮」則保留原狀，供奉天后聖母等原神靈，使終年香火不斷。美輪美奂大厦於一九六二年杪落成，命名爲「瓊州大厦」。次年四月七日舉行開幕典禮，盛況空前。宮/館内迄今保存有珍貴文物，名人楹聯，罕見銅制鹵簿、祭祀用器皿、石碑、匾額等，供人觀賞。

二九九　何良杞捐款牌

【碑刻名稱】何良杞捐款牌

【材　質】紙質

【形　制】書頁

【尺　寸】長二十六厘米、寬十九厘米

【書　體】楷書

【碑　額】無

【碑　題】無

【碑文撰者】無

【碑文書丹】無

【立 碑 者】改建委員會

【立碑時間】一九六三

【存　佚】現存

【地　點】新加坡瓊州會館

【碑刻録文】

何良杞先生，享珍南樂會多畝村人。一九一九年，弃學南來，始在蔴坡經營膠園，繼在古來振林山等地擴植新膠園，秉性勤儉，長袖善舞，故事業日益進展。生平熱心公益慈善，關懷教育，歷任古來英才學校董事長及各社團要職。一九三六年，南京僑務委員會邀請返國考察實業，并順道赴日本參觀教育工業。七七抗日戰争暴發，被選爲古來籌賑會主席，兼勸捐救國公債主任、柔佛新山籌賑總會副主席，良籌碩劃，奔走呼號，建樹殊多。因之馬來亞淪陷期間被日憲逮捕後，雖幸獲釋，然半生事業突受打擊，幾瀕破産。星馬光復後，重整殘存舊業，雖僅得温飽，然對慈善公益仍未敢後人。此次本館重建，慨捐五千元爲建築基金，急公好義，熱誠可風，用志簡史，永留紀念。

改建委員會。

三〇〇　新加坡瓊州會館大厦落成開幕志慶「巍峨壯觀」匾

【碑刻名稱】新加坡瓊州會館大厦落成開幕志慶「巍峨壯觀」匾
【材　質】木材
【形　制】長方形横匾
【尺　寸】長三百零五厘米、寛六十厘米
【書　體】楷書
【碑　額】無
【碑　題】新嘉坡瓊州會館大厦落成開幕志慶
【碑文撰者】無
【碑文書丹】無
【立 碑 者】新馬海南僑團賀慶
【立碑時間】一九六三
【存　佚】現存
【地　點】新加坡瓊州大厦
【碑刻録文】

新嘉坡瓊州會館大厦落成開幕志慶。

檳城：檳城咖啡茶商公會、檳城符氏社、檳城益群俱樂部、檳城蘭亭閣俱樂部、檳城魯藝行、檳城輪藝行、檳城萬寧同鄉會、檳城厨業聯合會、檳城洋務工友聯合會、檳城以文閣俱樂部、檳城瓊僑陳氏祠、檳城丹絨武雅瓊誼社、王祚位、陳澤民、盧鴻欽、高人成、紀繼薔、許福霖、許書勛、嚴崇禮、陳書裕、陳紹樞、陳明政、陳慶瑛、莊厚芬、郭违勛、林惠廷、李家宜、林克植、符泰禮、陳盛吾、林樹熙、陳學庭、陳貴楓、陳明光、符國史、林廷修、歐世福、林猷新、陳繼崇、盧鴻德、陳廷經、林鴻位、俞廣潤、陳聲訓、陳惟兆、陳澤文、符國瑚、何敦璿、何瑞華、黎汝益、陳開俊、王一民、吴清波、符和存、陳一枕、陳獻珏、陳獻新、陳川鑼；吉蘭丹：吉蘭丹華商咖啡公會、符昭雄、符兹美、符兹利、符昭錦、符大銘、符福棠、符儒慶、符兹仕、符儒孝、符昭昶、符致晟、符昭典、符致明、符昭炎、符績釗、符昭宣、符兹燦、符兹正、劉迹顯、許萬典、許禹聞、詹尊五、祝福川、邢詒湖、邢詒震、吴清儒、歐憲傳、林廷苾、林日經、林鴻深新都、林鴻深新華、李會軒、歐卓彬、歐世端；笨珍：李家正、陳國選、雲逢林、黎光寅、張明耀、林廷淵、李俊、何敦瑚、馮桂東、李家保、潘于廣、雲大椿、周懷新、林明和、王英富、何啓銘、伍書周、伍明耀、吴運桂、錢開運、鄭家美、李文卿、林猷文、羅肇傳、詹尊琛、林猷準、林熙鎮、符之輝、雲昌鑒、張新福、黄守春、林廷恕、陳進蘭、鄺輝宏，同賀。

三〇一　新加坡瓊州會館大厦落成開幕志慶「瓊枝敏秀」匾

【碑刻名稱】新加坡瓊州會館大厦落成開幕志慶「瓊枝敏秀」匾
【材　質】木材
【形　制】長方形横匾
【尺　寸】長三百九十七厘米、寬七十五厘米
【書　體】楷書
【碑　額】無
【碑　題】新嘉坡瓊州會館大厦落成開幕志慶
【碑文撰者】無
【碑文書丹】無
【立 碑 者】新馬瓊州會館賀慶
【立碑時間】一九六三
【存　佚】現存
【地　點】新加坡瓊州大厦
【碑刻録文】

瓊枝毓秀

新嘉坡瓊州會館大厦落成開幕志慶。

馬來亞瓊州會館聯合會：新山瓊州會館、居鑾瓊州會館、峇株巴轄瓊州會館、豐盛港瓊州會館、古來瓊州會館、永平瓊州會館、笨珍瓊州會館、冷金瓊州會館、新文隆瓊州會館、麻坡瓊州會館、普屬瓊州會館、吉胆瓊州會館、象甲瓊州會館、馬六甲瓊州會館、□□馬六甲瓊州會館、淡杯瓊州會館、野□瓊州會館、□□□瓊州會館、□□□瓊州會館、□□瓊州會館、波德申瓊州會館、淡□□瓊州會館、巴□瓊州會館、立卑瓊州會館、關丹瓊州會館、林□瓊州會館、甘□□瓊州會館、甘嗎仕瓊州會館、柏加瓊州會館、龍引瓊州會館、登嘉樓瓊州會館、吉兰丹瓊州會館、霹靂瓊州會館、金寶瓊州會館、□□□瓊州會館、安順瓊州會館、太平瓊州會館、天定州瓊州會館、江沙瓊州會館、北海瓊州會館、□□□瓊州會館、□□瓊州會館、□□瓊州會館、□□瓊州會館、□□□瓊州會館、□□□瓊州會館同賀。

三〇二　古晋瓊州公會千古流芳碑

【碑刻名稱】古晋瓊州公會千古流芳碑
【材　　質】石材
【形　　制】長方形立碑
【尺　　寸】長一百八十厘米、寬六十八厘米，共五片
【書　　體】楷書
【碑　　額】無
【碑　　題】千古流芳
【碑文撰者】無
【碑文書丹】無
【立 碑 者】瓊州公會李可章、歐書文等
【立碑時間】清光緒十四年（一八八八）
【存　　佚】現存
【地　　點】馬來西亞古晋瓊州公會
【碑刻録文】

維宮廟之設，所以綏侑神靈，聯洽鄉誼，典至鉅也。首事張錦興、陳治明、歐書文同衆等別禮義之邦，入荒裔之地。駕鷁尾以涉重波，多蒙神佑；遂蠅頭而營末利，默荷神庥。無如尸祝有心，鑄顏無術，未免托莊鮒之嘆耳！今則客燕雪絶賓鴻，日見而不相識也。倘於此而涣者，不能卒之，將骨肉等於途人矣。雖我欲聯桑梓之情，當設聚會之所。遂與二三同人，謀諸瓊南父老，僉曰：會館之設，是美舉也，子先圖之，吾踵尾焉。爰集衆人之志，毋慳倒篋之心。妍媸不計，人奚論失東施西施；豐菲并收，家何分乎南阮北阮。舟舉堯夫之麥，塗脱平仲之驂。共計捐金有奇，於是購宇買基，鳩工庀材，創建會館於晴嘮越之地。經始落成於光緒乙酉年四月吉日，雖踵事而增華，實有加而無已。綉桷雲楣，壯嵬峨而岌嶪；雕楹玉碣，映崱屴以崇窿。衆志弗壹，胡基之闢；衆誠弗輸，胡宇之宏。然非徒一時之壯觀瞻，且欲爲萬世之勤服賈也。事既告竣，顏曰「瓊南會館」，崇祀天后聖娘，諸君子之所志遠大者，誠未可量也。夫瓊筵陳俎豆，鵷班鷺序依然，濟濟蹌蹌，而南國薦蘋蘩，虎拜鳧趨。更覺魚魚雁雁，何但瓜投瓊報，登堂敦洽比之情，還期道羡南來，入廟垂勸懲之訓。履客路以坦平，睚眦胥化；同地天之覆載，畛域莫分。庶幾河伯獻珠，波臣貢瑞，雖曰人事，豈非神力哉！凡同捐之姓氏，行當壽以貞珉，將見神有憑依。看今日大庇萬間廣厦，人皆樂進，知此舉爲百代宏規。是爲序。

一議賬期定於三月廿四日、七月廿六日、十一月十五日，風雨不改。

原創：李可章、雲逢高、吴義傳、張成宗、陳治明、張德顯、李開清、歐書文、周道宏、陳家顯。

重創：歐書文、陳文儀、張錦興、陳治明、李開清。

張昌伍捐銀十五大元，鍾啓春捐銀十三大元，李生浩捐銀十二大元，張世平、符國春、吳玉昌、陳文儀、陳來經、張錦興、陳月成、陳浩明、何錦金捐銀十大元。

光緒十四年歲次戊子季春吉旦新刻。

李業春、鄭敦南、王士富、邢詒璠、陳茂治、王安隆、馮邦訓、梁亞江、陳一貴、陳獻山、雲崇燕、林猶章、林發充、翁德深、陳亞柏、王奉吉、梁玉美、王永盛、潘光炳、鄒宣琦、陳朝隆、王順讓、張雄物、余亞九、陳一順、王大秀、曾興國、殷大吉、雲昌德、符和秀、謝昌達、黃大新、田憲邦、梁國深、林猶仁、黃運經、陳昌秀、王輝運、芳妚源、梁業美、符宏昭、王大期，以上銀捌元；瓊同興裝、黃大達、林樹榮、梅金明、吳德保、張成昆、王炳志、蔡福才、符昌茂、楊中貴、王運宏、鄧修志、王安仁、陳成保、黃學所、莊家道、翁德開、孔昭德、周中興、翁學位、林邦偉、黎炳文、陳宏明、詹尊仁、陳順逢、龍運泰、李聲文、許其昌、王學安、符永運、符會廉、張朝福、梁安仕、符樹和、符昭爛、邢國賢、莊運新、余道申、李國成、詹行佑、邢福榮、蔡期花、李國聲、黃世魁、黃振蘭、蔡家業、卓列容，以上銀七元；黃可智、蕭進先、林廷芳、周永貴、蔡亞輻、張熊龍、□有足、陳京秀、袁多裕、符運香、陳大全、馬財瑞、黃運魁、雲茂珍、陳明昌、王祿斗、林開坤、楊成方、李家廉、符孔學、許天運、梁安静、許天時、沈開源、符氣統、陳發珍、陳開源、詹行士，以上銀六元；吳啓福、謝家美、林木務、王昌新、□□□、林日光、何天年、黃明元、符同宜、陳元標、廖水模、陳學貫、楊乍鳳、翁家煌、吳啓明、陳順宜、狄大士、黃明斗、羅耀宗、楊在亭、□明禄、林開慶、□天□、陳德盛、何修□、□□□、□裕□、鍾國炳、林熙業、符家桂、林宏書、李元標、陳士明、翁世標、鄧邦甲、陳達深、邢詒禄、銘昌大、李聲仁、黃妚昌、莊家醴、符世昌、林鴻宜、雲茂瓊，以上銀五元；謝廣伴、曾輝書、曾書茂、陳家正、歐世欽、何修平、曹成謨、符之秀、陳興韶、邢詒達、王運興、芳學賢、李振森、張世貴、謝隨森、陳繼星、邢修隆、林開乾、許學光、符國標、張家奉、符定世、陳保信、吳會由、蕭家論、簡詒成、詹修明、陳保秀、王家瑞、陳治貴、何經啓、王大明、盧茂啓、符會隆、許德山、莫明山、蘇毓熙、新就安、陳中桂、梁仕欽、陳詒惠、張興養、符成志、符載和、陳宗楫、梁居富、何經智、莫同海、王大生、林發蘭、陳慶明、曾顯德、王輝勝、金永安、李運茂、劉春茂、文景蘭、袁大翼、詹修、蔡傳盛、吳高林、王士明、郭詒信、李世香、高仕欽、何修申、邱廷和、黃德英、邢詒珍、黃德欽、韓珉準、岑克河、李仰武、吳開國、□□□，以上銀四元；瓊盛興裝獨捐大銀四元；雲崇正瑞、林之輝、黃長徑、李宏時、葉時幅、何修成、何昌智、刑國良、許昌志、全家贊、林所達、何大經、符用時、郭書盛、黃聲揚、梁業茂、黃長灼、黎文德、王學整、張世成、韓書翼、陳文清、陳治玉、曾揚惠、李聲朝、林學章、何大用、黃生春、陳明生、吳邦順、孫裕昌、吳慶裕、王文章、陳進長、許興章、謝隨倫、何大良、何修旺、黎丁明、梁啓光、黃時裕、何□□、張宮裕、梁生□、□□隆、吳啓生、黃耀奇、陳昌英、莊元吉、謝維芳、邢治禄、王正清、林良楙、翁德成、黎開興、曹興義、陳大明、葉茂花、周德勛、王江吉、梁啓佑、陳大宮、邱裕德、岑成鸞、郭明順、吳丁才、吳有富、王德廣、王奉奕、林獻香、林之中、黎水醴、梁元佐、陳學□、何大新、馮裕德、韓民封、潘家秀、林樹杞、王正賢、黃大生、邱昭高、張用珍、張道蕃、曾象隆、黃仁浩、王隆秀、雲逢輝、陳大璋、唐亦文、李□□、符宏耀、陳維忠、段大積、盧修昌、黃朝柏、陳德宗、陳連槐、張忠裕、趙繼隆、田啓南、張鍾秀、葉向宗、周懷經、陳炌明、譚文安、詹修積、陳家文、朱廷先、陳興邦、湯生隆、林明章、黃大彬、黃實花、符大生、陳秋吉、陳文德、馮景祥、李善正、雲昌球、吳玉修、黃啓包、詹所□，捐資銀三元五；翁名文、慕炌連、□□猶、洪文秀、郭盛福、吳有謙、劉炎穆、嚴家宣、陳廷琚、梁芳蘭、陳勝會、孫源時、黃德芬、袁開光、邢詛榮、沈興拔、林邦隆、劉石二、嚴敬成、何徑福、王德欽、林樹杞、吳坤緒、郭詩唐、龍有炳、翁德保、黎先耀、張忠仁、張忠

義、鍾天花、刑□□、魏永佩、吳衍應、黎先裕、李家倍、周成美、江運吉、許大贊、李高琳、陳文杰、符致
書、何經選、陳德盛、王大芳、王家仁、陳宗福、林上達、黃得光、陳世豐、潘于紳、吳啓昭、余道明、陳學
武、劉宏興、陳開拔、李茂春、工光裕、何經統、孫子卿、吳乾清、何昌禮、陳啓昌、呂定統、陳家大、陳治
拔、朱啓桃、林生貴、歐明信、陳朝鴻、彭楊仁、王昌蘭、李升衍、郭謨臣、殷德滌、朱運督、黃大光、李貴
卿、蘇德炳、林進星、邢寶茂、陳文苑、黃紹瑚、陳寶福、何昌仁、周天格、林熙球、符載芬、李升教、洪定
甲、陳觀三、馮有輝、王士隆、楊乍昭、蘇宣奇、鍾德清、詹所吉、王績統、陳興春、林之香、王大綱、林熙
楫、王桂隆、龍其春、李升逢、莫安成、梁安鄰、符開封、符廣進、黎彥經、何經蘭、謝生周、邢訟保、陳元
振、陳永欽、蘇興朝、何君德、林樹貴、韓修翼、龍學斌、黃新興、馮業彬、吳振春、王琚禮、卓福源、黃炌
讀、梁琚□、李運倫、符國達、工日永、王載和、李學勤、莫朝端、郭漢花、黃大琳、王應佳、吳必好、馮名
貴、莊振贊、林猶桂、龍家興、李茂深、邢國良、吳有慶、王德亨、韓乾元、李拔信、莫景隆、陳宜祥、王苐
懷、鄭南坤、李家經、吳名義、雲昌欣、翁衍一、陳昌啓、潘訟清、陳邦瑞、黃德煥、盧修時、陳保德、邱宏
葉、莫朝義、馮運茂、陳興招、袁犬經、符□□、林之流、王炳隆、吳坤發、王樹桂、王大振、馮運昌、林樹
續、黃家敦、龍其運、陸昭吉、陳興政、何敦榮、莫宏明、邱宏業，以上各銀三元；王全讓、吳坤天、詹修璠、
林樹生、史有章、詹修道、鄭振文、翁世瑞、楊行道、黎生富、梁安正、張世安、翁紹先、吳必利、梁家賢、高
福昌、陳忠欽、陳治錦、陳文詩、王訟朝、莊大禄、龍有保、符□□、龍有德、曾象德、何君保、周天件、陳明
深、蒲德江、吳天明、毛文孝、吳慶智、林鴻信、陳魁臣、陳治彩、林熙斌、林開志、林天順、許進魁、鄭學
金、陳太元、姚蕃興、周長吉、黃必文、吳炌石、陳坤元、王運逢、吳運福、劉運永、陳朝温、陳治彬、陳嘉
爵、陳大隆、陳宏時、周仁禄、張世岱、張德厚、歐厚昆、王訟輝、葉啓蘭、陳生佳、王家景、王其蘭、楊樹

光、王大星、陳文啓、黄元業、林廷青、馮爾順、鄭永春、郭運文、翁德生、陳大綱、吳多桂、王家宣、符會達、孫之同、林樹英、袁學祿、曾忠厚，以上銀貳元；陳達文、吳汝效、韓學準、李成京、岑成芳、符世强、鄭南連、吳有忠、周詩林、李玉長、藩宜煌、許家秀、何敦高、袁大昌、馬大香、何正新、劉祥焕、莫成芳、陳有信、黄善蘭、盧宏書、岑成中、林興信、莫瑞祥、韋宗義、陳昭學、李一樺、周德時、葉開瑞、許書香、莫顯雲、符昌美、林以茂、陳德超、羅用德、吳大利、陳玉桂、韓高奕、梁安禮、宋生立、袁大慶、林書長、陳昭成、李仁義、周德三、曾象經、王如花、梁啓喜、王文榮、陳時梅、姚世孝、黄財源、陳魁光、陳興花、何修雲、蔡家貞、陳學孔、袁開月、林明信、陳行財、雲昌州、周德志、曾象儀、李家晃、梁啓香、陳以光、莊朝惠、黄昌富、黄財喜、謝德文、王亞明、梁生宏、符永泰、文暢運、袁大邦、莊國運、陳行朝、符輝儀、周德成、王如正、李家修、黄開球、程之吉、莫勝花、王姸三、王炳宇、吳明利、簡開保、程啓錦、符昌奉、吕定紝、鄒春城、王家運、鄧世永、何德大、周天浮、王文明、梁居璋、黄開泰、王定功、曾顯紀、陳治崗、梁生達、吳德日、陳世富、王大奕、許應瑞、蔡玉蘭、鄒德柳、符廷鶴、王丁成、何敦永、王以能、王大因、邢詒安、黄生瑞、黄文成、曾顯志、簡善養、符純積、曾其輝、王仕花、林開統、陳大柳、梁福章、邢定福、符世德、陳錦道、何敦仁、王家史、王大淮、邢祖欣、蘇文光、李必茂、鄒宣信、林天道、吳應旭、王昌文、謝水美、龍道同、鄺大淮、梁生茂、吳昭仕、秦興福、曾顯清、何惠如、陳開永、曾君富、詹修軒、邢以祿、劉姸清、黄國蘭、林天格、陳名文、王弗瑋、謝家岱、李天目、林樹業、王福隆、鄭合斌、黎開元、何敦雄、陳學章、陳忠保、曾時蕃、張熊慶、邢以球、林天祿、王以太、鍾家良、雲昌吟、韓輝豐、李生宏、王居元、吳世茂、王隆爵、邢定恩、林樹漢、陳昌和、邢尚安、吳元三、符在葡、陳以輝、許開祿、吳開蘭、李永貞、曾顯招、吳生茂、陳繼善、全國理、陳文禮、王昭昌、許大賓、邢定奇、王德裕、王弗和、黎開明、梁明德、符在裕、龍家道、梁啓山、黄家美、陳中榮、曾時祥、康修中、符樹典、何敦信、符和鳳、王運高、李學信、陳家德、韓煥準、莫士昆、李積全、馬開散、羅子菱、陳書正、梁生志、盧日曲、黎有輝、陳亞成、梁安桂、陳明昌、符和輝、黄居蕃、梁安裕、周德感、陳光朝、韓豐奕、王維花、詹修穎、陳國興、宋昭祿、陳以美、梁生富、袁大耀、符昌緒、許書桂、王炳桂、林亞隆、葉日秀、歐居禮、沈蓮光、張宏慶、蔡其經、楊開通、王時勛、陳必如、王詒若、王大幅、謝老學、李振球、梁生訓、何敦榮、袁宜高、蔡家德、梁安杰、林必鳳、袁大由、李亞四、梁安任、蔡家明、楊昌平、張孟旭、陳德豐、鄺克春、詹所鳳、楊全明、何大正、蔡世昌、張忠啓、李光周、陳五丁、王以監、林開隆、袁大炳、李習文、陳興儒、朱文光、楊昌益、張孟旺、鄒宣志、陳書積、王定禮、楊宏業、符全啓、馮輝隆、王定義、周成一、許詩文、王以拔、張家爵、詹所合、王定春、鍾運文、朱文茂、陳昌貴、吳開辭、李家賢、蔡進福、王善元、陳宜邦、劉以香、梁生和、韓坤地、李志龍、符邦拔、袁大隆、李家運、林生桂、吕運美、何京豐、許宏福、廖克安、梁啓光、陳照光、林昭卿、詹行春、邢如春、李時秉、林登永、蘇奕雲、陳明鎔、藩先瓊、李發生、梁聖謨、范明坤、黎德能、鄭學順、邢如謨、吳高大、符連時、王天憲、陳治花、鍾慶耀、李克宏、陳學文、許運奕、陳仁隆、張廣文、楊全昌、宋業潘、許天鳳、胡厚章、李雲章、鍾慶達、鄭進奕、陳昭鸞、謝順倩、馬天春、馮裕充、楊宏申、陳忠醴、陳達充、符足保、王文炳、張忠維、林邦茂、張運福、李芳春、王開拔、梁聖章、林開杏、邱必卿、梁成學、陳敬輝、李士豐、張能才、林發德、陳以禮、鄭學德、符昌美、陳大明、袁大茂、李居同、吳朝鳳、黄一芳、符育聖、莫樣坤、吳生歙、張世猷、林定隆、陳生茂、陳昭成、邢國全、王大秀、翁方慶、何京禮、符開直、曾時芬、林溪倍、張廣玉、王志忠、雲昌炳、黄樹章、謝昌奇、陳家宏、陳後良、韓孔奕、林開生、曾時裕、林溪明、瓊順利裝、邢國河、范昌緒、邢國盛、符必成、邱貞雲、李書會、韓不奕、李家彦、曾時源、梁安位、瓊聯興裝、蔡葉芳、盧開明、王維國、楊宏吉、李家君、李林生、梁開祥、宋生立、林緒佳、梁安全、瓊寶興裝、吳成訓、陳生宇、王懷明、江運桂、王國書、王江柳、呂成輝、袁大道、陳公富、梁奇忠、全勝利裝、周禮明、梁有川、陳德超、陳維鳳、王家柏、何敦詩、何京堂、符會菊、吳高詒、王元明、新泰來裝、周禮習、梁克卿、陳國慶、陳保盒、李英臣、何其業、何京謨、謝振邦、符振義、袁大魁、寶利裝、周妡由、王大英、陳克書、宋生孔、陳昭皇、詹所文、莊家隆、許起瑞、黎先桂、楊可琳、新順安裝、周之充、王家桂、何萬幅、林之國、李月生、陳昌德、李生乾、邢韵才、王懋招、陳國封、新福安裝、鄭學典、王家旻、何萬一、林英和、王仁珍、吳廷桂、嚴成江、邢幅珍、王廣山、瓊益興裝、祝雲峰、王家贊、符國興、黎燕高、吳乾位、郭雲宏、雲逢倫、李積兑、林欣斗、彭開文、符和春、鍾亞芬、吳明超、林猶維、何敦逢、夏京宏、曾亞利、符和生，以上每名捐大銀二元。

三〇三　山打根重修三聖宮廟碑記

【碑刻名稱】山打根重修三聖宮廟碑記

【材　質】石材

【形　制】長方形立碑

【尺　寸】長一百九十八厘米、寬八十二厘米，共兩片

【書　體】楷書

【碑　額】無

【碑　題】重修三聖宮廟碑記

【碑文撰者】寧陽潭溪陳大楫

【碑文書丹】無

【立　碑　者】三聖宮總理陳大楫等

【立碑時間】清光緒二十年（一八九四）

【存　佚】現存

【地　點】馬來西亞山打根三聖宮

【碑刻録文】

重修三聖宮廟碑記

嘗聞春報秋祈，禮重明禋之典；耒松甫柏，詩賡新廟之章。況戴洪恩於异國，久托帡幪，則謀潤色乎明宮，宜崇棟宇。蓋搬烏之建有三聖宮，而崇祝列座聖神也，由來舊矣。棟隆葉吉，鼎列廷禧。日星炳焕，四時徵玉燭之調；山海駢羅，五□卜金船之至。不圖榱題忽遭剥蝕，廟模幾就傾頽；以故土木共議重興，堂宇尤增式廓。鳩工肇自元辰，鳳闕成乎端午。經營未久，恍同周賦靈臺；改作無煩，不等魯爲長府。藉明虔而報祀，欣踵事以增華，皆賴諸君子同伸頂祝，共解腰纏，指紫標黃榜之儲，爲青瑣丹墀之助。所以衆擎易舉，立看大厦之成；昭鑒同臨，長作异邦之庇。覿門前之巨海，浮島嶼之縈迴；睹廟後之層巒，偕樓臺而聳峙。從此神靈告妥，謀致富梯山航海，共財共藉，恩扶且見廟貌重新，恣游觀者就日瞻雲騁懷亦堪色舞。竭誠善賈泉刀福不求，而自在流芳，共登珉石，名歷久以長垂，是爲序。

寧陽潭溪陳大楫敬撰。

光緒十一年乙酉倡建三聖宮簽捐芳名開列，不滿貳元者一概不録。

督憲吡咧喳本埠皇家捐銀壹百大員；越興公司捐銀壹百大員；新廣隆捐銀壹百大員；張星垣捐銀柒拾五員；廣興公司捐銀陸拾大員；榮順號捐銀陸拾大員；李合姐氏捐銀陸拾大員；黃潄泉捐銀伍拾大員；梁禮堂捐銀伍拾大員；廣潮興捐銀伍拾大員；廣志南捐銀伍拾大員；集懋號捐銀伍拾大員，另神樓三座約銀百餘員；廣豐當捐銀肆拾大員；萬和隆捐銀叁拾大員；順成號捐銀叁拾大員；永和興捐銀叁拾大員；明記公司捐銀貳拾大員；李運氏捐銀貳拾大員；陳銀氏捐銀貳拾大員，另白灰卅担約銀□餘員；廣興隆、合和號、森興隆、馮明珊、梁瀛士、譚妹氏、梁福氏、楊有氏，以上捐銀壹拾五員；潮盛號、會豐瑞記、陳成、嬌媽氏、阿七氏，以上捐銀拾貳大員；陳倫泰銀十一元三毛八仙；李樹屏捐銀拾大員；郭興記九員七；義合八大員；嬌帶氏八大員；盧三氏八大員；炳城號、新成豐、陳成業、徐林戴，以上捐銀七大員；何秋氏六員半；義發六大員；林祥六大員；鄭炳理六大員；曾深五員半；林豐、羅元、余環和、文進昌、甄樹樞、□業東、英桂氏、黃銀氏、阿金氏，十一年捐銀五員；金姑氏十三年捐銀五員；公成、永三隆、回春堂、廣利隆、新遂隆、南勝號、其豐號、陳小璞、陳瓚記、陳燮堂、陵如星、李樹屏、倫興號、義順號、順昌號、廣和興、紀昌隆、江財、周貴華、黃廷祥、羅亨、羅達臣、梁麗波、張竹友、林啓業、劉美金氏，以上捐銀五大員；阮器四員半；兩發號、廣恒祥、余盛來、黃維亨、李永利、梁寬、譚樂基、大喜氏、阿銀氏、林英福、黃東山、馮容川、葉播卿、許保成、龐柱安、蔡富、梁十、張壽、林耀堂、陳陶合、劉閏酬、阿四氏、有金氏、陳藎氏，以上捐銀四大員；馬占琬、李春生、梁柏壽、悦華居、鍾善德、趙好、林叙、盧開、唐三氏、羅蟬氏、愛金氏、有金氏、阿新氏、阿平氏、寶琴氏、梁銀氏、梁玉氏、東姐氏、金鳳氏、陳東氏、阿蓮氏、黃世璞、黎家榮、林香琴、陳雅堂、陳文景、黎兆祺、鄭就、勞柏、盧清、黃發、黃汝松、陳寶三、陳新好氏、黃水保、黃紀就、梁錦壽、張勝、富南樓、品珠樓、某玉氏、帶銀氏、何大妹氏、旺好氏、運轉氏，以上捐銀三大員；李金泉、陳江其、黃顯能、葉德福、黃恒、鄧其珍、李稔、歐陽焕亭、林業文、朱壽、李文郁、李仁富、譚頭林、陳其安、謝杰、黃般流、陳均、陳定爵、陳長有、隆記、程大元、陳秀華、盛昌號、黃從安、陳宜挹、黃世渠、何透廷、韓勝、何汝階、黃喜、張炳、衛恩、區茂林、曾開、吕啓、黃世溢、林保、李社富、李錦泉、周社祖、葉茂枝、蔡林、陳龍興、葉德福、邢定貴，以上捐銀貳員半；郭世、潘石雲、陳亨、衛群英、陳明敏、關信良、關升平、周生堂、馮桂星、范世昌、楊興信、周克珍、黎學良、梁定昭、林天經、陳維、陳潤典、陳順、朱貴、宋九興、陳禮、曾貴、洪嬌、曾勝、盧華瑞、黃靈、周能、李九、何福、沈元麟、賴玉、陳國長、鄭澤興、汪標、陳廷和、吳家政、陳德聲、梁波、郭吉號、黃東彩、徐藍田、黃祚千、黎榮均、黃丑、馮任長、何勝、羅通、羅濟、吳樂安、林鶴齡、盧榮盛、黎如豐、楊文錦、符德豐、林樹秀、錦盛號、順合號、陳英號、符獻桂、林文九、蔡福、萬發、譚全記、黎金、莫閏貴、彭華新、鮑容、安利號、悅昌號、新廣興、謝子貞、冼楊、羅福三、蘇安、無名氏、天涯游客、廖養、廖金、鍾義、陳文超、黃自乾、梁章、梁愛氏、銀嬌氏、初六氏、黃七、梅九、養兆興、陳朝樓、鍾善二奶、阿扁氏、阿蘇氏、梁美氏、阿有氏、彩英氏、林球氏、阿嫤氏、陳良氏、鳳姐氏、阿娥氏、添財氏、帶勝氏、潘於芬、吳清華、曾福、江四、阿靈氏、勝金氏、任記、新好氏、陳翠眉氏、新有氏，以上捐銀二大元。

總理：馮明珊、黃漱泉、曾道濱、榮順號；值理：廣豐當、越興號、集楙號、潮盛號、新廣隆、文進昌、廣志南、萬和隆、順成號、廣興號、陳秀山、陳志庭、蔡福、曾福、李春生、梁麗波、羅癸元、謝國斌、邢定貴、羅達臣、周克珍。

光緒二十年歲次甲午季春吉日勒石。

光緒十七年辛卯建會館義祠簽捐芳名開列，未滿二元者一律不録刻石。

義和公司捐銀五拾大員；泰興祥公司捐銀二拾五員；廣昌榮捐銀二十五元；永興祥捐銀貳拾五員；泰宜號捐銀貳拾五元；生源廠捐銀貳拾大員；燕南居捐銀貳拾大員；德興公司捐銀貳拾大員；廣福生捐銀貳拾大員；何贊卿捐銀貳拾大員；萬事勝意捐銀貳拾大員；梨園行弟子捐銀貳拾員；大姨媽捐銀貳拾大員；盧三氏捐銀貳拾大員；何國昌捐銀壹拾五員；楊有氏捐銀壹拾五員；合姐氏捐銀壹拾五員；南利源捐銀壹拾五員；集和號捐銀壹拾五員；桂興號捐銀壹拾五員；炳豐號捐銀壹拾五員；廣成昌捐銀壹拾五員；裕昌號捐銀壹拾五員；人壽堂捐銀壹拾五員；萬順成捐銀壹拾五員；永成豐捐銀壹拾五員；標合號捐銀壹拾五員；廣隆號捐銀壹拾貳員；銀姐氏捐銀壹拾

貳員；廣鴻昌、鄭益之、陳星微、萬合公司、群安閣、劉鴻、向亞月、關心泉、天和堂、光泰號、普濟堂、源昌、崔佩之、林南合、宴雲樓、宴香樓、廣懋興、吴三氏，以上捐銀拾大員；梁金氏八元；阿晃氏、鳳好氏、阿有氏、金水氏、彭貴香，六元；品游樓、廣福源、林壽田、凌梅軒、廣昌隆、益壽堂、瑞榮號、潤蓮氏、黄楊氏、臻鳳氏、阿有氏、桂清氏、彩鳳氏、藹金氏、容帶氏、阿轉氏、阿英氏、阿有氏、美好氏、帶銀氏、勝意姑、區好氏、阿雪氏、阿好氏、蘇梅氏、阿臻氏、細好氏、連好氏、阿金氏、貂蟬氏、阿玉氏、金鳳氏，以上捐銀五大員；阿金氏、就好氏、容根氏、桂嬌氏、金喜氏、帶勝氏、阿蘇氏、連金氏、李二姑、周成熙，四元；歡意樓四元；勝金氏四元；悦成號、李作、湯連合、李樹慶、徐維齡、林英珍、松好氏、帶喜氏、黄顯道、黄樹獻、周道爵、周成德、周克剛、周永山、詹所璋、詹尊崇、王運發、王國明、黎學榮、王家昌、符世文、黄漱泉、曾道濱、榮順號、泰宜號、萬和隆、廣萬來、李宛棟、傅揖蘭、陳治鳳、陳學萃、陳保貴、林天志、林德文、林錦英、林樹華、林熙蘭、林熙鉦、黄裕琳、謝元華、謝元通、何經參、吴正昌、莊家瓚、許書運、余道英、葉大珍、曾鴻森，以上捐銀二大員；韓緒彝、韓統彝共三元。

總理：馮明珊、張勝記、黄弘榮、裕昌號、廣懋興；值事：永興祥、順成號、廣利隆、德興號、林耀堂、陈燮堂、廣泰安、南利源、永成豐。

光緒十九年歲次癸巳重修三聖宫捐簽芳名列左，未滿二元者一概不録刻石。

黄鑾廷緣部蘇葛烟園共捐銀壹百壹拾大員；泰宜號捐銀陸拾大員；泉寺共六十元；榮順號捐銀五拾大員；廣潮興捐銀五拾大員；丙林福進五十元；炳豐號捐銀四拾大員；標合號連加共銀叁拾貳員；萬和隆捐銀叁拾大員；潮興號捐銀叁拾大員；協利號捐銀叁拾大員；馮明珊捐銀貳拾五員；陳瓚記捐銀貳拾大員；陳燮堂捐銀貳拾大員；郭興記捐銀貳拾大員；黄漱泉捐銀貳拾大員；何贊卿捐銀貳拾大員；新遂隆捐銀貳拾大員；鄭步墀捐銀貳拾大員；

順成號捐銀貳拾大員；廣利隆捐銀貳拾大員；長順美捐銀貳拾大員；儀安公司捐銀貳拾大員；兩順號捐銀貳拾大員；昆昌號捐銀貳拾大員；廣南源公司捐銀貳拾大員；黃鑾廷捐銀壹拾五員；陳倫泰捐銀壹拾五員；光泰號捐銀壹拾五員；廣合興捐銀壹拾五員；艷香樓捐銀壹拾零八毛；德興公司捐銀拾大員；廣南隆、成安公司、郭泰順、黎兆祺、鄭茗泉、劉崇森、戴恩石、蘇林，以上捐銀拾大員；三姑寮七元七毛半；吴三氏七元；楊有寮六元六毛半；盧三氏六元；吴氏六元；彩月樓六元；燕南居五元七毛半；廣隆號、泰隆號、廣成昌、茂生號、南勝號、合泰號、新榮順、林耀堂、龐柱安、龐海籌、張勝記、張湛、郭錫鑼、郭昭榮、劉魯記，以上捐銀五大員；華盛隆、東新館、吴雨農、黃維記、曾紀岳、賈鴻美、曾鴻森、鄭勛記、劉陳氏、劉岑氏、陳世澤、陳明敏、陳景華、林德文、林鳳英、曾劉氏，以上捐銀四大員；雲來號三元八毛；肥東寮三元四毛；成源號、美華號、人壽堂、長春堂、兩發號、陳協全、趙安燃、文華業、杜醴泉、杜順、郭錦裕、郭錦春、奇珍樓、廣華盛、永成興、永成發、泰源號、李春生、林芳梅、羅百吉、楊文錦、謝國斌、石簡文、符獻桂、謝維潮、黃錦盛、歡意樓、朱姚氏，以上捐銀三大員；嘉合號貳元五毛；振豐號貳元五毛；合成號、興隆祥、新瑞興、和合堂、南利號、安德利、陳隆記、陳梓生、張孝江、曾道松、蔡德來、裕貴、湯合記、林英華、林英珍、符樹聘、符氣華、符鴻昌、符福球、符福瑞、文華錦、郭漢順、梁生貴、梁家松、吴家愈、吴開國、黎學蓋、黎成卿、李敬廷、潘受恩、傅揖蘭、王瑞賢、彭華新、韓隆翼、標合發、譚煜生，以上捐銀二大員。

總理：馮明珊、黃漱泉、曾道濱、榮順號；管銀兩數目：順成號、新遂隆；督理二：陳變堂、陳瓚記；值事：廣南隆、萬和隆、炳豐號、廣合興、何贊卿、林耀堂、李春生、龐柱安、謝國斌、張勝記、李敬廷；勒石：總理陳大楫。

光緒二十年歲次甲午季春吉旦仝勒石。

三〇四　茉莉芬惠榮宮序兼樂捐碑

【碑刻名稱】茉莉芬惠榮宮序兼樂捐碑
【材　　質】石材
【形　　制】長方形立碑
【尺　　寸】長一百三十六厘米、寬六十厘米
【書　　體】楷書
【碑　　額】無
【碑　　題】惠榮宮序
【碑文撰者】無
【碑文書丹】無
【立 碑 者】甲必丹陳順榮、大總理林昆池等
【立碑時間】清光緒二十三年（一八九七）
【存　　佚】現存
【地　　點】印度尼西亞東爪哇茉莉芬惠榮宮
【碑刻録文】

惠榮宮序

自來有其民者，有其社宮廟，固貴乎鼎新。而有其勞者，有其功勛，名亦難以磨滅。本地天后聖母，德澤宏深，聲靈赫濯，凡我華人感兹聖德，孰不期妥神之得所，建宮之有人哉。兹幸有林君昆池與夫林光標、楊岐松、陳碧雪、陳應儒、楊岐山、魏歸宗諸君好善，誠見義勇，願合本而同商，擬得利爲斯舉。果也天從善願，拾有餘年得利有捌萬捌仟柒佰捌拾貳盾，呈公以爲建宮需用。又承各信士同善喜捐，贊成其美。而斯宮遂於歲次丁亥經始，至丙申而竣工，宮成號之曰「惠榮」。明乎昔我聖母有靈，衆生咸蒙惠澤，今宜諸君鼎力，宮廟得見榮華也。爰勒斯碑，以昭厥德。

曾英茂捐金壹仟陸佰盾；特授公爺緞媚臨棉賞遠捐金捌佰盾；楊岐松捐金陸佰壹拾貳盾四；陳龍山捐金肆佰玖拾盾；陳碧雪捐金肆佰伍拾盾；莊明厥捐金叁佰伍拾盾；陳信湯捐金叁佰貳拾盾；余源泉捐金叁佰盾正；楊岐山捐金貳佰玖拾盾；楊開成捐金貳佰盾；張欽明捐金壹百貳拾盾；陳泗評捐金壹佰盾；源美昌捐金壹佰盾；賀輔立捐金壹佰盾；陳駐儒捐金伍拾盾；周瑞航捐金廿伍盾；何在寶捐金貳拾盾；王若善捐金貳拾盾；黄滴咩捐金貳拾盾；唐永恭捐金拾伍盾；陳夏池捐金拾伍盾；吴福建捐金拾伍盾；陳東廣嘎捐金拾伍盾；黄振注捐金拾伍盾；戴世興捐金壹拾盾；林世芳捐金壹拾盾；施清廣捐金拾盾；曾中雲捐金拾盾；鄭蚶生捐金拾盾；黄坪英捐金拾盾；許金標捐金拾盾；余柏年捐金伍盾；温寶議、林光元捐金伍盾；賴肇歸捐金壹盾。

右叁拾伍條共該銀玖萬肆仟捌佰陸拾叁盾貳角正。

計買地兩位建惠榮宮全座，合雕聖母神像，并宮内家需離物等費，共開去銀玖萬叁仟伍佰柒拾玖盾壹角正。除來外尚存銀壹仟貳佰捌拾肆盾壹角正。

甲必丹陳順榮，甲必丹施鴻源，雷珍蘭曾恒源，大總理林昆池，副總理林光標，管鈁官陳應儒，司理員陳碧雪、楊岐松、楊岐山、魏歸宗，仝立。

大清光緒貳拾叁年歲次丁酉（一八八七—一八九七）

三〇五　瓜拉雪蘭莪天福宮碑記

【碑刻名稱】瓜拉雪蘭莪天福宮碑記
【材　　質】石材
【形　　制】長方形立碑
【尺　　寸】長八十二厘米、寬四十六厘米
【書　　體】楷書
【碑　　額】無
【碑　　題】天福宮
【碑文撰者】無
【碑文書丹】無
【立 碑 者】瓜拉雪蘭莪天福宮董事林春興等
【立碑時間】清光緒二十四年（一八九八）
【存　　佚】現存
【地　　點】馬來西亞瓜拉雪蘭莪天福宮
【碑刻録文】

天福宮

癸巳年新建廟宇陽月　日於。

振美公司捐銀壹佰貳拾元；柯世椪捐銀壹佰壹拾元；春興號捐銀壹佰壹拾元；榮發號捐銀壹佰壹拾元；同春號捐銀壹佰伍元；林士俗捐銀壹佰元；本瑞成捐銀六十二元；長珍號捐銀四十七元五角；星美號捐銀四十五元；春美號捐銀四十元；豐源號捐銀三十六元；新復成捐銀三十五元；益順號捐銀二十七元五角；益美號捐銀二十七元五角；新益成捐銀貳十柒元；黄泰興捐銀貳十五元；泉新號捐銀貳拾貳元伍角；集和號捐銀貳拾貳元；緞勿恁敏銀貳拾元；洪士哂捐銀貳拾元；泉記號捐銀貳拾元；陳方裕捐銀貳拾元；德源號、新成發、方裕成、復興號，各十五元；李成興、春源號，各十三元；新福興、謙豐號、同盛號、黄士剖、古瑞成，各十二元；春成號、新和發、新益裕、黄裕茂、何國寧、柯天助、泰興號、廣方勝、永吉號，各壹拾元；林農隆、長春號、天成號、順發號、李文美、源發號、源益成、林萬居、鄭士同，各八大元；新協成、陳士榜，各七元五角；德順號、萬美號、新益興、陳有存，各七大元；陳同興、新萬和、泉春號，各六大元；鄭求湶、鄭士炳、鄭士集、隆茂號、萬和成、新同成、源裕號、新興、復成棧、林福昌、金順利、源隆號、源裕號、新泉益、泉益號、興裕號、陳士桃、李士魚、宰士泗、林士領、鄭芳水、林士謀、曾士瓊、鄭士柰、長發號、豐玉號、春玉號、復興號、裕源號、林春茂、集和棧、劉士内、萬豐號、林勝春、鄭順成、曾士旦、鄭有叻、林雲集、余新發、吴金洽、鄭士缺、榮太號、林士炮、林士示、林士凌、林士釵，各五大元；成裕號、新合春、新成興、榮裕號、榮豐號、新瑶成、二發號、張士柱、張士彭、張子珎、劉豐山、顏西□、新協成、李士□、黄友烟、林士雙，各四大元。

光緒戊戌年季春之月重立石碑，董事林春興、林長珍、李榮發、胡有金仝立。

三〇六　瓜拉雪蘭莪重修天福宫序木匾

【碑刻名稱】瓜拉雪蘭莪重修天福宫序木匾
【材　質】木材
【形　制】長方形横匾
【尺　寸】長一百八十厘米、寬六十八厘米
【書　體】楷書
【碑　額】無
【碑　題】重修天福宫序
【碑文撰者】王星若
【碑文書丹】無
【立 碑 者】瓜拉雪蘭莪天福宫總理鄭爾章等
【立碑時間】民國十六年（一九二七）
【存　佚】現存
【地　點】馬來西亞瓜拉雪蘭莪天福宫
【碑刻録文】

重修天福宮序

天下事大都由樸而華，由疏而密，蓋智識演進之階級固如是也。是宮初建在王家山麓，不過茅茨土階已耳。前任守土吏勿恁敏，感聖君之靈威，因獻斯地，俾崇祀香烟，可以垂諸久遠。光緒癸巳，董事林春興、林長珍、胡有金、李榮發等倡議建築，終以人數無多，商業未盛，祇一廳一亭。後戊戌胡君有金再捐募，添建四周短墻及左右兩大房，一爲兒童讀書地，一爲廟祝住宿所；雖無甚華麗，而規模已宏敞矣。至民國乙丑，經卅餘年，屋瓦梁棟，暫見傾頽。值仲秋既望，風雨交作，大樹摧殘，損傷屋脊。爾章目擊心傷，邀集各地商翁，開大會議。是日群賢畢至，咸云前人既開創於先，我輩宜繼續於後。美壽、美金兄弟當中各捐壹仟元，并公舉爾章爲正總理，黄栽禮爲副總理，鄭美壽爲財政員，本坡鄭美壽、鄭美金、李世炳、鄭慶鴻、鄭美經、邱克賢、鄭有實暨宜袜坡陳兆金、鄭慶忠、亞齊灣鄭世平，三爪亞林萬宗、李興佳，希惹陳初約，甘公關丹坡李世甘，峇多仁茶方良國，遇港坡張茲囱、吴金洽，峇冬黄詒步、李元添，丹絨加呀坡鄭綏安等爲協理員。并由王星若先生具稟請華民政務司，準給捐部。於是各協理分道揚鑣，争先踴躍，計得壹萬餘元。境外加埔坡邱廉直、鄭瑶祖，亦募數佰金前來幫助。雖諸協理之效勞，亦可見聖君之靈爽，有式憑於冥冥之中也。丙寅春正議繪圖興工，章因建議兒童讀書地，前時生徒稀少，祇一大房足以敷用；今則人口繁殖，商業盛興，應將餘地包蓋，附設益智學校。至宫中楹柱，舊無對聯，殊欠風雅，今由王星若先生各柱加撰楹聯以鎸之。中皆贊成，從此廟貌鼎新，棟宇無粗鄙之誚；校堂寬敞，生徒免狹隘之虞。异日學成歸梓，蔚爲國華，亦未始非聖君之所賜也。兹值落成之日，爰撮其略於此。後之繼起者，倘能重加整麗，擴而充之，是尤章等之所厚望也夫。是爲序。

總理鄭爾章、黄栽禮暨諸董事謹識。財政鄭美壽、文牘王星若。民國强圉單閼年。

三〇七　雪蘭莪港口天福宮公訂章程木牌

【碑刻名稱】雪蘭莪港口天福宮公訂章程木牌

【材　質】木材

【形　制】長方形横牌

【尺　寸】長八十厘米、寬四十五厘米

【書　體】楷書

【碑　額】無

【碑　題】雪蘭莪港口天福宮公訂章程

【碑文撰者】無

【碑文書丹】無

【立 碑 者】瓜拉雪蘭莪天福宮董事部

【立碑時間】民國十八年（一九二九）

【存　佚】現存

【地　點】馬來西亞瓜拉雪蘭莪天福宮

【碑刻録文】

雪蘭莪港口天福宮公訂章程

（一）本宮敬奉菩薩，是爲利便燒香祈禱起見，凡善男信女到宮求神者，均以清凈誠心爲本旨。
（二）凡吸鴉片之人，極不準在宮內開排烟具吹烟，及營業私賣，有犯違者，恕不輕責。
（三）嚴禁賭博，風化攸關，致生荆棘，兼犯王律。決不許在內聚賭，違者報警捉獲究辦。
（四）凡到宮人士，須自重品德，切勿非法行爲，致犯政府居留律法，倘敢故違，本宮決不負責。
（五）禁止各界人等不得在宮内住宿。
（六）凡宮内整理洗掃庭除及應行事宜，須由雇□人負責理力，倘有疏忽怠惰者，□隨時督促之。
（七）凡外坡迎佛出宮者，應納香信三天貳元，多一天加乙元，或境内不在此例。
（八）捐款本坡照舊徵收，□□每年徵收四季。
（九）凡有人到宮燒香者，顧宮人不得向其私索，隨自給否。
（十）雇宮人須遵守本宮章程，如失職，可隨時僱人接代之。
（十一）本章程如有未妥處，應隨時集會修改之。
（十二）本章程自公布日起施行之。

民國十八年己巳，英壹千九百廿九年公布。

三〇八　瓊州會館建碑記

【碑刻名稱】瓊州會館建碑記
【材　　質】石材
【形　　制】方形碑
【尺　　寸】長一百六十八厘米、寬一百六十八厘米，共六片
【書　　體】楷書
【碑　　額】無
【碑　　題】瓊州會館建碑記
【碑文撰者】無
【碑文書丹】無
【立 碑 者】瓊州會館委員會
【立碑時間】清光緒二十七年（一九〇一）
【存　　佚】現存
【地　　點】馬來西亞檳城瓊州會館
【碑刻録文】

嘗思聖母之德，上護國家，下扶士庶，五湖共沐鴻恩，四海咸沾駿澤。其功至大者，莫若此也！夫前雖有會館盛祭，其地基不合乎三吉，則向道不從夫六秀，且久而有壞，禮當遷也。故此爰衆公論，擇地重建。即兹造廟崇祀，立像報恩。庶得其馨香永薦，蘋藻常申，聊可謂竭其精誠之忱耳。乃一簣不能爲山，一木焉成大厦；但因獨力難支，敢望群公共濟。是以伏冀同心，多捐金而解囊，同集腋以成裘，共襄善事，以成美舉，一則壯其神威，一則興其人運。從此神欣人樂，必有錫我純嘏，降爾遐福矣。是以爲序。

新置色乳巷地基一片，長一百六十四尺，廣八十五尺，每年納地税銀一大元正。

兹將敬題芳名備勒于石：

欽加五品戴布經文邑周衡山銀二百五十元；候選按經文邑王錫福銀二百五十元；臨邑楊成茂銀一百二十五元；候選布經瓊邑馮爾志銀一百二十元；候選布經瓊邑蔡道正銀一百元；候選都司文邑吴長安銀五十元；監生文邑符用標銀五十元；監生文邑符鴻准銀五十元；監生文邑陳正統銀五十元；候選分州文邑韓帝准銀五十元；候選分州瓊邑賈名熵銀五十元；候選分州雷府蔡厚忠銀五十元；候選分州文邑朱文欽銀三十元；科中書文邑黄德明銀三十元；文邑陳治文銀三十元；瓊邑吴學璋銀三十元；瓊邑萬成利銀三十元；瓊邑晋興號銀三十元；候選布經文邑邢天灼銀二十五元；文邑符德熊銀二十五元；文邑吴昌進銀二十五元；文邑信昌號銀二十五元；文邑錦華號銀二十五元；瓊邑龍興同銀二十元；瓊邑陳中平銀二十元；瓊邑蔡世賓銀二十元；會邑李風積銀二十元；候選布經會邑周緒綸銀二十元；樂邑曹俊琪銀二十元；監生萬邑許成芬銀二十元；文邑林樹鈺銀二十元；文邑何瑞甫銀二十

元；文邑黃忠國銀二十元；文邑盧煥綸銀二十元；文邑王繼生銀二十元；文邑吴行禮銀二十元；文邑魏興吉銀二十元；文邑黃文彬銀二十元；文邑鄧其三銀二十元；文邑伍文振銀二十元；文邑吴多德銀二十元；文邑符斯禮銀二十元；文邑李運苑銀十六元；文邑林耀英銀十五元；文邑林英琦銀十五元；文邑陳秋佳銀十五元；文邑朱士美銀十五元；文邑翁德琳銀十五元；文邑魏之隆銀十五元；文邑韓富銀銀十五元；文邑翁世珮銀十五元；文邑王時貫銀十五元；文邑翁嘉信銀十五元；文邑許詩琳銀十五元；文邑陳昌仁銀十五元；文邑凌仕香銀十五元；會邑符家冕銀十五元；會邑王家楷銀十五元；樂邑何仕明銀十五元；新興利裝錢技千銀十五；會安利裝鄭莉國銀十五；雷府譚福興銀十五元；文邑陳寶昌銀十二元；新財成裝祝振江銀十二元；金萬億裝王載業銀十二元；文邑林邦珍銀十一元；文邑翁德三銀一十元；文邑符開清銀一十元；文邑祝聲才銀一十元；文邑周邦煥銀一十元；文邑林樹鳳銀一十元；文邑王永翼銀一十元；文邑鄭德寬銀一十元；文邑梁居興銀一十元；文邑張道和銀一十元；文邑陳德桓銀一十元；文邑陳文德銀一十元；文邑邱德馨銀一十元；文邑符氣純銀一十元；文邑李開球銀一十元；文邑陳學萬銀一十元；文邑林之升銀一十元；文邑張熊光銀一十元；文邑葉長欽銀一十元；文邑詹脩綱銀一十元；文邑范世興銀一十元；文邑李洪參銀一十元；新利裝張家猷銀十元；文邑張文積銀一十元；新福興裝黄千瑚銀十元；文邑朱仁育銀一十元；新永昌裝梁蘭香銀十元；陳昌利裝王怡隆銀十元；新同利裝王偉隆銀十元；瓊興利裝潘輝、李永銀十元；新合興裝何其學銀十元；符安利裝符鴻文銀十元；金泰盛裝吴行德銀十元；南廣堂裝莊德興銀十元；同大利裝符發順銀十元；新隆泰裝林英隆、鄭南禮銀十元；財利裝陳德三銀十元；新興裝莊德剛銀十元；瓊福興裝祝振泗銀十元；同就裝麥運德銀十元；新順利裝翁祥雲銀十元；新萬盛裝莊運瓊銀十元；陳德盛裝銀十元；新萬成裝莊德昌銀十元；新順利裝符發清銀十元；金富利裝史可運銀十元；金幅利裝嚴安慶銀十元；財發裝莊家壽、德義銀十元；王盛裝、王名儀銀十元；新裝符大升銀十元；瓊邑楊維紀銀十元；李豐盛裝李樹卿銀十元；瓊邑廖有育銀十元；瓊永盛裝龍有萃銀十元；瓊邑龍雕泰銀十元；瓊裝羅正芳銀十元；南興號銀十元；符和裝莊德茂銀十元；廣香號銀十元；新利裝雲笏臣銀十元；同生堂銀十元；新成裝銀十元；會邑莊德輝銀十元；會邑吳坤桂銀十元；源清號銀十元；會邑李學存銀十元；雷府李亞清銀十元；樂邑何仕道銀十元；文邑莫香洲銀十元；樂邑黄仕潤銀十元；萬邑郭儒才銀十元；周葉龍銀十元；雷府徐錦三銀十元；文邑符氣洪銀八元；文邑陳明信銀八元；會邑黄宜新銀八元；文邑林嗣德銀七元；文邑周焕南銀六元；郭詩鴻、潘儒順、謝垂權、李上炳、陳文豐、侯道進、蘇瓊茂、顔豫章、廖必福、翁紹允、吳淑柄、史立賢、林昭義、龍逢魁、陳明志、張廷鍾、蔡宏深、陳記、王道學、林之瑤、祝聲球、何經甲、陳開春、顔章高、鄭蘭清、王昌運、周仁榮、翁德清、鄭蘭起、陳文盛、馮裕隆、符顯仁，瓊邑，以上各銀五元；趙翰炳、鍾世芳、邢定業、陳興連、吳前文、符家煜、陳傳福、歐達源、孫世榮、黄兆琳、胡結煌、林運第、李樹椿、吳坤新、李學高、李上星、陶開文、謝自澤、李學書、吳積榮、黄龍昌、吳坤秀、陳運玉、何開榮、莊家堂、楊道忠、覃國份、林鴻文、周大合、孫世猷、楊維華、李賢琳、吳開柳、林鴻鳳、吳文禄、唐國臣、李上祥、周傳玉、鳳世仁、楊家龍、黎彦強、黎國尋、許光民、楊維漢、吳大榮、周傳楝、莫其泰、黎彦禧、陳學裕，會邑，以上各銀五元；符用鴻、瓊樂興、陳進鳳、王以漢、王習豐、謝恩隆、林樹富、符誨臣、黄兆君、吳允香、李裕華、雷文新、李運盛、黄兆英、劉裕玉、潘先進、符廷章、黄振官、王文經、許大昌、陳家秀，澄邑，以上各銀五元；李愈柳、李自連、黄米利、符開文、高有香，雪州，以上各銀五元；劉積高、馮裕敏、王昌蔚、王大炳、林鴻信、邢聲璠、翁德瓊、祝聲玌、陳貴南、黄有積、祝聲瑞、符用舒、王文明、陳恒泰、王志興、張運清、文朝歷、梁安華、王名宦、林岱邦、洪傳道、吳天福、范世隆、林天嶙、洪文英、許書玉、翁德純、黄大瑋、林樹文、邢國運、李多仁、陳貴豐、翁德清、楊振綱、吳清修、梁居蘭、錢朝桂、翁世成、李運榜、蕭進剛、韓生準、陳如明、黄明紀、胡澤和、陳文仕、符運

昌、符用信、符開柳、王名華、洪德行、林樹裕、吳大愉、李宏興、張德新、楊善成、符載經、潘于義、陳瑛
儒、羅正春、符福綿、楊開蔚、幃熙準、幃隆豐、林樹明、林樹輝、胡澤深、林開椰、王謨、翁德盛、楊金美、
符文禧、黃學家、陳運昆、林邦耀、李運亨、郭書文、許詩春、張詩球、李運暢、林天美、符志昌、華開綸、林
天保、彭仕廣、林星南、符用義、符運錦、符呂琳、黃如京、伍秀書、符樹英、姚家德、陳如志、吳坤順、李澤
錦、廖大榮、許文鈺、吳行秀、楊慶禮，會邑，以上各銀四元；樂邑盧脩炳，定邑吳貴鳳，文邑李運吉、林樹
達，萬邑莫炳南，以上各銀四元；王國清、王仁脩、蔡德慶、黃兆吉、王佐朝，瓊邑，以上各銀四元；黃兆榮、
吳運德、吳廷琚、陳運吉、符鴻書，文邑，以上各銀四元；吳清杰、符昇善、林之榮、林之剛、林之梁、劉積
茂、符氣香、陳家芳、符宏深、梁定棋、林英簪、陳永興、林之笏、陳聲拔、黃德宜、黃聲春、黃德楷、黃大
緯、符世位、葉用煜、葉大標、翁學書、冼書佐、符福景、陳明三、吳克安、符鴻昭、嚴可貴、傅楫書、李家
柳、趙紀隆、陳宏瓊、范肇甫、陳振昌、符用深、王恒裕、張觀福、詹運明、楊文蔚、謝元瓊、陳達聯、何經
標、符茂雲、林邦□、何史書、王名聰、周中時、會邦美、蔡開德、馮士星、會興仁、翁方玉、范運保、王名
文、吳天綿、邢保德、符用銘、覃德慶、孟英耀、呂先錦、陳家祥、陳家美、黃信時、詹修瑛、龍有杰、龍其
金、王家桂、莊振任、詹修琳、陳仁爲、陳明志、冼書興、林鴻春、吳聲文、周緒章、吳聲豐、黃德高、雲逢
瀛、趙開義、趙高連、伍運政、王大榮、陳家統、何經乙、何經奉、錢有明、王槐三、雲崇華、莊厚文、錢有
興、陳學福、蔡其綱、洪世煜、詹開綱、何經志、林鴻祥、韓寶豐、林密之、陳昌隆、韓安準、王朝凰、林鴻
義、符氣書、周勛五、李永秀、黃人國、郭宗統、傅梅蔚、林有傳、孫猷琚、林天烈、傅梅芹、洪日隆、邢如
善、黃學翼、李澤連、王家美、符用秀、王昌秀、林鴻業、宋日星、林天才、符開甲、林之行、王其椿、林樹
紀、雲茂芳、邢穀秀、侯元盛、蔡其昌、王克俊、潘于昭、何啓昭、翁開瓊、林立渚、祝聲晟、蔡其銘、祝朝

領、符氣壯、林鴻清、梁安爵、楊必寬、丁文興、幃吉豐、李運烈、符可三、李加業、林熙芳、王會皆、陳璉、梁金興、陳昌順、符開玉、蔡開降、吳學清、呂家訓、周永星、嚴安鰲、呂友珍、馮裕伸、陳家齊、黃宜招、吳德標、符輝鑾、陳治興、符宏友、符樹本、王運居、符昌盛、吳發、黃樹梅、羅正仁、陳家銓、符致保、曾仕福、林樹昌、吳□□、丁文輝、黃生、吳家蘭、王名達、莊運炳、黃善清、雲崇仙、何啓訓、楊發華、馮德三、岑世明、梁運興、吳清俊、傅佑餘、符世宗、許成雲、范肇明、陳儒錦、吳清信、翁加美、葉成鴻、卓春福、曾烟兹、陳聲乾、梁安珍、李運、李脊三、蕭明順、李家業、陸業鴻、翁榮明、陳文、陳典二、曾石貴、高福生、朱章信、周邦昌、蔡其璠、卓有用、邢國翼、馮學炳、黃家開、符開揚、蔡其禄、陳書蘭、邢詒禄、曾昆岑、符宏伍、符開炳、翁詩仁、陳國明、馮學乾、朱晋秦、張運魁、梁居祥、陳明繞、許成好、陳蘭第、謝家廷、朱文煜、駱体信、韓邦準、曾俊明、李大香、陳文萓、吳邦傳、吳乾進、符會友、全朁盛、馮懷琦、龍家文、馮懷德、何世儒、王家樹、王道芳、符用新、陳國謙、伍鍾儒、廖克勤、葉德蘭、楊永英、黃可蘭、賴邦秀、伍文錦、王學華、陳進鳳、何朁蔚、林熙芳、陳書瑞、朱文書、李福、王傳年、何經運、賴邦文、王時一、林應傳、李大斗、陳繼韶、陳國榦、邢定忠、文朝春、陳繼崇、謝之煥、祝聲峰、梅開琠、徐維昌、蔡進三、何世官、何國炳、符福熙、鄧學興、林詩密、唐陸寬、謝禄周、陳有章、陳國錦、林樹鴻、蔡朝俊、何世寶、黃長和、馮裕寬、林天禄、王廷哲、王可盛、曾國耀、何志和、陳德興、林樹桂、符家齊、李居澤、周昌幅、陳治錦、翁永清、雲崇榮、何公年、李居鴻、陳儒貴、李位卿、王名益、林之松、林開、李業蘭、陳芳、林樹昆、周克治、符宗和、何公秀、陳成良、柯高源、劉善球、許聲章、黎居崇、林樹志、薛桂允、鄭書岱、覃是信、林忠琳、李澤和、梁安茂、陳元璜、黃實經、袁開子、朱章璉、駱立昌、吳其安、何世英、黃敦璋、袁開丙、孫斯寰、詹修盛、黃有雲、王永清、孔大榮、孫斯瓚、鄧仁端、梁定儀、林鴻吉、李文鈺、袁世學、符福傳、周德忠、王志吴乾恩、黄寶花、馮世乾、丁文蔚、鍾慶頤、翁開璋、陳振懷、邱如光、符宏豐、鄭禄明、凌運揚、陳如光、黄才興、陳家宦、符國泰、林選臣、鄒德香、鄒交富、邢穀春、黄文業、韓泰豐，萬邑，以上各捐銀三元正；何和政、符昇慶，樂邑，以上各捐銀三元正；蘇家纘、李澤禎，瓊邑，以上各捐銀三元正；符福什、詹修文、劉之昌，定邑，以上各捐銀三元正；王黎明、陳詩章、劉積盛、黄樹德、鄭光會、詹修正、吴淑蕃、林熙銓、陳詩惠、吉、邢定經、翁永美、雲大裕、梁完柏、陳學忠、邢穀英、陳高、吴清標、王日綉、楊維泰、周緒煒、陳成符大俊、王名秀、符樹驥、王裡仁、陳來焕，文邑，以上每名捐洋銀三大元；吴坤泰、符宏大、林鴻桂、蘇文球、周克興、賴家仁、陳德隆、許寅清、劉成文、陳如華、王宗連、黄運周、賈開發、邱大勛、陳維斌、龍其成、陳天祥、陳廷禄、林椽宁、蘇向桂、吴學禮、吴福生、郭怡泰、賈名貫、陳鴻儀、林志儀、羅正富、李乾豐、陳其吉、徐和生、張孟揚、馮懷桂、周有安、吴澤咸、陳家貴、梁生燕、袁必達、王英積、賴上義、林天樹、李業茂、陳貴華、許進全、王應論、王運章、黄厚昌、王仕禄、梁振昌、王宜美、王熙猷、王開河、刑文桂、唐聲揚、翁芳道、梁生豪、王德禄、蔣瑞彝、陳貴球、王瑞開、毛文寬、鄧家源、王昌心、王應才、陳華賓、方寶空、龍其江、李乾金、王啓佳、龍學美、朱玉江、曾輝則、陳成標、符國相、謝晋文、王緒樹、吴乾方、吴烈光、陳景豐、王學豐、謝自魁、龍有俊、李樫明、陳家居、林樹忠、陳忠佼、吴清進、陳成標、孫宏剛、成、謝元琚、龍學生、許天仕、蔡仿耀、謝心利、陳貞吉、林興秀、陳賢、梁生雄、陳昌信、洪富來、吴進梁居、李發秀、林德文、梁居時、陳昌伍、梁之强、陳宗成、林之俊、吴乾大、馮志瑛、林英雄、林天亨、林樹新、保、吴楊清、梁之剛、周純玉、陳照禧、梁生照、陳如泰、黄學忠、陳蘭、陳德坤、王懷德、林之瑯、龍蔡應魁、陳開明、陳文德、余道意、符顯能、符世芳、陳開章、蔡世朝、陳文英、陳昌武、蔡運清、陳貴三、黄光國、道升、韓佳準、吴儒文、蔡國光、吴乾正、陳崗、陳明通、劉兆龍、吴若恭、符世萱、陳吉、黎學蘭、符宏道、沈則仁、陳如奕、幃正準、王賜貴、符載琠、陳永盛、張學蕃、王新錫、符賢德、黃國帝、田興隆、楊維昆、馮明珍、馮懷保、楊可烈、朱文成、李承球、盧熙榮、吳坤成、陳昌稱、陳其楷、楊慶熙、蔡生塘、李敬義、蔡開旋、王其俊、翁方錦、楊維統、陳開美、馮懷烈、翁德昌、陳克寶、詹達三、蘇定賢、王啓仁、張宏廣、符兆花、羅忠理、林克明、吳坤升、李運芹、李運禧、蔡日鳳、李乾鈺、王開章、陳繼平、符運高、陳如華、馮懷積、梁生圭、蒙日高、陳繼舜、梁居相、余道、王德光、黃學仁、馮獻義、林樹愚、邢學禮、伍運奉、王文岳、蘇瓊順、符廷萓、王開秀、林熙東、吳坤茂、林有經、王光第、黃振鳳、吳玉星、王運結、詹所茂、林克艾、吳開琦、謝訓典、潘先緒、陳明選、符用乾、陳達、李乾、羅正謙、陳玉禧、陳振輝、王永光、雲昌昭、鍾慶盛、吳清英、符鴻瀛、勞立志、潘先豪、林學禮、張家煌、祝香園、羅正、林天祥、范世曇、張杰臣、雲昌塗、曹邦欽、謝光蘭、余道嵩、符用琦、林之佑、林之茂、瀧逢綸、蔡樹教、潘于興、陳文星、林天寶、吳坤禄、吳曙東、符廷智、李世暻、鄧良、蘇開時、王克玉、雲逢創、龍學吉、符樹英、黃信資、吳子英、龍道伍、陳貞蘭、林之清、林天俊、李徵師、龍其禮、王伸鳳、翁德精、符呂蘭、俞雄亨、翁世三、林鴻崗、陳治漠、雲逢壽、李運通、鍾光輝、陳貴德、黃信和、陳玉保、韓文翼、駱道綸、王澤春、王運開、朱章仁、林壽南、符致高、丁文瑚、龍道興、林樹藝、符慎吾、徐道和、趙繼賢、林樹山、陳治廣、林業農、符振欽、李永春、伍秀琚、林佳英、祝聲越、李澤秀、符德芳、陳寶禄、歐樹興、林珮英、朱星章、吳家禮、潘美東、林德英、陳明盛、陳貴珍、李大鈺、李洪泰、詹所侖、林叫封、林樹達、陳寶金、陳寶紋、林英裕、黃文秀、林樹峰、祝朝棟、林英結、陳寶安、符和裕、林樹植、林天琇、王仕杰、梁發美、石秀琦、范世寶、林邦芬、史可仕、侯運瀛、林立鴻、幃近準、黃大松、陳志豐、李仕顯、馮裕成、林英春、符樹先、王祚興、朱璋就、駱道新、王祚玉、林潤生、符昌經、林廷克、林人禮、符致和、陳家定、陳書册、賴邦信、林樹桃、賴士貞、林邦珮、周緒芳、詹文佳、劉積元、詹所萱、陳貴發、詹脩端、潘儒貴、吳行泮、符福儿、林文雲、陳貴琦、岑會龍、林熙煥、林笏英、蘇家維、林鴻起、賴士義、符和德、符氣善、陳嘉華、林存之、陳明貴、陳禮獻、符居敬、符氣發、盧熙明、王克成、黃德美、符用茂、史可德、高有鳳、王謨義、張其茂、潘寶吉、吳用瑞、楊維成、錢宏旭、陳邦文、符福澤、許詩貴、傅楫吕、林之桂、雲茂維、符載芬、符福蕃、駱道祥、吕先榮、陳達梓，文邑，以上各捐銀三大元；林之海、梁琳、李光則、廖榮、鄭傳道、潘正德、梁安茂、黎德煥、潘先表、何脩仁、周奇茂、莫進清、林英佐、章輝柄、莫連光、潘家仁、林猷華、廖岱高、王明魁、黃信南、王上國、張大任、陳振德、李昌盛、莫開書、馮岳禎、王煌成、朱昭、潘正義、鄭啓文、張生鴻、曾天綱、麥瓊源、林鴻英，定邑，以上各銀三元；梁居瓊、雲昌耿、祝禮南、鍾亞能、林德進、陳亞發、鍾其結、鄭玉生、李澤輝、黃可琩，雷府，以上各銀三元；符茂華、梁運佑、張興昇、余德璋、彭輝仁、伍慶順、黃宦卿、符學鑒、梁生志、黃有義、潘輝山、符世興、曾家禎、彭坤仁、陳家貴、姜家琦、莊家秀、符幅盛、黃振琚、楊家炯、張高禮、莊書琠、周繼成、陳家欒、董世柏、張昌德、郭漢魁、張學仕、周繼文、黃世忠、陳開結、陳聖基、陳儒賓、梁生輝、趙德業、陳其科、陳世剛、龍道達、黎春華、吳琨玉、許禮成、林鴻信、黃宜興、吳多成、余德明、符顯雲、符用政、李自銘、伍慶雲、吳坤獻、王國書、符榮生、覃國孚、陳人璉、林輝文、馬家成、王詩學、陳德琇、陳連進、符世忠、黃元仁、黃善維、歐明輝、陳昌居、雷永新、盧啓福、胡吉慶、陳開忠、周傳芳、吳衍絹、黃振維、陳家熙、李芳玉、鄭邦貝、歐開桂、謝晋蘭、符用剛、胡吉春、盧家華、邱運瑚、盧啓彬、李學成、黃振任、胡德豐、符顯禄、林猷忠、余聲珮、黃家貴、符振貴、周傳書、符和積、林運昌、黃德和、曾立經、黃大時、雷明琦、莊家肥、林猷忠、黃陸裔、王昌才、史可榮、黃裔賢、王瓊佩、王日祥、黎文位、王世臣、史可志、楊善國、黃宜裕、羅忠純、莊運琳、謝福運、吳乾蘭、陳治貴、董世松、陳運居、黃宜新、謝福財、周傳吉、周緒香、董世虞、江宏興、黃森裕、雲中進、陳家德、李正一、謝源通、李義茂、郭家源、黃成發、林開琚、麥明應、周日貴、陳會正、凌文珍、符江發、林輝國、吳大祥、符家燦、黎耀文、周運興、温源富、謝之和、符家仁、陳傳泰、王永桂、謝仕行、黃之隆、李茂廣、莊運美、張開芳、符兆秀、周盛桂、潘先達、邢詒冠、潘昌富、謝源湖、陳獻德、梁家熊、邱招泰、曹春慶、陳運海、莊德珍、郭翰藩、龍道信、唐光德、王國卿、鄭瑞坤、盧家春、楊維賢，會邑，以上每名捐洋銀三元；吳可俊、黃宏標、黃英豪、黃宏修、何德和、吕調進、王序茂、蘇大陳、鄭全芳、馮明榮，澄邑，以上各銀三元。

茲將新建會館後歷捐題字號姓名備列于左：

周飛釗、陳治琳、潘輝耀、朱仁育、陳元昌、潘在經、莊迪光、陳如代、周邦英、鍾世清、陳繼綸、周雲氏、林廷鑫、陳運統、吳聲風、周中乾、陳大勛、吳元發、何經灼、陳景昌、吳坤灼、潘家義、陳德花、吳淑章、蔡生棠、吳坤桂、邢保昭、陳寶丁、吳坤玉、馮舜生、陳大波、龍有杰、梁亞直、陳家富、龍學東、潘正晶、陳書明、莊厚全、陳時信、莊纘臣、李錦英、陳家貴、祝聲存、陳如貴、祝聲通、陳天官、陳德珍、全晵松、林協昌、陳□口、陳珍結、林天猷、劉晵珍、陳開忠、林樹雲、莫世灼、王志俊、林逢吉、邢保政、符致敏、林華英、陳文斗、林熙森、符如效、陳德善、林家舍、陳德烈、林鴻禄、王朝信、林廷祥、黃光兼、李士志、林東菊、王模旭、李大志、林熙麟、譚法貴、王士秀、李徵存、陳有受、王先貴、李徵文、龍學秀、符世禄、李如富、陳如義、符鴻瑞、李福苑、蔡開瑚、郭詒寬、李生仁、鄧修義、郭詒位、李大球、周金葉、鍾玉卿、李運瑄、羅勇全、胡丈禮、李蓮芹，以上各捐銀三元；黃大時、張大墀、陳如秀、陳亞妹、符用書、魏振霖、聚德軒、符儒冠、李永佩、林灝熙、吳文壯、林天和、陳德吉、楊成茂、陳家俊、莊運仁、林熙典、梁生斌、林鴻櫞、陳昌訓、祝聲梓、周盛仁、謝源濟、李方義、陳明漢、全晵焜、王以標、吳文幅、林煥東、李家俊、陳秀

蘭、莫乃耀、符德錦、陳王氏、李大拔、陳經文、邢定秋、翁方積、吳乾珍、符幅琳、李幅盛、陳成豐、丁運
新、雲品伍、龍學賢、陳經壬、周茂德、陳大連、龍興旭、陳仁仕、莊德彰、謝源道、陳明良、覃國成、陳昌
金、祝聲發、周盛運、吳澤忠、陳居桂、陳明志、吳乘連、林英樹、蕭家序、陳明、吳文新、林樹保、蕭家孝、
陳大成、潘正明、龍其美、林樹潮、胡吉輝、陳升煥、胡吉忠、鄺家錦、林熙萬、邢泉、陳家道、黃大誠、陳有
仕、林熙鑾、高有蕃、陳大景、周盛運、陳清、全晉義、李正春、祝朝文、陳有佳、莊家奇、陳德先、李徵球、
周英文、林鴻淮、黃開文、陳公書、邢穀英、李樹官、吳豐、林琚英、陳經冲、陳如謙、林家耀、李生卿、丁文
興、林家禮、韓會純、楊乍芳、周緒才、張家興、林猷豐、張傳統、陳家玉、林蓮幅、周李氏、晋興號、林樹
魁、張錫伍、陳明新、莊德香、吳潤梓、林鴻照、李大時、祝振泗、林英積、曾興豐、吳澤拔、陳明、王榮光、
林鴻釜、吳澤江、吳大鑒、符和貴、李昌標、鄭令成、林熙社、龍歷福、陳明志、李盛、何和錦、林鴻玔，會
邑，以上各銀三元；信昌棧、林熙哲、司毓麟、林運帶、黃仕運、林運珍、廣豐號、林英俊、梁安清、林熙柏、
魯藝行、林英秀、王茀梅、林英口、王名三、林天才、許直書、林樹位、林榮記、林昞英、何吳氏、王大榮、林
樹輝、南興號、林茂英、林鴻珍、全益號、林熙友、林樹明、李福輝、李居澤、廣合興、李運喜、李明江、黃機
和、李其蛟、黃邦任、李成富、何敦秀、李徵桐、何英、李廷香、陳繼章、李家式、林家信、李運淑、林信、潘
正佳、林氏、潘于學、邢文、周邦仔、葉有杞、周申仕、林明、周德龍、黃有軒、謝漢珍、胡吉言、謝自理、陳
經堂、吳文政、陳貴和、吳文忠、陳元璜、林詩仲、吳德潤、林立雲、吳乾武、周成富、龍道達、周成、龍學
禎、吳乾興、龍學緒、王家紀、龍興明、黃兆梁、龍道盈、雲逢正、莊運琚、雲茂憲、莊運春、蘇家齊、梁生
豪、蘇家棋、莊春花、蘇家琦、岑運京、全運連、陳運謙、全運文、陳正、劉積第、陳家聲、莫開祥、陳振成、
莫香周、陳李書、莫明文、陳元登、邢穀月、陳宏瓊、陳元泰、陳獻昆、王茀興、陳國恩、陳繼芳、黃大紀、陳

熾昌、朱龍章、陳道源、陳呂輝、陳德秀、符廷裕、陳書秋、劉善成、陳國毗、黃家儒、陳家蘭、丁運琳、陳振梓、劉善琳、陳居焕、黃運珍、孫裕祥、陳家謨、劉善瑛、陳生貴、陳經通、汪鴻足、陳大福、林廷績、陳明登、陳家嵩、湯生揚、黃用禮、榮號、陳獻、李洪錦、許書學、邢保樹、李大琚、林熙樹、陳亞嫂、謝國瓊、王大猷、蘇家、李多芳、吳清隆、潘家英、邱保杰、陳公楊、李成恩、鄭受内、陳世文、周家花、刑安、陳會正、李林成、龍泰、陳如東、謝國瓊、李大榮、陳開、潘在宗、周文光、陳開瑞、吳贊天、陳書乾、袁有芳、陳昭烈、吳忠、周盛禄、謝德多、陳昌仁、陳治富、龍清洲、符國靖、陳人□、吳盛洲、黃學積、陳琳、龍道信、周中興、陳聲祥、吳書進、林岱邦、林猷瑞、莊家廷、陳開明、陳廷貴、瓊雅居、陳明、龍其典、高有杰、林鴻勛、蘇玉昆、劉善志、周明、林英明、周克蘭、姚文珍、林熙芳、林鴻明、莫清文、陳運進、林天琚、莫盛富、陳學和、林樹英、林熙明、王莫弼、林之玉、林學杰、龍學登、雲昌景、李永春、王英謨、林文、劉源昌、李瓊昌、韓隆準、黃家拔，文邑，以上各銀三元；林藻英、李澤源、鄒德超、吳德鈺、吳坤禄、陳國梅、李芳、李培增、黃王氏、李根德、陳永釗、李茂廣、潘熙慶、方是韋、李昌秀、祝興鳳、陳觀書、呂永訓、黎基榮、陳觀第、陳家德、潘先從、盧暋彬、劉宏宣、周暋芳、王謨仁、陳松、周盛信、陳興保、謝光、王禄鴻、吳坤鑒、陳鍾氏、吳坤珍、陳學忠、陳永楫、吳淑成、林家松、陳家義、吳宗雲、瓊海興、陳獻侖、龍逢生、陳家淮、廣福興、莊祖乙、陳達雲、莊家琦、陳宇昌、祝振美、陳家儀、李映花、陳有臣、蘇暋茂、陳開朝、全暋汇、吳貴林、林紹居、劉宏義、陳昌隆、林大幅、劉克焕、黃可蘭、林獻殿、周有輝、邱保南、林照進、邱定義、林輝文、邢周、陶舫南、林升、謝訓応、陳中、林宣、陳觀德、陳玉臣、林熙炳、林樹德、李正、林熙、陳家焕、陳章甫，定邑，以上各銀三元；曾時明、周國忠、岑大明，瓊邑，以上各銀三元。

茲將庚子歲秋續捐芳名勒碑：

萬邑莫桂倫銀五十元；定邑曾傳明銀廿元；梁居瓊、王德海、寶發號，銀各十五元；符建輝、符開璘、瓊邑梁定春，銀各十五元；瓊邑劉文明銀十元；符昌庶、文邑劉積元，銀十元；符樹桂、曾顯榮、吴慕雙，文邑，以上各銀五元；陳會政、黄德清、莊德剛、萬會興、黄業振、莊振禄、吴廷鍇、瓊邑謝自祥、新益成、廣香號、周盛興，會邑，以上各銀五元；瓊邑周福銀五元；會邑余德充銀五元；瓊邑楊成茂銀五元；瓊邑謝自祥銀五元；定邑吴世鴻銀五元；樂邑黄士運銀五元；瓊邑林天書銀五元；澄邑黄高貴銀五元；定邑岑成鎔銀五元；符福吉、歐傳昆、沈振官、王錫福、許書成、梁居文、盧丕郁、符氣泰、許發儒、馮蕃琚、梁生悦、林猷幅，文邑，以上各銀四元；會邑曾朝忠銀四元；會邑李多裕銀四元；會邑李玉森銀四元；樂邑莊運川銀四元；瓊邑陳必大銀四元；定邑曾名詩銀四元；定邑陳昌啓銀四元；萬邑莫克正銀四元；雷府落相德銀四元。

以下數名係重捐芳名：

鄺輝任銀六元、黄之茂銀六元、黄用禮銀六元、李大章銀六元、朱仁章銀六元、李上俊銀六元、王成招銀五元、陳昭貴銀五元、黄鉛華銀五元、王家達銀五元、覃國治銀五元、黄龍昌銀四元、林英才銀五元、劉學什銀四元、龍學江銀五元、韓瓊豐銀五元、陳貴芳銀五元、符鍾起銀五元、蔡其蓉銀五元。

今將本館定章開列：

一　議捐銀至五元以上者勒石碑，二元以下者勒粉板，前有捐二元者，今添捐三元，亦勒石碑。一元存底部，無底依底取銀。

一　議查帳之人，即于十二名總理輪流。每人任事一年，須要精工；倘有上年錯漏，被下年摘出者，加一倍。

一　議值理本館帳項，宜要每年誕期結款清楚，將帳出貼，以昭公道。同瓊屬人宜親至本館閲帳，如有錯漏者，請即當時指出，以便公議。倘當日不到，而私在各處毁謗理事人是非者，有人報明香公，刻傳本人到館，當衆責問，以整毀妄之風，決不寬恕。

一 議當年管理新客人，每年祭期，投名標寫。必須有人認保，方許准理。

一 議董事之人，本館有諸務傳而無至者，業經衆議，過後不必多端。若將多端，當衆議責，決不姑恕。

一 議凡各誕期，執簿捐題之人，期先必須銀簿齊繳。倘若刁抗，而銀簿無繳者，此欺神慢人，當衆重責，決不姑恕。

一 議同館兄弟，宜循規蹈距，不許争端。如雀角不平者，投本館同公議是非。若恃同群依勢力，不遵衆斷者，當衆除名重責，以整玩風。或香公傳名，刁抗不到館者，自知是非，當衆仍重責除名。

一 議本館家資各項對象若干，有借者宜對值理寫單號，方許回館與香公取；若有損傷，宜當賠還。

一 議本館家資對象，當年香公料理，如香公不作者，宜上交下接，過點清楚，方妥。倘有損失者，香公賠還。

一 議充當本館香公，一年一期，交接宜加一月。定于祭期投名標寫，每年銀若干，加銀者任理。亦欠有名認保與處事合衆之人，方許准作。如理事不公者，不論年月，當衆責革。

一 議瓊屬之人，或有百歲歸終後，欲入牌位者，取銀貳拾元。如無會館底者，要加銀一十元方准。

一 議如無會館底者，百歲歸終後，出字登山，要銀五大元方准。或取他人底來出字，照此例取加一倍。

一 議各人住在本館内，宜要遵規矩，不得自恃豪强，多生事非，以冒神聖。有人報明，當衆逐出本館，決不姑恕。

一 議本館内不得窩賭，并犯禁生意；如違逆不遵者，當衆送出公班衙究治，決不徇情寬恕。

一 議捐銀一佰以上至一仟元者，本人在埠每年三月誕期，賞胙進長生牌位。至百歲歸終後，有祭儀葬送登山，并春秋兩祭，以昭名義。

一　議捐銀五十元以上者，本人住在埠，每逢誕期，賞胙至百歲歸終後，准薦牌位，亦有祭儀，同葬登山。捐銀十元以上者亦有祭儀，同葬登山，并薦牌位按功稱賞，以勉慕義。

光緒二十七年歲次辛丑仲冬月吉日仝立碑。

三〇九　瓊州會館重建捐緣碑

【碑刻名稱】瓊州會館重建捐緣碑
【材　質】石材
【形　制】方形碑
【尺　寸】長一百六十八厘米、寬一百六十八厘米，共四片
【書　體】楷書
【碑　額】無
【碑　題】重捐小引
【碑文撰者】無
【碑文書丹】無
【立 碑 者】瓊州會館委員會
【立碑時間】清宣統三年（一九一一）
【存　佚】現存
【地　點】馬來西亞檳城瓊州會館
【碑刻録文】

重捐小引

嘗思人以神爲默佑，扶持欣心，神以人爲光昌，顯靈吐氣。神人合德，二者不可須臾離也。不佞周衡山邀建瓊州會館於檳城，崇奉天后元君，并祀水尾聖娘，昭應祠兄弟公，皆海國靈神，至今彌加顯赫，恩施九夷八蠻。凡有血氣者，莫不尊親。歲乙未，遷建會館於色仔乳巷，廟貌巍峨，既覺可觀，而當時缺斧資，籌款每多不給。今山年紀老邁，難肩其勞。創之於前，宜垂之於後，伏望同人分理重任，虔求諸君題捐。慷慨者益善多多，幸衆志維持，諳練者群材卓卓，則建造所虧之項，庶幾得所補苴。而聖神得以永保，同人得以永賴也。迨至高歌樂利，賈慶儲封，豈非神明默佑哉！是爲引。

周衡山乙百元；吳雲五、曹琪記二百元；鄭金蘭乙百元；張道楷乙百元；吳桂倫乙百元；吳乾和乙百元；莊家鉢乙百元；祝振江五十五元；符載文五十元；林英文五十元；黃學琦五十元；黃德明五十元；王昌蔚五十元；梁居經五十元；蔡生俊五十元；劉成文五十元；陳時暐五十元；曹俊鳳四十元；朱文欽四十元；李裕華四十元；鄭憲豐三十元；龍興同三十元；劉積第三十元；周盛運三十元；吳其才三十元；翁嘉信三十元；黃仕運三十元；刑保欽三十元；林英佐三十元；楊成茂三十元；郭書鳳三十元；蔡厚忠三十元；梁安清三十元；許鴻明三十元；梁生斌二十元；潘正昌二十元；劉積元二十元；姜家琦二十元；符氣純二十元；吳澤江二十元；陳學俊二十元；陳開忠二十元；王槐秀二十元；丁文蔚十五元；魏興杰十五元；陳章五十五元；高士綸十五元；盧修行十五元；林樹明十五元；曾毓旭十五元；盧啓彬十五元；周業龍十五元；吳升平十一元；林岱邦十元；林日榮十元；符載明十元；魏振森十元；吳運德十元；葉開基十元；陳聖基十元；劉宏泰十元；龍其文十元；林日榮十元；詹開昌十元；林天紀十元；賴邦信十元；朱仁育十元；華開芳十元；吳坤禄十元；王繼生十元；覃德慶十元；林猷熙十元；吳多成十元；林天和十元；邢保杰十元；吳上益十元；莫履卿十元；李洪鈺十元；陳玉清十元；丁文蓮十元；王時元十元；羅學卿十元；吳乾興十元；莊德香十元；劉積茂十元；張聚源十元；符鴻灼十元；梁居瓊十元；謝自澤十元；林天熙十元；陳獻模十元；祝炳山十元；雲家時十元；林樹英十元；符國泰十元；王苐梅十元；陳元璜十元；林樹榮十元；黃學仁十元；伍振琛十元；林英琦十元；龍學三十元；王昌壽十元；符德熊十元；黃兆慶十元；馮舜生十元；陳正統十元；林樹仁十元；張廷瑞十元；李正春十元；莊運成十元；祝朝文十元；楊善成十元；林文章十元；唐聲輝十元；祝振美十元；翁榮隆十元；傅揖清十元；莊德昌十元；翁德三十元；陳家聲、王三宣、林天和、楊道梅、許直書、王昌積、陳聖藻、陳成琨、黃才政、符用釗、李居澤、吳大呂、韓近準、王士倍、洪仔正、林鴻明、陳家典、林文運、何德玖、陳學生、鄭延禎、朱章傳、張雄賓、林鴻、駱道新、符和順、林忠聲、黃學翼、鄧仁端、何禪守、曹僦文、王以釗、陳馨山、符愈信、馮應才、何文欽、鄭廣蘭、符仁傳、朱禮章、盧茂運、嚴安德、陳如秀、丁文高、吳清標、邱端和、陳書秩、陳興錦、周永端、廖大聰、符德錦、陳正善、廖大榮、李延孔、何名質、符和香、張昌德、劉積裕、王業裕、符樹俊、王廷槐、陳學澤、王笏廷、周邦昌、符福星、何名森、符和仲、符志景、符顯璠、李運昌、陳學和、符德信、李有華、林鴻英、陳貴魁、陳國幹、陳宜初、陳國雲、孫達順、柯大志、邱穀和、王金球、龍其禮、林英球、林英昊、林天俊、周成玉、吳文新、李修燕、潘正玉、王大榮、陳鎰興、李鴻瑞、范世拔、鄭成球、馮所斌、王家鳳、陳貴清、鄭昌成、吳澤祥、黃家球、楊泰階、黃機書、黃兆春、莫國芳、鄭廷佑、陳進昌、翁方誦、何敦招、覃學仁、崔位經、歐傳德、陳心受、黃居福、唐有良、陳家裕、祝振猋、張運芳、陳學忠、許開定、黃成和、林鴻道、王錫紀、黃有運、李澤禮、翁方存、龍道達、梁之强、符慎吾、韓萬準、馮振星、盧修業、龍興旭、陳有臣、史榮章、楊仁忐、王學欽、符開份、陳宁、高有蔚、林學禮、何名瑄、陳昭明、凍家炳、馮輝桐、姚聲金、陳經謨、李自良、周中吉、陳明德、陳文鈞、吕承訓、黃大誠、梁安禄、陳學詩、陶器成、李大秀、吴玉星、陳家玉、葉時福、翁榮茂、王家時、刑文光、符用仕、唐名玉、符文喜、吴坤維、何敦明、楊慶、何修位、許大、楊泰美、黃仔任、廖熙龍、翁學豐、吴文吉、林熙濟、孫衍棠、陳家謨、陳進龍、張錦堂、駱立深、黃有義、楊運富、林明、岑廷棟、林樹珊、林天香、羅成綱、梁居瓊、范肇銘、符氣昌、邱定鳳、梁安美、張泰洲、宋星玖、陳文源、許發仔、陳繼才、吴淑章、楊維芳、雲逢乾、林鴻章、符國清、曹俊勤、黃忠國、郭翰盛、符家華、翁榮連、黃振叨、陳興瑚、黃學成、曾尚錦、林樹達、劉積瑞、姚父珍、邢定璉、何經遜、陳德新、陳成漠、劉賢、黃家準、葉有杞、符氣香、黃顯清、彭克仁、莫同焯、陳家蘭、陳會仁、史可新、李文禮、王克源，以上每名捐銀五大元正；曾尚口、錢朝忠、駱體蘭、吴吕福、黃林和、雷名端、鄭廷儀、蔡運香、謝坤、陳鳳麟、梁居發、翁榮富、符樹英、沈學江、吴家積、黃家昭、周經宜、周邦秀、周中承、何玉周、鄭金良、陳詩惠、歐世若、朱文高、林樹英、范居德、梁居丈、張開南、李多禮、符福禧、林星南、楊運志、黃緒經、黃人誠、陳書義、陳明國、李苔杰、林樹桐、陳漢、鄭大琳、林樹濤、蒙輝富、程耀龍、陳獻坤、陳毓秀、黃兆熊、李樹高、吴淑權、李洪、黃德寬、伍運開、黃學仁、吴福安、陳定福、李洪顯、林猷開、孔廣錦、吴振煥、邢定宦、蒙日忠、李徵模、張世德、陳明禮、楊善耀、周運興、莫德新、陳家熙、陳家昌、馮振禄、馮志英、林名隆、翁嘉政、龍學登、鄭邦俊、陳治富、王照章、林名齊、林猷英、龍學信、劉春玉、許龍、吴耀興、陳書球、張泰炳、莫國華、符明拔、陳莫森、陳學仔、李光茂、郭書、李吉文、石鍾釗、邢穀克、符和興、黃學升、符琳、陳明耀、黃大口、梁定忠、符德隆、符和成、黃成時、吴家政、朱章寬、黃信源、符用宏、謝自祥、吴淑潘、劉炎隆、陳明桂、李文禮、林邦楷、楊祚桃、梁定吉、徐正純、潘于學、黃有乾、范基仁、蔡□福、雲吕

祥、翁榮光、陳開盛、陳開江、馮振泮、曾昭明、劉克祥、楊善炳、翁紹統、李洪才、陳寶□、曾俊嶺、袁有
芳、陳志德、黃德貴、王仕隆、馮鳳書、梁居標、周中仕、鄧允位、周邦華、黃有之、陳家懷、周英積、何敦
照、王其文、莊厚全、吳乘連、嚴美東、王宏足、李上仁、周邦英、林樹猷、謝源臻、林樹邦、符宏德、黃德
統、林鴻霖、吳澤緩、林鴻珍、周英朝、林明椿、梁文華、方是章、王茂盛、符開清、陳啓泮、符世安、祝聲
清、陳巨卿、蔡世佩、林文元、鄭心傳、梁定魁、葉榮耀、林宏仁、陳武、符用倫、劉鴻義、潘正琚、莊德樽、
符家積、陳貴全、陳丙生、黃德忠、陳傳統、邢保樹、朱朝積、陳明利、楊善炳、黃有禄、陳時昭、邢保儀、蘇
玉昆、黃道成、李學書、黃有俊、符大琳、邢穀時、符邦興、黃世晉、吳聲耀、陸業森、鄭受明、符仕鑒、陳振
梓、陳學質、李自份、黃振鑒、林人明、謝良洲、陳明贊、林樹吉、王國球、李修財、黃大文、陳書玉、蔡熙
吉、黃學經、黃學山、劉克梅、李之桂、陳大景、周邦吉、陳運道、余聲大、黃官森、韓運豐、高士業、廖有
楊、黃善明、蔡生棠、黃厚光、高士達、黃機鴻、黃有經、李自定、陳開仕、黃有選、陳猷幅、楊雄業、黃有
軒、李澤吾、陳開奕、陳連緇、蔡傳琚，以上每名捐銀四大元正；李學新、吳天德、何守經、邱詒和、黃大寶、
李學仕、周忠清、周邦標、許開走、楊志時、吳憲德、林道生、李根德、張光輝、許萬棫、許龍清、梁居豐、胡
林悍、王文隆、翁祚龍、李世政、陳良德、洪世發、黃德萬、陳如啓、翁祚興、盧業光、林鴻强、廖大朝、林鴻
盛、蔡家禮、林天賜、符鍾發、許詩彬、周盛雲、史晵德、張文明、陳會昆、林開芹、李大貴、黃家珮、李正
高、黃寶紀、林人□、魏振錦、蔡昌昭、黃宜發、符德麟、吳寶進、魏振興、張德秀、馮章景、胡明光、周心
卿、陳國諧、莊德彰、幃敬翼、吳乾珍、李錦潘、黃學仁、梁生財、馮學詩、許文榮、李定貴、朱學海、吳完
文、毛文連、朱章寬、魏興琚、陳新第、蘇瓊雲、李裕光、梁居烈、吕成維、符國輝、李大河、鄧晵□、黃齋
春、王和聲、黃昌保、梁居敬、陳家琳、莫義豐、王明官、陳家鈺、毛德新、梁生文、符和清、謝自乾、陳中

亨、李乾祐、符志蘭、黃天心、許詩就、黎德焕、林開著、袁大彰、林英顯、楊維初、梁居成、黃正壽、符志
通、李乾記、楊文華、陳家美、馮裕彰、翁最挺、羅行珍、陳泰清、林天時、蔡生發、黃德清、林猷昌、吳昌
幅、鄧啓英、袁開丁、雲逢緯、梁居深、李德、吳盛富、黃清貴、陳時暲、蘇東春、魏文焕、陳運宜、吳秀如、
李永意、吳大鑒、嚴安秀、王必立、李有興、李秀興、陳世芳、陳文義、史昌輝、李有春、李釜興、毛德忠、蔡
生桃、朱運福、李發祥、陳華鳳、王國棟、李光武、陳資生、李永盛、梁居寶、李毓昌、汪槐達、王仕芳、李大
馥、周炳秀、陳家義、王仕芬、黃大進、林樹麟、陳光富、黃有慶、林天棟、韓明豐、羅正條、吳多敏、林天
書、梁定明、吳乾富、盧業富、温道志、劉文賢、史正生、范肇綿、陳光焕、陳興源、陳明德、余家熙、梁瓊、
丁文高、陳安永、周經元、龔開紀、楊德茂、吳乾豐、王國謨、吳運起、莊家慶、袁開邦、陳如宗、陳學經、梁
生佑、蔡大圣、王德泰、嚴安昭、周學德、黎德焕、林天福、張景春、吳啓禄、黃昌德、蔡運旼、林應富、陳有
亦、孔昭英、嚴昌海、張學成、吳德明、史其積、覃文振、莫明亨、吳多興、黃家琠、吳公保、龍興和、陳開
盛、嚴福昌、王積鳳、張朝型、黃冀揚、陳開時、許世裕、陳學智、符和成、王兆連、孫世裕、陳方全、符樹
昌、蔡德盛、黃居位、曹俊芹、魏振珍、陳慶民、謝垂邦、陳昌聲、歐育盛、鄭南星、陳吕貴、李開富、黃宜
焕、張運衍、林丁坤、邱保琚、林世統、莫泰興、馮國儀、魏興則、張明、邢于發、吳泰、馮興吉、蘇幅春、李
業安、符幅昌、廖燕春、陳裕鳳、吳乾蘭、雲崇新、陳鳳德、符學璠、雲崇文、陳德發、黎日興、林鴻忠、馮運
龍、林天雲、劉積貴、李正和、符建登、梁安貴、杜文高、黃實昌、張泰亨、包賢爵、簡鴻成、王鍾爵、符國
政、翁家霖、簡鴻成、馮明大、歐育瑚、鄺文明、林樹方、李澤成、周開明、王永定、吳淑祥、楊祚伸、周學
友、林克禧、邱定忠、史昌明、黃仁杰、何敦豪、盧鴻董、黃大林、吳文仁、雲崇芬、岑會潘、馮高柏、符顯
祖、陳漢仕、陳有年、史可翰、黎彥熊、謝維新、陳之芳、曾傳英、陳學俊、符文義、楊興春、連世則、陳宜

懷、李芳瑤、王向中、陳傳信、陳元華、陳有福、林友學、周仕臣、陳振酞、李澤嵩、盧啓欽、林英隆、李其
交、周中任、周廣德、符修漢、林老生、覃國起、李昇元、王以昭、林彭社、王會卿、莫户璉、麥獻維、陳世
祝、蔡之階、陳興保、楊仁緒、符學詩、張鍾江、莫祥豐、潘于充、羅中竿、黃國禎、馮家仁、吳大亨、黎鴻
開、劉祥裕、駱信富、陳居華、梁開彬、宋星耀、龍佐益、石鍾英、符用宥、王大猷、王克禮、吳國祥、王應
玉、錢成堂、謝源釗、盧熙和、陳國興、廖明英、郭忠美、沈振官、周信德、陳成仁、廖開德、董世廷、黃兆
梁、董業新、楊成文、陳有歉、王明玉、黃開福、周慶柏、深生緒、楊成達、鄧行先、余亞九、鄧晵秀、吳坤
集、落相德、何世宏、陳如清、周修業、劉鴻璋、陳照蕃、許發仔、王可柏、王祿書、吳玉標、聶文哲、何世
泰、莊迫蕃、張耀書、許萬吉、蔡傳蘭、蒙鴻德、楊泰豐、周經宣、林仟豐、彭德寬、羅治秋、李玉森、幃文
元、周經源、謝振輝、秦有福、陳寶錦、林天瑞、黃岐文、符業璋、吳恒德、梁居連、符振昌、雷運開、許福
祥、唐國雄、陳永壽、謝源浮、李文瓊、吳文茂、周成斌、符循典、王家鳳、唐生輻、莊厚璋、劉正富、鄭學
深、莫國樽、馮業書、符和成、薛道隆、彭修文、張鍾江、王文忠、蘇定琚、宋成書、陳熊義、廖書純、林天
時、郭之鳳、楊同武、吳淑録、布周學、秦使修、林猷標、韓通準、龍道順、林清輝、王禮漢、陳之才、邱福
明、岑迁棟、曹興善、蒙輝元、高杰、高仕緯、李毓成，每名捐銀三大元正；符顯大、雲茂球、王國球、梁炎、
曾德臣、王其寶、馮振、韓詹氏、何氏、梁居烈、鍾光位、朱仃、黃開吉、葉有興、石玉發、王國源、曾獻祥、
黃龍昌、黎川、廣鴻生、王郭氏、梁居位、曾光、張振旭、羅中虎、許書仕、石玉欽、何敦釗、詹所愛、黃大
仁、黎彥汇、集友居、何啓史、蔡生美、王英謨、張德□、羅定國、彭德裕、符開球、岑世明、何赦銘、何所
錦、江運珍、符幅丁、翁方純、王德深、王朝倫、雲逢維、符禽信、魏學欽、黃宜興、翁嘉信、王大重、陶林
德、黃宜欽、黃學忠、魏振錦、符文積、義樂軒、梁安寶、王詩琳、張岳坤、符和蘭、濃世才、許安清、王大

猷、何和祥、會欣逢、馮士通、黎元卿、王巨南、何敦珮、唐春生、鄭南選、王殿華、黃文斗、符杏祿、顏垂
交、梁定樞、王家瑶、詹修緒、黃學成、符載蕃、瑞隆號、許書學、孫世猷、張振松、符蕃昌、梅文琳、葉時
蕃、王德修、廖之春、郭遠長、馮爾信、洗世文、錢宏猷、黃善清、覃國深、鄭廷標、王國炳、陳有千、翁應
榮、何世泰、梁運新、王會安、高七榮、黃德秀、韓生準、梁正開、王茀典、胡會秀、張運衍、姚文達、符世
興、葉開基、王晵仁、覃超聲、賈瑞星、何秋香、鄺輝耀、符樹榮、黃德統、翁世仕、楊善梁、朱修瑚、羅日
初、黃業揚、韓日準、詹所受、黃善忠、魏興邦、符文漢、傅佑宣、鄭蘭香、符福連、歐明貴、梁家興、蔡生
發、張振業、范世熙、岑會崗、楊泰熙、符用光、許萬蘭、何經統、宋家奉、黎日輝、翁方存、何經明、唐名
琳、鄭家時、鄭焕文、文恢風、雲昌發、符和吉、吕永倫、魏振銘、符世潮、南順館、梁定業、王大福、詹修
性、王光朝、范世曇、符學明、馬毓棣、許人清、孫紹綱、王祿祈、會國榮、馮世乾、崔道經、葉有富、廖昭
龍、王朝美、鍾慶林、鄭學琦、王朝英、錢宏德、趙萬禮、黃小子、雲茂極、袁有剛、梁居貝、王謨德、黃元
勛、萬成興、梁振風、王聲發、孫世輝、韓運豐、張雄經、盧德光、史可伸、葉必瑞、王紹俊、廖大榮、張德
潤、鄺振耀、秦大貴、錢發堂、黃有坤、覃國琪、何翰剛、楊宏金、王家池、陳文蘭、黃家賓、翁南興、何和
松、傅南洲、王會琛、嵩士昌、黃振捧、韓吉準、王明積、胡吉英、張詩積、姚昌祥、邱德傳、符文禧、嚴安
佐、王昌英、覃德豐、何昌新、鄺文明、符孔耀、齊祥甫、黃機章、翁詩隆、何經遜、楊善耀、朱章璉、陸興
鑌、黃成春、韓敬準、符氣香、唐信貴、鄭家福、王時貫、黃德文、魏興全、符獻焕、歐世金、梁安才、王詩
文、張銓運、范若順、符和生、許福清、王大積、朱學鸞、韋晵文、黎宏運、何聲吾、唐國棟、鄭邦鴻、侯元
吉、華明仁、黃開書、符用政、顏文寶、梁定秀、王大仁、詹修隆、黃昌秀、符世蕃、餘香號、許金全、王應
金、孫維垣、張振德、符文禮、梅文運、葉有梓、王家桂、廖晵天、郭漢章、馮德昭、伍道芳、錢宏萬、王朝

東、覃昌德、何敦中、鄭憲龍、工運琚、李光成、黄文漢、翁德源、符宏景、梁振風、王會甫、高人昌、黄開春、韓和準、符猷元、梁安慶、工茀軒、廖大明、張雄文、盧杏業、符福祥、葉大標、王玉居、覃天廷、張運容、鄺輝任、符振賓、賈治連、黄運清、翁學豐、何敦晴、楊善走、朱三、陳有源、黄宜富、韓經準、何經琳、傅梅璠、鄭瓊南、詹行慶、黄振鑾、姚星東、符樹芳、梁發梅、蔡其美、張錦堂、范世文、符鴻福、嚴振經、許大昌、岑會成、何經隆、楊鍾仕、符用禮、沈坤茂、黎國梁、翁方信、何敦通、唐基煜、朱章釗、龔運禄、游先春、韓如貴、符修典、吕先成、鄭廷秀、王大德、詹修業、孫紹秀、雲茂梓、曾志全、温道階、洪世興、梁運彬、廖志豐、韓晵豐、楊成連、彭正忠、凌振興、曹邦貴、盧家養、丁文蔚，各二元；依議乙元無勒碑，貳百十五名捐銀百拾伍元；計陸千共銀。

本館來銀，附録支項開列：新建厝二間包工料銀二千六百五十元、打地基包工料銀七百八十四元、量地宇并畫厝圖銀七十大元、買碑文石并各項工銀四百三十五元、録名登部并抄帖工金筆墨銀乙十五元、刊字三千二百四十只工銀九十七元。共銀□□□□□□□□□□□□□□。

宣統辛亥年季夏月吉日立。

三一〇　檳城海南會館天后宮重修碑序

【碑刻名稱】檳城海南會館天后宮重修碑序

【材　　質】石材

【形　　制】長方形横碑

【尺　　寸】長一百二十厘米、寬八十厘米

【書　　體】楷書

【碑　　額】無

【碑　　題】檳城海南會館天后宮重修碑序

【碑文撰者】無

【碑文書丹】無

【立 碑 者】檳城海南會館天后宮重修工作委員會

【立碑時間】一九九七

【存　　佚】現存

【地　　點】馬來西亞檳城瓊州會館

【碑刻録文】

檳城海南會館天后宫重修碑序

溯我先民，遠渡重洋，南來檳城謀生，篤信天后聖母，立廟祭祀，迄今已具一百三十一年歷史矣。惜因年代長遠，且夫失修多年，廟宇早呈破舊迹象，光澤盡褪，同人等忝爲本屆執監委員，重任在身，咸認如不恢復其昔日古色古香之堂皇廟貌，委實愧對神明。

尋於一九九五年春，舉行執監委員會會議，議决重修廟宇，并召開檳州海南同鄉社團代表大會，成立檳城海南會館天后宫重修工作委員會，進行籌劃。預計全部工程所需，約爲馬幣八十萬元，如此鉅資，實有賴我檳州海南熱心鄉賢，大力捐助，始克有成。

天后有靈，本館更何其有幸，募捐運動經主席林明釗登高一呼，萬山響應，且蒙其慨捐馬幣壹十五萬元，高級拿督全會貞樂捐十萬元，其餘樂捐款項，源源而至；後經署理主席準拿督黄益民局紳、總務符氣明、全體執監委員以及檳州海南同鄉社團代表，共同努力，日夜奔走，徵得熱心鄉賢，慷慨輸將，半載之後，即得馬幣八十萬元，超出目標，皆大歡喜。

邇來，準拿督黄益民局紳、符氣明二君，一連三次前赴福建崇武、廣東汕頭，洽購泉州石雕、汕頭琉璃瓦；并重金禮聘福建湄洲天后宫泉州石雕、木刻、建築師傅來馬，負責修建工程，以期天后宫之重修工作，盡善盡美，聖神得以永祀，人運得以永興，更爲檳州添一旅游勝景也。

維我檳城海南會館天后宫，建廟一百三十一周年紀念之日，適逢一座紅楹緑瓦、雕龍鎸鳳、金碧輝煌、美侖美奂之廟宇，重修有成，人神共慶，誠我海南同鄉衆人之功也，是爲序。

檳城海南會館天后宫重修工作委員會謹識，一九九七年三月五日。

三一一　淡目重建保安廟碑

【碑刻名稱】淡目重建保安廟碑
【材　　質】石材
【形　　制】長方形立碑
【尺　　寸】長一百一十厘米、寬八十六厘米
【書　　體】楷書
【碑　　額】雙龍朝日
【碑　　題】淡目重建保安廟碑
【碑文撰者】無
【碑文書丹】無
【立 碑 者】保安廟大總理德祥公等
【立碑時間】清光緒二十九年（一九〇三）
【存　　佚】現存
【地　　點】印度尼西亞中爪哇淡目保安廟
【碑刻録文】

淡目重建保安廟碑

蓋聞上古之先尊禮崇典，都邑鎮宜有保章，星閭鄉井皆供五祀，永保黎庶。我埠於道光年間設創廟宇，號曰保安廟，歷祀至今有年矣。其棟梁多有損增，未能更易，諸竭力鳩象隨以捐資，重建構新，助資築成，故將樂善芳名開列。

曾榮杰捐金伍佰盾；黃建基捐金伍佰盾；許長生捐金肆佰盾；陳俊泰捐金肆佰盾；許淑興捐金肆佰盾；許淑富捐金叁佰盾；陳俊安捐金叁佰盾；李俊富捐金叁佰盾；柯沛然捐金貳佰盾；黃春泉捐金壹佰盾；林厥仁捐金壹佰盾；李天助捐金壹佰盾；李厥淋捐金壹佰盾；張德海捐金柒拾盾；何算喜捐金柒拾盾；王壬成捐金柒拾盾；黃清泉捐金柒拾盾；陳恭壽、黃別觀、陳福榮、黃芳美、陳仁杰、李俊輝，各伍拾盾；蔡瑞錦、黃春江、黃增順，各肆拾盾；林金具叁拾盾；曾榮升、曾荳油、陳景泉，各貳拾盾；周清松、王文才、温升隆、陳俊懷，各貳拾盾；徐厥忠、魏富炎、何鶴算、温玉川、黃永宣、陳正山、葉明山，各捐壹拾伍盾；黃春意、黃瑞凉、許長發、王佛仗、郭金祥、李清祥、張德良、張金良、施聯興、黃和杰、吴記桐、黃金城，各壹拾盾；吴自觀、吴記成、黃春德，七盾半；林綿治、吴記木、吴記升、吴序坐、李仁意、王妙利、陳振泰、張吾勤、張德輝、林德山、張正一、潘懷金、劉永順、蔡福美、葉輝杰、王望雨、林應麟、林妙厚、許必達，以上五盾。計七十五名共伍仟壹佰壹拾柒盾零伍角。

大總理德祥公、曾榮杰、黃春泉、黃建基、張德海仝立。大清光緒廿九年癸卯元月仲修。

三一二　三馬林達天儀宮序碑

【碑刻名稱】三馬林達天儀宮序碑
【材　質】石材
【形　制】長方形立碑
【尺　寸】長一百三十厘米、寬九十八厘米
【書　體】楷書
【碑　額】光緒癸卯年通告
【碑　題】天儀宮序
【碑文撰者】董事陳豐茂等
【碑文書丹】無
【立 碑 者】天儀宮董事陳宗玉等
【立碑時間】光緒三十二年（一九〇六）
【存　佚】現存
【地　點】印度尼西亞加里曼丹三馬林達三教天儀宮寺廟
【碑刻録文】

天儀宮序

蓋聞立久之基者，其始必有所倡，其終必有所繼，而後功不敗於金城。若我華人於高低埠建立天儀宮，其彰明較著也。

夫天儀宮，乃崇奉天上聖母，暨玄天上帝、關聖帝君諸神像耳。當夫未立宮之初，我華人之處此土，早已共沐諸神呵護之恩，而同具一不顯，亦臨無射亦保之志。時有雷珍蘭黃君魁元者，見衆情之踴躍，爰倡立以昭垂儀，以烟賭兩瞨得利公款五萬餘盾，充爲築造之需，我華人罔不鼓掌稱善。於是選擇形勝，諏告興工。行將拭目以觀厥成，不圖創告略備，而黃君溘然登仙閣，坡方嘆息久之。而且公款賬目，無從稽查，徒增浩嘆已耳。嗣幸新任雷珍蘭陳君宗玉，不忍斯廢，乃慨然引爲己責，謂前款雖無可稽查，而集資可以續全。因即邀集同志，募捐鉅款，闔埠踴躍輸將，集腋遂以成裘，由是續興土木，未幾而厥功告竣。詩所謂「經之營之，不日成之」，有如是也。然而廟貌一新，觀瞻永肅，藉非始有所倡，終有所繼，亦不能此。而要皆列位神聖之默爲指使，闔埠成慶，母儀所顧，靈爽式憑，垂庇商獲倍利，家慶平安，長受無疆之福，斯又我華人所馨香默祝者爾。是爲序。

董事陳豐茂、陳合意、萬成源、陳瓊芳。

高低重修天儀宮題捐并開費條段。

萬成源喜捐銀一千四百盾、元隆烟瞨喜捐銀一千三百盾、萬利發喜捐銀一千二百三十二盾、豐茂公司喜捐銀一千二百盾、魁元號喜捐銀一千二百盾、吉成豐喜捐銀四百八十三盾九、廣生隆喜捐銀三百七十五盾、山仰棧喜捐銀三百五十盾、萬發順喜捐銀三百盾、萬茂號喜捐銀二百五十盾、萬必成喜捐銀二百三十盾、德芳號喜捐銀一百七十五盾、曾清達喜捐銀一百七十五盾、源安號喜捐銀一百五十二盾五、隆裕號喜捐銀一百五十盾、張亞綸喜捐銀一百五十盾、義記號喜捐銀一百二十五盾、興盛號喜捐銀一百零五盾、昌城號喜捐銀一百零五盾、宜和號喜捐銀一百零五盾、萬慶號喜捐銀一百盾、葉田英喜捐銀一百盾、黃麗永喜捐銀九十盾、義成號喜捐銀八十五盾、成美號喜捐銀八十盾、連金端喜捐銀七十五盾、順成美喜捐銀七十五盾、陳亞七喜捐銀七十五盾、顏振源喜捐銀七十盾、福隆號喜捐銀七十盾、黃清田喜捐銀七十盾、萬泉豐喜捐銀六十盾、方其昌喜捐銀六十盾、黃景升喜捐銀六十盾、廣利源喜捐銀五十七盾半、振豐號喜捐銀五十五盾、源興號喜捐銀五十五盾、成德號喜捐銀五十三盾、桂盡號喜捐銀五十盾、豐安號喜捐銀五十盾、隆源號喜捐銀五十盾、朱祿儒喜捐銀五十盾、陳義利喜捐銀五十盾、福成源喜捐銀五十盾、太順號喜捐銀四十盾、隆茂號喜捐銀四十盾、同仁堂喜捐銀四十盾、和隆號喜捐銀四十盾、忠和號喜捐銀三十五盾、福茂號喜捐銀三十五盾、廣南升喜捐銀三十五盾、陳修舍喜捐銀三十二盾半、森源號喜捐銀三十盾、黃振玉喜捐銀三十盾、興發號喜捐銀三十盾、李和盛喜捐銀三十盾、頂豐茂喜捐銀三十盾、金錦春喜捐銀三十盾、源成號喜捐銀三十盾、新永三喜捐銀三十盾、碧瑞號喜捐銀三十盾、廣華盛喜捐銀三十盾、黃禮德喜捐銀三十盾、瑞生號喜捐銀二十五盾、施大英喜捐銀二十五盾、慶吉號喜捐銀二十五盾、隆德號喜捐銀二十五盾、永保禎喜捐銀二十五盾、碧合號喜捐銀二十五盾、東興號喜捐銀二十五盾、陳再保喜捐銀二十五盾、成茂號喜捐銀二十五盾、廣萬豐喜捐銀二十五盾、源美號喜捐銀二十盾、邱壬癸喜捐銀二十盾、長和號喜捐銀二十盾、廣利順喜捐銀二十盾、萬順成喜捐銀二十盾、永豐美喜捐銀二十盾、羅上才喜捐銀二十盾、福振順喜捐銀二十盾、詹經湧喜捐銀二十盾、三和號喜捐銀十五盾、詹經驥喜捐銀十五盾、詹裕隆喜捐銀十五盾、東山號喜捐銀十五盾、廣和發喜捐銀十五盾、寶昌號喜捐銀十三盾、盧尚扶喜捐銀十二盾半、福盛號喜捐銀十二盾半、黃春令喜捐銀十二盾半、黃宗建喜捐銀十盾、林坤永喜捐銀十盾、李炳南喜捐銀十盾、長美號喜捐銀十盾、高自興喜捐銀十盾、泰和號喜捐銀十盾、德順發喜捐銀十盾、益成號喜捐銀十盾、關春風喜捐銀十盾、陳光門喜捐銀十盾、薛疋官喜捐銀十盾、南興隆喜捐銀十盾、郭明盛喜捐銀十盾、林顯顯喜捐銀十盾、廣泰隆喜捐銀十盾、陳氏喜捐銀十盾、蘇如春喜捐銀十盾、張宗遍喜捐銀十盾、陳雲寅喜捐銀十盾、永發號喜捐銀十盾、洪金盛喜捐銀十盾、鄭光輝喜捐銀十盾、李三姑喜捐銀十盾、吴濟世喜捐銀十盾、長源號喜捐銀十盾、廣益號喜捐銀十盾。計一百一十七條，銀一萬二千二百九十二盾。二合共銀一萬二千七百四十五盾三。

一　開敦敏油漆工料去銀□□□□□。

一　開裝佛司阜工料去銀□□□□□。

一　開□工去銀□□□□□。

一　開長八仙桌□□灼鍾戴。

計四條，銀一萬二千四百七十盾。

收兑農成做醮燈二十九支，銀六十盾；收兑亞答來銀二十二盾；收兑銅□銀一百一十九盾；收兑烏淋二尾來銀十四盾；收造橋退來銀五十盾。

右五條，銀二百七十三盾。

總合共銀□□□盾，對除外存銀貳佰六拾盾。

光緒卅二年歲次丙午四月吉日，董事陳宗玉、陳合意、陳傳璋、陳瓊芳敬立。

四會□□□□。

三一三　重修三馬林達天儀宮叙

【碑刻名稱】重修三馬林達天儀宮叙
【材　　質】石材
【形　　制】長方形立碑
【尺　　寸】長一百三十厘米、寬九十八厘米
【書　　體】楷書
【碑　　額】善信樂捐芳名
【碑　　題】重修天儀宮叙
【碑文撰者】無
【碑文書丹】葉啓明
【立　碑　者】天儀宮董事陳合意等
【立碑時間】民國十二年（一九二三）
【存　　佚】現存
【地　　點】印度尼西亞加里曼丹三馬林達三教天儀宮寺廟
【碑刻録文】

永豐號捐銀一千二百盾；豐山號捐銀五百盾；萬成號捐銀五百盾；楷記號捐銀五百盾；萬茂號捐銀五百盾；林三悌捐銀二百盾；益隆興捐銀二百盾；瑞豐號捐銀一百五十盾；東興號捐銀一百五十盾；豐成號捐銀一百五十盾；吳義興捐銀一百五十盾；振民興捐銀一百五十盾；林三悌娘捐銀一百盾；王家植捐銀一百盾；廣生隆捐銀一百盾；萬發順捐銀一百盾；恒泰公司捐銀一百盾；瑞興號捐銀一百盾；鄭承祐捐銀一百盾；萬源號捐銀七十五盾；豐遠號捐銀六十五盾；曾清達娘捐銀六十五盾；福成和捐銀六十五盾；金永和捐銀五十五盾；張順疇母捐銀五十盾；福南興捐銀五十盾；宜和號捐銀五十盾；南興號捐銀五十盾；吳昌城捐銀五十盾；廣南升捐銀五十盾；魁元娘捐銀五十盾；陳水浩捐銀五十盾；吳金桂捐銀五十盾；施大英捐銀五十盾；陳合意捐銀五十盾；陳瓊芳捐銀五十盾；陳水改捐銀五十盾；林三和捐銀五十盾；福森泉捐銀五十盾；黄大中捐銀五十盾；建成號捐銀四十五盾；祥興號捐銀四十五盾；同仁堂、金泰源、順興號、萬必成、瑞利號、陳長棧、振裕號、林坤永、福盛號、魏庚福、萬美號，以上十一名各三十盾；萬和興、萬泉號、王美成、峰美號、金德美、源盛號、興昌號、魏選昌、李德良、二合公司、謝來木、萬和隆、丁善玉、潘福春、廣永隆，以上十五名各二十五盾；黄英章、陳章魁、福順隆、萬泉豐、陳水棹、黄春令、豐源號、潘振基、沈來河、廣同盛、黄鍊元、魏清超、陳蟹蟹，以上十三名各二十盾；潘福德、吳傳備、張遠輝、林來順、洪長蕓、盧尚銓、吳敬武、南合號、永萬興、陳天水、春成號、廣華隆、張仲發、新永成、張文昌、陳承源，以上十六名各十五盾；林榮通、萬興隆、泉美號、泉源號、泉源棧、成興號、林和智、豐隆號、黄粉土、廣安堂、方玉卿、張潮發、盧炳灼、楊水生、張祥文、黄祝鐵、郭牛拇、醉仙樓、隆發號、陳守秋、廣裕隆、林金種、張南薰、三和興、邱祥往、萬芳號、林南哥、陳守池、吳基俊、洪豐振、林有德、萬成豐、源美號、林青雲、魏清松、關如君、廣發綸、洪豐記、黄朝彬、張啓瑞、張鳥妹、劉怡南、葉祖綏、葉安君、潘耀君、同昌號、林興盛、楊紅紅，以上四十八名各十盾；東婆羅洲影戲演贈一夜一百四十五盾十一；零星捐計二百八十七名共八百四十九盾二十五；吳義仁捐木料估四百盾。總共九千四百零九盾三十二。

一　收歷年賭捐寄中華會館來九千三百九十五盾五十二。

一　收賭捐來銀四十盾。

一　收慶成平安斗燈捐來五百八十盾半。

四段共一萬九千四百二十五盾四十二。

一　支木料磚瓦鐵釘沙土共一千五百四十盾二十四。

一　支油漆土水木匠工資共□□□□□□。

一　支雜用繩亞答共□□□□□□。

一　支慶成費去銀□□□□□□。

一　支道士費去銀□□□□□。

五段共二萬零七百一十二盾四十八。

□對除外不敷，中華會館預先墊足，刻石費未入。

葉啓明書，陳稱奇刊。

重修天儀宫叙中國十貳年重修

傳曰「誠無不格」，惟至誠可以感神，神道變化其大矣哉。本埠天儀宫者，係建自前清末季，爲黄君魁元所首倡，陳君宗玉所落成。宫中崇奉天上聖母、真武帝、關壯繆諸神聖，香火靈感昭著，顯應不爽。計自創建於兹，垂二十餘年，埠衆蒙神默祐，闔境平安，商業興隆，實式憑之今也。年湮日久，廟宇窳壞，若不亟圖重修，必至行見傾圮。尤幸陳君宗玉尚然矍鑠，不忍以手成之巨觀，眼見其剥落，特於夏曆庚申蒲夏朔旦，邀集埠衆，提議修葺。僉云凡事非財不行，無力不舉，宜先派員擔任勸捐，籌足財力，事方有濟。於是憑神筶卜，枚舉勸捐員十二位，刻日分頭募捐。仰荷諸埠衆善信，踴躍輸將，籌集巨款，芳名另列。財既聚矣，工當興矣，惟是董事者未足其人。爰再公舉陳君合意爲爐主，管理諏吉興工暨慶成建醮事；張君泰松爲總董，監察重修一應事；郭君棟梁爲總辦料理鳩工應材事；陳君慶蓮爲財政，掌理一切進支。諸君不憚煩勞，和衷共濟，誠心幹辦，居然廟宇簇新，美奂堪譽。而今後不特神聖賴以安居，則我善信亦有可崇拜矣。民國信教自由，律有明條，華僑國萃，標識聊壯觀瞻，重修完竣，用是爲叙。

董事陳合意、郭棟梁、張泰松、陳慶蓮仝立。

三一四　重修三馬林達天儀宮捐款芳名榜碑

【碑刻名稱】重修三馬林達天儀宮捐款芳名榜碑

【材　質】石材

【形　制】長方形立碑

【尺　寸】長七十八厘米、寬六十五厘米

【書　體】楷書

【碑　額】無

【碑　題】重修天儀宮捐款芳名榜

【碑文撰者】無

【碑文書丹】無

【立 碑 者】天儀宮董事部

【立碑時間】一九五一

【存　佚】現存

【地　點】印度尼西亞加里曼丹三馬林達三教天儀宮寺廟

【碑刻録文】

重修天儀宮捐款芳名榜

茲將喜捐芳名列左（恕不稱呼）：

吳永輝捐壹仟伍佰盾；久大公司捐壹仟伍佰盾；豐茂捐壹仟肆佰伍拾盾；永豐捐壹仟盾；金美興捐壹仟盾；（下略）

茲將總進支開列于後：

收聯合手先募捐玖佰捌拾伍盾，收本石碑一佰叁拾伍名計捐銀叁萬壹仟肆佰伍拾壹盾，收用餘木料、油漆計兑銀伍仟零柒拾柒盾伍角，收柴牌伍佰捌拾伍名，計捐銀捌仟捌佰叁拾壹盾伍角，四柱共捐收銀肆萬陸仟叁佰肆拾伍盾。

支開修理宮埋天井雜費銀柒仟捌佰貳拾貳盾、支開木料木瓦銀壹萬柒仟陸佰柒拾盾、支開鐵釘油漆工資銀壹萬陸仟肆佰貳拾盾、支開電燈安置銀壹仟貳佰叁拾叁盾、支開刻石碑銀壹仟伍佰盾，五柱共支開銀肆萬肆仟陸佰肆拾伍盾。

對除進支外尚餘銀壹仟柒佰盾正。

公元壹仟玖佰伍拾壹年拾貳月吉旦歲次辛卯，董事部披露。

三一五　重修三馬林達天儀宮序碑

【碑刻名稱】重修三馬林達天儀宮序碑
【材　質】石材
【形　制】長方形立碑
【尺　寸】長七十八厘米、寬六十五厘米
【書　體】楷書
【碑　額】無
【碑　題】重修天儀宮序
【碑文撰者】無
【碑文書丹】無
【立 碑 者】天儀宮江頌九、黄天温、陳彰紳等
【立碑時間】一九五一
【存　佚】現存
【地　點】印度尼西亞加里曼丹三馬林達三教天儀宮寺廟
【碑刻録文】

重修天儀宮序

夫吾華僑所馨香崇奉者，天儀宮聖母暨諸神祇，悠矣久矣。而廟宇係由先進諸僑賢始建於前清光緒卅二年，賡而重修於民拾貳年。惟自民卅壹年，日本南侵，發動二次世界大戰，直至民卅四年，聯軍反攻。斯時也，廟宇附近前後左右，無不遭受炸彈轟炸，以致廟宇周圍板墻，受其强烈炸力震動而傾斜。幸賴本宮所奉天上聖母諸神靈赫，廟宇因之不致立即倒塌，且得尚可修葺。同人等追念先輩，倡創維艱，及保留古迹公物起見，不忍視其傾廢，爰集本埠各組同僑，議舉代表，組織重修董事會。即席公推董事十四人，聯同本年頭家爐主，協同進行募捐，及處理諏吉興工一切事務。復蒙各埠熱心同僑，全體善男信女，慨解仁囊，俾得於本年農曆吉旦鳩工修理，則斯廟重存簇新觀瞻者，乃諸同僑熱誠樂捐所成也。是爲叙。

頭家：江頌九；爐主：黃天温；董事：陳彰紳、黃成匣、陳彰洲、陳廷積、江文九、張社準、吴木欺、陳汀來、楊廷臣；監工：洪舟成、鄭鴻興、林漢强；財政：陳珠官；會計：蔡金發；幹事：莊清輝。

公元壹仟玖佰伍拾壹年十二月吉旦，歲次辛卯葭月。

三一六　丁加奴天后宮「萬世流芳」碑

【碑刻名稱】丁加奴天后宮「萬世流芳」碑
【材　　質】石材
【形　　制】長方形立碑
【尺　　寸】長一百七十厘米、寬六十二厘米
【書　　體】楷書
【碑　　額】無
【碑　　題】萬世流芳
【碑文撰者】無
【碑文書丹】無
【立 碑 者】丁加奴天后宮
【立碑時間】清光緒三十二年（一九〇六）
【存　　佚】現存
【地　　點】馬來西亞丁加奴天后宮
【碑刻録文】

嘗思莫爲之前，雖美弗彰；莫爲之後，雖勝弗傳。粵稽咁嗎峙埠自黄學楷、林君猷華開港經營，越後瓊州接踵入港者，不下千萬。雖圍林開墾，貨利本自人求；而水陸往來，平安實由神助。愚等因散簿捐金，建爲瓊州會館。陰則酬神之功德，陽則濟人之安危。不獨後今未來咸欽，克傳厥後，抑且前古已往，亦覺有光于前也。豈有不流芳萬世，而永爲神欣人樂哉！是爲引。

今將捐金建造瓊州會館姓名開列于左：

符朝炳捐銀壹拾四員；林會豐號捐銀壹拾員；振寶興號捐銀壹拾員；黄心通、黄心進捐銀壹拾員；嚴崇位捐銀壹拾員；史福章捐銀壹拾員；黄心禮、黄心正捐銀壹拾員；合興號捐銀壹拾員；林合豐號捐銀壹拾員；甘家修、甘家福、甘爲潘、吴章拔、黄寶昆、邢穀瓊、林茂盛、邢定楊、伍道新、黄寶定、許昌泰、林尤標、何啓潘、林明玉、符國安、劉鴻梅、楊紹賓、吴名臺、王會和、黄昌綉、黄昌錦、史可欣、甘傳鈺、吴德章、符業新、吴文柄、謝仕聲、黄德綱、吴澤勛、甘邦朝、甘華欽、甘華文、甘華日、王其德、鄭仕通、瓊寶盛裝，以上捐銀伍員；莫玉梅、陳克昌、楊維書、林瓊英，以上捐銀四元。

光緒三十二年歲次丙午孟秋月吉勒碑。

三一七　棉蘭天后宮樂捐碑

【碑刻名稱】棉蘭天后宮樂捐碑

【材　質】石材

【形　制】長方形立碑

【尺　寸】長一百九十八厘米、寬九十八厘米

【書　體】楷書

【碑　額】無

【碑　題】天后宮樂捐碑

【碑文撰者】華商總會

【碑文書丹】無

【立 碑 者】棉蘭天后宮董事人等

【立碑時間】清宣統三年（一九一一）

【存　佚】現存

【地　點】印度尼西亞棉蘭天后宮

【碑刻録文】

天后宮樂捐碑

嘗稽聖人以神道設教，能服天下之心，思王者以國社植基，能壯輿圖之氣象，懿鑠哉！盛世隆規，創於昔時，未嘗不見於今日也。繄夫天光普照，后德宏深，表齊聖而著恩威，作慈母而恢仁壽。如天后聖母者，其於往來商賈，遠近居民，果經至誠所格，夫固感應而響，獲福無疆。日里棉欄地，乃蘇門答臘一隅，邇來舟車莅止，輻輳并臻，士商雲集，日新月盛，誠爲南洋一大都會也。予不敏，忝膺職守，不乏其問，舉凡所以護佑華商，俾之利賴，窮者罔不悉心，講求冀臻治理。因思天后聖母，布慈雲於世上，航海者盡沐恩波，作生佛於人間，經商者悉被靈貺，自宜崇奉維殷，馨香勿替。爰集合埠紳商，籌建一廟宇之費，以是發緣簿，遍告同人，隨意樂捐，俾德成夫巨款，同心共濟，□能□於成功。行見廟貌聿新，神靈在上，則他日民康物阜，胥沾樂利於靡涯，男婦平安，悉伏灾殃於何有矣。予上叨荷庭之知遇，下繄蒼赤之勸瞻，勉盡厥職，而承流布，治者既久。去歲商之十二公司，蒙假與新，□勝地一區，以之建造廟廊，誠爲浮囂莫近，宏廠得宜。予不敢委以煩劇，力任倡理，謹議章程數則列於後；所願善商善士，大發善心，共成善舉，此則吾所厚望焉。是爲序。

兹將建築天后宮捐款芳名列左：

萬聯興捐銀貳仟元；張振勛捐銀貳仟元；張南捐銀貳仟元；裕昌當捐銀壹仟元；張鴻南捐銀壹仟元；萬醇和捐銀壹仟元；□榮光捐銀壹仟元；同裕興捐銀壹仟元；邱昭宗捐銀壹仟元；盛合號捐銀伍百元；蕭品三捐銀貳百元；黄萬發捐銀貳百元；祥興號捐銀貳百元；許志煩捐銀百伍元；劉光林捐銀百伍元；劉元景捐銀百伍元；廣和號捐銀壹百元；陳廣恩捐銀壹百元；陳瑞梗捐銀壹百元；昌六賽捐銀壹百元；邱敦業捐銀壹百元；温樹櫝捐銀壹百

元；謝芋蛋捐銀壹百元；蘇容炮捐銀陸拾元；新錦成捐銀陸拾元；陳青春捐銀陸拾元；伍連捐銀伍拾元；黃瑞武捐銀伍拾元；廣萬隆捐銀伍拾元；寶綸號捐銀伍拾元；永騰號捐銀伍拾元；廣和源捐銀伍拾元；李瑶祖捐銀伍拾元；林裕棹捐銀伍拾元；胡珠的捐銀伍拾元；江棧號捐銀伍拾元；萬豐號捐銀伍拾元；新勝意捐銀伍拾元；存盛樓捐銀伍拾元；樂意樓捐銀伍拾元；明如萬聯昌捐銀伍拾元；明如林清溪捐銀伍拾元；賴章華捐銀伍拾元；羅捷捐銀伍拾元；李耀芳捐銀伍拾元；姚貴山捐銀伍拾元；林畝捐銀肆拾元；天元號捐銀叁拾元；張桓捐銀叁拾元；新順捐銀叁拾元；昌利號捐銀叁拾元；明如萬醇昌捐銀叁拾元；明如源協美捐銀叁拾元；高郎記捐銀貳拾捌元；張和才捐銀貳拾元；范德科捐銀貳拾元；陳天教捐銀貳拾元；翁塑記捐銀貳拾元；福協昌捐銀貳拾元；協德號捐銀貳拾元；福瑞安捐銀貳拾元；盛隆號捐銀貳拾元；明如裕源當捐銀貳拾元；明如廣興隆捐銀貳拾元；明如晋益號捐銀貳拾元；林木秀捐銀貳拾元；廣義居捐銀貳拾元；陳綸興捐銀拾元；慶雲芳捐銀拾元；寶祥號捐銀拾元；同仁堂捐銀拾元；鄧皮記捐銀拾元；事興號捐銀拾元；洪安號捐銀拾元；醉瓊□捐銀拾元；合和號捐銀拾元；聯美號捐銀拾元；福昌隆捐銀拾元；□□□捐銀拾元；遂生號捐銀拾元；廣南星捐銀拾元；雙鳳樓捐銀拾元；詹成仁捐銀拾元；林鳴鳳捐銀捌元；福泉美捐銀捌元；泉合發捐銀陸元；林仟盛、興泰號、應蘭號、永安美、廣益號、新德發、復發號、廣盛隆、房金來、寶華號、豐盛號、廣義合、升昌號、楊記棧、梁仟盛、同源號，以上各捐銀伍元；濟安堂、順利棧、廣隆昌棧、廣生祥，以上各捐銀四元；益裕號捐銀叁元；協隆號、廣合成、福茂號、福綿典、廣和生、廣茂盛、廣順利、萬興號、黃琴石、成德興，以上各捐銀貳元；洪源記、永茂和，以上各捐銀貳元；新協興、廣利和、陳興號、廣義隆、壽春堂、永同生、廣同和、元記號、同利號，以上各捐銀壹元。

籠葛張政軒經手緣部共題銀肆百捌拾肆元、連有合經手緣部共題銀叁百捌拾伍元伍、林馬記經手緣部共題銀貳百伍拾壹元、登宜張佛壽經手緣部共題銀貳百元、巴鑒廖歧亭經手緣部共題銀壹百零伍元伍、蔡衍爽經手緣部共題銀壹百陸拾玖元、廖周來經手緣部共題銀壹百陸拾伍元、莊馬嬌經手緣部共題銀壹百貳拾元、劉良才經手緣部共題銀壹百壹拾柒元、毛貴記經手緣部共題銀壹百零柒元、江賽妹經手緣部共題銀壹百元、羅乃源經手緣部共題銀玖拾叁元、林文儀經手緣部共題銀玖拾貳元、鄭貴春經手緣部共題銀捌拾元、頌牙張瑞庭經手緣部共題銀柒拾柒元、黄瑞林經手緣部共題銀柒拾叁元零五、潘耀合經手緣部共題銀陸拾柒元、林闊嘴經手緣部共題銀陸拾伍元、鄭溜合經手緣部共題銀伍拾捌元、林守仁經手緣部共題銀伍拾貳元、鄭聰合經手緣部共題銀伍拾貳元、曹春文經手緣部共題銀叁拾捌元、羅森記經手緣部共題銀叁拾陸元、林保經手緣部共題銀叁拾肆元、陳黨經手緣部共題銀叁拾元、林四九經手緣部共題銀貳拾捌元、張潭順經手緣部共題銀壹拾陸元、盧煥倫經手緣部共題銀拾壹元、彭習之經手緣部共題銀拾元、李龍合經手緣部共題銀壹拾元、張馬抱經手緣部共題銀伍元、總結共題有緣銀壹萬玖仟零肆拾伍元零伍。

兹將進款并置各項列明：

一　共收來緣銀壹萬玖仟肆拾伍元零伍。

一　置胡紫寰塑福像一單去銀陸百捌拾元。

一　置前中堂人工并料去銀壹萬壹千五百元。

一　置後堂横屋人工并料去銀柒千柒百元。

一　置前中堂加補灰料去銀柒百元。

一　置火厨房人工并料去銀叁百伍拾元。

一　置修門坪言定工價去銀叁百叁拾元。

一　置修理門首貳百零捌工去銀壹百零肆元。

一　置門首照壁人工并料去銀貳百捌拾元。
一　置寶塔一座人工色料去銀陸拾元。
一　置大伯公臺一座人工色料去銀貳拾元。
一　置廣茂□龕一單去銀貳百壹拾元。
一　置汕頭振和興福像壹單去銀壹百柒拾玖元捌。
一　置振和興福袍壹單去銀玖拾壹元柒角捌。
一　置大伯木龕壹座去銀貳拾叁元。
一　置宫門首獅子兩只工料去銀壹百元。
一　開辛金并圖畫二去銀肆佰玖拾貳元貳角陸。
一　開地牛費并車仿雜用去銀陸百肆拾伍元捌角玖。
一　開修補置造油漆各件壹單共銀陸百捌拾捌元貳角陸。
計十八柱共銀貳萬肆千壹百伍拾伍元；除來外仍不敷銀伍千壹百壹拾元。
一對張煜南□個長生禄位牌來伍仟壹百壹拾元。
福壽完全。
謹按天后宫發起於榕軒張欽使大人昆仲，首□倡捐鉅款，復邀集諸慈善翁，□金協助，落成於己酉。□統計建築費，除額□捐外，不敷甚鉅。本會開議，設龕安放禄位，□籌款計，然衆皆觀望，惟欽使一人慨捐而竟其□。衆僑商皆感佩，急公好義之德，□不置簽議，於本宫後□善奉欽使之長生禄位，以作紀念，以爲□□。此我十數萬華僑捐荷聖母靈蔭，河清海晏，物阜民康，□出□欽使上大人完全始□之願，力□致焉。敬志數語，以垂諸永遠云爾。

宣統叁年春月吉旦日麗華商總會謹識。

三一八　印度尼西亞蘇島棉蘭天后宮重建碑記

【碑刻名稱】印度尼西亞蘇島棉蘭天后宮重建碑記
【材　質】石材
【形　制】長方形立碑
【尺　寸】長一百二十厘米、寬五十八厘米
【書　體】楷書
【碑　額】無
【碑　題】天后宮
【碑文撰者】主持釋妙戒和尚
【碑文書丹】無
【立 碑 者】棉蘭天后宮主持等
【立碑時間】一九八〇
【存　佚】現存
【地　點】印度尼西亞棉蘭天后宮
【碑刻録文】

天后宮

天后聖母者，即俗稱爲媽祖，於宋朝壬午年古曆三月廿三日，誕生於中國福建省莆田縣湄洲島上，距今已有一千二百五十多年之歷史。聖母未婚，俗名林默娘，父林志善，母陳氏夫人。因生具慧眼，五歲時即能暢念觀音經，并依觀音法門，受持自修，持齋戒殺，利人救世，終成道果。於示寂時，先沐浴換衣，隨即入房坐化，時古曆九月初九日。

聖母於成聖後，即常在福建、臺灣沿海一帶顯聖，護國救民，平風息浪，使居民得以安居樂業，也令游子心懷安祥；是聖母之所以被帶到南洋以及各地，以供人奉祀者。本宮倡建於張榕軒賢昆仲等人，但因年久剥蝕，殿宇亦狹窄，衲有心以重建。衲出生於福建省仙游縣楓亭鎮，十五歲時隨父在塔斗山會元寺落髪出家，皈依興化莆田縣梅峰光孝寺上賢下蜜爲師。廿歲即往福州鼓山涌泉禪寺授具得戒於上達下真老和尚。隨後回歸莆田縣，在南山廣化寺、梅峰光孝寺、囊山寺等山參習。到公元一九四七年歲次丁亥，南來經新加坡、馬來西亞，而後來到印尼蘇島棉蘭坡，在臺北街觀音亭寄脚數年，終奉師命來天后宮幫理事務。辛丑年六月十七日，上人不幸西歸，宮内當時人事雜亂，經濟困難，衲立志克苦有年，終蒙吾佛垂慈，神明默庇，并賴各寺廟同參道友，佛門信徒，以及十方善信人等，慷慨獻助，於焉得以完成。新宮於公元一九七六年歲次丁巳四月初旬動土興工，至一九七八年歲次戊午冬而告竣，并舉行落成開光盛典，是衆等因發菩提心，同種福田之成果。特以記載，以垂永遠紀念。

公元一九八零年歲次庚申十月初六日，主持釋妙戒和尚。

三一九　普吉瓊州會館創造會館捐題姓名碑

【碑刻名稱】普吉瓊州會館創造會館捐題姓名碑

【材　質】石材

【形　制】長方形立碑

【尺　寸】長一百一十六厘米、寬五十二厘米

【書　體】楷書

【碑　額】無

【碑　題】創造會館捐題姓名碑

【碑文撰者】無

【碑文書丹】無

【立 碑 者】瓊州會館衆董事等

【立碑時間】清宣统三年（一九一一）

【存　佚】現存

【地　點】泰國普吉瓊州會館

【碑刻録文】

創造會館捐題姓名碑

今將創造瓊州會館捐題姓名開列于后：

齊祥甫九百二十二元；王禄銘九百十六元；符文積六十元；莫義豐、黄可芬、祝振淼、湯聲美、邢穀麟、龍其慶、黄德珍、陳廣和、朱仁裕、符業純、楊□龍、陳經琉、丁運煜、李啓貴、陳德秀、鍾慶林、李洪泮、李歡祠、□廣宗、王□清、王廣明、鍾其吉、梁生燕、李生卿，各二十元；符鴻居、王安貴、陳經典、卓有定、王三桂、范昌運、陳貴清、王成義、陳貴銓、王灼英、羅中琳、王炳樞、韓錦準，各十五元；周廣德、文振秀、□書雲、蔡永清、翁方則、范仁和、韓順準、王英成、陳明昶、王成琨、劉運時、丁積墀、王時序，十三元二角；林先貴、黄大鳳、潘于琨、黄德耀、陳玉濟、卓有用、孫俊卿、丁積金、楊鍾仕、陳明謙、王永昌、李家琏、吕友合、梁安平、林書球、林明鈺、陳興封、陳時瑛、周士烈、鄭南選、陳貴卿、胡吉伍、符建和、龍其壽、符厚達、符福成、范世熙、王大德、王槐清、黄機春、高易昌、林天龍、陳進昌、吴聖芳、何和聲、黄機學、周傳安、吴昇龍、潘家義、鄭南吉、陳丕武、范世熹、符廷會、陳其耀、許達經、高臣光、張永貴、詹修待、潘正道、張家泰、鄭成球，各十元；顔章雲、祝振泗，各□元；顔文元、陳學通、甘茂軒、李澤華、李沢秦、王意敬、譚學玉、洗書瓊、李子萱、符德欽、楊鍾扶，五元。

辛亥年孟冬吉旦，瓊州會館衆董事等立。

三二〇　重修鎮興宮捐款碑

【碑刻名稱】重修鎮興宮捐款碑
【材　質】石材
【形　制】長方形立碑
【尺　寸】長一百二十六厘米、寬六十八厘米
【書　體】楷書
【碑　額】無
【碑　題】重修鎮興宮
【碑文撰者】無
【碑文書丹】無
【立 碑 者】總理陳恒興
【立碑時間】民國七年（一九一八）
【存　佚】現存
【地　點】馬來西亞哥打答汝鎮興宮
【碑刻録文】

重修鎮興宮

茲將捐款諸芳名列左：

陳恒興陸佰元；謝振順叁佰伍拾元；王恒源叁佰貳拾元；符美利叁佰貳拾元；蘇恒昌叁佰元；黃恒順叁佰元；

（下略）

民國戊午年六月　日，總理陳恒興立。

三二一　瓊府會館第四次重修紀念碑

【碑刻名稱】瓊府會館第四次重修紀念碑
【材　　質】石材
【形　　制】長方形立碑
【尺　　寸】長一百一十六厘米、寬八十厘米
【書　　體】楷書
【碑　　額】無
【碑　　題】瓊府會館第四次重修紀念
【碑文撰者】無
【碑文書丹】無
【立 碑 者】瓊府會館理事會
【立碑時間】民國二十六年（一九三七）
【存　　佚】現存
【地　　點】越南胡志明市瓊府會館
【碑刻録文】

瓊府會館第四次重修紀念

莫爲之前，雖美弗彰；莫爲之後，雖盛弗傳；斯言也，足見前創後述爲足重矣。夷考我瓊僑先進，在有清中葉創建本會館於越之堤岸，歷有年所，不免爲風雨剥蝕，葺而理之，已有數次。碑載後一次，指計又六十余年矣。民二十五年孟冬一日黎明，中座一桁忽折而墜；飭匠探之，不料全座桁椽多就朽壞。同人等有見及此，遂集衆示續重修之意，并廣設簿樂捐。於是鳩工庀材，大事繕治，不數月間工程告竣，館貌焕然一新。雖規模僅本其舊，無杰閣崇樓之美，然内趨完固，外壯觀瞻，既紹先進艱難締造之志，又使瓊僑人士仍得徜徉其間，話鄉情集盛會，宏敷教澤，樂育英材，其利之溥，又豈僅隆天后紀念已耶！爰略述梗概誌諸於石。

捐款芳名一覽表：

陶對廷七百五十元、鄧焕芳七百五十元、吉源號一百四十元、洪明聯一百三十元、雲茂標一百二十元、楊茲雲一百一十元、許聲位七十元、莫履舜六十元、新陶園六十元、源裕號五十元、雲茂景五十元、鄧成東五十元、洪明鳳四十四元、符顯模四十元、潘于益三十元、張盛興三十元、廖有錦三十元、協和盛三十元、林堯明三十元、南昌廠三十元、林猷武三十元、和興隆三十元、符祥安二十五元、茗利號二十五元、蒸蒸號二十五元、新東洲二十五元、符用興二十元、燕芳園二十元、韓日希二十元、林鴻章二十元、林猷興二十元、雲拔廷二十元、韋儒聘二十元、鄧成瑯二十元、葉照春十五元、瓊南昌十五元、海湖號十五元、南興棧十五元、馮夙秋十五元、南興利十五元、南盛利十五元、邢史臣十五元、韓大元十四元、吴坤江十二元、唐昌熾十元、吕先成十元、奇南號十元、方英賢十元、林焕南十元、瓊海號十元、雲甫光十元、吴乾亭十元、林猷行十元、林猷琦十元、吴清和十元、葉用綱十元、周炳南十元、潘鎮南十元、孫錦十元、鍾光禄十元、楊來寬十元、林鴻和八元、韓道元八元、葉德民八元、光東園七元、合隆號七元、潘女卿六元、錦源號六元、興隆號五元、陳明富五元、一而號五元、盧茂漢五元、南順號五元、金國欣五元、陳其琮五元、鄺氏宏五元、林鴻盛五元、太湖號五元、東興號五元、馮焕東五元、詹尊炳五元、符建瑜五元、瓊發利五元、林鴻貴五元、林鴻信五元、林鴻秦五元、林鴻榮五元、莊景儀五元、協和號五元、葉財基五元、李長菲五元、曾傳經五元、黄善益五元、鄧焕晃五元、鄭士和五元、饒新階五元、瓊城號三元、韓榮光三元、陳玉焕三元、曾毓蔚三元、曾紀義三元、林開拔三元、潘于昌三元、芳園號三元、南順隆三元、寧樂園三元、光合號三元、邢瑞呈三元、全香號三元、蘇定福三元、交通號二元、南合利二元、新海號二元、林猷盛二元、張葉行二元、符樹瑞二元、南興利二元、蔡開信二元、林樹隆二元、林鴻英二元、符鏡登二元、符氣浩二元、南永興二元、光華號二元、時代號二元、符和景二元、林福吾一元、協成號一元、新源興一元、新裕興一元、瓊華興一元、振興號一元、華南號一元、馮增炎一元、新鴻發一元。

中華民國二十六年四月吉日立。

三二二　喃吧哇天后宫天后聖母靈應籤判刻文牌

【碑刻名稱】喃吧哇天后宫天后聖母靈應籤判刻文牌
【材　質】木材
【形　制】長方形横牌
【尺　寸】長一百一十厘米、寬六十八厘米
【書　體】隸書
【碑　額】無
【碑　題】天后聖母靈應籤判
【碑文撰者】無
【碑文書丹】沐恩治子曾陳紀秋
【立 碑 者】天后宫主持
【立碑時間】一九四九
【存　佚】現存
【地　點】印度尼西亞加里曼丹喃吧哇天后宫
【碑刻録文】

天后聖母靈應籤判

壹　角聲三弄響，無雪自心寒；勸君休愁慮，合營人馬安。

貳　亢宿屬金龍，常行子丑宮；暗藏身在未，急急避他鄉。

叁　低頭偷舉眼，暗想好佳人；與君相說話，只恐未成親。

肆　房中生瑞草，孕婦喜臨盆；合家皆喜慶，麒麟是子孫。

伍　心事未分明，又恐被鬼驚；細思難解救，暗路失明燈。

陸　尾與頭相似，不寒亦不溫；行人需且止，宿客便尋村。

柒　箕帚是夫妻，搬盡垢濁沉；一朝入王殿，便得貴人扶。

捌　斗秤不公平，恐他不至誠；兩邊交易了，到底亦相争。

玖　牛飽欄中眠，牧童在眼前；若人知得識，快樂似神仙。

拾　女子覓良緣，通信便得成；相看談没了，好事自天來。

拾壹　虛心多感應，爾必用虔誠；百事皆如意，頗知有爾情。

拾貳　危途家堪愛，未免潯無愁；細思千里外，山水兩悠悠。

拾叁　室家事既成，四時盡和平；若要心頭快，青雲足下生。

拾肆　壁月挂雲間，游魚上急灘；歆作魚與月，上下兩艱難。

拾伍　奎星報與君，爾里聽知聞；上看十一□，下看十八分。

拾陸　婁氏頭戴米，身穿子路衣；人人皆道是，我且猶堪疑。

拾柒　胃肚脉和調，安身睡一宵；任他兵馬動，我且自無聊。

拾捌　鼎星頭戴日，炎威求不多；歆趨去赴熱，將久被他壓。

拾玖　畢竟西風起，定招遠客驚；秋來休嫌冷，惟有月華明。

貳拾　嘴占昆山王，凡人知吉凶；勸君急退步，久恐墮坑中。

貳一　參宿原來吉，勸君不用疑；所求皆稱意，好事大家知。

貳二　井水清且甘，薰風便是南；吁童來取水，躍出步高岩。

貳三　鬼祟作灾殃，間防看守羊；火中躍出馬，四蹄却無傷。

貳四　柳絮舞香風，向西又向東；行人間□笑，可作老來翁。

貳伍　星辰光燦爛，河溪一路通；牛女終相見，泪後各西東。

貳陸　張含出賢人，流傳代代新；到頭歸澗谷，此事實爲真。

貳柒　翼飛萬里程，引去在雲霄；一旦風雲起，身歸西裡飄。

貳捌　軫動念捌位，思想不甘心；有話無相答，依然□自吟。

民國叁捌年九月十一日，沐恩治子曾陳紀秋敬書。

三二一三　文德甲淡屬瓊州會館史略牌

【碑刻名稱】文德甲淡屬瓊州會館史略牌
【材　　質】銅材
【形　　制】長方形橫牌
【尺　　寸】長一百三十六厘米、寬五十八厘米
【書　　體】隸書
【碑　　額】無
【碑　　題】文德甲淡屬瓊州會館史略
【碑文撰者】何遜拔萃
【碑文書丹】無
【立 碑 者】文德甲淡屬瓊州會館主席等
【立碑時間】一九六〇
【存　　佚】現存
【地　　點】馬來西亞文德甲淡屬瓊州會館
【碑刻録文】

文德甲淡屬瓊州會館史略

瓊崖山環水抱，厥地清幽，人材輩出，文化優越。自海禁大開，吉瓊籍同鄉商賈於斯，爲數甚夥；但精神渙散，感情薄弱。溯本會館創設于一九二六年間，初發起人爲盧修仙、何欽新、陳繼璋、安賢禎、陳序松、陳大榮、陳序璠、邢谷恩等，遠見卓識，有感及此，乃聯絡梓里，相友相扶，團結鄉情，集思廣益，共謀桑梓福利爲宗旨。又得諸父老熱心資助，籌集三千餘元，購置地段二、依吉馬來屋一間，經始規模，萌芽草創，因陋就簡。繼而承先啓後者，有陳寶生、李祥瑞、陳序鑫、陳其傳、何文亨、王家炳等諸先輩鄉老主持會務。一九四二年春，馬來亞淪陷，會務因而停頓。所有一切人文史籍，蕩失而無存，對本館有功人士，無從稽考，未免挂一漏萬之憾。一九四五年秋光復，本館旋亦復興，選陳繼濂、何遜、李大樹、陳其仲等連任正副主席。一九五〇年因囿於緊急法令，致會務莫展。一九五四年至一九五九年，安賢福年高德劭，蟬聯歷屆正主席，陳其仲、何遜副之，財政崔家善等暨各職委員通力合作，會員擁護之熱誠，會務斐然，蒸蒸日上，深獲社會人士所贊許焉。僉以本會館歷史悠久，幾經滄桑，只因年久失修，會館廟宇行見傾圮。爰召集重建廟宇之議，選出專員，計劃建築及籌款辦法。由於現屆（一九六〇年）正主席王振昌領導有方，籌劃周詳，籌集巨款，進行興建廟宇之善舉。豈料建廟之地，忽然交通部擬徵用闢公路，雖經盤根錯節，幸王主席振昌勇於服務，向有關當局説項，叨蒙批准後，得建築完成，百廢俱興。復得陳其仲、何遜副主席之力不少，而各職委員陳封宇、王先昆、崔家善、陳其福、陳其波、陳之華、王啓梁、李居廷、林覺華、李祥瑞、安賢福、何世明、李業安、林詩裕、陳序儀、何文思、王禮中、李家和、陳其清、鍾鏡如、馮輝福、李居鈕、林詩麟、羅江建、吴昭月、羅江南等鼎力合作之勞績，亦多端賴，會員踴躍捐輸，各奏其能，方克有此。緬想先賢締造艱辛，同人更應淬厲奮發，好自爲之。其經過事實，特刊銅版，保存史績，以彰先德，而勵來兹。謹録。

天后宫造廟吉課。一九六〇年農曆二月十二日午時，同年農曆九月十六日開光，不獨神憑人依，人賴神佑，人神相輔，從此巍峨壯穆廟堂，地靈人杰。騰龍起鳳，紫電青霜，將見龍躍龍門龍變化，鳳飛鳳閣鳳朝陽。是吾會館廟地，坐擁高峰，蔚起人文，凡吾後籍各界事業，莫不發榮。此本會館創辦經過之概略也。

萬寧坡羅青山上海大厦大學畢業何遜拔萃謹述，一九六〇年一月四日立。

三二四　慶福宮百周年慶典碑文

【碑刻名稱】慶福宮百周年慶典碑文
【材　質】石材
【形　制】長方形立碑
【尺　寸】長一百三十六厘米、寬六十八厘米
【書　體】楷書
【碑　額】無
【碑　題】慶福宮百周年慶典碑文
【碑文撰者】葉雪樵
【碑文書丹】無
【立 碑 者】慶福宮百周年慶典籌備委員會
【立碑時間】一九六一
【存　佚】現存
【地　點】緬甸仰光慶福宮
【碑刻録文】

緬甸界乎中、印、泰、馬之間，仰光是其都市，通商口岸，政要巨賈，錯雜其間，僑寓是邦，各族皆有，舟車輻輳，無比繁榮。數外民除印度籍外，則我華僑爲盛，商於斯，家於斯，繁殖於斯，竟以此爲第二故鄉焉。惟民風宗教習俗相沿，總不離水源木本，故足迹所到，凡宮廟祠堂，都視其能力可及，逐漸興起。仰光爲最先發源之地，觀世音菩薩是家家户户最普遍崇拜之佛，無論男女老少莫不恃爲保佑護身法寶，於是略堪飽暖便思答謝神恩，故粵僑有觀音古廟，而我閩僑則有慶福宮。宮始於西曆一八六一年（清咸豐辛酉）興工，越三載落成。初僅粗具廟模，迨光緒丁酉擴大重翻，亦三年而竣。自是堂皇偉麗，冠於全緬。正龕祀觀音菩薩，龕前祀天上聖母，左右龕則輔祀協天大帝、保生大帝。宮位置在市區海濱街，坐北向南，臨江背塔，晨潮夕汐，映現宮前，水活神靈，心誠簽驗。香火之繽紛，士女之朝拜，四方游客之觀瞻，幾乎與都中名勝浮屠，可相提而并美也。自日本南侵，經一番戰亂，廟貌迥殊，複由宮執委信托部，招邀善耆出爲助理。復於一九五四年歲次甲午，再次大修，更見金碧輝煌，雕梁畫棟，先賢後進，同著勛勞。今歲辛丑，適值百周年期届，本部同人，得此幸會，豈可不遵循古例，奉行慶典，一以答謝神恩，一以紀念功績者乎！爰成立籌辦組，命名「慶福宮百周年慶典籌備委員會」司其事。搜羅材料，收集圖片，凡關於佛地聖迹，緬屬土風，華僑商況，曾登報徵求文獻，如有合乎需要，則必敬慎取録，議定印行紀念刊，并刻文碑石，傳示千秋，俾後起之優秀，知所以繼往開來，斯無遺憾耳！

慶福宮信托部現任各宗姓代表信托人名録：

潁川堂代表陳啓彰、隴西堂代表李諸葛、南陽堂代表葉雪樵、汝南堂代表周福鵬、植德堂代表楊開第、滎陽堂代表鄭炯章、江夏堂代表黃杰石、太原堂代表王文福、寶樹堂代表謝仲鎣、清河堂代表張彩雲、龍山堂代表曾績枝、廬山堂代表蘇禮用、九龍堂代表林成隆、濟陽堂代表蔡惠我、延陵聯合會代表吴有情、沈尤吴興堂代表尤腰來、高陽堂代表許流砻、四美堂代表莊春水、戴氏家族會代表戴金我、敦煌堂代表洪我獻、安定堂代表胡福祥、汾陽堂代表郭德隆、敦親堂代表吕水此。

一九六一年十二月廿五日，慶福宫百周年慶典籌備委員會立。葉雪樵敬撰。

三二五　慶福宮購置樓屋裝修竣工緣起碑

【碑刻名稱】慶福宮購置樓屋裝修竣工緣起碑
【材　質】石材
【形　制】長方形横碑
【尺　寸】長一百零五厘米、寬四十八厘米
【書　體】楷書
【碑　額】無
【碑　題】緣起
【碑文撰者】無
【碑文書丹】無
【立 碑 者】慶福宮信托部
【立碑時間】二〇〇六
【存　佚】現存
【地　點】緬甸仰光慶福宮
【碑刻録文】

緣起

本宮信托部爲備异日在原有基礎上，繼續發展有關醫療、文教等公益事業之需要，爰於二〇〇五年二月，在全體宗姓代表大會決定之下，購置仰光只荷坦街四十五號，鋼骨水泥結構樓屋現址全座；歷經一年餘，在本宮第十六屆常委會主任張家榮、副主任王鼎嘉暨宮務組組長黃泉祥等共同督導裝修之下，現已全部竣工，焕然一新矣。

茲將有關置業小組成員，暨本宮信托部宗姓團體代表，分別臚列於後，藉資紀念。

本宮信托部置業小組成員：張家榮、王鼎嘉、蘇天寶、黃泉祥、莊福源。

本宮信托部第十六屆宗姓團體代表：清河堂張家榮、太原堂王鼎嘉、江夏堂黃泉祥、廬山堂蘇天寶、四美堂莊福源、九龍堂林宗儀、潁川堂陳式諒、濟陽柯蔡宗親會柯國樑、胡氏安定堂胡嘉育、滎陽堂鄭來忠、寶樹堂謝源生、汾陽堂郭漢卿、植德堂楊允盛、敦親堂高景川、敦煌堂方民杰、沈尤吳興堂尤世興、杜氏京兆堂杜子明、隴西堂李正萬、延齡聯合會吳善琴、汝南堂周四川、劉氏公會劉建源、高陽堂許斐宗、龍山堂邱偉文、南陽堂葉再生。

慶福宮信托部立，二〇〇六年七月吉日。

三二六　慶福宮重修碑記

【碑刻名稱】慶福宮重修碑記
【材　　質】石材
【形　　制】長方形立碑
【尺　　寸】長一百三十六厘米、寬六十八厘米
【書　　體】楷書
【碑　　額】無
【碑　　題】慶福宮重修碑記
【碑文撰者】葉雪樵
【碑文書丹】鄭來寶
【立 碑 者】慶福宮信托部
【立碑時間】二〇〇六
【存　　佚】現存
【地　　點】緬甸仰光慶福宮
【碑刻録文】

慶福宮重修碑記

夫有天地之覆載，則萬物方得以并存；有禍福之轉移，則人民安能無顧慮。蓋天之至德，旨在好生；佛之慈悲，功敷救世。是以郊社祀天，宮廟祀神，其崇德報功，由來久矣！觀世音菩薩，楊枝甘露，灑遍人間。在我中原，尤爲顯著，此男女皆知，亦智識界所公認也。吾人初游國外，多帶香火護身，迨僑居繁盛期間，大都立廟奉祀。旅斯華僑先進，亦集群力興工，始建於前清癸亥，擴大於光緒壬寅，至是已規模宏偉，金碧輝煌，背塔臨江，莊嚴壯麗。迨今又五十餘年矣。第二次世界大戰，緬甸亦被波及。三年烽火，彈炮横飛；震動頻遭，裂縫四布。春季風雨來臨，盡畫棟雕梁浸濕。今昔迥殊，觀瞻不雅。故信托部理事僉議重修，於是柬請僑界賢豪，共襄策進。先成立募捐委員會，繼推選建築執委，分工合作，深得善男信女誠心擁護，未四載而竣工。甲午臘月初十設醮謝神，舉行落成慶典。謹將所有義務效勞人員以及熱心輸財士女芳名勒石，永留功績，垂譽千秋！

葉雪樵撰，鄭來寶書。

募捐委員會：

主席：林世義；副主席：白錫豹；財政：高萬章、邱進貴、林連發、李文珍、王文福、吕水此；募捐員：陳吉昌、尤腰來、鍾國器、陳獻南、陳漢池、陳步墀、李諸葛、黄清貴、周華志、張彩雲、葉雪樵、楊開第、高頗贊、謝金材、曾順續、陳占梅、胡世忠、簡藏華、蘇帖人、林寶華、邱生誥、洪我扁、楊升茂、胡福祥、黄忠泉、胡定多、鄭肇南、林大朝、李朝達、周蒼松、楊文發、施洛生、蘇鳳儀、許流沓、蔡惠我、吴有情、蘇清龔、李紫菜、唐少英、李桂仕、莊朝端、林桂枝、連介才、雷碧書、李文杞、張應舉、林有芳、謝福長、林悅來、曾煥淵、郭躬盛、蘇禮用、施金章、林懋績、陳清祿、黃輝薪、楊金闕、洪進重、張興漢、陳欽霖、曾續枝、郭維良、洪耀清、李遠志、謝維明、王啓宗、陳烏株、陳振發、郭德隆、曾媽庇；女募捐員：林金蘭、王招治、陳廠治、陳淑治、陳美容、林金定、曾淑賢、王針秀、孫碧珠、黃國文。

第一期修建委員：

主任：陳吉昌、曾順續；副主任：張彩雲、蘇清龔、白錫豹、王文福；點料：郭維良、許流沯、周蒼松、林世義；查賬：陳步墀、蘇禮用、蔡惠我、黃清貴。

第二期修建委員：

主任：林世義；副主任：李文珍、王文福；購辦：謝金材；點工：林悅來、李桂仕、葉雪樵；查賬：蘇禮用、陳步墀；點料：蘇鳳儀、許流沯、周蒼松、李紫菜、邱生誥、高萬章、蔡惠我、呂水此、張彩雲、周華志。

謹將各捐款芳名録左（恕不稱呼）：

芳名略。

三二七　旅越三山會館重修碑記

【碑刻名稱】旅越三山會館重修碑記
【材　　質】石材
【形　　制】長方形橫碑
【尺　　寸】長一百六十厘米、寬五十六厘米
【書　　體】楷書
【碑　　額】無
【碑　　題】旅越三山會館重修碑記
【碑文撰者】無
【碑文書丹】無
【立 碑 者】三山會館理事會
【立碑時間】一九五四
【存　　佚】現存
【地　　點】越南胡志明市三山會館
【碑刻録文】

旅越三山會館重修碑記

三山者，爲我福州之別名，蓋以屏山、九仙山、越王山鼎峙城中心由來也。轄有閩侯、閩清、永泰、古田、屏南、連江、長樂、羅源、福清、平潭十邑。旅越三山會館，係前此貿易斯土之先僑所倡建者。一八七一年，因同僑衆多，曾成立福州幫，歷十有五稔，且爲西堤七府之列，足見先僑在南越之地位，與夫會館歷史之悠久。乃至於會館創立之年代，因代遠年湮，殊難稽考。其遷嬗有足徵者，厥惟前清嘉慶元年歲次丙辰之建築前座，與光緒十三年歲次丁亥之重修而已。迄今年久失修，雖輪廓猶存，然輝煌非舊。本届理事會同人因謀而新之，乃倡議發動募款重修。幸蒙各界同僑不靳解囊，熱心樂助。九月經始，十月竣工，使廟貌巍峨，神靈顯赫。同人等忝董其事，玆值完成，爰將樂助芳名，勒石留志，用垂不朽云爾。

陳福三萬元；王義海二萬六千五百元；李良臣二萬元；陳仲卿一萬七千五百元；朱陳造一萬五千元；羅曰一萬五千元；陳敦陸一萬元；陳慶思一萬元；蔡石一萬元；張維岳一萬元；趙魂中一萬元；渺福昌一萬元；陳兆松八千元；新合發八千元；黃屏光六千元；林忠正六千元；黃漳興、亞東酒樓、洪珠盤、劉梁慧珠、餘養家、魏建康、塗泰來、游濂俊、郭剛中、鄭上泰發、Tam San Nu Hoi，以上各捐五千元；游濂清四千五百元；黃慶楠四千元；福州長慶寺四千元；林豐、陳依江、陳清如、廖堃官，以上各捐三千五百元；林清德、利民織廠、雷捷卿、中國漆器店、恒康、美荻王濟祺、信昌、沙澱中南廠，以上各捐三千元；傅廷劍、黃利春、魏宗鐸、黃源如記、洪清凉、潘概福昌、李烟、□亮大師、龔清波、蔡王麟影、沈章文、沙澱牲發、柳文金、五福、陸秀青、清禪師、林孝作、李福基成，以上各捐二千元；福牲興一千五百元；翁鬱一千五百元；塗錫禄、集興布莊、陳延錢、群青號、楊條坤、鄭軒冠、吳敬貞、鮑步超、楊景、妙華師、陳錫籌、得本良覺、林永安、曾阜、鴻成、柯羅禧、沙澱西湖號、蔡智益、華報寶，以上各捐一千元；緯發廠七百元；沈祖潯、中華漆器廠、馬國宣、永泰布莊、傅孫東、管錦記、黃榕菊、鄭建暖、廖守曾、李培勇、百樂門、金發號、張統英、國泰行、陳德露、和成福興、連桂江、義荻三和興、郭祥銓、林瑞興、振豐行、鵝貢吳協泰、榮泰號、仁和堂，以上各捐五百元；藝華廠、鵝貢惠興堂、後豐廠、福新，以上各捐四百元；林棟、郭明亮、黃錦□、瑞榮發、陳兆華、同發號、廖健民、華美布廠、陳連賓、鵝貢王高忍、趙不佑、福再興、趙不芳、福振春，以上各捐三百元；王義理、泰和布廠、原雲觀、新民布廠、劉福興、聯和布廠、錢廣源、集茂布廠、翁忠記、錦記織廠、協成行、振茂織廠、唐依學、廣豐織廠、阮文曉、永光織廠、阮寶旺、新興織布廠、錦興號、其昌織布廠、聯興昌、周豐、茂和、厚昌、萃青南盛、柳水妹、藝成錦隆、吳孝珠、鵝貢林興利、鄭發鼎、林仁利、旺三弟、林長利、潘木生、沙澱陳鴻基、福隆興、銘利號、鄭學祿、林能業、郭連連、王蘭香、美荻雙興、林森官、南和成、萬生利、黃公當、明星、瑞發號、同發、萬源號、楊正、郭春榮、平安旅店，以上各捐二百元；徐學年一百五十元；方覺民、標記布廠、鄧有福、聯昌布廠、戴培盒、瓊發布廠、官□鏡、和豐布廠、鄭耀坡、現代布廠、顏朱倫、興發布廠、陳道貴、華新織廠、黃培均、光光織廠、林依妹、仁泰織廠、鄭春合、鉅生織廠、德豐廠、□興織廠、永記廠、源泰織廠、同和廠、偉興織廠、德興廠、中國戲院、黃亞怡、福泰洋布廠、廣和興、劉廣裕織廠、鍾水泉、華富源布廠、寶豐興、廣源興織廠、徐華來、陳椒、柯富、郭奕弟、同昌、同茂、新隆興、和商、永新、林依發、同威、同源、華伯水、藝新、展興、福成號、閩興、陳秋、振泰廠、志源、祥豐、陳耀星、太洲、華光、徐章金、華南、蘭梅、黃金木、泰昌、利聯、陳連楨、楊生、華源、郭桂富、廖森、萬通、潘友深、貴鳳、輝記、陳來弟、梁榮、梁太、吳祺官、宋澄、民記、張國光、振南、慎祥、何元奇、呂女、呂太、莊楨元、黃屏、黃太、鄭武芙、鄭太、呂氏、李庚申、李太、劉氏、陳依弟、興昌、華雲、李秀娥、華聯興、吴麗豐、鵝貢林金竈、怡興廠、共和、莊友齊、和興、越華行、建和、玲玉嬋、萬回春、商志明、楊和生、許成昌、丐禮萬順堂、林金香、瑞草堂、周東名、美荻林、林慶雲、陳添興、梁球記、王建昌、陳嶸佳、新合利、鍾添齡、陳和平、陳偉初、王芙蓉、潘友璋、新采草、林松官、萬順源、郭河弟、德合、林禮詩、福華、林泰記、勝利、黄福記、福興、葉日棟、光生、張秉果、瑞康、吴珍、瑞春、沙澱童發、沙澱林木泰、許坤、振發，以上各捐一百元；林曾、林懷德、劉依春、鄭寶榕、陳順利、潘金安、□昌財、劉源、吕銀，以上各捐五十元。統收捐數越幣四十三萬三千四百元正。另補王雷捐五百元、楊永藩捐三百元。

付薪合發修建費越幣三十六萬一千元正、付樓工修繕費越幣二萬零三百元正、付大石碑一塊越幣二千八百元正。

收支抵對外尚餘四萬九千三百元正。

六省理事：王濟祺、林瑞興、林發、林光、郭銓、鄭論團、和豐、隆豐。

第二届理事會理事陳依江、林豐、王義海、陳清如、陳仲卿、廖堃官、黄屏光、林忠正、游濂清、翁鬱勒石。

公元一九五四年歲次甲午葭冬穀旦立。

三二八　三山會館重修碑記

【碑刻名稱】三山會館重修碑記
【材　　質】石材
【形　　制】長方形橫碑
【尺　　寸】長一百六十厘米、寬五十六厘米
【書　　體】楷書
【碑　　額】無
【碑　　題】三山會館重修碑記
【碑文撰者】無
【碑文書丹】無
【立　碑　者】三山會館理事會
【立碑時間】一九六一
【存　　佚】現存
【地　　點】越南胡志明市三山會館
【碑刻録文】

三山會館重修碑記

本會館供奉之天后聖母，及福德正神、注生娘娘等神像，因年久剥落，實有褂袍裝金之必要，且神龕以至大殿地面，亦須重砌新磚。已由本會歷次討論議決，應克日籌劃重修，以壯觀瞻。議請各同鄉自動樂助，共襄善舉，俾底於成。茲特由本會發動，請各同鄉自動樂助，凡樂助者芳名及金額，均予勒石留念，用垂不朽云爾。

收入之部：王義海叁仟元、亞東酒樓叁仟元、游濂清叁仟元、陳仲鄉貳仟元、郭銓貳仟元、陳西藩貳仟元、林忠正貳仟元、魏宗鐸貳仟元、黃屏光壹仟伍佰元、林標壹仟伍佰元、林叔如壹仟元、林孝作壹仟元、林瑞興壹仟元、林銘藩壹仟元、林豐壹仟元、游濂開壹仟元、游榮隆壹仟元、陳兆華壹仟元、陳清如壹仟元、陳夏生壹仟元、陳兆松壹仟元、陳熊丁壹仟元、陳梅金壹仟元、郭祥銓壹仟元、廖漢屏壹仟元、李德金壹仟元、周標壹仟元、中南機廠壹仟元、劉永理伍佰元、劉友元伍佰元、王高忍伍佰元、王三弟伍佰元、林仁善伍佰元、郭剛中伍佰元、徐天寶伍佰元、潘友深伍佰元、信昌號伍佰元、鴻成號伍佰元、黃金木伍佰元、中華公司伍佰元、禄盛號叁佰元、翁鬱叁佰元、劉學溪叁佰元、郭木淡叁佰元、郭來妹叁佰元、鄭上貳佰元、阮文請貳佰元、秀清號貳佰元、伍福號貳佰元、翁忠記貳佰元、陳閩興貳佰元、黃慎隆貳佰元、郭宋官貳佰元、廖建民貳佰元、萬牲利貳佰元、鄭閩南貳佰元、方依美壹佰伍拾元、林依錡壹佰伍拾元、葉伯水壹佰元、楊正壹佰元、唐坤壹佰元、柯多禧壹佰元、平安號壹佰元、裕興號壹佰元、合美號壹佰元、福振春壹佰元、黃福記壹佰元、潘金釗壹佰元、潘福華壹佰元、林十三壹佰元、林依癸壹佰元、林木泰壹佰元、林孔建壹佰元、陳依弟壹佰元、陳堅興壹佰元、郭禮成壹佰元、郭建連壹佰元、郭貴富壹佰元、李培勇壹佰元、張依華壹佰元、鄭可清壹佰元、鄭學良壹佰元、劉登磷壹佰元、俞大鼎壹佰元、徐章金壹佰元、福再興壹佰元、振發伍拾元、黃源伍拾元、同發伍拾元、由記伍拾元、林惠興伍拾元、陳和平伍拾元。

支出之部：支林依錡一單，貳萬叁仟伍佰元正；支林武弄一單，貳萬伍仟伍佰玖拾元正；支雕工壹萬肆仟壹佰貳拾元。支出三條，合計陸萬叁仟貳佰壹拾壹元正。

兩相比照，不敷壹萬零壹佰壹拾壹元正。（此款由下屆大堂補足）

以上九十二柱總進銀計伍萬叁仟壹佰元正。

第五屆理事會：理事長：游濂清；副理事長：郭銓；財政：陳西藩；總務：李德金；會計：陳夏生；稽核：廖漢屏；理事：陳清如、陳兆華、林忠正、林棟、郭祥銓；美荻理事：林瑞興、黃玉春；鵝貢理事：林仁善、王高忍；沙淌理事：林銘藩、周標；廣義理事：陳春生，仝勒石。

歲次辛丑仲春穀旦立，公元一九六一年。

三二九　穗城會館修建天后廟放生池序言碑

【碑刻名稱】穗城會館修建天后廟放生池序言碑
【材　質】石材
【形　制】長方形立碑
【尺　寸】長一百六十八厘米、寬六十二厘米
【書　體】楷書
【碑　額】無
【碑　題】穗城會館修建天后廟放生池序言
【碑文撰者】無
【碑文書丹】無
【立 碑 者】堤岸穗城會館管治委員會
【立碑時間】一九九〇
【存　佚】現存
【地　點】越南胡志明市穗城會館
【碑刻録文】

穗城會館修建天后廟放生池序言

爲響應市政府美化市容，推行社會文明新風尚運動，發揚民族優秀文化傳統，保持歷史文化遺迹，堤岸穗城會館歷百年來，渥承各界熱心人士之愛護，時加贊助。本會素來對館址及天后廟之維修工作極爲關注。自解放後，歷届管委會均秉承前輩宗旨，每年撥支數以百萬計之經費，以作各項修葺粉飾之用，務求保持會館和天后廟之莊嚴而新之面貌。此亦取諸社會，用諸社會之意旨也。己巳年秋，一九八九年得到各界善信之熱心贊助，進行修建天后廟之放生池。其工程爲加蓋三面圍墻，作藝術浮雕九龍圖兩幅、五羊圖和豐收圖，并配以梅、蘭、菊、竹暨四靈圖等浮雕壁畫。池中加建五龍噴水工程，種植蓮花和盆栽，使天后廟之群體建築益加壯嚴。如今各項工程業已完成，特立碑以爲紀念。

贊助人芳名録：

陳錦成闔家，贊助一百五十萬元；温成豐闔家，贊助一百五十萬元；蘇業森闔家，贊助一百五十萬元；朱東成闔家，贊助一百五十萬元；吕柏林闔家、吕永雄闔家，共贊助一百五十萬元；黄遠楊闔家、梁耀榮闔家，共贊助一百五十萬元；謝映源、王淑琴闔家，共贊助一百五十萬元；林健良、黎□□闔家，共贊助一百五十萬元；林海泉闔家、梁康勇闔家，共贊助一百五十萬元；黄永雄、賴氏皇芳闔家，共贊助一百五十萬元；關粲偉、關□□闔家，共贊助一百五十萬元；屈□□闔家、廖富球闔家、鄧潤景闔家、陳亞仁闔家，共贊助一百五十萬元；梁祥、李□□闔家、梁天啓闔家、梁天輝闔家、梁天雄闔家，共贊助一百五十萬元；馮和祥闔家、廖忠佳闔家、廖建明闔家、吕永健闔家、徐國雄闔家，共贊助一百五十萬元；黄□好闔家、□□□闔家、李燕□闔家、□□□闔家、李本□闔家，共贊助一百五十萬元；劉永善闔家、□□□闔家、何浩祥闔家、曾華强闔家、王□漢闔家，共贊助一百五十萬元；盧志毅闔家、邱偉民闔家、吕成劍闔家、霍玉萍闔家、楊林闔家，共贊助一百五十萬元；朱漆後闔家、張皓博闔家，張球洪闔家，鄧□亨闔家、黄國李闔家、黎國輝闔家，共贊助一百五十萬元；梁□華闔家、陳衛邦闔家、楊偉蘇闔家、何世闔家、劉錦全闔家、劉德炳闔家、楊漢勝闔家、鄧潤標闔家、李明森闔家、梁德明闔家，共贊助一百五十萬元；何沛材闔家、何興材闔家、梁兆明闔家、梁杏桃闔家、葉慧琴闔家、劉佩馨闔家、劉家福闔家、莫志偉闔家、鄧維勝闔家、蘇偉堂闔家，共贊助一百五十萬元；陳漢瑜闔家、蔡芝光闔家、姚沾文闔家、林展武闔家、林柏闔家、盧泳摇闔家、利承運闔家、葉平漳闔家、張日升闔家、黄汝榮闔家，共贊助一百五十萬元；黄繼權闔家、馮細林闔家、陳巧基闔家、陳耀光闔家、潘達泉闔家、葉柏成闔家、李世闔家、盧□伍闔家、曾志和闔家、□□□闔家，共贊助一百五十萬元；胡錦標闔家、黄婉瓊闔家、張國政闔家、鄧紹海闔家、楊光明闔家、黄楊秀□闔家、孫嚴□闔家、鄺仲植闔家、駱笑容闔家、王杏棠闔家，共贊助一百五十萬元；關葉闔家、陳輝闔家、陳榮光闔家、陳强東闔家、黄名蘇闔家、潘錦光闔家、朱楚權闔家、陳世鍾闔家、謝其威闔家、陳□雄闔家，共贊助一百五十萬元；黄志强闔家，贊助四十五萬元；蘇汝昆闔家，贊助一十五萬元；黄夭闔家，贊助一十五萬元；何建□闔家，贊助一十五萬元。穗城會館補助三百九十萬五千一百四十五元正。

堤岸穗城會館管治委員會：

顧問：湯明、李熙；主任：黎文景；副主任：五桂登；常務：蘇泉；財政：林桂成；正監事：李新；監事：朱南；稽核：羅玉；委員：鄧茜；委員：黄紹權。

一九九〇年四月十七日歲次庚午三月廿二日，堤岸穗城會館立。

三三〇　穗城會館天后傳説碑

【碑刻名稱】穗城會館天后傳説碑
【材　　質】石材
【形　　制】長方形立碑
【尺　　寸】長一百六十八厘米、寬六十二厘米
【書　　體】楷書
【碑　　額】無
【碑　　題】天后的傳説
【碑文撰者】無
【碑文書丹】無
【立 碑 者】堤岸穗城會館管治委員會
【立碑時間】一九九〇
【存　　佚】現存
【地　　點】越南胡志明市穗城會館
【碑刻録文】

天后的傳説

天后（俗稱亞婆），許久以來，中國南方民間奉之爲海神。有這樣的傳説，在中國宋朝建隆元年（公元九百六十年），中國福建省莆田市有一女子，説是林願的第六女，説她「始生便有祥光异香」，長能乘席渡海，乘雲游島嶼間。宋雍熙四年（公元九百八十七年）便升化了，享壽二十七歲。從宋、元、明各朝代，民間時有傳説：「亞婆常衣朱衣飛翔海上，累顯靈迹。」從此，歷朝皆有封贈，元明封爲天妃，迄至清康熙時，又封贈爲天后；而天后聖母之名，遂享祀至今。

在古代，以神道設教的中國封建社會，由民間一時的傳説，輾轉相傳而成爲民間信仰，是很普遍的事情，但難得是「亞婆」歷千年而香火尤盛。

藉堤岸穗城會館重繪聖母顯靈圖，謹綴數言，以爲紀念。

一九八八年戊辰夏，堤岸穗城會館立。

三三一　穗城會館重修碑記

【碑刻名稱】穗城會館重修碑記
【材　　質】石材
【形　　制】長方形立碑
【尺　　寸】長一百八十厘米、寬一百四十八厘米
【書　　體】楷書
【碑　　額】無
【碑　　題】穗城會館重修碑記
【碑文撰者】無
【碑文書丹】無
【立　碑　者】穗城會館理事會
【立碑時間】二〇〇五
【存　　佚】現存
【地　　點】越南胡志明市穗城會館
【碑刻録文】

穗城會館重修碑記

穗城會館約建於公元一七六〇年間，迄今已有二百四十多年，先輩於一九〇八年（清光緒三十四年）期間進行第五度重修，距今已隔九十多年矣。由於年代湮遠，館内梁柱久經風雨侵蝕，多已腐朽，需加以重修。故此，穗城會館第十八屆理事會爲使先賢所建立之巍峨館貌，得以保留長久，一致決定應予全面修建。幸賴我海内外善信，及社會熱心人士，善長仁翁，慷慨捐助，鼎力支持，使莊嚴館貌，壯觀如昔，實乃功德無量。計首期工程於一九九五年乙亥季春開始動工，至一九九七年完成，加建右側之客廳與會議室，及左側之膳堂與司祝部工程，經費爲二十八億九千三百六十八萬一千五百元，其中由各界善信與熱心人士六千八百四十二人次捐助共一十九億零二百四十九萬九千元。修葺正殿二期工程於一九九八年動工，此乃重修重點。爲保存原來館貌，故須分區施工，謹慎從事。因此需備充足之人力物力，更費時日，耗資頗巨。除專程聘任文化新聞部所屬中央遺迹維修公司全盤負責重修事宜外，所用木料均選産自越南北方之上乘格木，所有工匠均來自順化宫殿建築藝人，并由華人畫家重修殿内外四周之壁畫，至二〇〇三年癸未季冬全部完成。經費三十億四千六百八十八萬八千四百元，由會館香油收入撥支。此項爲時八年浩大重修工程，總費用爲五十九億四千零五十六萬九千九百元。除首期工程有熱心人士捐助外，其餘全數由會館撥出。

茲將樂捐人士（一百萬元以上者）芳名列後，勒碑銘志，以表謝忱。

穗城會館理事會：

第十八屆理事長：黎文景；副理事長：湯明、盧耀南；理事：陳才興、王福鏗、黄紹權、何國全、温成基、吕永雄、李松年、黃耀榮；第十九屆理事長：黎文景；副理事長：盧耀南、陳文就；理事：陳才興、温成基、黃紹權、黃耀榮、林海泉、李松年、工福鏗、陳國華；第二十屆理事長：黎文景；副理事長：盧耀南、陳文就；理事：陳才興、温成基、黃紹權、徐敬業、林海泉、陳國華、黃耀榮、徐志泉等；仝立。

公元二〇〇五年歲次乙酉仲冬。

樂助六千六百萬元者：蘇榮財；樂助二千萬元者：朱應昌、關貴鴻；樂助一千四百萬元者：林山建築公司；樂助一千一百萬元者：張杰祥；樂助一千零九十九萬元者：馬中德；樂助一千萬元者：黎文景、吕永雄、林海泉、温成基、張仲强、越華商業股份銀行、星越聯營國際私人有限公司；樂助八百萬元者：林兵治；樂助六百萬元者：何國麟、新雅菜館；樂助五百五十萬元者：王和坤、康宗雄、廖錦萍、戴敏煌、越香公司、鍾月中、（收條）二六七八號李宅；樂助五百四十七萬八千元者：汐天宮；樂助五百四十七萬元者：傅子玉；樂助五百一十九萬元者：徐國銘；樂助五百萬元者：吕修齊、何國全、吳清華、黃建光、曹秉深、楊三妹、黃耀榮、藍元成、馮裕畫室；樂助四百八十八萬八千元者：婆會衆善信；樂助四百萬元者：利承運；樂助三百八十八萬元者：何冠忠；樂助三百三十八萬元者：卓利發；樂助三百三十萬元者：盧建明、曾光明；樂助三百二十八萬元者：張惠萍；樂助三百萬元者：林翠玉、陳錫光、陳永根、陳光達、紹潤康、江一平、李國雄、高國强、徐華山、陳華、駱厚仁、張國華、麥志聲；樂助二百八十五萬元者：易炳樂、易炳棠；樂助二百八十二萬元者：鄭立成；樂助二百七十五萬元者：張育嫣；樂助二百五十五萬元者：張明德；樂助二百五十萬元者：梁漢沾、畢紹波、新生茶葉莊；樂助二百二十八萬元者：蔡爐；樂助二百二十七萬元者：張林豐；樂助二百二十萬元者：何淑卿、黃慶美、馮錦新、蕭永河、林智信、林俊良、林俊亨、林俊輝、林俊賢、陳建龍、張純彬、黃士城、朱以仁、周廣信、馮百剛、符致揚、兆豐公司、金天三清門、博鑫工具股份有限公司；樂助二百一十八萬元者：蔡杏春；樂助二百一十萬元者：陳忠榮；樂助二百零八萬元者：朱連枝；樂助二百萬元者：蘇榮、蘇育才、石豐榮、歐陽榮、黎志强、陳秀瑩、刁國光、彭明財、李宜璋、陳麗元、王福鏗、王志成、李儲平、李安順、李玉成、李松年、李文康、何灌庭、何國華、何金愛、林志成、林爲安、林祥慧、項載勝、陳强康、陳貴森、陳振波、陳亞仁、陳建光、陳榮輝、馮沛威、馮麗芯、麥後榮、許愛瓊、黃汝榮、黃松奎、黃國李、黃育欽、彭日藝、俊保、楊南昌、楊森勝、鄧紹海、劉國輝、劉旭膳、劉柏亨、潘金和、盧泳摇、黃志、關家准、盧耀南、關達賢、龍紹煊、羅炳超、葉展良、阮氏麗卿、劉德安婆會、芹苴廣肇會館、（收條）一八五八號無名氏、劉氏大宗祠、陳威霖婆會、梁福恩婆會、祥盛金鋪、土龍木天后宫理事會、泰生隆香莊、土龍木廣肇理事會、迪石廣肇天后廟、新平郡茶園護國觀音廟第八届理事會；樂助一百八十七萬元者：尹雁玲；樂助一百八十萬元者：杜國增；樂助一百七十四萬元者：曾平；樂助一百七十二萬元者：黃漢倫、黃振華、劉月媚；樂助一百七十萬元者：歐陽富、歐陽長慶、徐家禮、劉文彬；樂助一百六十八萬元者：洪永福、王邦端、梁天輝、麥耀明；樂助一百六十五萬元者：洪玉山；樂助一百六十萬元者：黃坤洪、劉錦潤、何允添、吴成裕、刁權煌、徐鐵錚、畢雲忠；樂助一百五十萬元者：謝保雄、王國裕、吕永健、李國强、吴華妹、梁成高、陳廣權、許曉政、黃明德、鄭章品；樂助一百四十萬元者：謝國華；樂助一百三十七萬元者：蘇玉海；樂助一百三十一萬元者：林志昊；樂助一百三十萬零五千元者：許進聰；樂助一百三十萬元者：湯華炬、張焕然、錢廣康；樂助一百二十八萬元者：餘榮全、李國明、林桂祥、馬德慶、馬國雄、莊順華、陳國洪、畢玉美、楊偉祺、鄧杰標、羅潤雄、蕭建宏、游覽團劉調任全體一同；樂助一百二十六萬元者：張恩長；樂助一百二十五萬元者：方鏞幗、馮馬玉嬋；樂助一百二十四萬元者：畢馨心；樂助一百二十萬元者：歐陽樹、盧心甜、何四、羅德瑨、何業良、湯建泰、沈昭娟、林重見、郭庭怡、薛文欽、王祥安、王福生、吴少虹、周兆和、李汶飛、李集盛、胡廣昌、朱沛恩、梁永澤、黃耀生、麥耀華、陳陸瑛、曾廣堪、曾炳洪、彭國基、葉平章、林福、鍾茂盛、鄧偉成、劉爲亨、（收條）一七六九號馮氏；樂助一百一十九萬元者：張耀微；樂助一百一十八萬元者：李國坤、曾方培、陳自來、吳永富；樂助一百一十七萬元者：吳達雄；樂助一百一十六萬元者：馮妹珍；樂助一百一十五萬五千元者：黃偉文；樂助一百一十五萬元者：江錦輝、陳柏華；樂助一百一十一萬元者：謝松亭；樂助一百一十萬元者：魏國雄、關國良、王滿强、江奕松、李福厚、李玉鳳、李日光、何祥、何鼎緯、何鼎立、何鼎力、何鼎山、何鼎亮、何超錦、林碧珍、林浩國、袁甜順、梁子敬、梁業成、許之植、陳炳、陳啓邦、彭貴、彭佩玲、龍美娟、魏麗欣、王金順、司徒榮、李宗廣、李勝昌、李進旺、冼亞嬌、邱正川、周柑、周玉燕、周玉霞、林德慶、林美妙、林金、林建迪、洪學科、高坤山、梁錦源、唐萬來、莊三泰、陳鍾城、陳玄宗、陳宗佐、陳秀如、陳正祿、張恭源、許政治、許海上、黃明强、黃學人、黃清中、黃順成、曾肯、程榮源、葉熾昌、鄧月桂、黎光乾、蔡介欽、鍾延兆、鄒恩永、□上模、王來吉、何寶兒、林友明、梁明來、陳添枝、陳海會、許議新、郭基承、郭後杰、黃雅詩、黃雅恩、黃添文、黃楚豐、李文盛、智發行、廖志雄、廖寶雲、王仲福、廖惠清、劉江和、丁代長、丁啓華、王志鴻、王潤瑜、方麗玉、白永强、伍全、江玉梅、呂錦華、洪肇榮、何啓賢、李庭輝、吳福旋、易合發、胡鈺均、梁美珍、梁麗玲、梁和順、梁基仲、徐燮賢、陳子暉、陳振華、陳耀坤、陳安石、陳金蘭、張秋東、崔朝發、畢瑞麟、郭運、黃金英、黃偉根、郭志、鄭寶珊、葉添、黎美燕、鍾志强、歐陽紹輝、高雄市三鳳宮、老鄉親燒鷄飯、鍾玉娥、財安公司、謝陳柳玉、明蝶相簿、吳權街三十六號鷄飯店、妙還聖慈宮；樂助一百零九萬九千元者：李月明、陳勝定、鄭文煜、勝義堂醒獅團；樂助一百零九萬八千元者：呂寶娟、彭春通、林柏安、林三義、馮瑞英；樂助一百零九萬五千元者：江海安、鍾遠和；樂助一百零九萬元者：周安、梁熙明、熊繼植、林黃傳、林複繁、張李滿、楊聰琪、楊朝强、楊評、戴國富、謝同瑞、蔡茂介、蔡朝方、蔡承財、鍾佩璿、慶坤企業有限公司、丁耀忠、繆蘇碧玉、巨鹿實業有限公司、文先生、梁棋邵、薛錫明、榮門黃興要、蔡寶；樂助一百零八萬八千元者：時代眼鏡行、李華均、李偉明；樂助一百零八萬元者：楊炳動、盧耀梁、鄭平村、何玉英、伍世亮、李潤誠、榮德和、徐國銘、徐啓光、張球洪、馮鋭志、楊棟梁；樂助一百零七萬元者：張皓博、譚伯池；樂助一百零六萬元者：葉耀；樂助一百零五萬元者：劉國新、黎景超、邱奕豐、王汝泉、吕作成、王國楨、吕仕榮、李才良、何遠財、余秀芳、周佳、侯灩玲、陳世鍾、黄潔華、黄幸華、鄧慶忠、劉適敬；樂助一百零三萬元者：吳明、冼鐵城、周永彬；樂助一百零二萬元者：陳言富、王清南、林振通、陳珍塗、陳珍池、關耀新、李尚文、朱偉楓、楊長榮；樂助一百零一萬八千元者：鄒貴有、楊應榮；樂助一百零一萬元者：周富强、陳浩華、劉子彬；樂助一百萬零九千元者：梁景；樂助一百萬元者：江志根、杜思達、李松生、林燕、陳麗娟、邵德才、梁少楠、馮玉梅、陳雪强、陳素梅、陳鳳英、林銅、陳錫成、陳錫華、陳錫明、陳文定、陳巧榮、陳正圖、陳恒華、陳樹興、張潤齊、麥華、覃潔蕙、劉志誠、劉齊和、潘金城、黎炳年、盧保昌、盧美金、蔡志城、蔡金聲、鍾耀基、謝德發、謝德桂、蘇舜德、蕭永健、王漢啓、王慶興、王榮貴、李雅朗、車茂臺、邱弘仁、汪福生、吕潮淞、林正文、林阿龍、林子發、林信次、吴火生、吴風開、吴錦粲、胡永城、梁鴻生、徐正弘、高迫魁、莊榮明、莊正郎、張寧文、張清添、張健雄、陳鴻林、陳振田、黄瑞光、詹文星、葉坤河、劉明棟、葉嘉城、羅恰博、譚美玉、何雪珍、李旋鏡、邵耀榮、唐沛源、徐偉明、馮昆明、梅偉林、麥庭光、黎柏義、羅瑞貞、李炎山、馬瑞儀、莊慶洲、江念慈、江漢華、李添泉、吴文娥、施群卿、崔森賢、馮鋭廣、黄錦鴻、黄錦成、黄鉅堂、劉錦卿、鄭貞、甘月紅、吕珈瑩、吕浩維、江日新、伍國和、何英、姚雯櫻、黄秀玲、曾麗英、趙健元、賴弘琦、錢敏堅、羅慧、何思賢、林傅水、朱美真、陳亞書、雲大鳴、傅順福、李德明、郭景行、李嬋、黄家益、黄厚志、江偉雄、任煥財、文其光、文福蘇、文杜彩、文衍征、王杏棠、王佛漢、王佛發、王佛坤、王耀威、王耀宗、王耀權、王玉海、方碧香、方細華、甘劍宗、石爾記、古月娥、戎書、戎家華、戎逸華、江卿蘭、江俊樺、危世明、朱湛、朱智敏、池劍雄、呂仕華、呂嘉明、呂樹賢、呂樹超、伍仕劍、阮洪森、杜少雄、杜鴻華、杜世妹、杜祥、杜業基、杜禮生、杜樹鈞、利開發、辛榮順、汪成意、邱峻峰、邱清水、邱偉民、岑明、何建平、何銓華、何銀源、何景超、何金桂、何柏汶、何初、何源璋、何偉民、杜氏利、李孟江、李惠珍、李彩英、李德華、李朝榮、李光東、李旺陽、李曉宏、李連桂、李有蓮、李渭林、李仕雄、李文安、李松□、李偉祖、李錦和、李惟錦、李包、余漢杰、余玨樺、余玉珍、林建基、林慶昌、林柏、林利、林玉碧、林添、林重町、林坤滿、林冠雄、林綺湄、林玉鈴、招要貞、招惠芳、屈志新、周純德、周黎潮、周洋、周昌奮、周廣源、吳偉棠、吳達强、吳劍强、吳成發、吳少豪、吳汝森、吳樹生、吳全發、吳先祺、吳想英、吳國玲、吳瓊仙、吳景雄、吳坤潤、易光明、洪集群、洪就好、洪宗裕、胡有根、胡堯瑞、胡錦標、胡瑞麟、胡世彬、侯輝慶、范智凱、施勝忠、施慕貞、姚宅、韋紹成、馬鈺珍、徐偉誠、徐潤根、徐偉松、徐偉光、徐福鏗、袁麗慶、翁錦昌、郭海芳、唐麗有、唐上富、堂妹、唐家田、梁惠蓉、梁華、梁進權、梁月瑩、梁賢、梁强源、梁基、梁名聲、梁慶猛、梁亞强、梁勤妹、梁如輝、梁麗梅、梁達成、梁榮生、梁柏鈞、梁維、區祖衍、麥秉南、麥漢揚、麥國全、麥玖、麥耀南、畢志洪、畢廣潤、梅炳雄、符樹漢、馮柏明、馮少珍、馮洪昌、馮耀文、陳怡君、陳達桂、陳桓君、陳來發、陳雪平、陳耀雄、陳呈祥、陳有貴、陳嘉慶、陳秀珠、陳巧娟、陳逢秋、陳春秋、陳榮興、陳瑞麟、陳振炎、陳世愷、陳柏樺、陳志偉、陳瓊、陳後樺、陳冠福、陳□、陳可勝、陳志雄、陳松清、陳國華、陳德珠、陳鳳玲、陳肖和、陳百賢、陳柱基、陳樹榕、陳錦池、陳紹良、陳蘭、陳後伴、陳蓮、陳建華、陳素娟、陳丞德、許源春、許桂卿、許環珍、馮燧棟、馮炳榮、馮桓和、莫紹强、莫智超、畢鏡永、畢玉芳、畢子卿、畢炳全、張鴻桂、張韋杰、張子廉、張敬賢、張國榮、張善鴻、張志誠、張福榮、張國源、張敬光、張小明、張慧倫、張文勇、曾發華、曾維鏢、曾秋榮、曾惟崇、曾錦榮、曾業就、曾義杰、曾展雲、曾文標、曾吉祥、曾秀娥、湯葵卿、黃若瀅、黃月好、黃天、黃友雄、黃國峰、黃守義、黃其瓊、黃愛琴、黃萬源、黃顯鈞、黃炳增、黃劍仁、黃笑、黃秉深、黃麗娟、黃振明、黃瓊致、黃基球、黃遠揚、黃敬仁、黃志、黃順昌、黃俠仁、黃鴻駱、黃志强、黃守仁、黃汝仁、黃根祥、黃耀南、黃健城、黃福添、黃杰漢、黃道順、黃家財、黃永雄、植樹銓、鄒均耀、程長茂、鄔美泉、葉榮鍾、葉春喜、葉金鳳、葉清華、葉裕華、葉棠、葉永豐、葉沛霖、葉志玲、楊樂明、楊協輝、楊榮顯、楊貞、楊錦輝、楊金龍、楊漢文、楊漢光、廖志佳、鄧瑞芳、鄧啓順、鄧金惠、鄧啓鴻、鄧然誠、鄧貴銅、鄭仁賢、趙馥藹、潘錦光、劉佰康、劉永福、劉克後、劉紹倫、劉子忠、劉新華、賴周華、賴金卿、黎咏旋、黎天、黎志榮、蔡賢豪、盧建樺、盧雪霞、盧惜貞、盧妙金、錢棉新、鄒卓動、謝輝、謝嘉慧、謝志聰、謝明苑、雷綿章、彭歐蘇、温偉錦、鄭樹仁、趙燕英、歐木榮、樊啓昌、譚福銓、譚品川、譚志光、薛漢臣、韓鸞疇、鍾永祺、鍾廣泉、鍾文潮、謝金海、鄺永培、鄺見卿、魏達生、羅保安、羅昭仁、羅楚超、羅錦新、蘇錦聯、蘇業森、蘇建衡、蘇業棠、蘇新方、蘇汝昆、關敬尤、關沛基、關影、關錦漢、仁義堂、關廣賢、關又升、王陳愛蓮、司徒小莉、嚴雄章、天虹飯店、何黎玉明、何陳淑英、阮文仲、何曾翠玉、牛記飯店、丁氏清賢、黎文玉、黎湯柏倫、謝徐月嬌、南秀藝苑、陳功烈、偉記顧綉、群寶會館、君建菜館、有記機器廠、耀光五金行、藏霞洞永安堂、盧桂瓊婆會、歐姬街唐氏、魯國茂記魚業、昆季社會全體社員、越順電鍍有限公司、大通運地產建築公司、仁衆堂參茸藥行、土龍木培英華文學校、天生人造皮商店、守德七府關帝廟、永隆天后宫理事會、玉蘭亭大酒樓、（收條）二七三三號無名氏、羅雪芳婆會、力群造圖有限公司、土龍木廣肇第六屆相濟理事會、亞洲貿易有限公司阮氏金年、久泰建設股份有限公司、統一粵劇團第三屆顧問會。

三三二　海南會館新漆廟宇捐銀碑

【碑刻名稱】海南會館新漆廟宇捐銀碑
【材　質】石材
【形　制】長方形横碑
【尺　寸】長八十二厘米、寬四十八厘米
【書　體】楷書
【碑　額】無
【碑　題】無
【碑文撰者】無
【碑文書丹】無
【立 碑 者】海南會館第三十七届理監事會
【立碑時間】二〇〇一
【存　佚】現存
【地　點】越南胡志明市海南會館
【碑刻録文】

海南會館新漆廟宇捐銀碑

爲慶賀新千禧年的開始，爲迎接辛巳年新春的到來，本届理監事會發起刷新全部廟宇内外，髹漆裝金寶殿、柱聯祭皿文物等。施工始於公元二千年十二月十八日，至二〇〇一年元月二十日竣工。經此修飾，會館面貌焕然一新，寶殿增輝，宏壯觀瞻，神歡人樂，實爲功德無量，福有攸歸，祈求聖母恩光，普照福澤，此功此德，乃賴衆鄉親、諸善信、各位熱心人士，慷慨解囊，踴躍捐助所緻。謹此立石字碑以資留念。

謹將樂捐芳名列左（恕不稱呼）：

邢福珍、盧鉞叁仟捌佰萬元，姚奇棟壹仟伍佰萬元，吴清華伍佰萬元，邢福屏伍佰萬元，陳家旺貳佰元美金，陳建福貳佰萬元，韓華美壹佰萬元，黄獻平壹佰萬元，葉秀英壹佰萬元，林明輝壹佰萬元，鄧潘玉蘭壹佰萬元，鄧紅玲壹佰萬元，梁得源壹佰萬元，符致英壹佰萬元，黄聞禧壹佰萬元，洪彩金壹佰萬元，韓海伍拾萬元。

胡志明市海南會館第三十七届理監事會立，公元二〇〇一年元月二十二日。

三三三　海南會館維修竣工碑

【碑刻名稱】海南會館維修竣工碑
【材　　質】石材
【形　　制】長方形横碑
【尺　　寸】長七十八厘米、寬四十二厘米
【書　　體】楷書
【碑　　額】無
【碑　　題】無
【碑文撰者】無
【碑文書丹】無
【立 碑 者】海南會館第三十九届理事會
【立碑時間】二〇〇七
【存　　佚】現存
【地　　點】越南胡志明市海南會館
【碑刻録文】

本會館於二〇〇一年十二月二十八日榮獲越南文化通訊部公認爲國家級歷史文化遺迹，故此保管與維修工作須持續進行。但由於時日久遠失修，地板多處出現破裂不平，經會館多次商議後，贊成重新以花崗石鋪砌地磚。此次維修工程之全部經費得到本市西貢商信銀行的熱心支持與捐助，實是功德無量，工程竣工後，使寶殿更顯光彩。

謹此立碑以資紀念。

海南會館第三十九屆理事會立，歲次丁亥年十月吉日，公元二〇〇七年十一月三十日。

三三四　海南會館廟館維修碑

【碑刻名稱】海南會館廟館維修碑
【材　　質】石材
【形　　制】長方形立碑
【尺　　寸】長一百一十厘米、寬九十厘米
【書　　體】楷書
【碑　　額】無
【碑　　題】無
【碑文撰者】無
【碑文書丹】無
【立 碑 者】海南會館第三十九届理事會
【立碑時間】二〇〇八
【存　　佚】現存
【地　　點】越南胡志明市海南會館
【碑刻録文】

鑒於廟殿多年未修，經理事會商議後，通過重新髹水漆廟内外及屋頂瓦面，貼金宮殿神位、横匾柱聯，換全部新電綫，并發動樂捐維修經費，得到諸位理事、顧問、海内外鄉親公司及善商等熱心人仕慷慨解囊，贊助物料，經數月施工已完滿竣工，使到廟宇内外增添光彩，功德無量，諸善長仁翁之寬懷必福有攸歸。謹此立石碑以資銘記。

謹將樂捐諸位芳名列左（恕乏稱呼）：

張子諒（新强盛電綫電纜公司）叁仟萬元，邢福珍貳仟萬元，雲昌珉貳仟萬元，吴清華壹仟萬元，符子文壹仟萬元，林明輝壹仟萬元，韓鸞嚋壹仟萬元，周國才壹仟萬元，陳煌山壹仟萬元、聯友南北醒獅金龍團捌佰捌拾捌萬元，青聯海南金龍南北獅團捌佰萬元，許氏兄弟（瑞典）陸佰玖拾萬元，黄桂霞伍佰肆拾萬元，黄獻平伍佰萬元，陳漢叁伍佰萬元，符致英伍佰萬元，符敦晰伍佰萬元，曾紀新伍佰萬元，黄大義、麥小玲（澳洲）伍佰萬元，彭業樑（美國）伍佰萬元，龐業良伍佰萬元，邢增文賢伍佰萬元，林館明豪堂龍獅團伍佰萬元，陳子暉（海珍海味公司）伍佰萬元，符致群伍佰萬元，符廣志伍佰萬元，陳文泰（加拿大）伍佰萬元，邢增錦（美國）伍佰萬元，潘先欽（澳洲）伍佰萬元，洪景泉、洪景琳肆佰捌拾萬元，孫盛强叁佰萬元，黄友雄叁佰萬元，符芳蘭叁佰萬元，韓明光、陳氏菊（美國）叁佰萬元，陳健智叁佰萬元，林克春叁佰萬元，張業煜叁佰萬元，葉能星貳佰萬元，邢詒介（美國）貳佰萬元，符鴻學（澳洲）貳佰萬元，馮爾華貳佰萬元，潘正養貳佰萬元，許武氏菊貳佰萬元，潘正廉（澳洲）貳佰萬元，潘月仙（澳洲）貳佰萬元，潘月玲（澳洲）貳佰萬元，潘月英（澳洲）貳佰萬元，潘月香（澳洲）貳佰萬元，洪幗英（美國）貳佰萬元，洪月娥貳佰萬元，蘇記潮州沙嗲貳佰萬元，許岳華（頭頓）貳佰萬元，韓永嚋、韓偉嚋（美國）貳佰萬元，陳紹日貳佰萬元，許連英（瑞典）壹佰捌拾萬元，許振騰壹佰萬元，劉慶鐵壹佰萬元，李國順壹佰萬元，蘇國杰壹佰萬元，韓海壹佰萬元，符鴻淵壹佰萬元，姚奇棟壹佰萬元，周經海壹佰萬元，唐昌廉壹佰萬元，何家豪（加拿大）壹佰萬元，阮氏麗芳壹佰萬元，龐業文壹佰萬元，曾碧珍壹佰萬元，邢福基（澳洲）壹佰萬元，潘玉紅壹佰萬元，彭必雄壹佰萬元，建燈電纜公司壹佰萬元，吳麗來壹佰萬元，許宇合（加拿大）壹佰萬元，林詩江、邢福明（海南省）壹佰萬元，謝明憲（臺灣）壹佰萬元，龐業宜壹佰萬元，林明壹佰萬元，鄧雄（法國）壹佰萬元，莫書江、莫書海（美國）伍佰美元，鄭定浩（美國）壹佰美元，黃美英（美國）壹佰美元，陳維春（美國）壹佰美元，洪偉弼（美國）壹佰美元，洪輔光（美國）壹佰美元，盧修珍（美國）壹佰美元，盧家蕃（法國）壹佰美元，潘正發（美國）壹佰美元，許彩娟（澳洲）壹佰澳幣。

胡志明市海南會館第三十九屆理事會立，歲次戊子年正月吉日，公元二〇〇八年三月八日。

二十一　廣澤尊王（郭聖王）

三三五　鳳山寺敕封廣澤尊王碑

【碑刻名稱】鳳山寺敕封廣澤尊王碑
【材　質】石材
【形　制】長方形立碑
【尺　寸】長一百八十六厘米、寬七十八厘米
【書　體】楷書
【碑　額】雙龍朝日，鐫刻「鳳山寺」
【碑　題】敕封廣澤尊王
【碑文撰者】無
【碑文書丹】無

【立 碑 者】鳳山社衆弟子
【立碑時間】清同治三年（一八六四）
【存　　佚】現存
【地　　點】馬來西亞檳城鳳山寺
【碑刻録文】

敕封廣澤尊王

福建鳳山社藉我泉屬董事：永郡孟承金、南邑梁光廷、安邑葉合吉。爰我同人等公議，建立廟宇於描仛文章山川勝地，崇奉敕封廣澤尊王，威鎮檳嶼，國泰民安，名揚海内，則四方之民，罔不咸賴神光赫顯，垂祐永昌。敬陳禮儀大典，而創業垂統，禋祀于四時，永保勿替焉。今以告厥成功，勒石爲序。

兹衆弟子敬題捐金姓名開列于左：

顧元咸壹佰貳拾員、葉源成壹佰大員、貢生林鵬飛四拾員、王清然貳拾員、孟承金貳拾四員、梁光廷貳拾四員、葉合吉貳拾四員、朱日辰貳拾四員、葉光倰貳拾四員、王振德拾陸員、黃光玩拾陸員、王光抱拾陸員、王豆簽拾四員、傅士簡拾貳員、傅海成拾貳員、宋廷山拾貳員、宋廷馬拾貳員、郭八秀拾貳員、李推位拾貳員、尤一統拾員、陳勝榮拾員、劉玉碧拾員、張仁親拾員、陳順佑拾員、張清佛捌員、吴廷琛捌員、尤碖磁捌員、陳春季捌員、葉光殼捌員、陳斯硯捌員、林八卦捌員、余騰起捌員、郭連財捌員、陳人物捌員、陳登雲捌員、陳文東捌張彩鳳陸員、陳文聘陸員、梁鴻敦陸員、王金幻陸員、黃景泉陸員、陳清海陸員、吳仁注捌員、陳綉綫捌員、梁主財陸員、傅芳源陸員、鄭登仲陸員、陳居陸員、黃樬陸員、余款陸員、許壇陸員、顏監陸員、洪迪吉陸員、郭求買、葉槽陸員、白象陸員、王領陸員、葉正泉陸員、顏金水陸員、傅長義陸員、黃相軋陸員、李清榮陸員、郭陸員、邱六伍員、陳挨伍員、葉文彩伍員、尤大炮伍員、吳天賜伍員、雷英海伍員、朱怡程伍員、陳力陸員、傅虎四景秀拾員、葉鳳娘四員、梁則準四員、葉絨□伍員、陳爲伍員、楊萬察伍員、尤大東伍員、鄭清溪伍員、江珠添四員、林文科四員、梁明姜四員、梁清蓮四員、梁添喜四買、梁迪吉四員、顏光箕四員、梁太山四員、顏員、葉目四員、侯葭四員、王植孫四員、謝騰蛟四員、王永成四員、李淡丕四員、陳麗水四員、林冬季四員、雙四員、尤描四員、黃文四員、梁乳四員、陳怡四員、陳惆四員、江滔四員。

天運甲子年孟春穀旦，鳳山社衆弟子敬立。

三三六　重修鳳山寺石碑記

【碑刻名稱】重修鳳山寺石碑記
【材　質】石材
【形　制】長方形立碑
【尺　寸】長二百一十厘米、寬一百二十三厘米
【書　體】楷書
【碑　額】無
【碑　題】重修鳳山寺石碑記
【碑文撰者】無
【碑文書丹】無
【立 碑 者】南邑董事蔡鵬南、總理宋麒麟等
【立碑時間】清同治七年（一八六八）
【存　佚】現存
【地　點】新加坡鳳山寺
【碑刻録文】

重修鳳山寺石碑記

原夫廣澤尊王之於中國也，時當晋代，地在詩山，一鳳遥看，結成丹穴，全牛不見，化就道身。溯古迹猶彰彰可考，聞前言每念念不忘，此鳳山寺之所由昉也。自是以來，雍在宫而肅在廟，赫厥聲而濯厥靈，廣澤紛紜，湛恩汪濊，上下沾濡，無分内外，而且永言孝思，使齊明盛服以承祭祀者，并及乎其先，則非特千秋頌明神，亦萬古稱孝子也。而新嘉坡，我建人尤思之深，慕之切。道光丙申梁君壬癸，爰募衆商，營立寺室，塑繪像形，仍名之曰鳳山寺，不忘本也。俾我建人敬供朝夕，享祀春秋，并受其福，始作之功，豈不偉哉？然而歷年多，爲日久，風揚雨漂，芳椽傾損。若不及早綢繆，則棟折榱崩，覆壓是懼，欲以尊神，反以慢神，雖有寺亦與無寺等，其何以引馨香於勿替乎？從可知重修之功，不在始作之於下也。第費用浩繁，非一人之力所能獨理，幸賴富户巨商捐資成美。外而規模較前爲尤大，内而節目視昔益加詳，則輪奂聿新，光浮俎豆，神靈永妥，慶衍民人，千祥雲集，百福駢臻，安在外域尊王，不可匹休於中國耶？謹将芳名勒石，以垂不朽。

大董事蔡鵬南、洪協發、傅成源、黃藏興，大總理宋麒麟、王協泰、洪豐安、江錦興。

洪潑觀捐銀壹佰玖拾員；蔡鵬南觀捐銀壹佰伍拾六員；錦興號捐銀壹佰貳拾員；廣興棧捐銀壹佰大員；成源號捐銀壹佰大員；協春棧捐銀壹百大員；宋麒麟捐銀壹百大員；卓有觀捐銀柒拾大員；謝盞觀捐銀伍拾大員；蔡坦觀捐銀叁拾大員；葉光統觀捐銀貳拾伍員；鄭馬岱觀捐銀貳拾伍員；葉堎觀捐銀貳拾伍員；吴永順觀捐銀貳拾伍員；吴□韵觀捐銀貳拾伍員；梁順豐觀捐銀貳拾肆員；藏興號捐銀貳拾肆員；洪斌來觀捐銀貳拾肆員；王深觀捐銀貳拾大員；陳皆龍觀捐銀貳拾大員；德興號捐銀貳拾大員；德發號捐銀貳拾大員；永利號捐銀貳拾大員；蔡恭

田捐銀拾伍大員；林濤觀捐銀拾伍大員；林鸖觀捐銀拾伍大員；林奢觀捐銀拾伍大員；勝發號捐銀拾伍大員；梁源財捐銀拾肆大員；林雲慶捐銀拾叁大員；黃國聯捐銀拾貳大員；傅官觀捐銀拾貳大員；林昊觀捐銀拾貳大員；順吉號捐銀拾貳大員；和成號捐銀拾貳大員；協成號捐銀拾貳大員；怡豐號捐銀拾貳大員；莊雙觀捐銀拾貳大員；源發號捐銀拾貳大員；蔡姣觀捐銀拾貳大員；陳英球捐銀拾貳大員；黃必成捐銀拾貳員；黃茂春捐銀拾貳員；美利號捐銀拾壹員；王協成號捐銀拾大員；葉興觀捐銀拾大員；徐有記捐銀拾大員；徐彬絮捐銀拾大員；許守巳捐銀拾大員；張顯府捐銀拾大員；林捃視捐銀拾大員；洪垂觀捐銀拾大員；鄭配觀捐銀拾大員；榮海觀捐銀拾大員；升源號捐銀拾大員；和合號捐銀拾大員；葉倩觀捐銀拾大員；陳泉成捐銀拾大員；黃玉泉捐銀拾大員；鄭媽成捐銀拾大員；黃金水捐銀拾大員；林天府捐銀拾大員；陳周觀捐銀拾大員；協興號捐銀玖大員；林禾觀捐銀捌大員；林寸觀捐銀捌大員；順豐號捐銀捌大員；長泰號捐銀捌大員；益豐號捐銀捌大員；吕情觀捐銀捌大員；謝妹綽捐銀捌大員；新泉美捐銀捌大員；傅湖觀捐銀捌大員；洪泉成捐銀捌大員；洪協安捐銀捌大員；卓齊觀捐銀捌大員；新通發捐銀捌大員；日興號捐銀捌大員；泉德號捐銀捌大員；金盛號捐銀捌大員；傅肝觀捐銀柒大員；合發號捐銀柒員；傅理觀捐銀柒員；傅研觀捐銀柒員；新錦德、泉豐號、道源號、泉福號、順撥號、莊日觀、錦德號、蔡陽觀，以上捐銀陸元；林忠觀、王潤府、捷發號、李獅府、陳長安、葉悵觀、茂源號、易朗觀、林捃觀、葉炳河、葉旨觀、林御觀、林最觀、林旁觀、林塔連、侯爵觀、李胡觀、葉再興、林碎觀、葉長水、林榼觀、葉治觀、陳蓋水、余九觀、黃監觀，以上捐銀伍元；李溧觀、李遺觀、林免觀、洪轍觀、源興號、陳蔡觀、劉淵觀、吴裁觀、傅深觀、吕飲觀、源昌號、魏黨觀、春茂號、黃頭觀、洪坤觀、葉彩觀、王來府、徐添花府、李長茂、郭煌觀、傅應會、洪協德、泉春葉、黃生觀、江錦興、洪豐安、永協春、黃挽觀、李經觀、傅滾觀、李應守。

大清同治柒年歲次戊辰秋桂月穀旦，南邑董事總理人謹勒石。

三三七　重建鳳山寺碑記

【碑刻名稱】重建鳳山寺碑記
【材　質】石材
【形　制】長方形立碑
【尺　寸】長二百一十七厘米、寬一百二十四厘米
【書　體】楷書
【碑　額】無
【碑　題】重建鳳山寺碑記
【碑文撰者】無
【碑文書丹】無
【立 碑 者】南邑諸董事
【立碑時間】民國二年（一九一三）
【存　佚】現存
【地　點】新加坡鳳山寺
【碑刻録文】

重建鳳山寺碑記

新嘉坡鳳山寺碑序

泉南有山頗類鳳，晋天福二年，郭孝子於其地坐化。遺澤廣被，有天王明聖之尊，後人建寺祀之，請於朝，名其寺曰「鳳山」，褒封廣澤尊王，歷漢、周、宋、元、明、清九百六十有七年矣。而新嘉坡之有寺以祀王，則自清道光丙申年始也。時梁君壬癸爲總董，創建於丹戎巴葛之山阿，有同治戊辰重修碑可考。越光緒丁未，英政府逼遷寺地，移山爲海堤，估償五萬金，别購後巴窑之毛咸曼蘇丹律，得英度四萬三千八百二十有四尺，地券九百九十九年期，年納地租銀二十二員。形勢矯若游龍，爲寺兩進，背山面海，正殿則如翬斯飛，坐鎮雍容，王與妃固如在也。護廊爲議廳、爲禪房、爲浴室、爲香積厨，邑董與寺僧各得其所也。區域界綫，隨其勢之高下而砌以石，寺後有數弓餘地，突起作半月形，可植花卉竹木。寺前庭宅高下相去丈許，上層以石爲欄，其左右升降階級，如神龍卷鬚；下層爲宅，左側爲門，其右有矮屋數椽爲寺産，可收租供費。憑欄遠眺，則烟火萬家，歷歷可數。群山起伏，環供如列侯策馬大會，執玉帛來朝，於戲美哉。有作者能於此間興育才爲山之鳴鳳，羽儀華國，當亦吾王與衆之所共樂，而爲游者所馨香而崇拜之也。是役經始於戊申八月，越癸丑五月告成，統費五萬六千金有奇，距初建時七十有八年。南邑僑商，以事竣索記，余識其小，不能識其大，貞石有靈，其諒之乎！

總理：林雲龍、蔡三重、林箕菊、謝忠池、林深澤、黄毓秀、劉聽令、黄守飯、傅孫潴、傅子取；協理：林箕當、傅芙蓉、黄奕佳、梁衍芳、洪光勝、董泰和、傅孫塭、黄和水、洪德志、侯三來、謝平治、黄奕雪、黄純謙、蘇湖直、梁永吉、黄有益、傅孫揄、王文寄、傅仰曉。

林箕菊捐銀壹佰五十元；謝忠池捐銀壹佰五十元；林有着捐銀壹佰六十元；林雲龍捐銀叁佰元；承日興捐銀貳佰元；黄和水捐銀壹佰元；劉聽令捐銀壹佰元；董泰和捐銀壹佰二十元；謝平治捐銀壹佰四十元；開源興捐銀一百五十元；永吉號捐銀陆拾元；謝天賜捐銀陆拾元；洪光騰捐銀壹佰元；林箕當捐銀壹佰元；傅芙蓉捐銀壹佰元；寶源堂、蘇湖直，以上捐銀伍拾元；洪德志、廖永成、黄奕雪、榮奥號、傅長榮、林深澤、洪神扶、藍安號，以上捐銀肆拾元；黄和成、王可朮、王文敏、洪銅君、侯西反、長發興、林堆金、綿昌號、傅孫塭、傅孫昭，以上捐銀叁拾元；蔡三重捐銀貳拾五元；梁衍芳、王海鷩、永福號、福協昌、林德成、傅長成、傅子叱、金興和記、謝益和號、王文明、洪光安、劉涼啓、新福與、順成號、洪買君、卓開榜，以上捐銀貳拾元；李豐春、復順興、黄致成、戴谷侯，以上捐銀壹拾伍元；萬發興、戴磬季、洪大門、王輝煌、黄成泰、黄協泰、新泉泰、洪興隆、德昌華水、侯静西、傅明堂、泰興祥、瑞興盛、黄則銅、蔡文琰、楊清俊、益勝號、黄協興、新長興、王埔畫、新成號、陳孝來、瑞美號、梁杓君、德美號、新瑞興、萬美號、吕德春、東美號、黄清和、陳成和、蔡和成、侯西森，安、王茂興、傅孫閣、卓協遠、梁裕自、卓振利、成輿號、黄奕坤，以上捐銀拾元。黄毓秀、萬寶隆、以上捐銀伍元。

民國二年歲次癸丑五月，南邑諸董事仝勒石。

三三八　南安古墓碑記

【碑刻名稱】南安古墓碑記
【材　質】石材
【形　制】長方形立碑
【尺　寸】長八十二厘米、寬四十五厘米
【書　體】行楷
【碑　額】無
【碑　題】南安古墓碑記
【碑文撰者】無
【碑文書丹】無
【立 碑 者】新加坡南安會館
【立碑時間】一九七七
【存　佚】現存
【地　點】新加坡鳳山寺
【碑刻録文】

南安古墓碑記

新嘉坡于一八一九年開埠，受英國統治，其時已有南安人來此定居。一八二九年，即清道光九年，有卅一位不明姓氏之南安先賢古墳，葬於丹絨巴葛青山亭附近之福建公冢。一九〇七年，因英政府進行市區重建，南安先賢古墳亦經拾骸遷葬於四排埔恒山亭福建公冢。迨至一九四一年，因英政府進行擴建中央醫院，飭令該恒山亭所有墳墓概須遷移，是以卅一位先賢古墳，乃再遷葬於咖啡山福建公冢，逐年由鳳山寺信托委員會負責祭掃。一九七七年間，復因新嘉坡政府計劃發展該地段闢建快速公路，該古墳又須遷葬。南安會館接管鳳山寺信托委員會後，旋又負責將卅一位先賢遺骸火化移葬於萬禮直貢福建公冢現址。前後四度遷葬，距今已有一百四十六年。本會館爲紀念先賢當年參加開拓新嘉坡之功績，負責保管此一古墳，每年清明節舉行祭拜，虔修歲祀，以慰先靈，謹此立碑，永垂無疆之休。

新嘉坡南安會館敬立。公元一九七七年十一月十八日。

三三九　鳳山寺重修志牌

【碑刻名稱】鳳山寺重修志牌
【材　質】銅材
【形　制】長方形立牌
【尺　寸】長一百一十九厘米、寬七十五厘米
【書　體】黑體
【碑　額】無
【碑　題】鳳山寺重修志
【碑文撰者】無
【碑文書丹】無
【立　碑　者】新加坡南安會館、鳳山寺信托委員會、鳳山寺重修委員會
【立碑時間】一九七七
【存　佚】現存
【地　點】新加坡鳳山寺
【碑刻録文】

鳳山寺重修志

新加坡之有鳳山寺以崇祀廣澤尊王，乃于公元一八三六年，由邑賢梁壬癸君總董其事，始建於丹絨巴葛青山亭附近，有公元一八六八年重修碑文可考。迨至公元一九〇七年，因英政府進行市區重建，給償五萬元，勒遷寺地；旋經當任總理林雲龍君等策籌，別購莫罕默蘇丹路現址，占地四萬三千八百廿五有四方尺。即於公元一九〇八年九月興工建寺，至公元一九一三年六月竣工，距初建時爲七十有八年，遠溯及今，則達一百四十載矣。本寺原設有信托委員會自行管理，其業權乃屬全星邑人所共有。至公元一九七三年二月，始由當年信托委員會主席黃奕歡君通過法律手續，移交新加坡南安會館承受管理。公元一九七六年五月倡議重修，費時半載，耗資逾四十萬金，全寺金碧輝煌，煥然一新。所有重修費用，概由本邑各方熱心善信樂捐，當於一九七七年元月十五日舉行建寺一百四十年紀念暨開光法會雙慶大典，謹此勒志，以觀厥成。

公元一九七七年元月十五日，新加坡南安會館、鳳山寺信托委員會、鳳山寺重修委員會敬立。

鳳山寺重修基金樂捐善信芳名列下（恕不稱呼）：

李氏基金委員會、洪恭蘭，以上各捐伍萬元；和成發五金私立有限公司、百利萬國際私人有限公司、黃種行、李金塔，以上各捐貳萬元；呂達民、蔡多華、洪仕，以上各捐壹萬元；合成發私人有限公司、大金私立有限公司、吳水閣、許榮國、黃西京、陳文彬、吳聲梓、林培松、蔡金鍾，以上各捐伍仟元；林開發捐肆仟元；張進發、洪受池、卓誠實、劉亞農，以上各捐叁仟元；傅金江捐貳仟伍佰元；劉景發建築（新）私人有限公司、廣義法師、黃奕歡、張振通、李坤成、王可味、戴夏雨、郭提督、陳瑞漢、陳進升、李瑞金，以上各捐貳仟元；榮華公司、源興私人有限公司、力營私人有限公司、梁文來、呂副桂、潘良水、黃福義、趙惟乙、趙惟柴、龍山寺、梁世海、協益布疋進出口公司、豊成私人有限公司、林生基、林光孝、易南星、郭贊雷、許敬宗、吳善願、黃瓊書、卓建忠、呂平育、吳謀固、吳來福、林共和、余森泉、黃再傳、吳孔志、陳傳抛、王道、陳樹權、李善德、陳綿在、洪漢宗、洪澤應、呂明科、黃樹芬、洪再泉、陳花跳、方詩欣、郭重年、侯甘霖，以上各捐壹仟元；隆勝公司布莊、南興布莊私人有限公司、陳其煌、陳益枝、呂決意、林上明，以上各捐柒佰元；德美貿易有限公司、同成五金私營有限公司、高怡德、陳寄坡、黃炎蜀、李承顯、林玉盞、葉贊興、柳文拐、林觀土、黃功道、黃卿印、顏華民、陳景春、呂金城、侯明達、李賜興、吳淡潤、魏木發、呂順益、吳錦發，以上各捐伍佰元；裕豊、戴世瓊、黃禎螺，以上各捐叁佰元；唐友春、莊亞珠，以上各捐貳佰伍拾元；余尚德、王鼎水、吳天培、王緒練、黃金城、葉金水、吳朝乞、王鼎治、偉文財、楊水仙、林裘尾、洪寶樹，以上各捐貳佰元；陳清吉捐壹佰伍拾元；卓信孚、戴愛國、陳文慶、葉財發，以上各捐壹佰元；徐明興、黃琴輝、王春明、黃金星、劉秀菊、劉秀鳳、柯普明、洪普川、陳富、洪敦仰、張錦美、振森貿易私人有限公司，以上各捐伍拾元。

總共叁拾伍万柒仟壹佰伍拾元。

三四〇　新加坡南安會館鳳山寺重修基金委員會全體職員表牌

【碑刻名稱】新加坡南安會館鳳山寺重修基金委員會全體職員表牌
【材　　質】銅材
【形　　制】長方形横牌
【尺　　寸】長七十七厘米、寬六十一厘米
【書　　體】黑體
【碑　　額】無
【碑　　題】新加坡南安會館鳳山寺重修基金委員會全體職員表
【碑文撰者】無
【碑文書丹】無
【立 碑 者】新加坡南安會館
【立碑時間】一九七七
【存　　佚】現存
【地　　點】新加坡鳳山寺
【碑刻録文】

新加坡南安會館鳳山寺重修基金委員會全體職員表

名譽主席：廣洽法師、廣義法師、李氏基金、洪恭蘭、黃奕歡、蔡多華、王振墻、張水荃、張振通、呂達民、呂超民、蔡金鍾、黃西京、洪海波、葉德龍、洪澤塗、洪敦樹、洪再泉、洪再顯、洪仕、王可味、梁文來、陳鵬澤、陳文彬、張進發、郭重年、卓順華、劉景發、劉亞農、傅榮周、侯甘霖、李嘉興、李金塔、潘用瓊、陳花鯱、林維盼、林開發、陳樹權、林觀土、洪田山、洪受池、陳瑞漢、吳善願、王道、黃再傳、黃允美、黃則鏡、趙維乙。

主席：黃種行；副主席：吳鴻業、林文鴛、林建達。

總務：李坤成；副總務：陳進昇。

財政：林培松；副財政：吳毓民。

募捐主任：林文鸑；副主任：黃種行。

建築股主任：卓建忠；副主任：潘良水。

文書股主任：洪錦棠；副主任：余國鈞。

募捐工作委員：呂德火、戴佑志、李瑞金、蔡福達、李承顯、黃福義、洪澤應、傅金江、蔡金山、魏木發、吳聲梓、王振晏、林生基、郭贊雷、黃光明、蔡綽裕、黃嘉駒、劉耀來、卓誠實、吳錦發、洪寶樹、卓建水、廖水萍、陳清吉、黃漢源、葉慶成、呂平育、卓信孚、侯明達、戴世瓊、吳玉波、黃再傳、黃樹芬、葉金水、潘國渠、洪漢宗、林朝鳳、黃柏森、呂子達、許敬宗、黃馬超、王來發、王忠月、陳繩梗、廖淵山、卓開葛、郭松柏、黃哲雄、梁瓊琚、卓金評、黃振海、傅基發、洪質成、梁清及、陳澤宇、洪錫友、王良圖、黃衍祥、廖得勝、黃章見。

三四一　新加坡南安會館重修鳳山寺募捐緣啓牌

【碑刻名稱】新加坡南安會館重修鳳山寺募捐緣啓牌

【材　質】銅材

【形　制】長方形立牌

【尺　寸】長一百五十六厘米、寬九十二厘米

【書　體】黑體

【碑　額】無

【碑　題】新加坡南安會館重修鳳山寺募捐緣啓

【碑文撰者】無

【碑文書丹】無

【立 碑 者】新加坡南安會館、鳳山寺一九九四年重修委員會

【立碑時間】一九九四

【存　佚】現存

【地　點】新加坡鳳山寺

【碑刻録文】

新加坡南安會館重修鳳山寺募捐緣啓

本會館屬下水廊頭鳳山寺，供奉木邑祖佛廣澤尊王（俗稱聖王公），澤被四方。該寺於公元一八三六年始建於丹絨巴葛青山亭附近（今中央醫院現址），迨至一九〇七年因政府進行城市建設，乃改建於摩哈末苏丹路現址，於今凡八十八載，由初建時計則有一百五十八年之悠久歷史。鳳山寺爲采用古代中國宮殿式之建築，雕龍飛檐、盤龍石柱及寺前雙獅概出自中國雕刻神匠之手。莊嚴華麗，堪稱星馬華族建築藝術杰作。雄峙因式迪宙山之巔，林木蓊郁，寧静恬適。新加坡歷史文物古迹保管局列爲我國今日最具歷史悠久之名勝古迹保管，更爲各國游客樂爲莅止之旅游勝地。奈因創建年代久遠，廟物漸呈凋落，東傾西圮，祖佛蒙塵，本會於一九七六年進行搶修，并於一九七七年元月舉行建寺一百四十周年及重修落成開光，配合會館成立五十周年，暨新會所落成紀念五慶大典，距今又過十八年矣。晚近古刹又經風雨侵襲，大殿破漏，盤檐凋落，爲保存此歷史性之古刹及寺内珍貴文物，必須招聘有經驗之國内外人材及時再修。然工程浩大，費用不貲，非數十萬金莫舉，事關重大，當由本會召開第四十三屆第一次執監委員及各區主任聯席會議，通過成立「鳳山寺一九九四年重修工作委員會」，負責籌措經費，策劃重修工作，尚望各方熱心人士惠予慷慨解囊，響應贊助，以利重修工作早日興工，樂觀厥成，不勝馨香禱祝之至。

新加坡南安會館、鳳山寺一九九四年重修委員會同啓，公元一九九四年十一月十五日。

鳳山寺重修基金樂捐善信芳名録（恕不稱呼）：

李氏基金、隆通紡織（私人）有限公司、亞洲磚廠（私人）有限公司、總統海運私人有限公司、金鍾機械私人有限公司，各捐伍萬元正；和成發五金（私立）有限公司、張水荃父子私人有限公司、謝淑耀，各捐貳萬元正；陳弟子捐壹萬柒仟元正；賀儀捐來壹萬肆仟壹佰元正；黃嘉駒、黃文珍、劉景發兄弟實業有限公司、南隆布莊私人有限公司、潘揚齊、李瑞良、合成發（股份）有限公司、曾文安私人有限公司、侯信義、蔡玉榮、林金盾、吳笙福（印尼棉蘭）、Total Deve l opment Pte Ltd、南興布莊私人有限公司、益民（林）私人有限公司、郭贊雷、黃雪月、新順利實業（私人）有限公司，各捐壹萬元正；張岳坤捐陸仟玖百元正；郭志陽、蔡振乾、戴佑志實業（私人）有限公司、李承順、李斯期、全成號枋廊、卓誠實、林開發、瑞豐建築工程（私人）有限公司、陳文彬、南勝私人有限公司、梁榮華、黃世興（印尼棉蘭）、郭敬全、聯成興貿易私人有限公司、南大紡織（私人）有限公司、黃友義、林維盼、宏信私人有限公司、協盛、郭敬豐、王永貴、郭福榮、美珍香合衆食品有限公司，各捐伍仟元正；蔡福達、廖淵慶，各捐肆仟元正；南洋聖教總會乾坤恩衆捐叁仟壹佰伍拾元正；林金福、謝景全、吕良山、梁世海、王春土、吕明科、dB Acoustics Pte Ltd、王振晏、葉銘利、豐成（私人）有限公司、啓順貿易（新）私人有限公司、葉松林、洪源章、張克榮，各捐叁仟元正；星日鋼鐵工業（新）私人有限公司、力營（私人）有限公司、洪恭蘭、郭文龍、吴毓賢、傅金焕、葉瑞來、德高機械有限公司、李坤成，各捐貳仟元正；莊蔡兄弟捐壹仟伍佰元正；洪水成捐壹仟貳佰元正；曾文德、戴純純、熊韵芳，各捐壹仟壹佰元正；李慶財、方扶助、家家市場私人有限公司、黃馬超、吴連城、黃柏森、卓建忠、李國金、吴鴻業、吴毓新、黃則用、魏木發、黃漢源、黃衍朝、李天賞、洪振華、聯順公司、陳英來、林金峰、卓順華、黃福義、鴻業布莊貿易公司、新興泉記、福泉興農場、陳綿在、陳瑞獻、梁長球、周經朋、李慶送、葉金水、陳其煌、劉耀來、同成五金私營有限公司、東成五金機械私人有限公司、泉和貿易私人有限公司、南新有限公司、吴玉波、廖淵山、余森泉、黃福泉、郭先楫、黃榮發、吕振端、林金土、洪才茂、吕決意、德源布莊貿易公司、王山興、陳進升、戴世瓊、郭金榮、傅金江、郭德成私人有限公司、康源（飽點）私人有限公司、郭明成、李成基、黃成來、王永順毛色建築工程、林成發、魏金榜、富貴香食品公業有限公司、洪炳馨、槃漢秀、林共和汽車機械私人有限公司、康德金、培發五金（星）私人有限公司、郭宏業，各捐壹仟元正；林亞明捐伍佰陸拾元正；SJ. Low Brothers Co Pte Ltd、陳景春、陳瑞寶、蔡加再、黃智敏、順發私人有限公司、信發私人有限公司、洪漢宗、Api sBok Seng Logistics Pte Ltd、陳欽賜、林文貌、黃炎蜀、洪澤應、陳侃、黃聰海，各捐伍百元正；燕鳳枝菜館、許先生、洪文泰、蔡燕卿、王德華，各捐叁佰元正；陳成佳、葉雙福、S&PMech&ElectEngrg、馮振炎、楊清峰、吳江冷、郝亞祥、余江泮、江亞友、陳亞好、陳錦漳、林禎泰、江福源、陳啓源、陳看花、王德吉、俞建和（印尼南加里曼丹島）、高銘春，各捐貳佰元正；成利公司布莊捐壹佰貳拾元正；姚思强、馮世明、Tomek Sikora、黃龍標、黃世瓊、黃秀奕、張國成、姚加凉、董官準、人民汽車公司、陳泉源、新成興、郭榮添、光大行、王汝綉、吳志誠、建和興貿易公司、王汝超、協興合記、聯美、吳錦墻、黃財記、楊柳青、梁家泉、紀賽英、美大私人有限公司、卓順陸、侯俊龍、黃國慶（中和）、吳江河、林全和、陳綿宏、吳傳練、李廷雄、彩彰公司、謝資財、陳玉英、黃亞梅、鄭寶樹、許秋炎、陳煥階、陳銀鈴、高明來、郭福隆、陳火土、程國華、嚴居烈，各捐壹佰元正；黃世源捐陸拾元正；陳連德、林生昌、許明松、傅錦溪、蔡加再、洪錫友、新安發、明華機械工程、苏來成、源成號、戴煥彩、傅清江、吳淑勤、陳立源、曾廣安、康亞好、鄭園治、陳偉煌、黃石芽、黃振海，各捐伍拾元正；林泉昌、黃洛升、李玉春，各捐叁拾元正；潘培豐、吳文卿、陳繩劇、王玉發、張國隆、黃秀南、CARPRESCOT-FALLEN、王德意、李玉環、李福珍，各捐貳拾元正；林新日捐壹拾元正；吳家明、亞洲磚廠（私人）有限公司、林金福、郭福榮、陳秉坤、林貽兜、黃福義、黃福泉、全能工業與摩哆供應、郭建成、郭文龍、郭志陽、郭敬通、洪建國、德高機械有限公司、林共和汽車機械私人有限公司、侯明達、黃杰葛、鄭賜益、林友明、陳耀聯、郭明成、黃隆基、張克榮，以上是聖王公誕盾牌得主每位壹仟元。共銀捌拾叁萬伍仟肆佰玖拾元正。

一九九六年二月十五日立。

義務繪測：林榮坤繪測師。承修公司：瑞國藝術工程（新）有限公司。

三四二　巨港鳳山寺樂捐碑文

【碑刻名稱】巨港鳳山寺樂捐碑文

【材　　質】石材

【形　　制】長方形立碑

【尺　　寸】長一百六十八厘米、寬八十二厘米

【書　　體】楷書

【碑　　額】雙龍朝日

【碑　　題】廣澤尊王

【碑文撰者】無

【碑文書丹】無

【立　碑　者】董事信士謝理水

【立碑時間】清光緒八年（一八八二）

【存　　佚】現存

【地　　點】印度尼西亞巨港鳳山寺

【碑刻録文】

巨港闔邑奉祀廣澤尊王，最具英赫，凡邑中之士庶黎民，無不共沾鴻恩，感其大德。玆因廟宇損壞，是以爰集同人，喜緣鴻金，重修廟宇壯神威。衆皆樂從，而不日成之。今將所有捐題芳名謹開列于左，勒石以志焉。是爲之序。

甲必丹蔡成興捐銀貳佰盾正；雷珍蘭蔡秦川捐銀壹佰貳拾四盾；雷珍蘭蔡潁川捐銀壹佰二十盾；雷珍蘭謝慶春捐銀壹佰二十盾；雷珍蘭陳緑池捐銀肆拾盾；雷珍蘭陳貴有捐銀肆拾盾；信士王欽明捐銀壹佰陸拾盾；信商豐盛棧捐銀壹佰貳拾盾；信商瑞茂棧捐銀壹佰貳拾盾；信士謝媽興捐銀壹佰貳拾盾；信士林福星捐銀壹佰貳拾盾；信士陳緣泉捐銀壹佰貳拾盾；信士許知母捐銀壹佰貳拾盾；信士謝玉成捐銀壹佰貳拾盾；信士柯得意捐銀壹佰貳拾盾；沈長觀捐銀九十八盾；郭敬壽、王應原、王順源、蔡全美、温碧珠、游芳齡、潘壬觀，以上各捐銀三十陸盾；陳朝春捐銀二十八盾；魏美交、林鑲觀、謝清烈、謝援謨，以上各捐銀二十四盾；金二合捐銀壹拾六盾；沈水獅、林宗坤、許天賞、陳貞和、林元寧、郭隆源、康奇春、王澄清、顔德音、康居仁、柯德新、成裕發、謝順昌、謝順良、謝中原、謝自撲、許九呼、蔡端田、郭冷觀、陳赫生、林羨觀、周裕觀、順泰號、許醒觀、郭炎騰、康文禮，以上各捐銀拾貳盾；蔡渭川、王清香、蔡媽存、李深田、謝自修，以上各捐銀十盾；巨生棧、王世場、謝中秋、蔡中美、游遐齡、魏三佳，以上各捐銀八盾；郭孟津、蔡信川、謝朝清、蔡仁美、謝祺褪、謝炎觀，以上各捐銀六盾；王翰貞、振泰號、謝白觀、義茂號、柯得祥、謝振宗、王振昌、李深淵、謝聳觀、謝訓套、林明祥、陳謨生、陳開懷、謝光萬、周瑞香、林廷齡、謝質觀、林瑞觀、林祈全、林浦源、陳根觀、陳飽觀、陳班觀、黃光聘、陳亞玉、林利貞、歐盤觀，以上各捐銀五盾；郭自立、王長春、林清基、林和觀、郭仕觀、周子程、許欽觀、林進觀、洪聚觀、萬福堂、陳武觀、謝心觀、郭裕觀、徐順安、謝典盛、林淀觀、王先文、康永觀、康來觀、蘭光富、林基觀、王錢觀、□敏隆、蘇古觀、郭泰采、謝烏記、吳紹真、林添觀、林勇觀、郭臺觀、陳元觀、陳玉昆、林帶觀、鄭振洋、謝汶觀、郭盈觀、郭根水，以上各捐銀四盾；謝耀晶、林皎月、黃政觀、林猫觀、謝抱悅、李亞郎、三合方廊、周參觀、謝尚觀、王廣興、林快觀、林錦生、林硯觀、王達觀、林鬃觀、謝蘿觀、陳尚觀、林陽觀、協成方廊、謝贊安，以上各捐銀三盾；陳水仙、黃亞德、謝飲觀、陳面獅、陳碰觀、謝雁觀、林澤昭、鄭再觀、謝和觀、郭番觀、徐建觀、林福觀、徐都觀、梁亞容、郭傳觀、林天鍾、謝漏嬰、謝加中、陳思良、林啓國、許智觀、王仙宇、林導觀、謝清雲、林吧生、蔡啓探、黃茂□、王金麟、潘映觀、林恒源、蔡清海、雍景懷、陳簡觀、陳順吉、林振盛、鄭疇觀、林富生、吳榜觀、蔡晋祥、謝雙合、謝路水、徐蒼珍、林恒水、郭正觀、温宗英、陳開和、許養觀、王清良、陳鹿觀、林同寅、郭啓祐、鄭新蠅、鄭若千、胡揭觀、温琢琥、王天庇、謝璟武、謝賢進、林安招、許自悅、謝拱觀、鄭啓明、黃元忠、謝肇船、謝寶元、姚圖觀、姚佃觀、陳配觀、陳池觀、洪用觀、鄭景觀、康來星、謝長源、鄭遇觀、雍源泉、吳文塵、葉文軒、謝隆觀、謝文墨、陳錦文、李俊亮、郭茂生、林清觀、王君由、康哈觀、許烏歡、康泰觀、周寅觀，以上各捐銀二盾。光緒捌年歲在壬午正月，董事信士謝理水薰沐敬刊。

三四三　鳳山寺敬惜字紙碑

【碑刻名稱】鳳山寺敬惜字紙碑
【材　質】石材
【形　制】長方形立碑
【尺　寸】長六十二厘米、寬三十八厘米
【書　體】楷書
【碑　額】無
【碑　題】敬惜字紙
【碑文撰者】無
【碑文書丹】無
【立 碑 者】鳳山寺董事等
【立碑時間】清光緒十一年（一八八五）
【存　佚】現存
【地　點】馬來西亞霹靂州太平鳳山寺
【碑刻録文】

敬惜字紙

溯自倉頡降生，而自始制是字，爲天下之珠玉，萬古之法則也。不謂近今士風日下，視六經之典字，不啻當徒之敗塵，糊窗踐弃而不禁觸目驚心者也。爰是我等敬築字亭，珍藏火化，俾使經字有歸，無由哉瀆，豈非千古之盛事，堪爲奕葉之雅文乎！但芳舉取出於諸人，合立碑以垂於後世。

茲將捐題芳名呈列于左：

中和號捐銀貳拾伍元；林德捐銀貳拾元；柯祖仕捐銀六元；同茂號、葉蘇江、王望、雷亞同，以上各捐銀伍元；協合興、李坪，以上各捐銀四元；同□□□□等，以上各捐銀叁元；其餘敬捐貳元及壹元。諸信士芳名備列此碑上。

光緒乙酉年公陽月朔日穀旦，董事等人。

三四四　鳳山寺重建捐緣碑

【碑刻名稱】鳳山寺重建捐緣碑

【材　質】石材

【形　制】長方形立碑

【尺　寸】長五十二厘米、寬四十六厘米，共七片

【書　體】楷書

【碑　額】無

【碑　題】無

【碑文撰者】無

【碑文書丹】無

【立 碑 者】鳳山寺董事等

【立碑時間】清光緒三十年（一九〇四）

【存　佚】現存

【地　點】馬來西亞霹靂州太平鳳山寺

【碑刻録文】

兹將重建閩中鳳山古廟大小吡叻捐題芳名泐石于左：

何祖仕捐銀貳仟大員；胡子春捐銀壹仟大員；黃務美捐銀叁佰陸拾大員；萬鴻利捐銀貳佰肆拾大員；謝昌林捐銀貳佰大員；隆成號、王開邦、黃則諒、杜啓明、連乾元、新福春、李振興、柯天趕、邱文弁，以上各捐銀壹佰貳拾大員；芳美號、胡壽、萬得隆、周許細、周成興、和豐傌，以上捐銀壹佰大員；王鼎押捐銀陸拾大員；柯文郁、坤隆號、美隆號、萬源興、萬生隆、黃天通、新萬源、柯武誥、柯水銓，以上各捐銀伍拾大員；郭欽喜、林光秘、萬裕發，以上各捐銀肆拾大員；吉承隆、萬源號、瑞裕號、黃振萬、高添壽、柯安静、萬振順，以上各捐銀叁拾大員；陳文雅、邱琴棋、洽源號、新蓮美、承泉成、通記號、陳龍溪、林鴻源、李振起、李成德、萬振隆、德興隆、朱松溪，以上各捐銀貳拾肆大員；柯自成貳拾四員；成記號、盛源號、協成號、萬源興、瑞成號、王鼎把、仰盛號、萬興號、陳厚、萬振興、新綿美、新綿興、萬茂號、新榮春、蓮源茂、新綿發、萬隆利、慶隆傌、豐茂號、戴布、陳允坪、陳文忠、張文奏、柯祖計、柯福恭、許雨霖、福茂隆，以上各捐銀貳拾大員；泰茂號、柯錦春、俊發號，以上各捐銀拾陸大員；許獻科、萬盛德、萬德發、萬順美、呂永，以上各捐銀拾伍大員；美隆棧、柯光得、萬瑞榮、綿安號、永萬利、萬榮安、高烶求、福綿源、萬裕興、萬瑞利、萬和隆、瑞發號、瑞春號、王義源、春源號、新源利、萬源順、萬和成、萬成棧、源成德、萬源利、復成號、邱媽栽、綿興號、邱天根、張文第、張機透、張瑞明、張經、莊蚶、新瑞源、東永和、黃怡川、福振成、萬隆號、自成號、王綿達、陳建興、蘇成德、邱衡振、王清池、王濟扆、柯武夏、新成茂、游本源、萬裕美，以上各捐銀拾貳大員；長益號、春生堂、新福成、新泉和、源美號、貞記號、林文礪、鄭宗令、王鼎佛、鄭鳳合、新成美、王萬通、新源發、生記公司、鴻順號、福寶隆、林嘉安、林開成、源成號、新成美、瑞安號、萬和美、萬成發棧、黃洋、柯於協、甘登文、林九如、周詩成、源利號、萬合利、鼎豐號、新發興、成興號、邱源興，以上各捐銀壹拾大員；陳桃、新瑞美、何伙、葉文定，以上各捐銀捌員；黃玉成、許聯登，各捌員；王尚炦捐銀柒大員；萬振美、萬泰和、柯良玉、協德號、林資德、順益號、陳松興、梁錦、楊鈀、李維碧、榮豐號、新長和、新福仙、陳寶、長源號、鄭金取、陳文協、許葉柔、永源號、新成美、李有法、黃江淮、許天賜、得美號、孫雙問、張是生、鄭東升、黃晉成、慶昌號、合成號、柯永泰、福源號、裕春號、隆豐號、康字、邱清照、新蓮發、爲利號、萬裕昌、合盛號、方文和、孫補幼、柯天孕、柯祖梭、春興號、曾雙田、楊天和、福順號、王鵲喜、合美號、謝昌泉、薛福明、舊隆發、王學、日春號、蘇天生、林瑞雲、德泰號、許填、新合發、陳國安、宋連捷、林子夏、陳愛、振成號、萬榮和、吴炑、林文旺、林晥、有隆號、萬源發、振裕號、李雙潤、葉仰、黃有義、佘四、慶豐號、許天送、黃哲乖、黃衍仕、陳族、陳若庵、陳先進、源美號、祥德號、復興號、胡天基、福裕號、萬源號、昆泰號、杜銘吉、合興號、福安號、萬振順、新綿隆、白清蓮、新源裕、瑞安號、李輝占、新綿成、譚義生、雙興號、黃奕茶、陳殿、新合春、福成號、德安號、陳畦蘭、榮隆號、茂隆號、邱怡全、楊升倫、忠成號、林輝漳、鴻發號、再興號、邱允生、榮興號、許發、林杰、陳金鎖、振源興、陳招聘、戴硯、林樵、鄭預、振記號、萬瑞興、何磋、林潛、何監、郭斌、朱瓊、黃雪、鄭美、何索、吴份、王江漢、潘撍、潘容、鄭懋、林羅、藍萬水、黃朝容、林郡、鄭烈、曾進、藍安元、蔣達、張倫、黃弄、鄭捷春、鄭郎、林察、黃江墩、鄭耀兩、鄭達、林裕、陳錐、吴勇、鄭棟玉、鄭集、林春、陳志、周振東、吴秋、林起、藍抬、鄭纓、顏克兜、王植箱、黃朝、吴桂、吕永、顏克章、林兩明、萬興源、吴奉、黃茂德、蘇法倫、蘇仁賀、連楓、王金山、林泰、宋興塩、周伯桶、柯天良、侯搖、鄭芳好、李係、柯武續、林成、蘇不、陳金響、古英才、黃甫、吴雙、陳銀杏、和成號、蘇朝、連心、李振景、林珠弁、以上各捐銀陸大員；源興號、曾文福、李跳、林珠弁，各陸員。

光緒叁拾年歲次甲辰葭月　日，諸董事仝立。

羅大石廠。

茲將捐緣及工料等項計列于左：

一　録碩碑柴牌上各芳名及散捐等緣銀壹萬叁千貳百柒拾叁員壹占。

一　支木石灰坭工料暨去銀壹萬捌千肆百玖拾玖員叁角。

一　收前年存寄銀行來母利銀貳千貳百肆拾陸員肆角。

一　收慶成普渡兩次尚剩來銀貳千陸百陸拾壹員肆角玖占。

合共銀壹萬捌千壹百捌拾員零玖角玖占。

抵除來以外尚不敷去銀叁百零捌員九角四占，柯水成挑出不敷緣銀叁百零捌員九角四占。

三四五　丹戎浮拉鳳田宮樂捐碑

【碑刻名稱】丹戎浮拉鳳田宮樂捐碑

【材　質】石材

【形　制】長方形立碑

【尺　寸】長一百三十厘米、寬六十五厘米

【書　體】楷書

【碑　額】無

【碑　題】鳳田宮

【碑文撰者】無

【碑文書丹】無

【立 碑 者】鳳田宮董事王振德、甲必丹邱德道等

【立碑時間】清光緒二十年（一八九四）

【存　佚】現存

【地　點】印度尼西亞丹戎浮拉鳳田宮（廣澤尊王廟）

【碑刻録文】

光緒貳拾年四月□□日立。

共投捐銀壹千捌百貳拾陸元：王振德壹百員；陳文山陸拾員；邱德道肆拾員；甲必丹許再傳拾陸員；新源成貳拾陸員；戴元摺貳拾員；陳篤秤貳拾員；振美號拾捌員；謝如仁、王慷慨、王清海、萬聯順、伍均有、王運爲，以上各拾陸員；孫標拾陸員；鳳香樓拾陸員；蔡紅柿拾伍員；王梧周拾伍員；金合豐、聯和號、順美號、萬益號，以上各拾貳員；莊文岩、蘇愛玉、楊大猪、張草山、萬德勝、王晚喜、蘇洗、梁慶司，以上各拾員；利發號、和昌號、再發號、柯騰、源和號，以上各捌員；利成號柒員；豐源號柒員；近香樓七員；總理邱思來、胡怡司、福源號、施杳其、德利號、王金寶、豐發號、陳啓蓮、新合發、陳世取、胡茂達、合勝號、鄭這、甘芋頭、源豐號、林錦華、王窗、林朝美、王耽耽、李□進、王强、興利號、再萬成、李欽、黃兵、復德堂、通美號、德記棧、馮永源、萬裕福、德發號、龍興號、萬和春、蘇隆良、葉正草、黃才氣、謝世斗、邱衡貌、金德安、蔡元在，以上各陸員；盧抛、瓊亞號、陳淡、戴布、蘇老猴、王翰琪，以上各伍員；邱德道獻地壹座；陳嬌、陳廟、協德號、金德成、楊和尚、刑德馨、陳榮生、林安定、謝日祥、李慶堂、陳早、新合德、泉成棧、張清史、豐發號、成興號、萬成利、南牲號、新仁德、錦德號、怡瑞號、成隆號、新德發、蘇俊、李三益、源興號、金再勝、蘇必、陳開平、福同發、杜貞朝、蘇深、蘇碟、邱衡簡、蘇順、鄭榮茂、陳金安、莊瑞珠、程文地、陳生、陳溪、陳嘮、陳佐、潘振田、杜文勒、曾白安、許金鍾、林天窗、張佳揹、陳亥磊、發興號、陳鍾、陳夏、蘇儉、丘璟璜、陳烏牛、懷生堂、温很亭、汪車、蘇川，以上各肆元；順勝樓肆員。

共開出銀貳千零貳拾員。
董事：王振德、甲必丹邱德道；
總理：黃豆種，補缺額銀貳百貳拾員；
協理：周順清、蘇愛玉。

三四六　納閩威鎮廟敕封廣澤尊王二十八宿靈籤牌

【碑刻名稱】納閩威鎮廟敕封廣澤尊王二十八宿靈籤牌
【材　質】木材
【形　制】長方形横牌
【尺　寸】長一百三十厘米、寬五十厘米
【書　體】楷書
【碑　額】無
【碑　題】敕封廣澤尊王二十八宿靈籤
【碑文撰者】無
【碑文書丹】無
【立 碑 者】金門西園社弟子黄廷奎
【立碑時間】清光緒二十一年（一八九五）
【存　佚】現存
【地　點】馬來西亞沙巴納閩威鎮廟
【碑刻録文】

信信陰：角聲三弄響，無雪自心寒；勸君休愁慮，合營人馬安。解曰：貴人扶持，諸事有理，眼前未遂，向後遇時；前程得路，喜得平安，骨肉和順，到老雙全。

信信陽：元宿屬金龍，常行子丑宮；暗藏身在未，急急避他鄉。解曰：缺日團圓，枯木再生，浸行三步，諸事難成；千年古鏡，改□重新，三人和合，依然收成。

陰陽陽：氐頭偷舉眼，暗想好佳人；與君相談話，只恐未成親。解曰：往去心事，勞心費力，求財問事，退步回頭；家門無氣，財散人亡，食無求飽，居無求安。

陰陽陰：房中生瑞草，孕婦喜臨盆；合眷皆來慶，麒麟是子孫。解曰：牛郎織女，難會佳期，七夕相見，後有分明；好事難得，不可向前，向東望月，日落西山。

陽陰陰：心事未分明，又恐被鬼驚；細思難解救，暗路失明燈。解曰：人逢於善，惡事莫作，不必憂愁，自有貴人；作事如何，勞心費力，你貪他牛，失了自牛。

陰信信：尾奧頭相似，不寒亦不溫；行人須且止，宿客便尋春。解曰：閑事遲疑，言二語四，眼前未途，日後遇時；先取其長，後取其短，雲開見月，依舊光輝。

陽信信：箕箒是夫妻，掀盡垢濁泥；一朝入王殿，便得貴人提。解曰：家閑見好，身閑不閑，求神作福，老少平安；知足常足，自然有福，有種有收，失物有尋。

陽陽陰：斗秤不公平，恐他不至誠；兩邊交易了，到底亦相爭。解曰：凡事如求，捐來在手，無根之物，如何得久；免生和氣，不過春時，人言口後，且有退步。
陰陰陽：牛飽欄中眠，牧童在眼前；若人知得我，快樂是神仙。解曰：一尾金鱗，變化成龍，西有路路，直上青天；牛途喪馬，順水行舟，龍播有變，滴水成田。
三陰：女子覓良媒，通情便得成。相看談未了，好事自天來。解曰：哂了得夢，有口難言，病者雖好，失物難尋；暗處口針，自不知音，雖然有路，只得小心。
信陰信：虛心多感應，汝必用虔誠；所求皆稱遂，頗知有汝情。解曰：皎月當天，却被雲遮，雲開見月，依舊光輝；前世姻緣，萬物來生，今生得樂，子母相生。
陰信陰：危途實可憂，未免得無愁；細思千里外，山水兩悠悠。解曰：他要進前，求要退後，事有難吉，大家相□；夢中得室，醒後全無，水裡摸針，費盡功夫。
陽信陽：室家事已成，四序盡和平；若要心頭快，青雲足下生。解曰：好枝花柳，雲裡逢避，多天花開，不遇春時；且宜退後，不可進前，只宜守舊，免得災殃。
三陽：璧月挂宏開，游魚上急灘；欲捉魚與月，上下兩艱難。解曰：天地有變，龍門本開，功人守持，好事未來；公親未變，守在江湖，東風不順，又遇南明。
信陽陽：奎星報與君，汝且聽知聞；上看十一口，下看十八分。解曰：勤讀詩書，功名不誤，今朝得意，青雲得路；開山得寶，經已得財，六甲生男，緣婚得成。
信陰陽：委氏頭戴米，身穿子路衣；人人皆道是，我且猶堪疑。解曰：人生修事，日用無私，貴人和合，可遇公侯；終日會期，用人有功，前程有分，營謀皆通。
信陰陰：胃肚脉和調，安身睡一宵；任他兵馬動，我且自無聊。解曰：凡事悠悠，未得成就，只有茶心，依然如舊；寬心寬懷，口祿富來，守舊當强，割肉成瘡。

信陽信：昴星頭戴月，炎威亦不多；欲趕去附熱，終久被他磨。解曰：鑿石得玉，淘沙見金，金爐焰火，氣象些新；至人艱難，小船過灘，前路有路，貴人相拔。

信陽陰：畢竟西方起，定超遠客驚；秋來休嫌冷，惟有月華明。解曰：人生老弱，秋後扇凉，雖然命好，馬瘦毛長；金生得水，晚景平安，積善之家，到老雙全。

三奇：嘴占昆山玉，凡人知吉凶；勸君念退步，恐久埋坑中。解曰：神龍戰野，其血玄黃，吉者得之，難免災殃；北斗終臨，諸事近通，行人未至，詞訟可通。

三信：叄宿元來吉，勸君不用疑；所求皆稱遂，好事大家知。解曰：一枝好花，芳菲烟慢，未會結實，狂風吹散；貪生怕死，用力無功，久遠多年，口薄和同。

陽信陰：井泉清且甘，薰風便是南；呼童來取水，躍出步高岩。解曰：前程作事，虎戲龍呼，饒人一步，不可進前；作事相信，不須煩惱，若要事好，須問月老。

陰信陽：鬼祟作灾殃，關防守看羊；火中跳出馬，四蹄却無傷。解曰：家門和好，得財逢吉，病者安身，因禍得福；起則心正，行路遠歸，老者得福，少者得祿。

陽信陽：柳絮舞春風，向西又向東；行人開口笑，可作老來翁。解曰：遠望行人，千山萬水，三朝五日，格久相逢；若遇前程，得遇貴人，好人相逢，時事得成。

陰陰信：星辰光燦爛，河溪一路通；牛女終相見，泪後各西東。解曰：凡事煩惱，如舟過灘，雖然得過，見盡艱難；西南有路，終不相親，病亦難救，失物難尋。

陽陽信：張舍出賢人，流傳代代新；到頭歸澗谷，此事實爲真。解曰：喜遇天時，好時正開，大凡作事，萬事遲疑；前人栽果，後人得收，當時進步，退後難留。

陽陰信：翼飛萬里程，引去在雲霄；一旦風雲起，身歸黑裏漂。解曰：喜气欣欣，宅舍興修，枯木再生，又遇東風；開花結子，枝枝相宜，星辰初出，有功之日。

陰陽信：軫宿念八位，思想不甘心；有話無相答，依然口自吟。解曰：世事朦曨，支理分明，勸君遲慢，且待寬心；山高水深，日照於斯，人在其中，百事宜成。

光緒二十一年乙未端月敬立。金門西園社弟子黃廷奎叩謝。

三四七　古晋鳳山寺重修廟宇碑

【碑刻名稱】古晋鳳山寺重修廟宇碑
【材　質】石材
【形　制】長方形立碑
【尺　寸】長一百二十厘米、寬四十六厘米
【書　體】楷書
【碑　額】無
【碑　題】無
【碑文撰者】潮郡許燕時、泉晋黄碩卿
【碑文書丹】無
【立 碑 者】鳳山寺董事人等
【立碑時間】清光緒二十三年（一八九七）
【存　佚】現存
【地　點】馬來西亞古晋鳳山寺
【碑刻録文】

竊思創宫立廟，原以安其神靈，祠宇摧殘，何忍視其零落。我輩遠辭梓里，負販于兹，莫不藉神明之憑依，爲市廛之保障。赫赫在上，婦孺皆知。而神之聰明正直，惟德是輔。今我廣澤尊王，濯濯聲靈，洋溢四海，其福善禍淫，隱顯如見。一視廟垣之傾頹，遂集衆庶而重整，以安仁人之宅，終慰吾等之心。斯時也，男女無不悦服，老少盡皆虔誠。惟賴神祇瞻顧，來格來享，朝夕得陳其俎豆，四時樂薦其馨香。斯足以竭衆志之誠，應聲靈之赫。其靈爽之昭昭，同慶錫趾之福；而神光之炎炎，深沐再造之恩。不獨錫鴻禧于市人，定降禎祥于旅客。是爲序。

光緒廿三年歲次丁酉仲夏月　日，董事等敬立。潮郡許燕時、泉晋黄碩卿敬識書。

三四八　古晋鳳山寺重修廟宇捐緣碑（一）

【碑刻名稱】古晋鳳山寺重修廟宇捐緣碑（一）
【材　　質】石材
【形　　制】長方形立碑
【尺　　寸】長一百八十厘米、寬七十六厘米
【書　　體】楷書
【碑　　額】浮雕雙龍
【碑　　題】鳳山寺
【碑文撰者】無
【碑文書丹】無
【立 碑 者】鳳山寺董事新順安等
【立碑時間】清光緒二十三年（一八九七）
【存　　佚】現存
【地　　點】馬來西亞古晋鳳山寺
【碑刻録文】

茲將重修本廟各信士捐款芳名臚列于左：
新順安捐銀壹百七十元；田振安捐銀壹百三十元；瑞怡號捐銀壹百三十元；中美安捐銀壹百三十元；芳吉號捐銀壹百三十元；協芳號捐銀壹百三十元；永安號捐銀壹百元；龔烏奄捐銀壹百元；汗日成捐銀壹百元；呀林貴捐銀陸十元；順成號捐銀伍十元；振興號捐銀伍十元；葉瑞泰捐銀伍十元；豐安號捐銀伍十元；楊升雲捐銀四十八元；瑞隆號捐銀四十元；呀李注捐銀四十元；廣東省：隆安號捐銀四十元、隆美號捐銀三十四元、逸怡發捐銀三十二元、全合號喜緣銀三十元、振昌號捐銀三十元、永發號捐銀三十元、張良汝捐銀三十元、順美捐銀三十元、叻豐和捐銀二十五元、陳永順捐銀二十五元、攬裕發捐銀二十五元、讓順興捐銀二十五元、叻開茂捐銀二十四元、林騎鯨捐銀二十四元、復源號捐銀二十四元、王有識捐銀二十四元、叻協安捐銀二十四元、德安號捐銀二十四元、丹順豐捐銀二十四元、成興號捐銀二十二元、成隆號捐銀二十二元、劉福昌喜緣銀二十元、史大生捐銀二十元、瑞源號捐銀二十元、福興號捐銀二十元、新永和捐銀二十元、犀永興捐銀二十元、新合成捐銀二十元、譚順香捐銀二十元、驛發安捐銀二十元、萬廣泰捐銀二十元、抵錦泰捐銀十八元、上合號喜緣銀十六元、宏昌號喜緣銀十六元、永源號捐銀十六元、錦泰安捐銀十六元、裕成號捐銀十六元、驛協勝捐銀十六元、攬協源捐銀十五元、攬協興捐銀十五元、攬瑞興捐銀十五元、泰興號捐銀十五元、保安當捐銀十五元、攬錦發捐銀十五元、攬源安捐銀十五元、攬錦安捐銀十五元、福美安捐銀十五元、金永發捐銀十二元、許成昌捐銀十二元、許懷齊捐銀十二元、協振發捐銀十二元、王奢官捐銀十二元、逸豐源捐銀十二元、建安號捐銀十二元、抵源發捐銀十二元、抵成利捐銀十二元、協興發捐銀十二元、泉春號捐銀十二元、金勝美捐銀十二元、王和山捐銀十二元、隆金號捐銀十二元、林典□捐銀十二元、萬永成捐銀十二元、原安號捐銀十二元、啓昌號捐銀十二元、成安號捐銀十一元、驛振發捐銀十一元、温源和喜緣銀十元、林木蓮喜緣銀十元、新錦安捐銀十元、攬隆吉捐銀十元、翁潘官喜緣銀伍元、成合號喜助門枋壹對（下略）

光緒廿三年歲次丁酉仲夏日，董事新順安、芳吉號、□□□、□□□、□□□、□□□等仝敬立。

三四九　古晋鳳山寺重修廟宇捐緣碑（二）

【碑刻名稱】古晋鳳山寺重修廟宇捐緣碑（二）
【材　　質】石材
【形　　制】長方形立碑
【尺　　寸】長一百八十厘米、寬七十六厘米
【書　　體】楷書
【碑　　額】浮雕雙龍
【碑　　題】鳳山寺
【碑文撰者】無
【碑文書丹】無
【立　碑　者】鳳山寺董事等
【立碑時間】清光緒二十三年（一八九七）
【存　　佚】現存
【地　　點】馬來西亞古晋鳳山寺
【碑刻録文】

茲將重修本廟各信士捐款芳名臚列于左：

膠源興捐銀九元、膠福源捐銀八元、逸成興捐銀八元、膠順和捐銀八元、逸源興捐銀八元、抵錦安捐銀八元、逸長盛捐銀八元、新泉安捐銀八元、發成號捐銀八元、逸豐發捐銀八元、合興號捐銀八元、捷成號捐銀八元、□捷元捐銀八元、孫齊官捐銀八元、新錦祥捐銀八元、沈四官捐銀八元、福安號捐銀七元、德發號捐銀七元、王乃官捐銀七元、逸源成捐銀七元、逸永春捐銀七元、逸勝珍捐銀七元、陳康外捐銀七元、源順□捐銀七元、謝自修捐銀七元、逸振發捐銀六元、膠順昌捐銀六元、抵德興捐銀六元、福萬成捐銀六元、萬吉園捐銀六元、□中和捐銀六元、新義安捐銀六元、楊子□捐銀六元、源春號捐銀六元、逸振吉捐銀六元、逸錦源捐銀六元、逸怡興捐銀六元、逸怡成捐銀六元、抵錦芳捐銀六元、抵泉興捐銀六元、萬和號捐銀六元、王抵官捐銀六元、萬元堂捐銀六元、王保成捐銀六元、膠林媽捐銀六元、膠義安捐銀六元、新長發捐銀六元、王成啾捐銀五元、王開條捐銀五元、王袁啓捐銀五元、王興甲捐銀五元、王定聯捐銀五元、王方菊捐銀五元、王平才捐銀五元、王平藝捐銀五元、王方軍捐銀五元、王興捐銀五元、王本捐銀五元、曾正仕捐銀五元、郭瑪利捐銀五元、吳再合捐銀五元、驛茂安捐銀五元、驛合振捐銀五元、驛長成捐銀五元、膠林鐵捐銀五元、膠振和捐銀五元、合恒春捐銀五元、楊金英捐銀五元、逸協發捐銀五元、林振捐銀五元、林天啓捐銀五元、逸順源捐銀五元、源成順捐銀五元、王順官捐銀五元、林尼姑捐銀五元、永昌□捐銀五元、順安□捐銀五元、林武魁捐銀五元、沈容官捐銀五元、財利號捐銀五元、□昌號捐銀五元、□□號捐銀五元、福香號捐銀五元、王聲捐銀五元、曾土壤捐銀五元、協源號捐銀五元、黄三捐銀五元、順利捐銀五元、驛長發捐銀五元、驛合捐銀五元、膠黄游捐銀五元、膠林捐銀五元、膠合春捐銀五元、陳小二捐銀五元、芳德捐銀五元、逸春成捐銀五元、林婆官捐銀五元、逸春發捐銀五元、逸協和捐銀五元、林恭官捐銀五元、黄瑞財捐銀五元、恒發□捐銀五元、蔡有益捐銀五元、膠昌和捐銀五元、沈忠官捐銀五元、沈串官捐銀五元、宋德郎捐銀五元、再發號捐銀五元、德堂號捐銀五元、王官捐銀五元、王瑞金捐銀五元。

楊萬福喜助護屋全座、宋乾水喜助石碑壹對。

貳碑合貳百伍十人計捐來銀叁仟捌佰肆拾叁元，粉牌共壹百零肆人計捐來銀壹佰捌拾肆元伍角，雜得利户計收來銀肆佰陸拾柒大元正，計三十條共來銀肆仟肆佰玖拾肆元伍角正。

一　開柴料計去銀貳佰肆拾壹元。

一　開紅料計去銀伍佰叁拾伍元。

一　開油漆計去銀伍佰壹拾大元。

一　開木工計去銀捌佰叁拾柒元。

一　開工計去銀□□□□捌拾元。

一　開□□計去銀壹佰肆拾貳元。

一　開□□計去銀□□□□。

一　開□□計去銀□□□□。

光緒廿三年歲次丁酉仲夏月，董事等仝敬立。

三五〇　芋菜園聖王廟碑

【碑刻名稱】芋菜園聖王廟碑
【材　　質】石材
【形　　制】方形碑
【尺　　寸】長六十厘米、寬六十厘米
【書　　體】楷書
【碑　　額】無
【碑　　題】芋菜園聖王廟
【碑文撰者】無
【碑文書丹】無
【立 碑 者】芋菜園聖王廟董理林推千、鄞满堂
【立碑時間】天運己酉年（一九〇九）
【存　　佚】現存
【地　　點】新加坡南安會館
【碑刻録文】

芋菜園聖王廟

夫吾泉郡南邑，昔自晉代之時，聖王化身在古簾座上，古迹猶存。鳳山寺廟宇，在詩山境内，有高峰之山，形體飛鳳朝天。前有下馬街，歷代受封，晉爵王位，香火普照萬方，風調雨順，國泰民安。今分爐有聖王金身在叻芋菜園，數年以来，（有）求遂應。原邑第子鄞滿堂堅心欲追造廟宇，欲神民有歸之處，相傳聖壽，千秋永存。幸而大善翁林推千獻地壹段，蓋聖王之宇廟。就以地道，砂水環抱，龍拱虎應，包羅八卦，新築威鎮廟爲聖王之廟祠，今既告竣，合刊流存永照。

天運己酉年仲春之月　日，董理林推千、鄞満堂仝立石。

三五一　威鎮廟廣澤尊王碑

【碑刻名稱】威鎮廟廣澤尊王碑
【材　質】石材
【形　制】長方形立碑
【尺　寸】長一百二十七厘米、寬六十厘米
【書　體】楷書
【碑　額】無
【碑　題】威鎮廟廣澤尊王
【碑文撰者】無
【碑文書丹】無
【立 碑 者】威鎮廟總理、董事等
【立碑時間】民國七年（一九一八）
【存　佚】現存
【地　點】新加坡南安會館
【碑刻録文】

威鎮廟廣澤尊王

新嘉坡有山頗類鳳。晋天福二年，郭孝子於其坐化，遺澤廣被，有天王明聖之尊，後人建寺祀之。新嘉坡芋菜園新福街威鎮廟，永遠奉敬，創建此廟地係是林君交籃善心獻地，得英度活貳拾尺係地，立碑永遠，坡中林君交籃洽同等人樂捐，建就廟宇爲碑。

總理：泉隆成；董事：李景忠；協理：鄞滿堂、寶興號、許別官、福安號、陳賤官。

陳振聲捐銀伍佰元；黎柏賢捐銀叁佰元；寄南別墅捐銀貳佰捌十元；許榮忠捐銀貳佰元；林推遷捐銀壹佰元；聯裕號捐銀壹佰元；林賤官捐銀陸十元；林愛官捐銀伍十元；吴永勝官捐銀伍十元；林金成捐銀伍十元；黄老順捐銀四十元；萬振美、慶源號、萬裕興、鄭水福、游河水、玉農官、泉隆成、林長財、陳金官、陳寬裕、楊烏龍、福發號、黄濟洲、春和號、李景惠、王文其、陳清漢、洪安官、林赫官、金□□、蔡森婦、金發號、河南□□、□和茂、吕茶官、協盛發、林忠銀、劉安官、胡慶龍、王□□、陳染□、□水草、陳財官、黄長春□、長源號、鄭財□□、蔡烏□□、□□許、黄遷客、和隆號□、黄寧官、蔡□□□、鄭得官、□多貴□、陳□旦、□□官、□慶官、棬八號、共桑、王廣、魏涂工、□楊界、宗雙、葉梨，各捐銀□□。

中華民國七年歲次戊午秋月吉日立。

三五二　勝森廣澤尊王廟重修碑

【碑刻名稱】勝森廣澤尊王廟重修碑
【材　質】石材
【形　制】長方形立碑
【尺　寸】長九十八厘米、寬六十五厘米
【書　體】楷書
【碑　額】無
【碑　題】無
【碑文撰者】無
【碑文書丹】無
【立 碑 者】廣澤尊王廟大總理欽錫瑪腰黃興國等
【立碑時間】民國十六年（一九二七）
【存　佚】現存
【地　點】印度尼西亞中爪哇勝森廣澤尊王廟
【碑刻録文】

我森村廣澤尊王廟，自民國乙未年重修，歷年未幾，墻壁已再破裂，因基不固之由，不加以修葺必將有倒塌之憂。現因商場鈍灑，募捐無門，故再議設小老直禮所，贏餘之得利捐資，充作修理之費，遂告竣厥事。從此厦成，以顯神靈，春秋祀典，愈增香馨。叨蒙神佑，祥瑞降庭，僑胞和順，均得安寧。所以獲福長享遐齡，謹布。

再録

諸弟子發心答謝地硋磚，其姓名開列于左：

李昌遠公伍拾呇；黃國安公伍拾呇；吳國邱伍拾呇；黃永懷叄拾呇；林榮燦貳拾伍呇；李進船拾伍呇；黃克恭、高庭蘭、楊悦全、林徵壽先生、王文煥、王竹林、淡墨猫仔蔡兄愛，以上七人每人拾呇；莊杰然、梁錫初、吳添水、林松寧、李添德、黃有船、曾建興、瓜岸林重讓、曾光祥、蔡延隆，以上拾人每人伍呇；又授街社人伍呇。

大總理：欽錫瑪腰黃興國；副總理：雷珍蘭李昌遠、黃國安。

大中華民國十六年，歲次丁卯至聖二四七七年季秋上浣重修。理事黃國安告白。

三五三　文萊騰雲殿「威靈顯赫」匾

【碑刻名稱】文萊騰雲殿「威靈顯赫」匾
【材　質】木材
【形　制】長方形橫匾
【尺　寸】長一百九十八厘米、寬四十五厘米
【書　體】楷書
【碑　額】無
【碑　題】無
【碑文撰者】無
【碑文書丹】無
【立 碑 者】騰雲殿董事會
【立碑時間】一九八三
【存　佚】現存
【地　點】文萊斯里巴加灣市騰雲殿

【碑刻録文】

威靈顯赫

歲次癸亥秋月，本殿董事會重立。

三五四　文萊騰雲殿楹聯

【碑刻名稱】文萊騰雲殿楹聯
【材　質】木材
【形　制】長聯
【尺　寸】長一百八十厘米、寬三十二厘米
【書　體】隸書
【碑　額】無
【碑　題】無
【碑文撰者】無
【碑文書丹】無
【立　碑　者】騰雲殿董事會
【立碑時間】不詳
【存　佚】現存
【地　點】文萊斯里巴加灣市騰雲殿

【碑刻録文】

賴神光四民迪吉，

被帝澤萬物咸亨。

三五五　沙瀝建安宮公德銘記牌

【碑刻名稱】沙瀝建安宮公德銘記牌
【材　質】銅材
【形　制】長方形立牌
【尺　寸】長九十厘米、寬四十八厘米
【書　體】楷書
【碑　額】無
【碑　題】創立建安宮之首倡人功德銘記榜
【碑文撰者】無
【碑文書丹】無
【立 碑 者】建安宮第十六届理事會
【立碑時間】二〇〇一
【存　佚】現存
【地　點】越南同塔沙瀝建安宮
【碑刻録文】

創立建安宮之首倡人功德銘記榜[1]

他姓黄名錦順，簡稱黄順，公元一八六二年（歲次壬戌年）出生於沙瀝省新富東村（今是同塔省，沙瀝市，第二坊），他逝世於公元一九三四年（歲次甲戌年）。

在公元一九二四年（歲次甲子年）他有功首倡起建建安宮，在三年日夜落力施工暨配合來自中國的各位專業工人授［援］助之下，建安宮已在公元一九二七年（歲次丁卯年）美滿地完成。

他的功德，使建安宮理事會銘記於心，永志難忘，争先落筆留名，刻上花岡銘名成爲吏［史］册，萬世流芳，并於每年歲次六月二十舉行紀念他的忌辰日。

沙瀝市，公元二〇〇一年三月一日。

建安宮第十六届理事會會長陳文貴、副會長兼財政郭中平。

① 原碑内容僅録中文。

三五六　沙瀝建安宫郭聖王公歷史牌

【碑刻名稱】沙瀝建安宫郭聖王公歷史牌

【材　　質】漆板

【形　　制】長方形立牌

【尺　　寸】長六十厘米、寬四十厘米

【書　　體】楷書

【碑　　額】無

【碑　　題】郭聖王公歷史

【碑文撰者】無

【碑文書丹】無

【立 碑 者】建安宫理事會

【立碑時間】不詳

【存　　佚】現存

【地　　點】越南同塔沙瀝建安宫

【碑刻録文】

郭聖王公歷史

郭聖王公即保安廣澤尊王也，五季後晋時人。其先爲福建安溪籍，自王之太公乃遷徙南安之詩山。王年十三歲，得道詩山之鳳山，坐于枯籐上化身。斯時乃建造鳳山寺，時在後晋天福五年八月廿二日。迄宋朝曾顯聖，助宋太祖征南唐，受封爲廣利王；及明代又顯聖皇宮救火，海上驅倭，疊封爲應靈威侯；至清道光再封爲廣澤尊王。公生於二月廿二日，成道于八月廿二日，事實具載于《泉州府志》及《南安縣志》。兹録其大略于此。

三五七　馬尼拉大千寺廣澤尊王匾

【碑刻名稱】馬尼拉大千寺廣澤尊王匾

【材　質】纖板

【形　制】長方形横匾

【尺　寸】長一百二十厘米、寬四十六厘米

【書　體】隸書

【碑　額】無

【碑　題】大千寺廣澤尊王

【碑文撰者】無

【碑文書丹】無

【立 碑 者】菲律賓大千寺

【立碑時間】不詳

【存　佚】現存

【地　點】菲律賓馬尼拉大千寺

【碑刻録文】

大千寺廣澤尊王

吾藝超越居夷池，乃是慧眼觀生奇；
真靈背殼投乾坤，正辨公事東西分；
天上三光日月星，主持循環其永榮；
暢所欲爲福禄壽，仙居佛界權在手；
閑來無事游五洲，神出鬼没任君由；
覽景如畫童書戲，游興當高道極知；
大大世界夕陽紅，千千萬萬事不同；
世間之事暢情處，界之陰陽輪回來。

二十二　文昌帝君（梓潼帝君）

三五八　新加坡興建崇文閣碑記

【碑刻名稱】新加坡興建崇文閣碑記

【材　質】石材

【形　制】長方形立碑

【尺　寸】長二百一十一厘米、寬一百一十二厘米

【書　體】正文楷書，碑題隸書

【碑　額】浮雕雙龍朝日

【碑　題】興建崇文閣碑記

【碑文撰者】無

【碑文書丹】無

【立 碑 者】大董事陳巨川等
【立碑時間】清同治六年（一八六七）
【存　　佚】現存
【地　　點】新加坡崇文閣
【碑刻録文】

興建崇文閣碑記

今夫道之大原出於天，其實體備於聖，而其流傳則賴乎文，文之所在即道之所在，亦即聖與天之所在也。蓋天生聖人間世獨出，能及其身以範圍一時，不能留其身以曲成爲世，故立説著書垂諸久遠，則文實天之元氣，而爲人之所共欽者世。今聖天子崇儒重道，稽古右文，六宇承風，咸遵聖教，雖山陬海澨，各自別其土疆，而户誦家玄，亦興起於學問焉。况新嘉坡爲西洋之名勝，䜌徼之咽喉，商賈貿易，行旅往來，我中國民多生長於斯者哉。於是陳君巨川鳩衆力而襄盛舉，光前烈以示來兹也。地于島南翼之西偏，於道光己酉年興建，至咸豐壬子年落成。其巍然在上者，所以崇祀梓潼帝君也；其翼然在下者，所以爲師生講受也；側爲小亭，以備焚化字紙。每歲仲春，濟濟多士，齊明盛服，以承祭祀，祭畢并送文灰而赴於江，因顔之曰「崇文閣」。所以宏正道，憲章文武，賢人而入聖域也。雖僻陋在夷，與文物之邦异，然人杰地靈，古今一理。斯閣也，背岡巒而面江渚，左連鳳寺，右接龍門，山川既已毓秀，文運遂卜咸亨。從兹成人小子，讀孔孟之書，究洛閩之奥，優柔德性，培養天真，化固陋爲文章，變鄙俗爲風雅，則斯閣之建，其有碑於①（裨於）世道人心者豈鮮淺哉！謹將捐資姓名共勒貞珉，俾後來知所本云。

大董事陳巨川捐金捌佰捌拾元；副董事洪俊成捐金肆佰肆拾元；副董事黄崇山捐金肆佰肆拾元；信士順美媽腰捐金肆佰元；總理章三潮捐金叁佰元；曾舉薦捐金叁佰元；陳振榮捐金貳佰肆拾陸元；許絲綿捐金貳佰貳拾元；許永占捐金貳佰貳拾元；余有進捐金貳佰元；劉潤德捐金貳佰元正；正南公司捐金貳佰元；聚奎堂捐金壹佰伍拾元；林滄源捐金壹佰貳拾元；戴河水捐金壹佰貳拾元；陳金鐘捐金壹佰元正；周章梅捐金壹佰元；薛文仲捐金壹佰元；陳昆水捐金壹佰元；林占梅捐金壹佰元；蔡河南捐金捌拾元；楊佛應捐金捌拾元；鄭椈養捐金捌拾元；蔡奇鄉捐金陸拾肆元；源泰公司捐金陸拾肆元；李文獻捐金陸拾元；龔光傳捐金陸拾元；林光略、恒春號、裕泰號、陳振生、林成家、林素蘭、陳光卯、梁文良、金恒美船、蔡春色、歐大桅、陳岐興、林伯壎、黄玉恭、□□□，以上各陸拾元；陳瑞駕捐金肆拾元；王永寧捐金肆拾元；曾位珍、許行雲、曾六、王經、楊宗蔭、洪捷發、温振吉號、楊佛敬、春成號、蔡安富、聯振公司、謝媽歷、陳溪水、梁源、蔡光禾、徐長懷、林光玖，以上各卅貳元；謝三九捐壹拾貳元。

皆同治陸年歲次丁卯臈月穀旦立。

① 「碑於」二字疑爲原碑將「裨於」刻錯而成衍字。

三五九　新加坡續上崇文閣碑記

【碑刻名稱】新加坡續上崇文閣碑記

【材　　質】石材

【形　　制】長方形立碑

【尺　　寸】長二百一十一厘米、寬一百一十二厘米

【書　　體】碑題隸書、正文楷書

【碑　　額】雙龍朝日

【碑　　題】續上崇文閣碑記

【碑文撰者】無

【碑文書丹】無

【立 碑 者】大董事陳巨川等

【立碑時間】清同治六年（一八六七）

【存　　佚】現存

【地　　點】新加坡崇文閣

【碑刻録文】

續上崇文閣碑記

承上碑計共收來捐金柒仟伍佰零肆元正。聚奎堂再充公直落亞逸街厝壹間。

信士：蔡信、薛秉全、何崇禮、蔡情、李學禮、開元堂、芳吉號、新和興號、霞玉記読、萬安號、同順號、黃敏、蘇瑞安、黃笨珍、劉石、王正時、黃利澤、劉炎、李朝陽、何抱、泰源船、泰隆船，以上各二十元；薛檀、楊玉成，以上各十八元；何然、何辛角、張芳全、王玉梯、源助船，以上各十六元；王青松十四元；陳有郎、李珍元、黃木生、曾梅生、陳振德、陳福榮、林有度、宋和鳴、許榮順、徐文岳、陳佳生、鍾安然、温拱昭、黃茂生、曾俊杰、陳俊睦、陳合癸、梁添發、陳壬癸、蔡光野、陳敏成、曾芳桂、楊盤、李光孝、蔡位正、黃源水、黃順隆、薛文秀、東成號、黃元輝、黃茂芳、億興號、陳三才、泰源號、林球、建隆號、蔡茂榮、張晚、陳長泰、謝傳臚、傅成源號、黃秋水、林寶源船、長源號、黃仲润、麟記號、鄭時中、阮錫禧、劉磚、謝允贊、吴五典、邱稍慰、蔡文才、林廣、蘇敦厚、陳武蔭、葉標、振昌號、恒昌號、林墻、陳錦美、陳如松、王講、陳春祥、葉杜、曾三郎、林池、金長泰船，以上各十二元；趙宜仁、林光竹、瑞源號、益源號、瑞成號、合裕號、榮興號、高和陣，以上各十元；李渊源、楊芳蕤、協和號，以上各八元；林大振、陳明前、楊啓鳳、陳奕、新協泰號、新怡泰號、劉沛貞、林硯、蔡佛佐、鄭榮、錦發號、林兼、錦興號、湯赫、李三光、何廟、楊大魯、鄭西、陳東碧、鄭義、林興旺、吴綿、永興號、林藝、瑞豐號、楊鐵、陳永久、劉賞、隆茂號、蔡默、莊禎祥、恒吉號、林仁、沈三省、吴斉、合發號、陳蟳、長泰號、林定、陳英杰、蕭秋水、蔡開、楊青雲、永豐號、陳美香，以上各六元；薛澤清五元二角；王聯登、德茂號、李跳、鄒海祥、興裕號、吴溪流、施九、隆興號、永源號、孫軺、順美號、裕發號、益興號、昌順號、怡和號、萬利號、源豐號、瑞發號、蕭如杏、李景源，以上各四元；蕭芳生、蕭良水、長盛號、再興號，以上各三元；蔡東宮二元五角；錦源號、協興號、陳位、源遠號、徐蘭、錦盛號、張來、源源號、德財號、陳快、瑞振號、陳百鶴、合興號、謝場、豐泰號、德盛號、陳松柏、林恭維，以上各二元；振興號、協成號、蔡益興號、黄九、瑞盛號、福財號、福昌號，以上各一元。總共收來捐金玖仟肆佰壹拾捌元柒角。

開置假石亞悦厝地壹所，去銀伍佰陸拾元。

開置揚哲及邱润娘厝地壹所，去銀伍佰陸拾元。

開置綴石宇傌厝地壹所，去大銀陸佰元正。

開還梁贊源包建築費，去銀伍仟肆佰零柒元七角六分五。

開還油漆工并做桌聯匾，去銀捌佰叁拾伍元玖角□占。

開置器具并旗傘衣帽暨進火費，去銀伍佰捌拾元零叁角。

開還隆興公司修隔壁厝費，去銀壹佰玖拾元正。

開支重修并立石碑，各費去銀陸佰捌拾肆元二角七分。

總共開去費銀玖仟肆佰壹拾捌元柒角。

旹同治六年歲次丁卯臈月穀旦立。

三六〇　新加坡重修崇文閣碑記

【碑刻名稱】重修崇文閣碑記
【材　質】石材
【形　制】長方形立碑
【尺　寸】長二百一十六厘米、寬一百零三厘米
【書　體】碑題隸書、正文楷書
【碑　額】雙龍朝日
【碑　題】重修崇文閣碑記
【碑文撰者】南海黄蓬山
【碑文書丹】黄蓬山
【立 碑 者】陳憲章等
【立碑時間】清光緒十三年（一八八七）
【存　佚】現存
【地　點】新加坡崇文閣
【碑刻録文】

重修崇文閣碑記

蓋自三光分而天文啓，六經出而人文開者，所以載道亦即道之顯者也。我朝列聖相承，首重文德，次尚武功，海澨山陬皆從文教，故叻之有崇文閣由來久矣。道光己酉年，陳公巨川綜其事，暨同志諸公捐資興築於星架坡天后宮之側，至咸豐壬子告成。前襟滄海，後枕雲山，閭閻鱗比，廟宇蟬聯，形勢縱非廓大之觀，山川頗負鍾靈之勝。崇祀梓潼帝君於閣中，每歲仲春朔日，濟濟多士，肅整衣冠而詣閣，致祭必竭其誠，廣收遺字以化灰恭送，率由乎舊。自是以來，閩之爲行商坐賈者，既覺富有日新，即經文緯武者，亦因方以類聚，信乎斯文崇而人才輩出矣。嗣緣歲遠年深，風飄雨濯，瓦木毀壞，覆壓堪虞，陳君憲章目睹心惻，因商之諸公，爰集資鳩工，於庚辰年重興土木，八閱月厥工告竣，規模咸遵古式，棟宇不讓當年，將見文學□而彼都不陋，大道顯而體統自崇。此一舉也。巨川公有克家之冢子，且賴諸君有樂善之同心，此文運又一開也。後有作者，登斯閣而景仰前徽，留翰墨而芬揚麗藻，則前人之深幸，亦斯閣所由崇也。謹將捐題芳名，勒彼貞珉，以垂厥後焉。是爲記。

南海黄蓬山敬撰并書。

陳憲章公捐金四佰元正；振盛號捐金貳佰大元正；謝安祥捐金貳佰大元正；王滄周捐金壹佰六十元；振成公司捐壹佰貳十元；苑生公司捐壹佰貳十元；長茂號捐金壹佰貳十元；恒春號捐金壹佰貳十元；豐源號捐金壹佰貳十元；陳金殿捐金壹佰貳十元；振裕號捐金壹佰貳十元；瑞豐號捐金壹佰貳十元；萬興號捐金壹佰貳十元；協振號捐金壹佰貳十元；德源號捐金壹佰貳十元；萬和成公司壹佰貳十元；陳桂蘭、鴻美號、瑞泰號、源通號、順美號，以上各捐陸拾元正；源安號、筱成號、德豐號、陳振元、萬山號，以上各捐四十元正；春成號叁拾貳元；事成棧、順發號、麟記號、瑞隆號、建芳號、源發號、成泰號、怡泰號、麟發號、宋長溪、合春號，以上各捐三十元正；福源號、萬安號、和瑞隆、中和號、聯盛號、林漢池，以上各捐二十四元；新長春、揚恒茂、林東成、霞玉記、瑞昌號、上林號，以上各捐二十元正；鴻源號、藏興號、顏永成，以上各捐壹十六元；錦源號、瑞成泰、德和源、正源號、泰發號、錦瑞號、開茂號、瑞春號、事興號、豐吉號、中興號、建隆號、開盛號、新榮美、瑞源號、泰興號、新藏裕、協利號、合勝號、發昌號、李東成、協裕號、復振號、錦協盛、謝傳臚、錦合號、龍山號、成源號、和美號、恒茂號、新恒順、順安號、順興號、合吉號、兩盛號、新瑞安、順福號、集興號、新同鎰、合隆號、新順源、新恒源、瑞益號，以上各捐壹十二元。以上合收九十六名，捐金共來大銀四仟零九十元正，再收兑餘存柴枋磚瓦等來大銀二十一元九角九占，兩條合收大銀四仟壹佰一十一元九角九占。

一　結買柴料并枋等共去大銀三佰伍十三元零二占五；又結買磚瓦瑞蓮瓦頭剪絲色碗套叁佰九十九元八角零五；又結買沙灰土等件共去大銀八十九元三角二占；又結買亞答竹雪茄葦加即袋等大銀貳十七元八角八占；又結買油漆并還油漆工共去大銀叁佰零七元三角；又結支還柴工并土水共大銀七佰四十二元五角二占五；又對造鐵樓梯乙副并修工共大銀壹佰二十元零八角二占；又對買神龕并八仙桌共支去大銀四十五元正；又對結開什費共支去大銀伍十八元零八占七分五；又對還陳水源督工八個月辛金大銀二佰四十元；又對添辦内套長衫帽靴去大銀壹佰二十七元六角七占五；又對補還歷年祭費不敷去大銀壹佰六十元零一角六占；又對支還立石碑全副工費共去大銀七十七元正；又對餘項充入萃英書院去大銀壹仟三佰六十三元三角六占。計一十四條合去大銀四仟壹佰壹十壹元九角九占。

旹光緒十三年歲次丁亥四月十二日立石。

二十三　開漳聖王

三六一　重修威惠廟連南山寺碑記

【碑刻名稱】重修威惠廟連南山寺碑記
【材　　質】木材
【形　　制】長方形横牌
【尺　　寸】長一百八十厘米、寬九十八厘米
【書　　體】楷書
【碑　　額】無
【碑　　題】重修威惠廟連南山寺碑記
【碑文撰者】裔孫紹南等
【碑文書丹】無

【立 碑 者】裔孫天南等

【立碑時間】清同治二年（一八六三）

【存　　佚】現存

【地　　點】印度尼西亞中爪哇三寶壟威惠廟（陳氏家廟）

【碑刻録文】

重修威惠廟連南山寺碑記

蓋自唐以前，漳固未隸版圖也。漢平閩粵，以其地屬會稽，終漢之世，未嘗建郡。晋宋以後，始置晋安。其間負山濱海，王化未及之區，况漳在七閩之外，山蠻海寇、豺狼鯨鱷之所，盤據省方，問俗綉衣，宜指之所，不至民生不見化，日而死于流離者，不知凡幾矣。開闢斯土，始於開漳聖王。祖諱元光，字廷炬，號龍湖，河南光州固始人也。生而敏异，博通經史，韜略兵法，年十三舉鄉薦第一，弱冠從父玉鈐衛翊府左郎將、歸德將軍，諱政公，字一民，號中肅，剛果有爲，謀猶克慎。唐高宗總章二年，泉潮據閩廣之交，嶺南爲獠蠻之藪，乞鎮帥有威望以靖邊方。朝廷以進朝議大夫，統嶺南行軍總管事，鎮綏安（今漳浦、雲霄）。詔曰：莫辭病，病則朕醫；莫辭死，死則朕埋。斯擔斯言，爰及苗裔。比至鎮所，凡百草創備，拯勞瘁，相視山原，屯開建堡，嘗渡雲霄，指江謂父老曰：水似清漳，因以名州。儀鳳二年，公卒，贈開祐侯，謚武烈。王代領其衆，以輕騎剿擒廣冠，始平表奏漳州，於泉潮之間立州郡，增七閩爲八。永淳二年，詔即以王爲左玉鈐衛翊府左郎將，進階正議大夫，嶺南行總管事。垂拱四年，遷中郎將、右鷹揚衛率府懷化大將軍、輕車大都尉，兼朝散大夫，持節漳州諸軍事，守漳州刺史。王謝表曰：受命戰兢，抵官彌懼，臣以冲動，出自書生，竊念臣州背山面海，治理誠難，撫綏未易，恭惟陛下，威振百靈，備聞斯慶，無任感恩，隕越之至。王乃剪除荆棘，招集流亡，建置學校，商賈通往，安定漳州，始得與中土并，經紀有法，號稱治平。景雲二年，南蠻反叛，王率輕騎以討賊，賊衆奄至，於所傷，退兵緩安。卒於太原郡。民哭巷，事聞朝廷，詔贈豹韜衛鎮軍大將軍，封臨漳侯，謚忠毅文惠，賜葬立廟。駒公嗣，討平蠻賊，手斬父仇，俘其餘黨，復爲州刺史。卒，子酆公嗣，酆卒，子謨公嗣，皆克修職業，郡民愛戴。元和十四年，謨公卒。凡傳五世，世篤忠貞，宣力王室，掃蕩寇虐，奮不顧身，使遵海而南咸奉正朔，化蠻狛之俗爲冠帶之倫，其有功於漳最大，績承先業，克成厥勛，且戰且叫，以養以教，賢親樂利，傳子及孫。自高及憲，歷唐室十君。自總章至貞元，歷年百有七十，使海隅之民，不被兵革，扶老携幼，得終其天年。至今禾麻盧舍，溝塗封流，山林材木，工商器用，皆王之始謀，論其德於漳最遠，可稱治有威惠，萬民安之。宋淳祐間，累封靈著、順應、昭烈、廣濟王者也。緣自唐季末及五代朝，二百年來，反易天常，悖連人紀之亂極矣，中原方戰爭不息，而江淮、楚、蜀、閩、廣之間，割據者復星羅棋布其中。自五世祖，諱咏公，字正雅，傳至十三世祖，諱洪進，字耿炎，號隆圖，據守漳泉二州，忠勇有餘，沉毅能斷，携闔境受污之憤，導三軍思順之心。唱義一呼，群情響附，納表曰：願以所管漳泉兩郡，獻於有司。使區區負海之邦，遂爲內地；蚩蚩生齒之年，得見太平。宋太祖乾德二年，詔授武寧節度使同平章事，于淳化年間，公卒于京，贈封南康侯，謚順忠，子文韵公，弟洪鈕公，嗣繼爲漳州刺史，傳至十八世祖。太傳祖諱俊卿，字陽明，號文敏，王十七世孫也。宋高宗紹興八年，公及弱冠，登殿試第一，官東宮侍講，孝宗乾道二年，遷觀文殿大學士、左光禄大夫、知福州。詔曰：朕待舊弼之禮甚厚，擇師守之，任甚難屬者，以四千石之重俾卿，畫錦而歸則一道，雖遠可不勞而治也。公在鎮，四月間帝猶鞠戲，又將游獵白石，上疏力諫，至列漢桓靈、唐敬穆以爲戒。後數日入對，帝迎謂曰，前日之奏，備見忠議，朕決意用卿矣。公復恭知政事，同知樞密院事。五年己丑春正月，公上指置兩淮屯田策。夏五月，帝以射弩弦斷傷目故也。公諫曰，陛下未能忘騎射者，蓋志圖恢復耳，而敵人固已遂巡震熠於千萬里之遠，尚何待區區馳射於百步之間哉。六年秋八月，公爲尚書左僕射，并同平章事，兼樞密使，設材録館，舉天下賢才選用，力薦紫陽朱夫子爲樞密院編修官，累召不至。賀，上書曰，凡在陶鎔，孰不欣賴，伏惟明公以大忠壯節，早負天下之望，自知政事贊襄密，勿凡所論執，皆繫安危，至其甚者，輒以身之去就争之，雖未即從，而天子之信公也益篤，天下之望公也益深，今也進而位乎天子之宰，中外之望，莫不欣然。咸曰，陳公前日之言，天下之言也，争之不得，危於去矣，嘉雖至，愚亦有是説。淳熙十六年，公卒在鎮。太傅，贈魏國公，謚忠襄，賜廟配饗南山寺。國朝乾隆二年，本州中憲大夫知漳州府事，會稽人童華公，檢閲國史郡志考其世系，喟然而嘆曰，王之世祀宜哉，至今不替，是漳開疆守土之正神也。若之何不敬重，修其碑文，詳哉言之矣。

啓自列裔孫等，客居雄郡，永保後昆。嘗念曰，水有源，木有本，咸有議奉祀我聖王祖香火、塑像、以立祀典，士志不億，爰心祠焉。嘉慶乙亥年仲春之月，溯自元芳公倡首，謀議立廟，與族親紳士等樂助，捐題緣金，購置此間大厝一座，坐丙向壬，面呑長江，後倚蘭山，右翼翼左潭潭，或謂英靈之氣嚴甚，盛觀也。咸豐辛亥年仲春之月，元芳公子敬麟公，奉香帛躬謁，顧瞻模槍，風雨落館，舊刺將毀，有體其先君之志，欲重建修新。爰謀於曁族親紳士等，翕然胥應，贊襄成事。惜乎，舉事未竣而敬麟公謝世，子紹南公繼承父志，可謂祖作之父繼之子述之，誠不愧哉。越癸丑年仲冬之月以告厥成，樹碑衞垣，築室輪興，維新俎豆，以昭盛舉。前中殿奉聖王祖之像爲饗堂，左廡按福德正神之祀典，又後堂中祀喬老君，置先人木主，後生禄位，以明昭穆次序配焉，以詔來裔，謹識爲志。

大清同治二年歲次癸亥桐月吉日，裔孫紹南、繼承大總理敬豐頓首拜謹。

裔孫：尚忠、紹齡、副總理發祥、信蘭参贊；董事：天南、連慶、繼盛、光外、五印、天寶；繼承董事：朝陽、彩珍，仝勒立石。

三六二　開漳聖王碑

【碑刻名稱】開漳聖王碑

【材　質】石材

【形　制】長方形立碑

【尺　寸】長一百九十八厘米、寬八十六厘米

【書　體】楷書

【碑　額】雙龍

【碑　題】開漳聖王

【碑文撰者】無

【碑文書丹】無

【立 碑 者】董事瑞吉等

【立碑時間】清光緒四年（一八七八）

【存　佚】現存

【地　點】馬來西亞檳城陳氏宗祠

【碑刻録文】

《書》曰「以親九族」，《易》曰「尊祖敬宗」。人之有宗族，猶如水之有分派，木之有分枝。雖遠近异勢，疏密异形，要其本源則一。我祖以祥叶鳳卜，垂搢笏於累朝；星聚龍飛，揚名聲於魏闕。綿綿延延，傳至於今，昌而熾，著而艾，實繁有徒。突然洋溢乎中國者，亦既施及蠻貊，某等念切尊親，情殷類族，因於服賈之中，捐題白鏹，建立家廟，務使血脉相通，休戚相關，庶爲昭爲穆，無致混淆，序齒序賢，足徵考核。俾克厥後克昌者，咸知篤宗族以昭雍睦云爾。謹將捐題資芳名及支銷各款，勒石于左，以垂永遠。

蓮枝捐銀壹仟元、咸儀捐銀陸佰元、昭計捐銀陸佰元、錦竈捐銀陸佰元、開運捐銀四佰二十元、祖王捐銀叁佰四十元、西村娘捐銀貳佰四十元、源叻捐銀貳佰四十元、心河捐銀貳佰元、合水捐銀貳佰元、昭於捐銀壹佰四十元、清梅捐銀壹佰貳十元、亞包捐銀壹佰貳十元、大朝捐銀壹佰貳十元、亞致捐銀壹佰貳十元、亞枝捐銀壹佰貳十元、玉枝娘捐銀壹佰貳十元、國赫捐銀壹佰貳十元、大禎捐銀壹佰貳十元、吝記捐銀壹佰貳十元、亞萬捐銀壹佰貳十元、成春捐銀壹佰貳十元、官潤捐銀壹佰貳十元、昭普捐銀壹佰貳十元、泰利捐銀壹佰貳十元、光斷捐銀壹佰貳十元、嫣栽捐銀壹佰貳十元、如竹捐銀壹佰貳十元、文記捐銀壹佰貳十元、昌和捐銀壹佰貳十元、寧博捐銀壹佰貳十元、錦江捐銀柒十四元、新包捐銀六十大元、清溝捐銀六十大元、昭立捐銀六十元、錦遠捐銀伍十大元、世春捐銀四十大元、天送捐銀四十元、昭賽捐銀四十元、厘姑捐銀四十元、昭仟捐銀三十六元、進財捐銀三十六元、大看捐銀三十二元、貴使捐銀三十大元、玉珍娘捐銀二十六元、榮結捐銀二十四元、光物捐銀二十四元、高吧總緣二十四元、親使捐銀二十一元、良糧捐銀二十元、自所捐銀二十元、文成捐銀二十元、文要捐銀二十元、奢□捐銀二十元、墻使捐銀十六元、永昭捐銀十二元、祥和捐銀十二元、深湖捐銀十二元、越使捐銀十二元、善使捐銀十二元、瑞安捐銀十二員、士林捐銀十二員、嫣乖捐銀十二元、帕使捐銀十二元、錢損捐銀十二元、昭老捐銀二十元、其盛捐銀二十元、昭琴捐銀十二元、昭西捐銀十二元、昭巔捐銀十二元、連登捐銀十二元、起使捐銀十二元、暢茂捐銀十二元、石光捐銀十二元、德宜捐銀十二元、岩使捐銀十二元、寶使捐銀十二元、月桂捐銀十二元、字德捐銀十二元、生財捐銀十二元、即使捐銀十二元、虎使捐銀十二元、亞親捐銀十二元、續使捐銀十二元、矮使捐銀十二元、西祥捐銀十二元、明通捐銀十二員、江邊捐銀十二員、昭嵩捐銀十二元、昭誓捐銀十二元、森使捐銀十二元、昭點捐銀十二元、昭肯捐銀十二元、明富捐銀十二元、昭追捐銀十二元、猛使捐銀十二元、仲使捐銀十二元、文思捐銀十二元、伴□捐銀十二元、昭箭捐銀十二元、虎使捐銀十二元、昭耀捐銀乙十元、昭水捐銀乙十元、克明捐銀乙十元、西班捐銀十大元、進全捐銀十大元、寺山捐銀十大元、禎使捐銀十大元、備使捐銀十大元、張廣捐銀十大元、天賜捐銀十大元、綿禄捐銀十大元、術官捐銀十大元、文咏捐銀十大元、必達捐銀十大元、文咸捐銀十大元、欽使捐銀十大元、三誠捐銀十大元、得利捐銀十大元、愛使捐銀十大元、德茂捐銀十大元、龍使捐銀十大元、亞岳捐銀十大元、勝榮捐銀十大元、華□捐銀十大元、玉□捐銀十大元、總鶯捐銀十大元、嬰使捐銀十大元、圭使捐銀十大元、紅塢捐銀十二員、清炭捐銀十二員、虎碧捐銀十元、文同捐銀十元、用使捐銀十元、昭語捐銀十元、友琳捐銀十元、昭是捐銀十元、通使捐銀十元、文枝捐銀十元、湧使捐銀十元、清安捐銀十元、振連捐銀十元、晋郎捐銀十元、振杰捐銀十元、以聘捐銀十元、來喜捐銀十元、永裕捐銀十元、春貴捐銀十元、信列捐銀十元、嫣助捐銀十元、文脾捐銀十元、昭壩捐銀十元、和盛捐銀十元、昭山捐銀十元。戊寅年拾月立。董事瑞吉、隆所、文要、蓮枝、官潤暨諸董等。

三六三　保赤宫碑記

【碑刻名稱】保赤宫碑記

【材　質】石材

【形　制】長方形立碑

【尺　寸】長二百六十八厘米、寬九十九厘米

【書　體】碑額隸書、正文楷書

【碑　額】雙龍朝日

【碑　題】無

【碑文撰者】無

【碑文書丹】無

【立 碑 者】保赤宫大董事總理等

【立碑時間】清光緒四年（一八七八）

【存　佚】現存

【地　點】新加坡保赤宫陳氏大宗祠

【碑刻録文】

緣建宗祠芳名列左立石碑：

大董事：振成呟音使、豐興憲章使；副董事：金殿使、振元使、慶和使、清泰使；總理：金淵使、允吉使、安壽使、大耳使、慶照使、英杰使、杞柏使、合隆號、開成號、春明使、君仁使、青山使、玉漏使、福呈使、彩炎使、明照使、江水使、長泰號。

振成呟音使捐金壹仟貳百元、豐興憲章使捐金壹仟貳百元、山仰號金殿使捐金壹仟元、安南慶和使捐緣金壹仟元、振興號振元使捐金壹仟元、合春號清泰使捐金壹仟元、成泰號金淵使捐金陸百元、上林號春明使捐金伍百元、瑞通號允吉使捐金伍百元、君仁使捐金四百四拾大元、恒順號安壽使捐金四佰元、店前社青山使捐金四佰元、合春順勝使捐叁百貳拾元、德發號大耳使捐金叁佰元、吾浦社玉漏使捐金叁佰元、錦合號慶照使捐金叁佰元、捷美號福呈使捐金叁佰元、慶雲使捐金貳佰伍拾大元、豆付街英杰使捐金貳佰元、高成秀林使捐金貳佰大元、店前社開烈使捐金貳佰元、豁然使捐金壹佰陸拾大元、峇甲温昌使捐壹佰伍拾元、桂蘭使捐金壹佰伍拾元、國珍使捐金壹佰四拾元、杞柏使捐金壹佰貳伍元、明照使捐金壹佰貳拾元、瑞才使捐金壹佰貳拾元、珠善使捐金壹佰貳拾元、甄使捐金壹佰貳拾大元、武杰使捐金壹佰貳拾元、允順使捐金大銀壹佰元、江水使捐金大銀壹佰元、金水使捐金大銀壹佰元、福春使捐金大銀壹佰元、財源使捐金大銀壹佰元、植致使捐金大銀壹佰元、錦奏使捐金大銀壹佰元、開運使捐金大銀壹佰元、威儀使捐金大銀壹佰元、合隆號捐金大銀壹佰元、彩炎使捐金大銀捌拾元、福茶使捐金銀柒拾伍元、蓮枝使捐金大銀陸拾元、媽汗使捐金大銀陸拾元、武前使捐金大銀陸拾元、再築使捐金大銀陸拾元、清流使捐金大銀陸拾元、文秀使捐金陸拾大元、文芳使捐金陸拾大元、夢龍使捐金陸拾大元、德安號捐金伍拾陸元、合勝號捐金伍拾貳元、協美明欣使捐伍拾元、源德使捐金伍拾大元、集藏珍號捐金伍拾元、灘使喜捐金伍拾大元、捷泰號捐金伍拾大元、慶添使捐金伍拾大元、慶友使捐金伍拾大元、豐春號捐金四拾貳元、庚直使捐金四拾大元、開成簡使捐四拾大元、桂林使捐金四拾大元、占頭使捐金四拾大元、振榜使捐金四拾大元、正吉使捐金四拾大元、和烏使捐金四拾大元、長泰號捐金四拾大元、恒興號捐金四拾大元、益昌使捐金四拾大元、文但使捐金四拾大元、捷春使捐金四拾大元、廷基使捐金叁拾貳元、祖吉使捐金叁拾貳元、貫使捐金銀叁拾大元、火使捐金銀叁拾大元、君和使捐金叁拾大元、合吉號捐金叁拾大元、金發使捐金叁拾大元、坑使捐金銀叁拾大元、謙勝號捐金貳拾陸元、雲慶使捐金貳拾陸元、乾盛使捐金貳拾陸元、慶松使捐金貳拾陸元、新振興號捐金貳拾陸元、瑞豊使捐金貳拾陸元、世興使捐金貳拾陸元、光理使捐金貳拾陸元、永昌使捐金貳拾陸元、昌淵使捐金貳拾陸元、恭錫使捐金貳拾陸元、春英使捐金貳拾陸元、天眷使捐金貳拾伍元、慶源使捐金貳拾伍元、宇使捐金銀貳拾四元、水源使捐金貳拾四元、龍興萬使金貳拾四元、世海使貳肆元、玉田使貳肆元、光普使貳肆元、光賞使貳四元、泉豐使貳四元、汧寧使貳拾元、文紹使貳拾元、金龍使貳拾元、報源使貳拾元、若儀使貳拾元、音吉使貳拾元、文禮使貳拾元、慶炎使貳拾元、步安使貳拾元、長壽使貳拾元、新瑞發貳拾元、連桂使拾陸元、議益使拾陸元、祥英使拾陸元、啓鏗使拾陸元、清風使拾陸元、壽吉使拾陸元、英炎使拾伍元、進掖使拾貳元、金沙使拾貳元、媽主使拾貳元、慶麟使拾貳元、義安使拾貳元、花使捐拾貳元、文遠使拾貳元、匡毛使拾貳元、欽使捐拾貳元、添益使拾貳元、雙照使拾貳元、秋成使拾貳元、高論使拾貳元、永吉使拾貳元、福篇使拾貳元、福星使拾貳元、代傳使拾貳元、錫照使拾貳元、清蓮使拾貳元、天必使拾貳元、源吉使拾貳元、金鎮使拾貳元、玉象使拾貳元、爾泰使拾貳元、天贊使拾貳元、佛吉使拾貳元、佛驟使拾貳元、文錦拾貳元、兵使拾貳元、君忍拾貳元、堆然拾貳元、換使拾貳元、文使拾貳元、信發拾貳元、時使拾貳元、聞登拾貳元、凑使拾貳元、彩茹拾貳元、瑞鳳拾貳元、元慈拾貳元、安使金拾元、旋英使拾元、榮使拾大元、東使捐拾元、開盛號拾元、萬益號拾元、萬泰號拾元、歲次使拾元、發使拾大元、爪圃使拾元。

大清光緒四年。

石碑大緣計一七一九，銀一万二千一百二十元；粱籤小緣計三百九十名，銀九百元。計二條合銀一万八千一百五十九元。

厝地貳間，銀三千零七十二元五；地基柴料石角，銀一千五百元；石料柴料，銀二千元；木土工并小工，銀一千九百元；填地沙塗，銀二百四十元；碗料并剪工資，銀一千元；磚無油漆，銀二千八百元；車税家器什費，銀三千二百五十元。計八條，共銀一万七千一百五十九元。

三六四　保赤宮建造護厝樂捐芳名碑

【碑刻名稱】保赤宮建造護厝樂捐芳名碑
【材　質】石材
【形　制】長方形立碑
【尺　寸】長一百二十厘米、寬六十厘米
【書　體】隸書
【碑　額】無
【碑　題】建造護厝樂捐芳名列次　董事總理同宗祠碑
【碑文撰者】無
【碑文書丹】無
【立 碑 者】潮郡總理永錫使等
【立碑時間】清光緒九年（一八八三）
【存　佚】現存
【地　點】新加坡保赤宮陳氏大宗祠
【碑刻録文】

潮郡計金三千五百元、金殿使金二千零八元、豐興號金一千九百元、慶和使捐金四百大元、青山使捐金三百大元、
慶照使捐金三百大元、捷源號振源使叁佰元、春明使捐金二百大元、蘇洛盾使乙百二十元、合春順勝使金乙百元、
呇甲温昌使金乙百元、大吽珠來使金乙百元、桂蘭使捐金六十大元、武杰使捐金六十大元、大廷使捐金六十大元、
合茂英使金六十大元、光晴使捐金六十大元、志拋使捐金六十大元、明照使捐金六十大元、高成秀林使五十大元、
恭錫使捐金五十大元、金水使捐金五十大元、萬源隆賣使三十大元、藝使捐金銀三十大元、心婦捐金二十六大元、
英杰使捐金二十五元、瓜圃使捐金二十四元、德安號捐金二十四元、合隆號捐金二十四元、合勝號捐金二十四元、
添根使捐金二十四元、秋生使捐金二十四元、再興使捐金二十大元、彩炎使捐金二十大元、信發號捐金二十大元、
豐春號捐金十八大元、萬勝號捐金十六大元、萬泰號捐金十五大元、謙勝號捐金十四大元、瑞豐使捐金十二大元、
啓鏗使捐金十二大元、師使捐金銀十二大元、水使捐金銀十二大元、咸安使捐金十二大元、报榮使捐金十二大元、
媽得使捐金十二大元、錫招使捐金十二大元、咸熙使捐金十二大元、允吉使捐金十二大元、武邊使捐金十二大元、
元慈使捐金十二大元、王使捐金銀一十大元、新順成號金一十大元、天壇使捐金一十大元、心培使捐金一十大元、
恒興號捐金一十大元、玉慶使捐金一十大元、河水使捐金一十大元、君自使捐金一十大元、廟使捐金銀一十大元。
計二十名共銀一万零五百一十元；小緣九十三名，共銀二百二十七元；合銀一万零七百三十七元。
光緒九年壬寅，潮郡總理永錫使、德長使、添順使、上議使，仝立。

三六五　保赤宫大宗祠慶成樂捐芳名碑

【碑刻名稱】保赤宫大宗祠慶成樂捐芳名碑
【材　　質】石材
【形　　制】長方形立碑
【尺　　寸】長二百二十厘米、寬一百零八厘米
【書　　體】楷書
【碑　　額】浮雕雙龍朝日，上額「潁川堂」
【碑　　題】無
【碑文撰者】無
【碑文書丹】無
【立 碑 者】保赤宫大董事總理等
【立碑時間】清光緒二十四年（一八九八）
【存　　佚】現存
【地　　點】新加坡保赤宫陳氏大宗祠
【碑刻録文】
大宗祠慶成樂捐芳名列次：

大董事裔孫：武烈、若錦；副董事裔孫：連水、合盛、福夏、狗老；總理裔孫：杞柏、明照、豁然、武邊、春明、文簡、合隆、瑞豐；潮郡：樂選、永錫、應清、上議、子因、淑安。

振成公司捐金乙仟元、豐興公司捐金乙仟元、明照使捐金七百大元、山仰號捐金七百大元、合春號捐金七百大元、
捷源振源使七百大元、琴英娘主金六百大元、德發號捐金五百大元、合隆號捐金四百大元、順安號捐金四百大元、
叶發永登使捐金四百元、萬樹使捐三百五十元、昌淵使主金三百大元、清權使主金三百大元、上林號捐金三百大元、
暹咯泰源使金三百元、咸溫使捐金三百大元、捷成號捐金三百大元、開成號捐金三百大元、長泰號捐二百二十元、
冬發生捐金二百大元、保通使一百九十二元、新合茂捐乙百八十元、秉璋使捐乙百八十元、成泰號捐乙百六十元、
合安號捐乙百五十元、瑞通號捐乙百三十元、金斷使捐乙百二十元、江水使捐乙百二十元、豐春號捐乙百二十元、
君忍使捐金乙百一十元、清晚使捐金乙百四元、仁福使捐金乙百大元、新成發捐金乙百大元、福茂號捐金乙百大元、
温昌使捐金乙百大元、秋生使捐金一百大元、廣豐號捐金一百大元、竹安號捐金八十大元、捷美號捐金八十大元、
協興號捐金八十大元、德安號捐金八十大元、復安號捐金八十大元、德財使捐金八十大元、華典號捐金八十大元、
永錫使捐金七十大元、陳生利捐金六十大元、瑞發號捐金六十大元、長源美捐金六十大元、陳東蟹捐金六十大元、
心求使捐金五十大元、報本堂捐金五十大元、高成號捐金五十大元、隆發號捐金五十大元、益春號捐金五十大元、
恒興號捐金五十大元、建忠使捐金五十大元、合成號捐金五十大元、陳存利捐金五十大元、德茂號捐金五十大元、
陳裕豐捐金五十大元、開盛號捐金四十大元、正源號捐金四十大元、開和號捐金四十大元、裕興號捐金四十大元、
萬厚使捐金四十大元、萬發堂捐金四十大元、長發春捐金四十大元、豐盛號捐金四十大元、白舶使捐金四十大元、
奇生使捐金四十大元、源泰使捐金三十大元、陳和豐捐金三十大元、高淪使捐金三十大元、建安號捐金三十大元、
同成號捐金三十大元、閔成號捐金三十大元、成和號捐金三十大元、興成號捐金三十大元、振興號捐金三十大元、

新順成捐金三十大元、鵬蔭使捐金三十大元、水教使捐金三十大元、長壽使捐金三十大元、清端使捐金三十大元、
天立使捐金三十大元、義成號捐金三十大元、慶松使捐金三十大元、金成發捐金三十大元、金榮春捐金三十大元、
金德使捐金三十大元、福興使捐金三十大元、振發號捐金二十八元、桂林使捐金二十七元、陳謙利捐金二十五元、
三來興捐金二十五元、源德使捐金二十五元、秋金使捐金二十五元、梓德使捐金二十四元、合德春捐金二十四元、
世海使捐金二十四元、烏陛使捐金二十四元、開豐號捐金二十四元、長春使捐金二十四元、開興號捐金二十大元、
瑞鳳使捐金二十大元、福壽使捐金二十大元、謙興號捐金二十大元、貴豐號捐金二十大元、合盛號捐金二十大元、
陳兩成捐金二十大元、陳福合捐金二十大元、陳声發捐金二十大元、賽桃源捐金二十大元、文看使捐金二十大元、
長春號捐金二十大元、成茂號捐金二十大元、考祺使捐金二十大元、錫珠使捐金二十大元、炳茂使捐金二十大元、
長樹使捐金二十大元、啓明使捐金二十大元、德尾使捐金二十大元、鑽成使捐金二十大元、振美號捐金二十大元、
文欽使捐金二十大元、陳教司捐金二十大元、陳源成捐金十六大元、陳年盛捐金十六大元、萬年豐捐金十六大元、
陳和盛捐金十六大元、陳順成捐金十六大元、金章使捐金十六大元、丙丁使捐金十六大元、開順使捐金十六大元、
金杯使捐金十五大元、瓜圃使捐金十五大元、恒通號捐金十二大元、德逊使捐金十二大元、振盛號捐金十二大元、
陳瑞豐捐金十二大元、陳保通捐金十二大元、陳粗使捐金十二大元、帝枝使捐金十二大元、天講使捐金十二大元、
壽炎使捐金十二大元、君池使捐金十二大元、傅芳使捐金十二大元、振興號捐金十二大元、金成使捐金十二大元、
寶隆返使金十二大元、光燎使捐金十二大元、瑞鸞使捐金十二大元、有成使捐金十二大元、陳珠碧捐金十二大元、
王貴使捐金十二大元、建美號捐金十二大元、長財使捐金十二大元、泉池使捐金十二大元、文錦使捐金十二大元、
玉禄使捐金十二大元、吉耀使捐金十二大元、水鏡使捐金十二大元、協興號捐金十二大元、長榮號捐金十二大元、
上苑號捐金十二大元、源萬興捐金十二大元、德安號捐金十二大元、德隆號捐金十二大元、陳恒升捐金十二大元、

有智使捐金十二大元、信發號捐金十二大元、長成號捐金十二大元、瑞山號捐金十二大元、江泉使捐金十二大元、晉祥號捐金十二大元、坤土使捐金十二大元、振發號捐金十二大元、源成號捐金十二大元、陳滿使捐金十二大元、陳歆使捐金十二大元、喜亭使捐金十二大元、温順使捐金十二大元、振發號捐金十二大元、慶發號捐金十二大元、合安號捐金十二大元、隆興號捐金十二大元、豐泰號捐金十二大元、長興號捐金十二大元、福盛號捐金十二大元、坤香使捐金十二大元、金華使捐金十二大元、陳銀使捐金十二大元、紹井使捐金十二大元、集珍使捐金十二大元、建春號捐金十二大元、成興號捐金十二大元、有禮使捐金十二大元、德招使捐金十二大元、木水使捐金十二大元、合勝號捐金十二大元、碧玉師捐金十二元、新和興捐金十二元、和源號捐金十二元、振源棧捐金十二元、清粒使捐金十二元、水德使捐金十二元、陳利豐捐金十大元、兩順利捐金十大元、陳宜隆捐金十大元、陳謙隆捐金十大元、陳謙豐捐金十大元、陳宜豐捐金十大元、陳利源捐金十大元、永裕興捐金十大元、源源號捐金十大元、陳捷興捐金十大元、永和號捐金十大元、陳財順捐金十大元、永利順捐金十大元、泰順號捐金十大元、永順源捐金十大元、陳洽裕捐金十大元、慶禄使捐金十大元、和隆號捐金十大元、良順號捐金十大元、合和咸捐金十大元、陳美記捐金十大元、兩發號捐金十大元、陳發興號捐金十大元、萬順豐捐金十大元、丕油使捐金十大元、同珍號捐金十大元、永美號捐金十大元、振耀使十元、宗器使十元、成裕號十元、陳永言十元、王咸使十元、家督使十元。

光緒二十四年歲次戊戌秋九月穀旦，董事、總理仝泐石立。

三六六　暹咯巨港蔴坡喧務德發港作慶成樂捐芳名碑

【碑刻名稱】暹咯巨港蔴坡喧務德發港作慶成樂捐芳名碑
【材　質】石材
【形　制】長方形立碑
【尺　寸】長一百二十厘米、寬六十厘米
【書　體】隸書
【碑　額】無
【碑　題】無
【碑文撰者】無
【碑文書丹】無
【立 碑 者】董事總理等
【立碑時間】清光緒三十四年（一九〇八）
【存　佚】現存
【地　點】新加坡保赤宮陳氏大宗祠
【碑刻録文】

暹咯巨港蔴坡喧務德發港作慶成樂捐芳名列次：

陳祥記六百元、美盛號一百二十元、爨利號一百二十元、嵩華號六十元、怡隆號六十元、焯剛號六十元、榮興棧六十元、常記豐（利豐）六十元、宗成號六十元、新豐號四十八元、叶順號三十六元、薦潤使三十元、熙和堂三十元、順源號三十元、裕和利三十元、全忠使三十元、德昌號三十元、蘭會使三十元、順成號二十五元、陳雲使二十元、振芳號二十元、永福堂十七元、謙源號十六元、協源號十六元、金合榮十六元、金爐使十六元、聯發號十六元、恒泰號十六元、勝圃號十五元、士慊使十二元、陳城使十二元、開就使十二元、恒德號十二元、冬美使十二元、開槐使十二元、陳母使十二元、开河使十二元、光煌使十二元、豐美使十二元、陳位使十二元、尚廷使十二元、聯登使十二元、煜樞使十二元、鎮水使十二元、溪水使十二元、陳同使十二元、漳源號十二元、烟甫使十元、興發號七元二、甲申使七元二、順美號七元二、興發號七元二、順和號七元二、陳城使七元二、永成使六元、振興號六元、水鏡使六元、科要使六元、媽要使六元、德勝使六元、順祥號六元、冬瓜使六元、豐裕號六元、振昌號六元、四枰使六元、天成使六元、長江使六元、陳根使六元、比水使六元、天喜使六元、陳然使六元、有容使六元、陳淑使六元、陳在使六元、登科使六元、陳問使六元、陳乾使五元、山利號五元、陳老使五元、和成號五元、和興號五元、成順使五元、亞樞使五元、陳受使五元、開明使五元、開春使五元、陳志使五元、陳順使五元、貞喜使五元、查畝使五元、厚照使三元六、文別使三元、水美使三元、亞劉使三元、元炳使三元、陳休使三元、泉安號三元、陳不使三元、陳恩使三元、文騫使三元、登興使二元、茂德號二元、錦美號二元、和美號二元、漢記使二元、合順號二元、得敬使二元、陳就使二元、陳用使二元、陳發使二元、漢齡使二元、天池使二元、文筆使二元、陳賜使二元、永福使二元、蓮池使二元、良河使二元、陳出使二元、陳示使二元、陳國使二元、陳漳使二元、陳清使二元、陈佛使二元、陳信使二元、清溪使二元、遠志使二元、旺興使二元、陳基使二元、泮水使二元、團和使二元、陳等使二元、陸水使二元、紅狗使二元、成元使二元、仁里使二仕周使一元五、潮盛號一元五、源香號一元五、陳聰使二元、源遠使二元、水枝使二元、陳樓使二元、陳喊使二元、文甚使一元二、亞在使一元二，計一百四十五名，合銀二千二百七十九元二。

光緒二十九年建冢山樂捐芳名列次：

振源使捐金陆佰元、合隆號捐金叁佰元、德發號貳佰四拾元、和持使捐金貳佰元、從令使捐金貳佰元、德茂號捐金壹佰元、興遠棧捐金壹佰元、冬發使捐金壹佰元、清權使捐金壹佰元、菊友使捐金五拾元、義成號捐金五拾元。□使金税。

光緒三十四年，董事總理立石碑。

三六七　重修新嘉坡保赤宮陳聖王祠記

【碑刻名稱】重修新嘉坡保赤宮陳聖王祠記
【材　質】石材
【形　制】方形碑
【尺　寸】長一百二十厘米、寬一百二十厘米
【書　體】楷書
【碑　額】無
【碑　題】重修新嘉坡保赤宮陳聖王祠記
【碑文撰者】無
【碑文書丹】無
【立 碑 者】保赤宮董事總理等
【立碑時間】民國十五年（一九二六）
【存　佚】現存
【地　點】新加坡保赤宮陳氏大宗祠
【碑刻録文】

重修新嘉坡保赤宮陳聖王祠記

保赤宮爲吾陳大宗祠。自民國丙寅年九月念七日集議興修，幸賴吾宗諸賢本敬宗睦族之心，各解義囊共襄盛舉。今則煥然一新，馨香奕世，祖若宗之幸也，子若孫之榮歟！爰將捐款芳名刻碑鑲壁，并垂不朽。

謹將題捐各芳名銀數開列于左：

陳嘉庚五佰元；陳元利叁佰元；上林號貳佰元；金成春貳佰元；再興號陳貴賤貳佰元；萬茂號貳佰元；新吉美貳佰元；合隆號貳佰元；裕源號貳佰元；順德發貳佰元；金成興壹佰五拾元；福興壹佰五拾元；新成發壹佰五拾元；永裕興壹佰五拾元；竹安號壹佰五拾元；同成號壹佰五拾元；再興號陳士天壹佰五拾元；泉成興壹佰五拾元；永興公司壹佰五拾元；陳秀即壹佰五拾元；啓興號壹佰五拾元；南利隆壹佰五拾元；志成樹膠廠壹佰五拾元；陳水蚌壹佰五拾元；發興號壹佰五拾元；陳友泰壹佰元；同成公司壹佰元；陳長生壹佰元；兩順利壹佰元；陳子由壹佰元；裕通號壹佰元；陳四順耀記壹佰元；茂興利壹佰元；毛廣陳烏九壹佰元；陳文烈壹佰元；陳德和壹佰元；三來興壹佰元；金興利壹佰元；聲興號壹佰元；長春號壹佰元；陳星記壹佰元；陳進來壹佰元；金和美壹佰元；陳其位壹佰元；陳四美壹佰元；埠塘社六十元；瑞隆號六十元；南豐號六十元；茂興陳大德五十元；陳文象五十元；陳靖武五十元；聯勝號五十元；兩慶發五十元；賽桃源五十元；利成號五十元；東和當陳陽春五十元；華興號五十元；成源號五十元；本源號五十元；和隆號五十元；陳南美五十元；亨記號五十元；寶壽堂五十元；祥發號五十元；金泉源五十元；陳善亭五十元；德隆號五十元；陳金德五十元；同成興合記五十元；振順號五十元；陳先泰五十元；胡先愿五十元；潁川公司四十元；日陞公司三十元；龍發陳俊三十元；嘉春號三十元；

源晋隆三十元；茂合號三十元；陳文清三十元；萬建成三十元；陳廣豐三十元；陳紫雲三十元；三利公司三十元；三合號三十元；泉和號三十元；生裕號三十元；泰順號三十元；陳煦士三十元；順豐號三十元；陳清潔三十元；陳森茂三十元；源昌盛陳招昌三十元；陳德明三十元；成興陳象二十元；陳文大二十元；陳順茂二十元；和豐盛記二十元；陳萬祥美二十元；源源號二十元；陳維賢二十元；陳有□二十元；如佳號二十元；敬茂號二十元；陳錫光二十元；泉成號二十元；源和興二十元；陳翼扶二十元；陳悦泰二十元；陳益成二十元；和珍號二十元；成安號二十元；陳順成二十元；陳和珍二十元；廣壽昌二十元；永安號二十元；陳智宗二十元；陳亞商二十元；陳炎君二十元；陳文柴二十元；吉成號陳添花二十元；陳帕使二十元；啓興號、兩興號二十元；新瑞美、泉和號、泉利號、陳大憨、陳廣發、陳良賜、裕美號、永豐號、振豐成、茂興園、華茂興、胡哇君、陳亞憨、陳開興、陳未君、陳拱成、財合錦記、陳亞廣，以上十八條各捐十五元；陳亞乳、龍美興，以上二條各捐十二元；保赤齋、陳仙桃、合成號、陳企寨、陳其蕃、陳天降、陳福成、建成發、逢美號、萬德昌、陳連榮、萬源號、芝盛號、和記號、成柏號、利成號、金順興、利豐號、醒醉楼、陳坦君、陳坤合、陳春勝、陳眼君、陳慶春、福合號、陳世昭、陳頭君、再源利、通美號、立成號、陳水龍、陳天彩、泉珍號、合茂號、協德號、祥源號、福德昌、陳六使、福成號、陳啓旭、陳文確、陳永遠、陳瑞豐、陳華廣、陳東廣、陳亞昆、陳亞賤、振源號、謙興號、億成號、華民號、陳亞椋、陳有賣、陳錦澤、泉源號、姚源順、德勝興、陳亞惜、萬和號、陳雲謀、陳康君、陳金培、新萬和、陳春鄺、陳劍隊、陳亞財、陳悌獻、陳亞崎、胡幼汀、陳金瓜、泗興號、順發號、連興號、陳錦城、陳九疇、陳萬成、陳帕使、陳良温、陳科獅、陳興君、陳貞志、土尾七房、陳匏仔、陳太高、陳毛兮、陳順正、陳在然、陳四金、陳定選、陳金龍、陳浦仔、陳方群、陳春回、金聯發、陳永順、陳烈婆、陳亞捷、陳錫藩、陳財家、泉合源、陳門君、陳清標、全福安、陳豐興、陳承意、陳垣相、陳良、巨昌號、陳象君、陳尚禄、陳德枝、陳水井、陳德水、陳奴佛、陳番婆、陳克杉、陳福弟、陳文欽、陳鑽君、陳元杰、陳銘山、陳亞戊、陳中興、陳昭君、泉安號、廣發號、陳錦清、陳丙榮、陳再利、泉德園、建興號、陳承利、陳兆慈、陳春談、光泰昌、陳萬里，以上一百二十二條各捐十元；開發興、陳和利、陳厘君、陳昭君、永發號、陳潮枝、順昌號、振升號、德發號、合昌號、永發號、陳海利、聯益號、陳亞徐、清蓮娘、萬興號、泉和順、陳九謙、陳吓嗽、潁川號、陳吓叭、陳江霖、陳金理、姚子辰、陳長發、胡益興、陳亞友、福美號、陳水返、陳卿塔、陳熾開、陳善買、王記號、陳德昌、同裕號、陳亞美、新合興、陳水伯、陳文涉、陳文城、陳長賴、陳仲宰、豐滿貴、詔花只、陳連福、陳鈔生、富華興、鴛鴦娘、陳藩君、陳戊雨、陳廟君、陳獺君、陳渭君、陳火新、陳德輝、永安棧、陳節君、陳漢君、陳亞世、陳生計、陳亞委、陳劍看、陳年弟、思成堂、新泉安、裕興號、陳林峰、陳協成、陳火烈、陳涼君、陳清雨、陳角觀、陳要君、陳撥来、泗合興、陳錠、陳天從、陳塗龍、陳金鏡、陳承和、陳依三、陳惟富、陳九合、陳順游、陳榮仔、陳保安、陳大觀、陳國榮、陳依獺、陳渭觀、陳和昌、陳和盛、陳德盛、陳天賜、陳浸君、振安堂、龍泉號、陳宜君、錦興號、永成春，以上九十七條各捐五元；陳亞友、陳弟弟、陳貌、西爐鄉、禎茂號、陳大珠、陳木富、陳合興、陳宗滄、陳思記、榮昌盛、福興號、陳書買、陳料兄弟、陳命、新奇珍，以上十六條各捐四元；陳唐銘、陳榜君、陳魚君、陳濟、陳秋、炳和盛、陳國度、陳呇舌、陳金賴、胡卯君、陳金泰、協發號、永協源、陳振雲、陳景君、陳吁君、新福發、陳坤山、陳清泉、陳亞和、陳恭祝、成春號、明新號、陳手、陳溫君、陳如合、胡固君、陳貞利、陳麻雀、陳品芳、陳亞流、陳鴻山、陳合君、陳武君、陳源安、陳振君、新洽發、新春發、陳再生、新裕發、陳乳君、陳中庸，以上四十一條各捐叁元；萬順號、陳家長、陳立君、陳瑞和、陳范君、陳論君、胡緒亥、陳楚良、陳萬于、陳蚍君、陳挖君、陳再和、陳孔雀、陳亞發、陳任蓮、梓興棧、廣出興、陳瑞權、陳武亮、陳亞此、陳馬平、陳鎮盛、陳廣合、陳天乙、胡鷄君、陳士屋、陳受記、陳光明、陳拿君、新美猴、陳水仔、陳答君、陳彬君、陳欠君、陳着君、陳乞君、陳汀君、陳立妙、陳在君、陳反君、陳烏君、陳南餦、陳錫奇、陳春泉、陳幼奴、陳爲木、陳友孝、陳榮興、陳亞欽、陳淅江、陳三踢、陳昆君、陳敬芝、陳施喜、潮德興、陳合順、陳紅皮、陳依水、陳祖發、永協益、永源發、陳成針、萬成春、陳大桂、陳鳥立、陳德興、陳冷君、陳清國、陳金水、陳文筆、陳相腮、陳清水、陳敬德、陳香泉、陳榮寬、陳大興、陳本君、陳中咱、陳再興、陳長要、陳江南、陳榮美、陳懷君、陳合盛、廣如祥、陳應、陳思武、陳開周、陳清君、陳末喜、陳昌現、陳王樹、陳蒂生、胡良心、陳如照，以上九十五條各捐貳元；陳大川、陳食婆、陳要只、陳旗萬、陳九銅、陳國仔、陳向仔、陳查某、陳榮春，以上九條各捐一元五角；陳水道、陳天尊、陳厲君、陳峇君、陳籃君、陳馬筒、陳水土、陳天從、陳慶成、陳慶粿、陳冀掃、陳佛炳、陳廷君、陳注君、陳闊君、陳鍊君、陳烏君、陳富君、陳泉君、陳得吉、胡良癸、胡吝君、胡福君、陳士洗、陳山來、陳虷君、陳談君、陳毫君、陳溪君、陳原全、陳挩君、陳清才、陳約君、陳水交、萬茂號、陳榮和、興陳昂、陳火炭、陳水星、陳良芳、陳克源、陳李良、陳素懷、陳和順、陳金聲、陳成意、陳亞蓮、陳亞武、陳戊己、陳正業、陳木乾、陳郭來、陳木盛、陳澤興、陳茂冥、陳再藩、陳呈仔、陳田鴨、陳龍瑶、陳財順、錦利號、陳亞福、陳成杰、陳思弟、陳王亮、陳大丙、陳育君、陳着君、陳士林、陳送、陳華恒、錦春號、新瑞興、陳莊臺、胡乃選、胡方君、姚士度、胡金鑫、姚吾美、胡順興、胡緒玢、胡慶鑾、胡慶珮、胡顯懷、胡孫通、胡慶丕、胡子瑞、胡森君、胡撻君、陳臣君、陳亞東、陳萊君、陳梁君、陳論君、陳玉磷、陳操官、陳和順、陳坤松、陳振興、陳孟記、陳亞炳、陳廷南、陳耀叙、陳娘進、陳兩保、陳番仔、陳捷河、陳恩發、陳合如、陳惟卡、陳寶合、陳垂七、陳呈祥、陳劍君、陳報本、陳炎成、陳木聲、陳家聲、陳香同、陳瑞芝、陳四弟、陳木溪、陳和義、陳仁合、陳亞裕、陳彝桂、陳源若、陳士成，以上一百二十九條各捐一元，陳玲、陳賜、陳發，以上三條各捐五角。

進款统計陸佰陸拾五條，合共收銀壹萬壹仟捌佰柒拾陸元正。

進支表

支款項下計開：

一　支枋料砂灰共銀一千四百六十七元八角四占。

一　支沙厘片共銀一百零二元。

一　支油漆工料共銀四千三百二十元。

一　支泥水工料共銀八百六十一元二角。

一　支木工雕花修整共銀六百三十一元。

一　支慶成演戲祭品共銀二千二百四十八元四角。

一　支雜用報銷共銀四百六十八元四角。

支款統計柒條，合共大銀壹萬零玖拾捌元捌角肆占正。

對除進支外，尚結實存公款銀壹仟柒佰柒拾柒元壹角陸占正。

永遠名譽總理：振成公司；永遠名譽總理：豐興公司；名譽總理：仙精；正總理：延謙；副總理：春勝；財政：輝相；幹事員：溢貢；查賬員：源泉；協理：金華、炳江、喜亭、子由、乃崇、丁昌、芷青、友泰、長生、開榮、漢慶、拱星、芳歲、先恭、士天、貴濺、書理、啓玉、乃義、二弟、秀印、溢插、俊三、明樟。

民國十五年丙寅臘月望日立。

三六八　保赤宫陳氏宗祠第二次重修碑

【碑刻名稱】保赤宫陳氏宗祠第二次重修碑

【材　質】石材

【形　制】長方形横碑

【尺　寸】長一百一十厘米、寬七十六厘米，共兩片

【書　體】楷書

【碑　額】無

【碑　題】保赤宫陳氏宗祠第二次重修序

【碑文撰者】無

【碑文書丹】無

【立 碑 者】保赤宫陳氏宗祠主席錦章等

【立碑時間】一九六六

【存　佚】現存

【地　點】新加坡保赤宫陳氏大宗祠

【碑刻録文】

保赤宫陳氏宗祠第二次重修序

古色古香，綿傳久遠，新陳代謝，時不虞無念祖之人。吾祠保赤宫，自前届丙寅年重修，至兹已閱卅六年之歷史。經時閲日，風侵雨蝕，不免崩裂罅漏，墻壁蒙塵，非倡捐重修，缺乏觀瞻。經集議興修，一呼百諾，各宗親爲追念祖德宗功，争解義囊，共襄修葺，刻已焕然一新，亦報本之良箴也。爰將捐款芳名泐碑刻銘，以垂久遠，而策來兹。是爲序。

承丕陸仟元；清吉、振傳，以上二條各捐貳仟元；丙丁壹仟陸佰元；篤山壹仟伍佰元；治雲壹仟叁佰元；日定壹仟貳佰伍拾元；文確壹仟貳佰元；錫九、元祥，以上二條各捐壹仟零貳拾元；錦章、啓算、龍得、啓華、泰美、仁水、温祥、龍雄，以上八條各捐壹仟元；振忠捌佰伍拾元；克禧捌佰壹拾元；朝吉、松柏，以上二條各捐柒佰元；共存、寬獅，以上二條各捐陸佰元；朝榮伍佰伍拾元；光别伍佰壹拾元；永松、望乾、天助、龍生、濟民、以上五條各捐伍佰元；錦華肆佰壹拾元；世英肆佰元；炎華、輯銘，以上二條各捐叁佰伍拾元；金福叁佰叁拾元；天球叁佰壹拾元；漢捷、慶星、潁川鰲頭舊家同鄉會，以上三條各捐叁佰元；劍看貳佰陸拾元；文山、國華、文華、友仕、得文、水青、玉昆，以上七條各捐貳佰伍拾元；聯越、潁川公所，以上二條各捐貳佰叁拾元；文坤貳佰貳拾元；復利、潮安金砂陳氏同鄉，以上二條各捐貳佰壹拾元；文中、國卿、清江、飛雲、永份、浮光陳氏公會、老賽桃源班、玉泉、中明、星洲陳氏公會，以上壹拾條各捐貳佰元；有桂壹佰柒拾元；梧江、延反，以上二條各捐壹佰陸拾元；君任、鶴光、樂群、錫昭、漢榮、水深，以上六條各捐壹佰伍拾元；水松、榕西陳氏公會，以上二條各捐壹佰肆拾元；耀南、兆藩，以上二條各捐壹佰叁拾元；元濟、宗興，以上二條各捐壹佰貳拾元；國礎壹佰壹拾元；昭光、祝炎，以上二條各捐□□零伍元；受天、醒吾、貴善、明源、添福、楊通、藉之、順正、木成、企寨、花鮡、秋山、景福、尚平、惠民、金田、振聰、水大、孟準、青錢、榮均、介智、乾金、瓊崖陳氏公會、星洲潁川公會，以上廿五條各捐壹佰元；四邑陳氏會館玖拾元；華輝捌拾元；清白柒拾元；炳權、如煜、玉熊、晉昌、紹南、筠青、良松、大江姚氏公會，以上九條各捐陸拾元；利敬伍拾伍元；金水、宗明、其榜、鋭鑫、貞松、潮龍、得聞、拔桶、漢成、維欽、大洲、大福、大鴻、大源、大僑、允河、少龍、大弟、國石、土奢、文質、國華、樹林、孟輝、水蘊、長庚、景芳、慶元、賜曲、林桂、兆嘉、梓桐、育崔、善恭、威廉、金利、陳情、潮安東鳳陳氏同鄉會、南洋胡氏總會、同美社，以上肆拾條各捐伍拾元；（下略）公元壹玖六十五年度董事贊助金伍仟叁佰伍拾元正；公元壹玖六十六年董事贊助金叁仟伍佰另叁元壹角七占。計一千一百四十一條，共收来七万二千三百七十三元一角七占；計十條共支去七万二千三百七十三元一角七占。

天和地合。

主席：錦章，副主席：承丕、丙丁；總務：世英，副總務：啓算、振忠；財政：篤山，副財政：日定、啓華；建設主任：治雲，委員：天球、木成；募捐主任：醒吾，委員：錦華、樂群、漢捷、永松；稽查：業鳳、別同，委員：天助、泰美、威廉、金福、炎華、慶星、錫昭、鶴光、占偉、賜曲、仁水、寬䣘、春風、共存、得文、大江、梓桐、榮敏、木深、清江、崇興。

公元一九六六年春立。

三六九　保赤宫保古管理委員會緣起碑塔①

【碑刻名稱】保赤宫保古管理委員會緣起碑塔
【材　質】石材
【形　制】長方形横碑
【尺　寸】長四十八厘米、寬四十四厘米，共三片
【書　體】隸書
【碑　額】無
【碑　題】保赤宫保古管理委員會緣起
【碑文撰者】無
【碑文書丹】無
【立 碑 者】保赤宫保古管理委員會陳啓算等
【立碑時間】一九八三
【存　佚】現存
【地　點】新加坡保赤宫陳氏大宗祠

① 該碑塔共有六面，第一面爲「保赤宫」刻字與雙龍朝日圖，第五、六兩面爲英文，本書録其第二、三、四面。

保赤宮保古管理委員會緣起

本宮始建於公元一八七六年，即清光緒貳年，現經我國政府列爲文物古迹之一。爲保護文物古迹美化本宮，在一九八一年本祠第四次常月聯席會議上，通過成立「保赤宮保古管理委員會」，負責措理一切事務，并通過以管理委員會名義向舜冑族親及善男信女募捐，購置神龕及金身神像，以供游客觀賞，并供善男信女膜拜。全部措理概由保古管理委員會諸負責人進行籌劃，現已全部完成。爲紀念各熱心族親及善男信女鼎力支持慷慨捐輸，謹將樂捐者芳名刻石志念，藉以鼓勵來兹，繼往開來。

保赤宮保古管理委員會陳啓算、陳義明、陳松耀、陳寬成、陳友茶同啓，公元一九八三年天運歲次癸亥年八月初一日。

捐獻者芳名列左：

肆萬元：陳義明（貞照）、陳敬玦父子私人有限公司、陳寬成（冠成）；壹萬元：火來建築；捌仟元：陳友茶；柒仟元：陳啓算；陸仟元：陳松耀；伍仟元：胡添池、陳益强、陳岳泉；叁仟元：胡金鍾、陳漢成、陳篤漢、陳德山、陳威廉、陳楚德、陳金瑞、陳萬堯、陳香銘、聯達建築私人有限公司、建春私人有限公司、忠山運輸貿易公司、集華建築私人有限公司；貳仟元：胡振福；壹仟元：胡漢雲、陳添德、陳祖勝、陳清賢、陳丙丁、陳林祥、陳國顯、陳海成、陳後獅、陳錦發、陳文松、陳立玻、陳執木家屬、華新鏡莊、捷鋁業私人有限公司、利安電器及水喉工程；伍佰元：陳天福、陳清白、陳金星、陳懷章、陳樹魁、陳源祥、陳國衡、陳桂坤、陳才根、德加利兄弟有限公司。

三七〇　重修保赤宮陳氏宗祠碑記

【碑刻名稱】重修保赤宮陳氏宗祠碑記
【材　質】石材
【形　制】長方形立碑
【尺　寸】長二百零五厘米、寬五十厘米
【書　體】隸書
【碑　額】無
【碑　題】重修保赤宮陳氏宗祠碑記
【碑文撰者】無
【碑文書丹】無
【立 碑 者】保赤宮保古管理委員會永久主任陳寬成等
【立碑時間】一九九八
【存　佚】現存
【地　點】新加坡保赤宮陳氏大宗祠
【碑刻録文】

重修保赤宮陳氏宗祠碑記

保赤宮屹然新加坡河畔，百二十年矣。甲子兩周，國體迭改，我宗祠之廟貌莊嚴，今尤勝昔，是可喜也，是可慶也。

斯島初辟，我祖若宗即相挈而至，開港於此，呼爲陳聖王港，明所自來也。五十年間，繼踵者衆，族姓亦夥；乃議立宗祠，蓋欲以内序弟昆、敦親誼，而外睦鄰里、排紛争。董其事者首推金鍾、明水，二公固生長於斯，克承先業，蜚然有聲，爲閩人長。而元肅則來自故國銀同，善能造舟，率儕輩營船寮，至此遂捨其地爲宗祠。時爲一八七六年，逾二年而成。

宗祠固爲閩人倡建，越五年而各籍貫與焉，嗣更有八姓聯宗之舉。稽其所祀舜胄致聖先賢且兼及儒、釋古聖賢及佛祖。似此之兼容并包，尤足徵我先賢民胞物與，保赤安邦之至意，嗚呼尚矣！想見當年月園之會，春冬飲福，八姓雲祁，蹌蹌蹌蹌，後之來者其能不蹶起夙從哉！而建祠十年，且有成德，萬宗父子之毓蘭書屋，傍此靈宇，以作育宗人子弟，終其一生，繼又有保赤學校之設，中華文化固賴此泯泯者以揚其耿光，世界潮流亦由兹浸漬以相長。六十年代，保赤學校停辦，宗祠也面臨荒歿之難。

宗祠於一九二六年、一九六六年兩度重修。一九七五年土地使用期届，政府乃宣佈其爲國家保留古迹，是時，啓算力排衆議，遵政府令，即成立保赤宮保古管理委員會，授權寬成籌募基金進行修葺，增加設備，對衆開放，於一九八一年實現，所費達五十萬元。至今又將二十年矣。八姓後人與四方賓客前來參禮者日衆，聲譽亦日以隆，然維護所需亦增至年十萬元，繼任者不能無，難以爲繼之慮。嗣後，政府修築中央快速隧道，危及宗祠，再度重修已刻不容緩。時維一九九五年，啓算以九十高齡，賈其餘勇，與寬成、義明以身作則，先繳修復基金合計二十萬元；同時寬成又向有關機構争取賠償金十二萬元，激起衆宗親與善信，踴躍捐輸達百餘萬元。何天不假年，啓算乃未及見其成！緬念先賢創立之艱難，同人等因不敢不繩勉從事，既所以完其夙願，亦使此百二十年來世世代代之德業，不因我而墜。倘或能有所發揚，則非所敢望也。

保赤宮保古委員會永久主任陳寬成，永久委員陳義明、陳松耀同敬立。

義務工程師：鄭益年。

歲次戊寅年四月初二日，一九九八年四月二十七日。

三七一　捐資修復保赤宮基金芳名碑

【碑刻名稱】捐資修復保赤宮基金芳名碑

【材　　質】石材

【形　　制】長方形立碑

【尺　　寸】長二百五十八厘米、寬二百零五厘米

【書　　體】隸書

【碑　　額】無

【碑　　題】保赤宮

【碑文撰者】無

【碑文書丹】無

【立 碑 者】保赤宮永久名譽主席商號振成號（陳敬玦父子有限公司）等

【立碑時間】一九九八

【存　　佚】現存

【地　　點】新加坡保赤宮陳氏大宗祠

【碑刻録文】

保赤宮

始建於一八七六年歲次丙子年，重修於一九九八歲次戊寅年。

永久名譽主席商號：振成號（陳敬玦父子有限公司）、豊興號（陳義明私人有限公司）。

捐資修復保赤宮基金芳名如下：

$壹拾貳萬伍仟元：陳敬玦父子有限公司；$壹拾貳萬元：陳寬成向公共工程局、保險公司及建築商争取到的賠償費；$玖萬元：陳寬成夫婦率男宏任、宏材、宏明及宏志捐獻神龕兩座及正殿兩側花崗岩影雕；$捌萬元：陳義明；$伍萬元：陳義明捐獻古檀香木雕塔一座；$叁萬元：（陳啓算）陳積謀；$壹萬伍仟元：陳石獅、陳萬教、陳岳泉、陳清白、陳桂水、陳美英；$壹萬元：陳光鎮、陳源祥、陳篤漢、陳國恩、陳誾和、陳萬堯、陳楚德（陳耀南）、陳期成、Tan Tong Meng Co'（Pte）Ltd'Kim Leng Tee Investment（Pte）Ltd"$柒仟貳佰元：本宮率團出席一九九九年世界舜胄大會代表的餘款轉來；$陸仟元：黄永雄；$伍仟元：陳紀繩、檳城安溪會館、陳怡成、陳寬堯、陳榮貴、陳樹魁、陳楚浩、陳加和、陳良坤、陳榮林、陳岳雄、陳東桂、陳新榮、陳漢林、陳遠輝、陳柱成、陳祺順、陳國顯、陳國慶、陳繼成、陳龍德、陳劉宣；$叁仟元：陳松耀、陳嘉敏、陳華華、陳樹深、施金城（印尼）、華新鏡莊；$貳仟元：天聖壇、胡清山、張有娟、陳金炎（陳清衣）、陳迦鄓、陳志城、陳添來、陳寬汝、陳文松、陳來華、陳興春、陳林興、陳金瑞、陳興順、陳順源、陳懷世、陳懷力、陳維垣、陳朝木、陳永和、金聯成椅桌；$壹仟叁佰元：蔡瑞財夫婦、古福淘、袁榮星、陸惟熊、楊金鳳、卓俐輻、楊鈴絨、劉詩采、黄水仙、郭進萋（陳筠青）、陳秀華、陳聚慶、陳天源、陳振源、陳楚蘭、陳慶泰、陳建興、陳裕陳惜輝、陳鴻大、陳永楠、林秉松夫婦、張通發合家、Lim Yong Mong Ng Weng Cheong；$壹仟貳佰元：陳春成、袁有毅、林意明、胡紅金、張妙貞、林亞樹、王寶發、李文生、李金成、陳秀吉、何培晟、陳國華、陳春吟、陳松德、陳玲馮、陳來福、陳艷蓮、陳自南、賴奕龍合家、陳秀松、陳春吉、三枝香香莊、Heng Joon Kiak Tan Beng San、福名氏、黃樹昆、袁有衛、林文龍、莊木清、林素霞、程茂雄、林德隆、何金葉、洪瓊琛、陳秀世、陳隆和、陳延反、陳惠枝、陳秀英、陳發、陳禮照、陳尚璇、傅木發女士、丁首嘉合家、陳賢典、陳宏坤、陳財順、M Im Woo Ling May、Hero Widjajalndvering Tdg；$壹仟元：朱錦源、任祖建、許碧芬、鍾乙青、彭秀玉、林賽琴、王華成、李素月、林澤連、盧彤福、陳秀平、陳炳端、陳成基、陳仕坤、陳樹禄、陳昭茉、陳金星、陳清美、陳水發、陳成發、陳勇何、陳許耀琴、陳有倡合家、Leong Swee Ying、陳績鴻、陳績麗、謝文良、協利豐建築私人有限公司、李江華。衆善男信女及陳氏後裔一千多名捐獻一千元以下者恕未一一列入，計款：六萬餘元。

三七二　捐獻宮地之先輩元肅公遺像暨八姓同宗話淵源碑

【碑刻名稱】捐獻宮地之先輩元肅公遺像暨八姓同宗話淵源碑
【材　質】石材
【形　制】長方形立碑
【尺　寸】長二百零五厘米、寬一百五十五厘米
【書　體】隸書
【碑　額】無
【碑　題】八姓同宗話淵源
【碑文撰者】安溪陳拱
【碑文書丹】無
【立 碑 者】舜裔福建省安溪縣陳拱
【立碑時間】一九九八
【存　佚】現存
【地　點】新加坡保赤宮陳氏大宗祠
【碑刻録文】

捐獻宮地之先輩元肅公遺像

元肅公，福建同安縣官山侖頭新厝下鄉人也。幼時聰穎异常，賦性剛直，擅長造舟，族人景從。及北鋭志向外，梯山航海，南來獅島。當是時，原野荊棘，陸難交通，水濱蘆葦，港流積塞，正適合造舟生涯。公遂率衆擇地，架寮栖居，經營造舟業，以利海運。公對宗人戚友極爲愛護，凡有以困難相商者，皆竭其力周急不計。迨後島上民族日繁，人事日重而争端時起，甚至釀成械鬥之風，致族與族間之感情惡化；斯時公乃鼎力排難解紛，避免宗親卷入旋渦，且時常勸勉宗親應以敦睦爲本。及後，公認爲欲團結宗親，非建立宗祠實無以爲功，故毅然提倡建祠。風聲所至，而豐興、振成二大商家暨閩南宗僑紛紛響應，認公之議實不稍容緩。爰於前清光緒四年，就船寮發祥地奠基，致有今日巍峨之保赤宮祠宇，誠公之力也。公没後，宗衆思其德感其恩，認爲創祠之功不可没，乃圖其像懸之壁間，一以作紀念，一以垂世範，其令名永與祠宇共始終焉。

族侄淡如敬跋。

八姓同宗話淵源

陳：金文中的陳字，是個極有意思的形象字。它的左邊是阝，阝作旌旗之狀的□，右邊的□爲戰車的車輪，上載戈矛，下面則是土的會意。擅長製造這種多輻高輪車的地方爲陳豐氏，是黄帝族的重要氏族部落。黄帝生於壽丘，是高輪車的發明者，故稱軒轅氏。子少昊，少昊生蟜極。史載：蟜極取陳豐氏孺人生帝嚳，嚳復取陳豐氏孺人生帝堯。齊之豐丘，陳氏邑也。黄帝家族與陳豐氏部落是兩個互相通婚的雙胞族。五千多年前，陳豐氏部落隨黄帝族東遷中原地帶，由游牧生活轉向農業定居生活，他們定居的地方爲太昊伏羲之墟河南宛丘（今域淮陽縣），他們的定居給中華民族中一個最龐大的家族帶來了一個特定的徽記——陳。

有虞氏源於燕山，逐漸南遷山東。首領虞幕（少皥氏），因擅長製作帳篷而得名，屬顓頊高陽氏。幕孫句芒，傳授播種，被後世崇奉爲「春神」。芒子用牛耕地，取名蟜牛，「春牛圖」源於此。蟜牛子瞽瞍，善知氣象。瞽瞍子舜（重華）居嬀汭，嬀係之水名，汭者水之涯也。故以嬀爲之姓。舜性至孝，耕、稼、陶、漁，竭力盡瘁。年二十，孝行大著，堯聞聘之，以娥皇、女英兩女嫁舜爲妻。堯崩，天下歸舜，受禪爲天子，國號虞，都蒲阪。因與黄帝族通婚。舜爲堯的女婿之緣，虞幕既是虞氏部落的始祖，又是陳姓的始祖。

舜禪位於禹，禹封舜子商均於虞城。商滅夏後，商湯曾封虞遂後裔於陳，即古陳豐氏部落曾居留的地方宛丘故地。到周朝初年，商均子虞思的後裔遏父，又稱閼父，投附周國，擔任陶正官。閼父繼承制陶專家舜帝的技藝，制陶有功，深得周武王歡心，便將長女太姬嫁於閼父之子嬀滿。武王滅商後，嬀滿（舜帝三十四世）受封於陳，建都於宛丘，爲侯爵，取代虞遂之後的陳國。嬀滿統轄陳國故地，奉帝舜祀，國號仍稱陳，以國爲姓，成爲陳氏得姓的開山祖。

公元前四七九年，陳國被楚國吞没。陳國厲公子完（滿公十二世），字敬仲，出奔姜齊，隱陳爲田。傳至五代田乞，爲齊景公大夫，施惠於民，大得人心。八世執齊政，世代爲相。十一世田和奪得姜齊政權，自立齊太公，田齊成爲戰國時期的强國。前二二一年，十六世齊王田建降，田齊被秦所滅，子孫紛紛改姓。唯獨建三子軫，相於楚，封爲潁川侯，遷入潁川，復姓陳，爲潁川陳姓開派祖。傳至十世實公，德高望重，家道興旺，門派日增，子孫多爲朝廷重臣，滿門顯貴，事迹彪炳史册，成爲潁川郡的名門望族。凡自潁川派生的支脉，均以「潁川」爲堂號，含有發源地和發祥地源遠流長之意。望出潁川。

虞：出自國名。夏代，禹封舜子商均於虞城，是爲虞舜國地。建虞國，食采於虞，其後遂以國名「虞」爲姓。望出陳留。

姚：出自地名。瞽叟生舜於姚墟，以姚爲姓，也稱姚舜。今域河南范縣西。又因出自有虞氏也稱虞帝。舜之後裔有一支以舜的出生地命姓氏，爲姚姓。望出吴與。

胡：出自嬀姓。公元前十一世紀周武王克商後，舜裔嬀滿，卒謚胡公，稱胡公滿，受封於陳國，國亡後其公族有以祖上名字命氏，遂爲胡姓始祖。望出安定。

田：田氏，陳氏同宗，出自嬀姓。公元前四七九年，陳完奔齊，食采於田，隱陳姓，遂改爲田姓，其後有田姓。望出雁門。

孫：出自嬀姓。齊國陳完四世孫桓，桓子無宇。無宇有兩子，恒、書。書字子占，齊大夫，伐莒有功，齊景公賜姓孫氏，食采於樂安，爲孫姓始祖。望出樂安。

袁：出自嬀姓。西周時陳國始君胡公滿八世孫陳莊伯，子諸，字伯爰，也作伯轅。其孫濤涂，以祖父之字命氏，稱轅氏，去車爲袁氏。古時袁通「爰」「援」「轅」。望出汝南。

陸：出自嬀姓。齊宣王少子田通（一説爲季逵或季達），受封於平原般縣陸鄉，傳説爲古陸終氏之墟（今域山東省平原縣境内），以地名「陸」爲姓。望出河南。

綜觀上述，則有陳、虞、姚、胡、田、孫、袁、陸八姓同宗，同一血脉。似一粒之粟，傳之千倉萬厢，千流萬派，總歸一源。葉茂枝繁，不離一本，願帝舜後裔，追本溯源，承先啓後，繼往開來，光華後世，上邦國光，下爲家鄉建設做貢獻！

舜裔福建省安溪縣陳拱，歲次戊寅年孟秋。

三七三　保赤宮靈寶大法司地契磚

【碑刻名稱】保赤宮靈寶大法司地契磚

【材　質】木材

【形　制】長方形横磚

【尺　寸】長三百一十六厘米、寬二百一十厘米

【書　體】

【碑　額】無

【碑　題】無

【碑文撰者】無

【碑文書丹】無

【立 碑 者】無

【立碑時間】清光緒二十四年（一八九八）

【存　佚】現存

【地　點】新加坡保赤宮陳氏大宗祠

【碑刻録文】

靈寶大法司　據

大清國福建省各府州縣人氏，現寓西洋新嘉坡，居住英地監公嘛六甲保赤宮，皈依奉道奠安謝土宅長：振成公司、豐興公司，暨陳家闔族合衆人等，玆於戊寅年，備銀買得英地壹所建立廟宇，坐辰向戌，兼乙辛分金丙辰，丙戌穿山甲辰，東西南北四至分明。謹涓□月十六/七，十八/九□□十日仗　道就宅，修建奠安謝土清醮一會，於中焚油清安鎮符。會滿，奉高真祈求□□，仍備大銀六十錠，□財六十分厘。玆道力托得本宅土地神獻與宅中前亡後化男女衆神，囑付（咐）收受，隨果超升，即日出離宅門，向後毋致在宅興妖作禍，即將屋宇付陳氏開漳聖王，及陳太傅□公并家神收關居住。恭對三寶証盟，立砌磚、靈符二面，鎮埋宅中，永□平安。日後若敢興禍，以明　天□仝立契書爲□。右給付本宅土地司命，准此。

知見人山神爺，中見人福德爺，磚宇人張堅固，天運戊戌年九月　日立契，代書道人□□。

三七四　保赤宮修復基金獻捐譽名表牌

【碑刻名稱】保赤宮修復基金獻捐譽名表牌

【材　質】塑料

【形　制】長方形横牌

【尺　寸】長三百一十六厘米、寬二百一十厘米

【書　體】楷書

【碑　額】無

【碑　題】保赤宮修復基金獻捐譽名表

【碑文撰者】無

【碑文書丹】無

【立 碑 者】保赤宮董事會

【立碑時間】二〇〇八

【存　佚】現存

【地　點】新加坡保赤宮陳氏大宗祠

【碑刻録文】

百年古迹——保赤宫

一八七六年先賢獻地創建保赤宫。當時只建後殿，供奉開漳聖王（陳元光將軍）。後爲興辦教育，擴建前殿、左右護厝作爲教室之用，取名「毓蘭書室」，後改爲「保赤小學」。一九六二年因客觀因素，停辦學校，保赤宫搬至前殿，後殿才增設爲陳氏宗祠。

一九七四年國家文物局宣佈將保赤宫列爲國家古迹，并成立了董事部。一九八一年保赤宫董事部花費五十萬元重修保赤宫，增設儒、釋、道三教，保明護境，并開始向所有善男信女們開放，從此香火鼎盛，屹立至今。

保赤宫修復基金獻捐先領

本宫名譽主席考陳建興先生逝世於戊子年，其後裔長公子陳興盛、次公子陳興德、長媛女陳慧卿以父親之名義捐款新幣壹拾萬元＄100000元，作爲保赤宫修復基金。他們的義舉美德乃秉傳統，弘揚華夏敦親睦族精神，使得緬懷追思的優良美德再得頌揚。本宫現任主席陳寬成先生受其感召，爲響應義舉，振臂高呼，親率五子陳宏智、陳宏任、陳宏材、陳宏明、陳宏志合捐新幣叁拾萬元＄300000以作保赤宫修復基金。寬成先生雖已高齡，乃義不容辭，帶着愛我惜我保赤宫的精神秉承先人遺志，任重道遠，將保赤宫的尊嚴和榮耀與日月同輝，發揚光大。陳寬成先生一生勤勤懇懇，承前啓後，一心一意爲保赤宫，團結華夏民族，敦睦鄰里，讓保赤宫的香火裊繞不絶，源遠流長，他的無私精神值得弘揚，更值得大家借鑒。

祈盼能有更多後人效尤，使我保赤宮鼎盛永傳後世，庇我世人永保平安。

保赤宮修復基金獻捐譽名表

茲將保赤宮修復基金獻捐譽名列表。君功至偉愛，銘刻碑鑲壁以表慷慨，獻捐美德典範長垂矣，以爲後代子孫效教。

獻捐者芳名獻捐金額：

陳宏志、陳寬成、陳宏智、陳宏任、陳宏材、陳宏明＄300000，陳興盛、陳興德、陳慧卿、陳秀卿、陳興隆、陳興祥＄10000，陳春發＄10000，陳乙保慶＄10000，陳松彬、陳松炎＄8888，陳利正、李旭芬＄8888，陳六旺＄8888，顏人娜＄7000，陳富貴、朱秀珍＄7000，升達工程私人有限公司＄5000，胡嵌淵＄5000，陳中原、陳昱玠＄4600，謝進貴、謝麗玉＄4500，陳期新＄4500，柯麗輝＄4000，王文生、鄭愛金＄3000，陳業聲＄3000，陳俊宏、郭素伶＄3000，蔡虎嘯＄3000，羅耀光＄3000，陳偉明、陳蘭鳳＄3000，李賽貞＄3000，林國偉＄2000，陳旗明＄2000，陳宏銓＄2000，佘偉明、黃佩義＄2000，陳光明＄2000，陳基龍＄2000，張德發、彭美玉＄2000，賴永泉＄2000＋＄1000，Rose Tan＄3000，陳志鑫＄2000，陳德偉、蔡碧玉＄1500，陳來福＄1500，劉利能＄1088，陳天鎮、汪德娟＄1044，陳宏智＄1000，黃瀟庚＄1000，黃垠財＄1000，吳建豐、吳玲珠＄1000，林保伶＄1000＋＄1800，蔡威揚＄1000，陳禮孝、張慧娟＄1000，黃漢明＄1000，陳奕金、李志芳＄1000，袁順成＄1000，許妙意＄1000，陳陽春、卓麗明＄1000＋＄1000，陳國萌＄1000，陳添枝、王蘭芳＄1000，O'malley＄1000，張國仁、何玉珍＄1000，羅碧山、鄭美花＄1000，王國良＄1000＋＄500，王國彬＄1000，陳美雲＄1000，陳勁謀＄1000，陳謀輝＄1000，曹麗卿＄1000，林實發、顏雲霞＄1000。

二十四　福德正神（大伯公）

三七五　寶山亭建造祀壇功德碑記

【碑刻名稱】寶山亭建造祀壇功德碑記
【材　質】石材
【形　制】長方形立碑
【尺　寸】長一百九十六厘米、寬七十八厘米
【書　體】碑額篆書，碑文楷書
【碑　額】無
【碑　題】建造祀壇功德碑記
【碑文撰者】澄邑丹嶼李宜纓
【碑文書丹】無

【立 碑 者】開元寺僧昆山
【立碑時間】清乾隆六十年（一七九五）
【存　佚】現存
【地　點】馬來西亞馬六甲寶山亭
【碑刻録文】

建造祀壇功德碑記

濱海而城，環廓而市者，甲州也。東北數峰，林壑尤美，背城突起，豐盈秀茂者，三寶山也。山之中，叠叠佳城，壘壘坵墟，因我唐人遠志貿易，羈旅營謀未遂，殞喪厥軀，骸骨難歸，盡瘞於斯。噫嘻！英豪俊杰魄歟？脂粉裙釵魂歟？值禁烟令節，片楮不挂，杯酒無供，令人感慨墜泪。于是乎先賢故老，有祭冢之舉，迄今六十餘載。然少立祀壇，逐年致祭，常爲風雨所阻，不能表盡寸誠，可爲美矣未盡善也。今我甲必丹大蔡公，榮任爲政，視民如傷，澤被群黎，恩榮枯骨，全故老之善舉，造百世之鴻勛。義舉首倡，爰諸位捐金，建造祀壇于三寶山下，此可謂盡美盡善。今將諸姓名列序于左，俾得旅斯士者，知諸芳名，永垂于不朽，余爲之序云爾。

甲必丹大蔡公諱士章捐金貳佰肆拾大員；廣東太學生胡諱德壽捐金壹佰員；唐船主蔡棟官捐金柒拾大員；信士：邱賞官捐金壹佰大員；李侃官捐金玖拾大員；邱猛官捐金陸拾大員；蘇隆盛捐金伍拾大員；侯旋官捐金肆拾大員；陳配官、陳何源，各捐金叁拾大員；邱誥官捐金叁拾員；許德興捐金貳拾伍員；陳三全捐金貳拾員；李舜官、葉抵官、林顯官、謝權官、徐朝官、林仍官、曾乾官、黄官庇、陳邱官、陳賜福、余苗官、鄭有侯，各捐金

伍

侯澤官、伍貳拾大員；張伴林、張佛官、陳沛官、陳夏官、陳中官、李華官、謝通喜、何要官，各捐金拾貳員；侯澤官、伍大員、鍾營官、陳長官、許箸官、楊從官、甘什五、林語官，各捐金拾員；曾森官捐金捌文；李昂官、嚴育斌，各捐金伍文。

澄邑丹嶼李宜纓撰文，開元寺僧昆山同募建，乾隆六十年歲次乙卯桐月　日立石。

三七六　寶山亭蔡士章奉獻市厝碑

【碑刻名稱】寶山亭蔡士章奉獻市厝碑
【材　質】石材
【形　制】長方形立碑
【尺　寸】長一百三十二厘米、寬五十八厘米
【書　體】楷書
【碑　額】左右雙龍，中鐫「皇清」二字
【碑　題】無
【碑文撰者】無
【碑文書丹】無
【立 碑 者】圭海謝倉蔡士章
【立碑時間】清嘉慶六年（一八〇一）
【存　佚】現存
【地　點】馬來西亞馬六甲寶山亭
【碑刻録文】

寶山亭之建，所以奠幽冥而重祭祀者也。余故開擴丕基，締造頗備，以視向之冒歷風雨、寸誠難表者，較然殊

矣。雖然，亭之興由我首倡，亦賴諸商民努力捐資，共成其事。茲幸岬中耆老，及衆庶等歸功於余，立祿位於亭之右，此事誠爲美舉！第思創於始者，恐難繼於終，予是以爲長久之計，預備岬錢壹仟文，置厝壹座，於把虱街，配在冢亭。作祿位私業，將來我親屬及外人不得典賣變易，致負前功。全年該收厝稅，議定貳拾伍文，付本亭和尚爲香資，貳拾文交逐年爐主祭冢日另設壹席於祿位之前，其餘所剩錢額，仍然留存，以防修葺之費。庶幾百數載後，可以陳俎豆薦馨香，相承於勿替。因此勒石而爲之志云爾。

嘉慶六年歲次辛酉季春，圭海謝倉蔡士章立。

三七七　寶山亭墓地除草捐金木牌

【碑刻名稱】寶山亭墓地除草捐金木牌
【材　質】木材
【形　制】長方形横牌
【尺　寸】長一百零六厘米、寬五十二厘米
【書　體】楷書
【碑　額】無
【碑　題】無
【碑文撰者】無
【碑文書丹】無
【立 碑 者】寶山亭董事等
【立碑時間】清道光十一年（一八三一）
【存　佚】現存
【地　點】馬來西亞馬六甲寶山亭
【碑刻録文】

牌序

大凡天地之生物不測，夫山之生于天地，亦猶草木之生于山焉。然天地既有盈虛，草木豈無培覆。故昔聖王體天行道，隨山刊木，平水土也，火烈山澤，除禽獸也。即如今茲蘭城，荒蕪山冢，草木暢茂，鳥獸繁興。不有削伐之功，未免率獸而食人者也。爰集衆士，各出緣資，非爲沽名而計，正爲苍生除害者此也。

名次開列于左：

梁美吉官肆拾盾、高福源官叁拾盾、薛佛記官叁拾盾、蔡延齡舍貳拾叁盾、王猜官貳拾盾、曾青山官拾伍盾、楊旦官拾伍盾、許榮科官拾壹盾、陳天福官壹拾盾、陳振德官壹拾盾、蔡順和官壹拾盾、陳果生官壹拾盾、徐朝官玖盾、曾佛霖官捌盾、余朝洗官捌盾、陳長源官捌盾、王升官捌盾、黃障元官柒盾、陳忠官陸盾、李贊美官陸盾、陳策官陸盾、葉底官伍盾、李珍元官伍盾、邱降官伍盾、王雙梅官伍盾、王謙益官伍盾、陳益官伍盾、蔡有力官伍盾、黃光愷官伍盾、洪俊成官伍盾、陳江海官伍盾、許祈佛官伍盾、吳嶼山官伍盾、鍾賢官伍盾、鄭榮華官伍盾、曾安然官肆盾捌方、陳宜南官肆盾、周源流官肆盾、邱株官叁盾、陳坤水官叁盾、梁贊元官叁盾、陳國朝官叁盾、林深英官叁盾、何棟梁官叁盾、邱肯榮官叁盾、楊青山官叁盾、顏元珍官叁盾、李建安官貳盾拾方、黃齊山官貳盾肆方、鄭升官貳盾、林光報官貳盾、邱田官貳盾、陳文賢官貳盾、陳三录官貳盾、林仕智官貳盾、吳江漢官盾半。

計共總收來捐錢肆佰零捌盾肆方。

一　開三寶山去工錢叁佰叁拾盾。

一　開山仔後去工錢柒拾盾。

一　開做牌去工錢壹盾半。

道光拾壹年歲次辛卯菊月既望二日吉置。

三七八　寶山亭保三寶井山義冢資助公班衙碑記

【碑刻名稱】寶山亭保三寶井山義冢資助公班衙碑記
【材　質】石材
【形　制】長方形立碑
【尺　寸】長一百九十八厘米、寬九十二厘米
【書　體】楷書
【碑　額】雙龍朝日
【碑　題】保三寶井山義冢資助公班衙碑記
【碑文撰者】閩汀舉人范紹森
【碑文書丹】無
【立 碑 者】寶山亭董事人
【立碑時間】清光緒十四年（一八八八）
【存　佚】現存
【地　點】馬來西亞馬六甲寶山亭
【碑刻録文】

保三寶井山義冢資助公班衙碑記

冢何以義名？因其以地葬人而義之也。曷義乎爾？人之死莫不欲速葬，無其地，則葬且不能，奚能速？於是有急人之急者，君子即以其能急人許之，故義焉。此中國之俗，先王之教，仁人君子之用心，雖遠適异國亦然。顧其勢其力，能使未葬者便一日之相需，不能必已葬者歷千劫而不變；此前人義舉所以不能不俟保護於後人也。嘛六呷三寶井山，有華人義冢久矣。先是其地屬荷蘭，既乃歸英，符契不行。西人殊俗，不特無鍾生樵采之禁，反於山麓間取土修路，剗削頻施。地脉動摇，勢必至墳隴有所損壞，死者有知，其不能旦夕之安於窀穸也明矣。陳公憲章，華人之巨擘也。謀於衆，歛貲一千八百元，於同治丙寅年，助公班衙爲修葺之費，并購送武格呇汝山一所，與公班衙立約，不得妄取此山一抔土，以永妥華人義冢焉。於戲！公之心若此，公之功不將與此山并傳不朽歟！夫前人悲其不能葬而葬之，而使一日之旅魄有歸。今公憫其不能安而安之，且使千載之精魂長慰。是公今日之盛舉，乃與前人後先輝映也。澤及枯骨，公之謂歟！公平日有長者之稱，義舉甚多，遐邇傳頌。余生也晚，不獲親公杖履，意其爲人必惻隱慷慨，如于廷尉范文正之流。雖其他軼事，著作未遇傳人，觀於斯舉，亦可知公之生平矣。華人懼公湮没，將勒碑以示後，謂余有心世道，不可無言以記之，余謂公之高風，能使頑廉而懦立，百世後聞而興起，必有踵公之志以維持斯冢於不敝者。獨今日之義聲云爾哉！爰爲志其顛末，以壽於石。同事諸公，例得備書。

閩汀舉人范紹森敬撰。

亭主陳憲章捐緣銀陸百元；蔡延慶捐銀乙百二十元；薛茂元捐銀乙百二十元；陳振生捐銀乙百二十元；曾德璋捐

銀乙百二十元；許永占捐銀乙百二十元；許行雲捐銀乙百二十元；薛文仲捐銀乙百二十元；徐仁壽捐銀乙百二十元；陳振勛捐銀乙百二十元；許升雲捐緣銀乙百二；陳羅昆捐緣銀八十元；李桂林捐緣銀四十元；許新卿捐緣銀四十元；孟天蔭捐銀三十六元；陳俊善捐緣銀三十元；李珍元、李紫燕、黄紹顯、楊金讓、蔡長泰，以上各捐銀二十四元；黄茂生、陳德源、林福喜、曾紫雲、蔡慶雲、陳啓麟、梁澤瑞、黄金安，以上各捐銀十二元；蔡文益、李温柔、陳玉山、王慶雲、陳傳生、陳俊睦、蕭從蜜、梁贊喜、吴秉杰、陳德月，以上各捐六元；楊源水、廣興號、陳順法、陳孟宗、陳清添、陳溪水、張松翠、王昭成、李集、王廣勛、甘得利、李永瑞、許清雲、劉時春、楊贊盛，以上各捐四元。

另有壹百陸拾貳名各捐緣銀二元者，碑地已滿未能載入，而芳名均有在公報登刻，此白。

時光緒十四年歲次戊子吉月董事人立石。

三七九　重修寶山亭碑記

【碑刻名稱】重修寶山亭碑記
【材　　質】石材
【形　　制】長方形立碑
【尺　　寸】長一百九十二厘米、寬九十厘米
【書　　體】碑題隸書，碑文楷書
【碑　　額】無
【碑　　題】重修寶山亭碑記
【碑文撰者】無
【碑文書丹】無
【立 碑 者】寶山亭董事等
【立碑時間】清光緒十七年（一八九一）
【存　　佚】現存
【地　　點】馬來西亞馬六甲寶山亭
【碑刻録文】

重修寶山亭碑記

聞之古聖王所重，民食喪祭，可知祭亦聖王所重，而後人所當繼述者也。粵稽呷地，依古以來，歷有年所，養生送死，實繁有徒。其祭磨滅而不興者，擢髮難數。或魚沉雁杳，子孫不知其何之；或親遠戚分，桑梓莫得其所考，此祭之所以磨滅不興者，所由來也。洎乎清初年間，幸有仁人君子李君，發出一片慈悲，乃對衆布告獻其葬地，名曰三寶井山，尚難如願。迨後蔡君竭力捐貲，建其祭所名寶山亭。斯時也，自西自東，自南自北，無思不服，此之謂也。流及戊子年，蔡錫胤往往過此，見夫寶山亭瓦桷就萎，墻壁將壞，四顧盡是凄凉景，目擊心傷，突思古人既有始創之鉅功，後人何無再造之微力也。爰請亭主陳篤恭之命，同堂參議，僉舉董事李桂林、蔡錫胤鼎力捐題，重興修葺。則熙來攘往，斯人有地可焚香；而八節四時，靈魂亦得所以享祀矣。自是生者安而死者寧，佑啓我後人，咸以正無缺。捐貲芳名，勒碑刻石，别爲序次，千古不磨。

亭主陳篤恭捐金大銀叁佰大元；大董事李桂林捐金大銀一百五十元；大董事蔡錫胤捐金大銀一百五十元；副董事王慶雲捐金大銀一百二十二元；副亭主曾廷珪捐金大銀一百二十元；副總理曾西聘捐金大銀一百二十元；信士首李慶烈捐金大銀一百二十元；副董事陳温昌捐金大銀七十五大元；會館主徐雲夢捐金大銀五十大元；大總理楊金鑲捐金大銀三十大元；葉致英捐金大銀二百大元；陳明月捐金大銀一百五十元；蕭邦榮捐金大銀一百五十元；劉源水捐金大銀一百二十元；陳若淮捐金大銀壹百大元；陳若錦捐金大銀壹百大元；許山泉捐金大銀五十大元；余觀蓮捐金大銀五十大元；薛文仲捐金大銀五十大元；曾焕宙捐金大銀四十大元；王廣勛捐金大銀四十大元；王步月捐金大銀廿四元；劉君谷捐金大銀二十元；梁澤仁捐金大銀十八元；薛祈安捐金大銀十七元；許石泉捐金大銀

十五元；陳有德捐金大銀十二元；黃金樹捐金大銀十二元；陳恭賀捐金大銀十二元；許允畝捐金大銀一十元；何勝興捐金大銀一十元；邱五合捐金大銀一十元；陳德月捐金大銀一十元；徐永清捐金大銀一十元；許永安捐金大銀八大元；曾碧山捐金大銀六大元；李榮發捐金大銀六大元；曾振成捐金大銀六大元；楊水作捐金大銀六大元；蔡開泰捐金大銀六大元；陳登蘭捐金大銀六大元；林祈興捐金大銀六大元；姚元章捐金大銀五元；林得喜捐金大銀五元；蔡文瑁捐金大銀五元；林和元捐金大銀五元；許允成捐金大銀五元；黃金安、楊元珍、廣興隆、陳德源、恒順號、李文昆、萬錦美、吳榮發、邱允吉、薛維丕，以上各四元；蘇杏仁、廣和生，以上各三元；源興號、榮隆號、新星興、陳瑞金、天德堂、楊贊合、梁鴻籌、陳桂林、金泰興、歐源興、新時源、陳恭安、王文元、王聚秀、開成號、怡美號，以上各二元；榮昌號、廣成號、同利號、何景山、黃統泉、蕭財福、林清旺、黃雙茂、同成春、何裕雙、余觀進、均發號、成泰號、榮發號、合美號、泰美號、瑞記號、和豐號、龍發棧、喬興號、方葉順、林嘉譽、錦裕號、陳蓮藕、曾元助、陳根成、永成號、和成號、開成棧、胡江潤、黃亞英、新廣成、張正和，以上各壹元。

開買瓦磚灰沙柴料油漆塗木工及岩石碑，共費去大銀五千壹百八十二元二角三占。

對收前向公辦衙贖斷冢山緣添來大銀三十二元，計一百零九名合收捐大銀貳仟六百五十七元，對除以外尚侵去大銀四百九十二元二角三占；此項四百九十二元二角三占，董事蔡錫胤官添補足額。兩訖明白。

時光緒十七年辛卯歲吉月吉日董事等立。

三八〇 海唇福德祠「澤被海島」匾

【碑刻名稱】海唇福德祠「澤被海島」匾
【材　質】木材
【形　制】長方形横匾
【尺　寸】長一百九十五厘米、寛八十厘米
【書　體】楷書
【碑　額】無
【碑　題】無
【碑文撰者】無
【碑文書丹】無
【立 碑 者】潮府衆弟子
【立碑時間】清道光四年（一八二四）
【存　佚】現存
【地　點】新加坡直落亞逸街海唇福德祠

【碑刻録文】

澤被海島

道光四年花月吉旦，沐恩潮府衆弟子敬立。

三八一　重修大伯公廟衆信捐題芳名碑記（上碑）

【碑刻名稱】重修大伯公廟衆信捐題芳名碑記（上碑）
【材　質】石材
【形　制】長方形立碑
【尺　寸】長一百三十二厘米、寬五十九厘米
【書　體】楷書
【碑　額】卷雲石紋
【碑　題】重修大伯公廟衆信捐題芳名碑記
【碑文撰者】無
【碑文書丹】無
【立 碑 者】廣惠肇府大總理黄遂安、首事江允瑞等
【立碑時間】清咸豐四年（一八五四）
【存　佚】現存
【地　點】新加坡直落亞逸街海唇福德祠
【碑刻録文】

重修大伯公廟衆信捐題芳名碑記

咸豐四年重修大伯公廟序

嘗思人藉神以種福，神因人以呈靈，洋洋左右，説本仲尼。神之格思，流載風雅，是則神之爲德，其盛以乎！兹我廣、惠、肇府人等，羈旅於此，環居一埠，敬立福德神，建廟以壯神威，設祝以崇祀典，由來尚矣。但歲月已赊，歷久年湮，衆福有瓦毀墻傾之嘆，爰是彙集衆福信人等，發部簽題，仁人廣施，大解金囊，義士推恩，相爲圖贈，將見衆擎易舉，采香成蜜，集腋乃得以成裘，實板鳩工庀材，繕破爲完，仍舊基址，工竣告成，廟貌焕然而聿新，寶殿昂焉以輝煌。即將捐題姓氏芳名勒諸貞珉，永垂不朽云。是爲引。

伍學釗、永盛廠、永聳廠、捷成窑、何卓、李乾書、黄旭明、陳嵩佐、潘奕昌、黄周、唐祥合、梅廣裕、會仙樓、胡緒新、黄義盛，已上各捐銀拾大員；惠州公司捐銀九大員；曹元捐銀八員八角；沈維帶、黄廷濡，已上各捐銀八大員；永振廠捐銀七大員；江琣瑞捐銀六員五角；何恭榮、黄財旺、新順安裝、林立鰲，已上各捐銀六大員；聯源店捐銀五員五角；郭活、游昌、黄尊英、黄回、新福安裝、朱昌顔、何會、曹群長、遠來店、新連香、李基發、梅祖照、温齊歡、就利店、永益店、劉甲龍、恒昌窑、梁乙、聯昌店、朱昌滿，已上各捐銀五大員；邱晴霑、永昌廠、邱百盛、陳保才、譚蘇、怡德裝、區彩，已上各捐銀四大員；麥安捐銀三員五角；鄧旭進捐銀三員二角；曾貴芳、陳順合、劉岡、黄義、新利益裝、黄明衛、楊熙强、楊熙廣、楊熙烈、楊熙燕、黄本、黄忠、林益、蔡閏金、温元寶、陳球、陳朝珍、鄧茂林、曾箕誥、雷社、戴龍、黄廷儒、黄福如、趙始達、趙聰、曹符成、梁耀瑞、源益店、業茂林，已上各捐銀三大員；黄聖灼、苏昌，已上各捐銀二員五角；陳合、黄廷義、趙仲作、梅遠璋、黃作基、趙槐禮、梁德勝、曾箕旋、梅高、劉道琪、梅乃柏、李佛興、李恩、黎榮、陳岳楊、梅關紅、陳壽榮、陈保森、馬维賢、甄九、江炯瑞、黃元德、梅智、胡成就、唐根、鄭群、譚在、宋輝、陳啓光、鍾妹、温麟、李志、鍾發、李仁茂、李光球、梁基瑞、夏文遠、利梓、彭澤錦、陸葉林、鍾壯、何龍、黎朝、温勇、黃齡、胡帝祥、胡洪、邵浩、劉顯、曹龍秀、劉九盛、朱源湘、振合窑、黃思盛、邱松茂、邱文廣、天益店、許福隆、黃添、劉參、林興、永瑞店、永長裝、劉廷貴、江直光、李常清、江美成、胡金好、曾肇發、孫華浩、馮芝國、屈紹祥、黃長、黃盛、朱仕華、吕熙宇、曹九、潘辛秀、李乾梅、勞相、陸秀連、陳光、廖三、曾養、陳寧、陳松林、新南茂店、蔡慎安、黎旭初、麥敬文、李敦倫、周壬丙、陳連祐、吉興店、戴國錦、吕敕送、李亞文、邱九妹、温亞五、温亞發，以上各捐銀貳大員；陳華記、陳佑通、黃洪貴、梅逢贊、黃聖琰、許亞義、李亞寛、何亞賜、黃廣盛、胡陳先、林亞令、林道冀、翁文則、徐亞玖，已上各捐銀一員五角；梅三弟、黃景富，已上各捐銀一員二角；梅金遠捐銀一員一角；李亞安、卓庚、黃炳、劉福、練錦蘭、黎成、羅齊、盧帝、李亞就、伍亞瑞、黃三女、陳群宗、梁亞樂、關亞歡、鄭亞照、曾亞求、伍亞九、黃三安、黃祖培、黃鴻文、黃尊綽、黃添趨、趙昌霖、何彦華、朱龍祉、梅南北、伍亞英、馮亞福、梁亞寅、黃亞相、陳宜保、曹翔、曹五昌、黃亞鐃、黃求敏、趙炯乾、趙亞强、袁亞齊、王亞照、梅耀挹、伍龍耀、鄧亞龍、梅亞積、黃亞要、梅就遠、曹亞福、陳賢護、朱基倫、葉亞尾、陳顯護、曹百富、余亞華、曹四昌、趙文成、黃維鳳、胡亞錫、伍亞財、黃東海、黃子辰、黃廷適、黃恭益、黃才就、曹亞佐、阮亞烈、李期遨、鄧成祖、胡金海、胡賜均、胡旺合、王亞烈、曾三保、黃社好、林南長、梅遠忠、馬亞維、伍文登、雷學任、雷亞容、黃求衍、黃廷槐、黃世超、胡永壯、胡永崇、李亞女、雷亞聰、梁文彦、甄章元、李亞益、李亞發、李簡南、趙龍德、陳亞就、伍勸學、李亞培、黃觀顯、余成銘、黎亞平、江百携、胡平貴、郭秀潤、陸存信、許留、李秋、李鋭、莫彬、梁就、梁東、淩其、黃有才、彭官容、朱就、徐剛、陳成、沈發、梁錫、郭貞、郭橋、周容、霍佳、何帝、葉成、鄭得財、羅有、劉餘、周著、許炳、陳如、陳流、黃亞有、黃北齊、黃伯達、彭亞華、陳亞穩、馮亞英、陳勤晃、雷亞有、梅耀裕、梅沾耀、怡興店、伍銘、黃祖、何望、陳汝益、岑照、區連喜、羅亞振、林道瑞、曾華球、曾鼎昌、曾順昌、胡亞貴、劉已生、伍亞興、曾亞元，已上各捐銀一大員。

三八二　重修大伯公廟衆信捐題芳名碑記（下碑）

【碑刻名稱】重修大伯公廟衆信捐題芳名碑記（下碑）
【材　質】石材
【形　制】長方形立碑
【尺　寸】長一百三十二厘米、寬五十九厘米
【書　體】楷書
【碑　額】無
【碑　題】重修大伯公廟衆信捐題芳名碑記
【碑文撰者】無
【碑文書丹】無
【立 碑 者】廣惠肇府大總理黄遂安、首事江允瑞等
【立碑時間】清咸豐四年（一八五四）
【存　佚】現存
【地　點】新加坡直落亞逸街海唇福德祠
【碑刻録文】

梁長壽、鄺寬樂、黃洪庇、吳斯溥、黃秉枝、陳亞英、劉亞瑞、黃亞來、黃乃堯、黃開良、黃益斯、梅耀社、雷亞利、曹亞嘉、陳泉益、梅佛壽、麥有利、楊彩、李亞丙、梁珍女、凌陳養、曾亞閏、曹亞福、甄亞貴、黃昌信、張柏松、湯松華、林道元、譚亞沛、譚中信、李亞安、黃相盛、梅宗英、黃勝、楊聰、何亞振、江允瑞、曾亞旺、朱亞良、蕭惠、和利店、黃三盛、劉亞五、蘇勝、李亞悅、劉亞科、梅亞晚、葉辛酉、黃亞禎、何平、黎百同、伍靈樂、謝柏、崔得瑞、熊北斗、黃亞春、温蘇、陳三鳳、劉亞全、鍾富、義利店、鄧亞生、謝觀有、趙漢、容亞炳、曹亞瑞、何穩、葉亞土、鄧亞再、黃維、大三元、陳亞海、楊二、林光耀、黃仕高、曹松美、楊旌、黃阿上、唐生、張銓、黃求徹、陳良鑒、陳福星、鍾樹、廖亞贊、曹岳胡、林道焯、黎亞興、唐賀、曾光、黃作炳、邱吉富、鍾元、夏得理、黃國贊、梁亞福、郭金杰、黃夽龍、曾扶、曾□、黃廷參、梅佛長、黃德允、林凡如、劉亞錫、曹亞添、李啓益、鄭亞尖、唐就、許君、陳五齊、趙百益、林木榮、林德照、陳亞發、陳百靈、李光茂、馮木秀、馬三大、萬香、黃金女、伍如貴、鄺來、袁成、陳三壽、麥亞四、李啓龍、馮登貴、黃啓、陳銀、黃乃乾、鄧榮世、李維、簡榮、鄧昌萬、伍時復、陳崇□、吳亞木、黃漢、陳養、郭百福、黃亞就、林無有、林發、曾亞寅、梅捷鄭、李衍潛、盧亞成、黃莊、陳發報、彭建南、梁道鳳、林扶、陳有、曾昌、趙經禄、温□福、黎亞壽、黃寬、陳福、彭亞壬、伍亞揚、楊養、何棠、曹連忠、陳貢豪、楊群、何廣興、林安、鄧長、黃子願、伍毛勝、鄧樂、鍾璇德、劉大就、區開、梁亞沾、趙有、莫倫，已上各捐銀一大員。

潮郡衆信商捐題芳名列後：開合號捐銀四十大員；潮興號捐銀四十大員；源利號捐銀三十五大員；成發號捐銀叁

十大員；萬豐號捐銀叁十大員；錦源號捐銀貳十五大員；源成號捐銀貳十五大員；榮茂號捐銀貳十五大員；豐發號捐銀貳十五大員；明合號捐銀貳十五大員；高合號捐銀貳十五大員；瑞成號捐銀貳十五大員；義合號捐銀貳十五大員；利春號捐銀貳十四大員；榮興號捐銀貳十大員；廣興號捐銀貳十大員；良合號捐銀貳十大員；潮泰號捐銀貳十大員；榮豐號捐銀一十六大員；永和順號捐銀一十六員；義發號捐銀一十五大員；協茂號捐銀一十四大員；首興號捐銀一十二大員；錦合號一十二大員；順豐號一十二大員；世盛號一十二大員；瑞盛號、坤盛號、協昌號、合利號、坤記號、萬成號、振益號、廷記號、源典號、順利號、熾合號、吳和盛號、泰盛號，已上各捐銀十大員；榮成號、金麗號、王萬成號、盧利記號、林大志合、成合號、捷成號、源合號、易興號、振坤號，已上各捐銀八大員；吳和盛號、林錦興號、林合發號，已上各捐銀七大員；永裕號、永佳號、合順號、合盛號、永成號、鴻茂號、和豐號、潮順號、蔡福合、李春合、昆記號、利發號、順盛號、和順號，已上各捐銀六大員；芝合號、炳合號、明記號、存利號、榮順號、協盛號、坤順號、坤發號、廣興號、黃易興號，已上各捐銀五大員；合興號、裕隆號、梁茂號、承興號、興發號、桂和號、潮源號、景成號、兩合號、悅記號、謝裕興、陳永記、振春號、裕美記、沈□合，已上各捐銀四大員；沈捷豐、林成發號、義興號、和合號、源裕號、萬興號、德利號、陶記、和興號、永和號、興發號、順成號，已上各捐銀三大員；□□號、□□號、信成號、榮華號、金興號、良記、利記、泰盛號、永興號、豐和號、源勝號、錦成號、福興號、逢盛號、順財號、再興號、林創號、廣裕號、潮順號、沈錦號、□興號、陳萬吉號、敬興號、傳長號，已上各捐銀貳大員；榮盛號、和成號、兩興號、吳成號、興合號、黃猛合、楊啓合、和發號、楊名成號、大副光、順記號、源和號、榮利號、成興號、永昌號、萬利號、協茂號、國合號、聚興號、錦華號、泰和號、和利號、和合號、和順號、□□號、順利號、瑞昌號、美髮號、應安號、成容記、應吉院、陳盛磁、萬成號、順利號、金泰號、黃合成、和合號、劉永興、金利號、楊鐵合、永泉號、和合號、開興號、周回春堂、財合號、蔡成錦合、就成號、如興號，捐銀一大員。

咸豐四年重修。

大總理：黃遂安、梅騷、李松泰；首事：江允瑞、陳亞倫、怡怡店、伍買、梅逢贇、李敦倫、鄧旭進、遠來店、朱廣蘭、胡緒新、朱源湘、黃亞明、郭亞活、楊彩、新和合、楊熙燕、李常清、梁文琰、梅祖照、曾旺、梁珍女、新連香、會仙樓、黃旺、趙龍德、劉九盛、順合、曹亞句，仝立。

三八三　重修大伯公廟衆信捐題芳名碑記

【碑刻名稱】重修大伯公廟衆信捐題芳名碑記
【材　　質】石材
【形　　制】長方形立碑
【尺　　寸】長一百六十五厘米、寬五十九厘米
【書　　體】楷書
【碑　　額】無
【碑　　題】重修大伯公廟衆信捐題芳名碑記
【碑文撰者】無
【碑文書丹】無
【立 碑 者】嘉應豐永大總理劉恒興、經理黎調元等
【立碑時間】清咸豐四年（一八五四）
【存　　佚】現存
【地　　點】新加坡直落亞逸街海唇福德祠
【碑刻録文】

重修大伯公廟衆信捐題芳名碑記

嘗思建廟立宮，本聖王之大典；修廢舉墜，亦志士之常情。維夫惜叻坡之有福德祠也，由来既久。其聲靈赫濯，遠近咸知，故祈祝者日众。邇因棟宇垣墻，漸見朽壞，予等深蒙福庇，何能漠不關情？爰告同人，共襄美舉，從新改建。功乃不日而成，祠宇增華，顿覺大觀，在上神靈式妥，庶幾錫福無疆。兹將捐題姓氏泐諸貞珉，非敢以表功也，亦聊以紀其事云爾。

總理劉恒興、陳嘉雲，經理黎調元，副理羅嘉興、盧復隆、胡文超、賴寶盛、謝德盛等立記。

劉德馨捐銀三百員；潮郡萬世盛公司捐銀九十三員；應和公司捐銀七十五員；大豐永公司捐銀七十五員；謝順麟捐銀五十員；劉再合捐銀四十員；何子焕捐銀三十員；朱泮壽捐銀二十員；蕭廣茂捐銀二十員；賴寶盛捐銀一十五員；羅楨祥捐銀一十二員；陳嘉雲捐銀一十員正；梁振豐捐銀一十員正；羅德齡捐銀一十員正；黎調元捐銀一十員正；卓常山捐銀一十員正；林興高捐銀一十員正；胡豐盛捐銀一十員正；范統合捐銀一十員正；葉同仁捐銀一十員正；廖庚生捐銀一十員正；鄧焕魁捐銀一十員正；陳利昌捐銀一十員正；李裕盛捐銀一十員正；譚賢舉捐銀六員正；胡源合捐銀六員；饒快喜捐銀六員；饒慈祥、劉文能、蕭賜豪、梁福壽、房雙和、余化文、王義合、卓錫政、李濟和、譚景喜、葉海合、廖安合、汪金生，已上各題銀五員正；張同仁、邱萬隆、蕭萬隆、泗合店、范戊秀，已上各題銀四員正；黄隆合、羅和生、羅進生、李朝發、張恩福、王三雲、劉祖恩、吴開合、鍾添合、宋昌六、陳萬和、楊海生、鄭文發，已上各題銀三員；譚元馨捐銀二元五角；李應興、興盛店、蕭享合、胡梅成、廖祀生、張先錦、陳金合、陳果合、吴庚合、賴鼎合、盧巧合、劉發合、賴琳山、徐來合、黎八合、葉順

昌、朱廷華、黃進合、朱應泰、胡善發、和興店、張族昌、鄭裕盛、余壽桂、葉細四、林藍合、張四秀、余宰
兆、梁興紀、捷盛店、陳桂禄、廖元合、饒倫合、梁德盛、楊松合、陳仁和、劉浩元、鄭登合、蘭興店、利提
合、陳焕章、廖純合、余九合、楊修業、張騰合、協興號、楊蘭合、楊春合、陳聚和、劉滿合、楊聯盛、張欽
泰、葉和盛、陳朝光、范桂合，已上各題銀二員；李其仁、李阿連、胡四合、陳蔣較、蕭竈合、賴乙合、楊宗
合、劉壬喜、陳榮昌、鍾康合、葉順利、張秀昌、嘉盛店、胡貴合、朱墜合、陳福生、曾龍合，已上各題銀貳
員；藍奕相、李九合、謝四合、張滿合，已上各題銀一元五角；黎四合、張肇翔、萬利合、幸永泰、鍾謙益、宋
全麟、賴維柱、同和店、羅錦盛、廖東合、張濟生、余寶成、成義盛、李長義、曹福興、楊永禄、源興店、張同
興、黃源興、鄔徵合、鄔伊恩、和昌店、鄒冉合、劉任合、張士森、劉福合、羅喜合、李綉珍、李壘盛、謝福
永、陳萬勝、劉成郎、梁千合、楊雅合、賴寬合、胡坤合、李雙立、楊七合、謝開定、李慶合、錦興店、章三
盛、黃翠鳳、潘英合、林慶順、黃光彩、羅二合、張端合、黃德壽、張宗憲、葉善合、黃友長、黃廣興、許海
合、和興店、佘和興、黎維合、胡源勉、曹見梁、黎遠香、李初興、黃桂合、管四合、曹卜昌、朱清合、劉秋
合、范舞合、黃純曾、梁泮合、曹善合、廖德合、朱元官、劉義合、鄧喬源、黃新壽、楊簪合、鄭創品、陳仕
皆、羅七合、蕭九合、林仁合、范濟生、李水合、田金保、鄭六合、朱京合、羅鴻喜、鍾三合、侯同合、賴溶
慶、楊四合、胡四合、聯興店、熊成合、葉滿合、曹順興、林祥泰、林永合、徐復盛、賴宥蘭、廖滿合、劉壬
合、朱均合、羅龍合、李璜生、劉恒盛、徐四合、張績茂、合茂店、協盛店、楊良合、邱義合、廖義合、余文
壽、黃進郎、聚隆店、范嘉合、劉福興、吴任合、劉滿合、劉七合、廖添合、林全京、賴炳南、葉登合、鍾興
官、梁元郎、范二合、陳超合、劉挺楠、黃鼎亮、饒詹合、江芹合、雙和店、胡禄仕、曾庚合、簡福任、簡統
合、賴奕昌、劉仰合、鍾奕合、謝長生、洪三江、洪漢禮、朱孝合、危統生、嚴海生、饒德鳳、劉義合、陳義

熾、謝嘉興、曾德芳、葉紹合、黄賢合、湯大三、鍾朝合、陳亨爹、管勛合、劉喬二、房統合、房長合、譚木興、廖丁合、袁安合、劉㚒六、鍾福合、陳五合、黄貴郎、李丁福、蕭東合、鄒程合、吴建堂、梁悦郎、房進昌、鄧件合、謝泉元、謝勤利、羅城合、孫貴合、雷友郎、林裕合、黄添合、黄義合、羅細義、范興合、劉永貴、李義合、李福元、古大章、楊鼎祥、温潤合、楊三合、李福郎、謝開四、鍾錦福、謝庚二、陳炳合、賴錦泰、温德麟、曾文祥、李就友、鍾振三、李元奎、廖五合、盛合、黎德三、林約合、玉記、曹義科、張大洪、黄成合、張娘賓、陳乙三、鄧勸合、李翰猷、簡學傳、李添合、洪進發、廖輝雲、李春喜、李振喜、蕭撻舞、吴慶福、劉妹合、袁縱合、袁夏樂、袁□樂、江振合、廖輝賢、李先郎、梁欽壽、黎遠香，以上各一員。

三八四　海唇福德祠大伯公碑記

【碑刻名稱】海唇福德祠大伯公碑記
【材　　質】石材
【形　　制】長方形立碑
【尺　　寸】長一百三十二厘米、寬五十九厘米
【書　　體】楷書
【碑　　額】無
【碑　　題】無
【碑文撰者】無
【碑文書丹】無
【立 碑 者】值年正、副首事廣成當、湯廣生等
【立碑時間】清同治八年（一八六九）
【存　　佚】現存
【地　　點】新加坡直落亞逸街海唇福德祠
【碑刻録文】

嘗思美於前者，固宜美於後；成於始者，尤貴成於終。兹我大伯公之有此祠也，固既歷歷有年矣。恩澤所敷，同

沾大道之化；威赫所至，共沐公正之靈。凡士商之往來，及工賈之出入，莫不交相喜焉。特以棟梁式焕，内既壯其觀瞻；堤岸攸關，外當昭其鞏固。使定中莫作，則隴畔未凝，恐難保無唇齒之患也。是以合嘉屬而連三邑，酌議捐修，襄成美舉，庶幾度此土工，築斯垣墉，則祠宇長經於萬載，俎豆永享於千秋。故將樂助芳名，盡列於鱗序之碑云。

嘉應州五屬公司喜題銀貳佰玖拾貳大元，大豐永三邑公司喜題銀貳佰玖拾貳大元，福建章芳琳、章芳元樂助邊地一片湊方。

同治八年己巳歲孟秋月，值年正首事廣成當、副首事湯廣生等仝立。

三八五　砌築地臺捐緣勒石碑記

【碑刻名稱】砌築地臺捐緣勒石碑記
【材　質】石材
【形　制】長方形立碑
【尺　寸】長一百七十八厘米、寬八十一厘米
【書　體】楷書
【碑　額】無
【碑　題】砌築地臺捐緣勒石碑記
【碑文撰者】無
【碑文書丹】無
【立 碑 者】廣惠肇信士楊奕高等
【立碑時間】清同治九年（一八七〇）
【存　佚】現存
【地　點】新加坡直落亞逸街海唇福德祠
【碑刻録文】

砌築地臺捐緣勒石碑記

砌築福德祠前地臺圍墻序

嘗思福緣善慶，德種心田。茲我惠州、廣州、肇慶府士民黎庶，雲集於斯土，商賈工匠，營業於嘉坡，神靈庇祐，共沐鴻庥。是以春祀秋嘗，峻崇典禮，梨園歌舞，慶頌神恩。惟是祠前之地，乃爲演戲酧頌之場，而地附海隅，竊恐波濤洶涌，日久傾頹，必須築砌土石，以堅垣墉，斯爲久遠之計。但祠嘗無多，難以作事；故爰集公議，開勸捐之規，載册僉題，庶幾集腋可以成裘，衆擎乃能易舉，所謂善繼者必須善承，善作者還期善述。今既蒙神靈式憑，築砌告竣，磐石鞏固，以永千秋勿替之業，頌禱酬恩，以成萬年鍾鼎之基。是以將芳名姓氏捐資次第者勒石，以垂不朽焉。

值事芳名：楊奕高、梅浩耀、李松泰、朱廣蘭、周益枝、郭洪、潘奕昌、永發廠、曹順興、湯五。

茲將捐題銀兩芳名列後：

福建長泰縣章芳林、章芳源捐地貳段；文華行捐銀九十大員；胡南生捐銀三十大員；朱廣蘭捐銀三十大員；梅遂和捐銀貳十大員；羅奇生捐銀貳十大員；堯天樂捐銀十大員；悦生號捐銀十大員；湯廣生捐銀六大員；廣裕昌捐銀五大員；李貽穀捐銀五大員；陳悦來捐銀五大員；新連香捐銀五大員；新德昌捐銀五大員；郭鴻捐銀五大員；益盛店捐銀五大員；廣茂廠捐銀五大員；永振廠捐銀五大員；梅楠瑞捐銀五大員；陳彬捐銀五大員；同安堂捐銀五大員；巨和店捐銀四大員；新南發捐銀四大員；廣永興捐銀四大員；怡怡店捐銀三大員；和珍店捐銀三大員；陳泗隆捐銀三大員；黄十捐銀三大員；新珍昌捐銀三大員；梁引捐銀三大員；楊奕高捐銀三大員；黄娣捐銀三大員；陳菊月捐銀三大員；馮怡聚捐銀三大員；廣恒發捐銀三大員；龔君晃捐銀三大員；怡義店捐銀三大員；永發廠捐銀三大員；司徒長捐銀三大員；以義店捐銀三大員；郭宏瓊捐銀貳員五角；譚合興捐銀貳員五角；龍昌成捐銀貳大員；頤壽堂、瑞月樓、新南茂、廣昌店、周益枝、生泰店、梁慶堂、全昌店、廣福店、成珍店、會仙樓、鄭廣基、梅廣益、朱觀衛、梅祖照、祥興廠、凌肇明、振發廠、錦興廠、陳蘇、鄧二嫂、廣隆廠、黃聖灼、就和店、黃四、就義店、盧錦恒、黃尊壁、楊進、永興廠，以上各捐銀貳大員；崔士、曹符昂、周達華、廣裕泰、巨發廠、陳象益、凌其益、陳積蘭、李七、胡發、郭金蘇、梁五根、陳滿英、鍾華、王敬、彩珍店、郭貴、黃初三、李業、陳蘇、曾巨泰、黃迪彰、李蘇、何九狀、梁水、梁鈞來、謝蘭桂、陳清、黃長、譚就、陸成、麥敬棟、麥順、譚景垣、馮寬、彭松、王啓興、梁珠、德興號、麥敬嚴、麥敬攝、黃名德、區長、廣德生、謝仕湛、屈錦山、龍奇康、梅希聖、龍奇煦、譚如鏡、龔添、唐正釗、伍炳、黃東興、朱昌煦，以上各捐銀貳大員；黃名衛捐銀壹員五角；郭明彦捐銀壹大員；陳其亥捐銀壹大員；冼好、老池、周三、趙同勝、梅耀極、恒泰店、陳晥尊、李貴、李竈、郭禮順、益盛店、譚起仲、莊貴德、伍敬、陳剛、葉漢、黃社、胡英旺、黃廷燻、永勝當、林餘、陳福女、利華顯、蔡光、黃彦廷、王德來、郭秀、新廣發、李進、劉平、黃四大、戴國榮、李秀、成利店、何大嫂、陳二根、梅南北、巨昌店、崔德瑞、吕德元、吴二妹、周觀遲、陳帝、永錦店、何義、戴名相、彭旺、何發順、劉開、陳細九、陳四、源盛店、梁容、怡合店、陳鈞豪、林寶、曹炳、康四、黃華有、黃朝現、何星、吴執、扶隆店、劉連、陳怡記、冼開富、李禥、李容、梅天保、蘇茂、趙錕城、薛齊靈、梁換、楊三容、劉滿、彭建南、梅天祐、音珍店、李元相、張達、周□、彭勝、陳就、陳廣盛、黃國立、扶勝店、潘奕昌、鄺瓊軒、劉良、梁好、高發廠、何彦華、黃求焜、崔南、謝松、莊進成、福祥記、遂成店、曾禮、永益店、熊嵩業、梁錦成、李盛、禤五、梅友進、周松就、梅乃瓊、黎坤、源和店、陸貴、泗盛店、天成當、郭明遠、楊金、伍自旺、龍材、黃喜、黃章秀、昌隆店、何帝、梅東瑞、黃宣盈、梁社輔、邱南、黃四姑、梅乃和、陸從基、鄭金福、陳帝簡、梁妹、陳勝、鄭林佐、三和店、張仁福、趙英享、黃宣彝、陳福祥、洗坤達、黃銀、邱二龍、梅盛、黃義、馮勝、徐連仔、梁帝添、江細汝、陳成、吉興店、周振盛、張義合、梅廣裕、張深、洗嬌、邱誠興、廣來店、曹元、馮順金、鄧文元、王貴、陳裕、邱誠照、黃聲業、黃禮尊、譚水康、梅浩耀、陳哋、洗禄、合興號、廣祥泰、黃廷義、郭運泰、區昌彪、梁帝、梁倫、黃基宏、梅耀發、劉大成、趙長榮、林銀、何明新、遠興店、江五、梅豐耀、正三福、王蘇、譚兆、邱洪英、邱明、廣豐泰、梅晚、周連、林根仔、梁嘉猷、成興厥、羅洪樂、黎寶、洗泗、陳有、劉社、阮三祝、朱粹生、盧億、何棒壁、鍾大滙、張士煜、胡齊勝、馬安、馬榮輝、胡喜、陳嗣、區文右、正三隆，以上各捐銀壹大員；萬和店捐銀陸角正；譚登記捐銀伍角正；朱章乾、朱六、郭社娣、周帝、利六、勞貴、鄭南星、周連添、羅勝常、何華、江記生、黃如、邱鑼鏈、李連、陳星、戴松、陳興貴、鄭魁、梁天送、黃基祥、麥茂、林賢、葉百歲、黃應輔、曾德洪、陳宏昌、莊有、趙集喜、陳溪、江均、陳兆南、關養、龍級、郭巳鵬、李光、梁玉、郭科、胡聖燦、馬福、林道瑞、劉公茂、張兆、謝東成、陳保、劉齊賢、李秋、周旺、郭就、郭滿、趙振成、黃榮、鄒北護、司徒國進、謝天携、邱百賢、劉疇、邱洪迪、黃貴壽、趙松阜、周盛、邱國育、曾滿、梅耀舒、薛齊振、鄺錦龍、盧根、黃世潤、謝仕、梁洪、黃求澈、何合發、劉南敬、再成店、曾敬林、何寶、曹廣祐、趙社福、周德、梁熾、曹符順、鄭南杞、黃長、趙滿、莫樹、洗容根、謝毓、黃還源、周華、何祐、劉朝會、劉群濃、黃國升、鄭子儒、黃娘勝、陳細、黃三、梁勝德、張祥業、符天思、李烈、呂其均、趙乙、李仕恩、黃帝喜、謝彥椿、黃經韶、利如南、張耀、李店、馬洪、陳炳吾、梅乃沁、羅孟書、郭鳳、林德濃、邱百相、何寅昌、榮興店、孔光顯、馬茂宗、吴添、張鷄、謝沾霖、就隆店、謝長興、郭社安、何恭卓、馮俊、梅宗勤、伍柏、黃穗、周應乾、梁澤霖、梅靈秀、馮捷泮、黃龍、趙祖星、陳有年、李達庭、李祥、謝成芳、張有、譚南、陳啓君、陳毅、陳良洽、何恭滿、馮保、梅乃學、陳女、冼朝、陳新長、陳速邦、廣綿記、陳炳林、周豐振、蘇耀榮、梁容、平安館、何七、何顯達、勞懷、阮欣、阮烈、阮重周、周燕、楊浩、趙懷邦、周良厚、鍾卓記、黃尊滄、謝占榮、利參、林百雄、梅宗德、江經世、陳良表、屈良多、何柏、江五福、曹松、謝壯晃、司徒標、何翊祖、李春、黃爵遷、曹柏子、胡金好、梁華容、李立、黃基勝、黃求延、何集燕、梅乃炳、羅遠、梁齊、陳家銘、梁四叔、陳觀妹、張仁振、何恭宏、魏就、鄭容妹、林華秋、范懷記、黃東、鄧秉添、黃英賢、謝壯錦、譚安、陳聖揚、李穗、黃經術、陸其進、曹超、余南華、黃朝燮、周振業、蒙昆、陳女、陳華社、郭洪祐、梁紹、夏年、思榮、夏德照、梁進、司徒興、林蝦、梁就、饒勝、彭貴、李池安、趙松興、黃優福、李連遇、黃華興、譚泗彬、譚炳潤、董福、鄭清泉、陳豪光、黃祐德、司徒益、李齊均、梁遠球、司徒祐、羅寬、麥堂、黃寶、湯禧益、黃如旺、黃子盈、黃有添、譚華宣、陳燦、陳文在、陳有德，以上各捐銀壹中員；吳竹梅、鍾甲合、何社炳、陳悅來、司徒杜、龔龍春、何有才、伍柏、司徒京、曾連勝、何有福、梅乃學、司徒炳、譚柏遇、黃四妹、梅達遠、司徒明德、劉四連、陳允奕、梅就遠、湯進、何高榮、陳流、伍阿旺、司徒仟長、朱茂鈞、麥泰、梅耀英、司徒明祐、黃茂、孫阿樹、陳連、麥兆京、梅澄源、李邦、陳宜健、黃庚酉、鍾旺、黃丙子、曹鳳臺、陳泗明、黃延溥、羅右合、黃齊、馮子英、黃乃積、劉秋、陳夢英、歐林、區信鴻、譚女永、區信照、譚兆佳、區尾、李垣、梅優、吳長連、黃錦、黃齊樂、陳梓潼、伍享、周社、劉福壽、梁齊盛、林池、周自仁、謝如松、周有、陳良鎰、李秋，以上各捐銀□□□。

同治九年仲秋吉日勒。

三八六　海唇福德祠二司祝訟公碑

【碑刻名稱】海唇福德祠二司祝訟公碑
【材　　質】石材
【形　　制】長方形立碑
【尺　　寸】長九十九厘米、寬七十厘米
【書　　體】隸書
【碑　　額】無
【碑　　題】無
【碑文撰者】無
【碑文書丹】無
【立 碑 者】廣惠肇、嘉應、豐永大等
【立碑時間】清光緒十二年（一八八六）
【存　　佚】現存
【地　　點】新加坡直落亞逸街海唇福德祠
【碑刻録文】

立合約人：廣惠肇、嘉應、豐永大等，緣因海唇福德祠内二司祝争鬧，嘵嘵不休，致訟公庭。蒙總巡捕、護衛司二位大人提訊在案，隨轉諭兩造申商秉公妥辨，玆已平允，各無异詞，此後共敦和睦，永相親愛，特立明字存據。

謹將章程列左：

一議，所有入廟參神寶燭香油等項，及內外題福、潮、海南幫所捐簽之銀，概歸入廟當，不許投充，以免滋事；

一議，衆請司祝四人，廣幫二名，嘉應、豐永大幫二名，其人歸值年爐主酌請；

一議，廟內出息或不敷用，由兩籍均派，各沾壹半；

一議，司祝工食，俱由廟內出息支給；倘有藉端滋事，值年爐主集衆處革。

大英壹仟捌佰捌拾柒年然花里拾貳號，清光緒拾貳年拾貳月拾九日。

廣惠肇梅照、何柱，嘉應湯璋會、張族昌，豐永大余宰兆、李書祥、陳立厚、歐陽虞廷、梁福來、陳觀保等仝立。

三八七　恒山亭碑

【碑刻名稱】恒山亭碑

【材　質】石材

【形　制】長方形立碑

【尺　寸】長二百二十九厘米、寬一百零四厘米

【書　體】楷書

【碑　額】雲卷紋

【碑　題】恒山亭

【碑文撰者】無

【碑文書丹】無

【立 碑 者】薛文舟

【立碑時間】清道光十年（一八三〇）

【存　佚】已毀

【地　點】原碑曾立於新加坡石叻路恒山亭

【碑刻録文】

夫叻州者包絡山川，控引武壟，商賈於兹千倉萬箱，是皆地之鍾靈，水之毓秀者也，爰有人衆之盛如此。然而托足异國，昔人所悲，猶未旋返，莫可以期，存則榮歸，没則旅瘞。眼見恒山之左，疊疊佳城，疊疊阪墟，或家鄉遠阻，吊祭不至；或單形隻影，精魄何依；飲露殖風，誠無已時。每值禁烟令節，一滴之到夫誰與主，令人不勝感慨繫之矣。是以會同人效文正公之妙舉，建亭於恒山之麓，以備逐年祭祀，少表寸誠。今將芳名共列于左，以垂不朽，爲之序云爾。

大董事陳送觀、高福元、薛佛記、瑞茂號、振源號，總理張績觀、王猜老、高修詞、周正春、陳篡觀。

薛佛記共捐金柒佰陸拾四元貳角伍、陳送觀捐金伍佰貳拾元、蔡滄郎捐金肆佰大元、高福源捐金叁佰大元、龔光傳捐金貳佰大元、陳有郎捐金貳佰大元、林瀶觀捐金壹佰陸拾元、曾青山捐金壹佰貳拾陸元、楊佛應捐金壹佰貳拾元、陳果能捐金壹佰貳拾元、蔡延齡捐金壹佰貳拾元、林乘麟捐金壹佰大元、楊金水捐金壹佰大元、徐欽源捐金壹佰大元、陳卓生捐金捌拾大元、王猜老捐金捌拾大元、張續觀捐金捌拾大元、周正春捐金捌拾大元、陳篡觀捐金捌拾大元、楊清海捐金捌拾大元、劉沛良捐金捌拾大元、葉抵觀捐金陸拾大元、薛文仲捐金陸拾大元、陳文源捐金肆拾大元、楊鐵觀捐金肆拾大元、胡魁元捐金肆拾大元、高梓是捐金叁拾大元、李映觀捐金叁拾大元、陳三柔捐金叁拾大元、林在觀捐金叁拾大元、梁壬癸捐金叁拾大元、王瑱觀捐金叁拾大元、高修詞捐金貳拾四元、許芳隆捐金貳拾四元、高福章捐金貳拾四元、周智觀捐金貳拾四元、鄭榮華捐金貳拾四元、薛榮山捐金貳拾四元、湯赫觀捐金貳拾四元、陳應策捐金貳拾四元、曾位珍捐金貳拾四元、鄭登州捐金貳拾四元、黄竟成捐金貳拾四元、陳周南捐金貳拾元二木、陳合意捐金貳拾大元、邱瑞鵬捐金貳拾大元、周梅觀捐金貳拾大元、林葉華捐金貳拾大元、陳振記捐金貳拾大元、王伯梅捐金貳拾大元、黄乙觀捐金貳拾大元、翁如水捐金貳拾大元、陳振旭捐金壹拾伍元、蔡其鄉捐金壹拾伍元、蔡相甫捐金壹拾伍元、曾福星捐金壹拾伍元、何文信捐金壹拾伍元、劉沛静捐金壹拾伍元、蔡滄明捐金壹拾貳元、陳國朝捐金壹拾貳元、曾安成捐金壹拾貳元、余賀生捐金壹拾貳元、林光宿捐金壹拾貳元、謝寶泉捐金拾貳元、何棟梁捐金拾貳元、黄朱薇捐金拾貳元、陳天泉捐金拾貳元、曾梅生捐金拾貳元、蔡禾觀捐金拾貳元、高銀河捐金拾貳元、魏三杰捐金拾貳元、龔盾觀捐金拾貳元、鄭元生捐金拾貳元、莊永觀捐金拾貳元、陳知生捐金拾貳元、曾利泗捐金拾貳元、謝寶榮捐金拾貳元、陳武略捐金拾貳元、陳振觀捐金拾貳元、王傳觀捐金拾貳元、梁天成捐金拾貳元、謝玉田捐金拾貳元、曾佳生捐金拾貳元、周陶觀捐金拾貳元、蔡滄山捐金拾貳元、何達知捐金拾貳元、沈允觀捐金拾貳元、林沛傳捐金拾貳元、戴玄黄捐金拾貳元、周定國捐金拾貳元、蔡邊珠捐金拾貳元、陳活潑捐金拾貳元、楊篤觀捐金拾貳元、黄光淵捐金拾貳元、徐天喪捐金拾貳元、郭梓華捐金拾貳元、楊西觀捐金拾貳元、陳天成捐金拾貳元、黄奏凱捐金拾貳元、邱長觀捐金灰計二車。

時道光拾年歲次庚寅蒲月　日，薛文舟勒石。

三八八　恒山亭重議規約五條木牌

【碑刻名稱】恒山亭重議規約五條木牌

【材　質】木材

【形　制】長方形横牌

【尺　寸】長七十五厘米、寬五十三厘米

【書　體】楷書

【碑　額】無

【碑　題】無

【碑文撰者】無

【碑文書丹】無

【立 碑 者】董事總理會同爐主頭家及漳泉諸商衆等

【立碑時間】清道光十六年（一八三六）

【存　佚】現存

【地　點】新加坡南安會館

【碑刻録文】

兹將《恒山亭重議規約》有五列于左：

第壹條：清明祭祀，前有備筵請客，每常浩繁生端，故後人畏事，不敢承受爐主。今經衆議：敬神既畢，免用請客之禮，可將牲醴果品等物，歸付爐主頭家，分派均用，并議決清明擲筶交過新爐主頭家。

第貳條：中元普渡，當俟四點敬神，俟至七點徹俎；不可於白晝致祭，實於幽明不便。

第叁條：中秋佳節，頭家爐主捐緣金備辦牲醴對象祀神，既徹，可將福物收在爐主之家，邀請衆頭家同享神歆之福；所捐緣金，開費之外，有存銀員概交本亭和尚收爲備辦紅烟老葉茶等件，以供爐主全年祭祀及待客不時之需。凡值清明普渡二次出榜者，和尚當自辦便以待。至於本冢之墳墓，宜早晚照顧巡查，免被禽獸毁壞。如是不遵者，或禮罰，或革出，皆從公議，决不寬情。

第肆條：凡清明節、七月普渡、中秋佳節，一概不許閑人在亭内及亭外左右私設寶場，以亂規模。倘有不遵者，請褒黎大狗嗎礁來，挪交褒黎主責罰。又不許亭内和尚設賣鴉片烟，并不許在亭邊左右設賣鴉片烟館。如有妄行不遵者，被衆查知，將和尚革出，將烟館拆毁，决不容恕。

第伍條：恒山亭之香資，和尚於每月朔望日落坡捐化，而逐年唐船、暹船、安南船及外州郡之板船、雙層船等平安抵叻者，公議唐船凡漳泉者，每隻船捐香資宋銀四大員，其船中人客募化多寡隨其發心。如暹船、安南船及外州郡之板船、雙層船暨各號等船，不論船之大小，但論船屬漳泉者，議定每隻船捐香資宋銀二大員。若屬本坡之船每年捐化香資一次，倘有船主不尊者，若遇其船中頭目、伙計或有身故者，公議不許附葬於本冢山，着本亭和尚阻止。如漳泉人等有身故要附葬於本冢山者，務必到值年爐主處取單，帶交與本亭和尚爲憑；如無取單爲憑，亦着和尚阻止。

已上所議規約務宜凛遵，毋怠毋忽。

道光歲次丙申臘月穀旦，董事總理會同爐主頭家及漳泉諸商衆等公白。

三八九　恒山亭重開新冢布告事碑

【碑刻名稱】恒山亭重開新冢布告事碑
【材　質】石材
【形　制】長方形横碑
【尺　寸】長一百零二厘米、寬六十三厘米
【書　體】楷書
【碑　額】無
【碑　題】恒山亭重開新冢布告事碑
【碑文撰者】無
【碑文書丹】無
【立 碑 者】漳郡蒲邑薛佛記
【立碑時間】清道光二十六年（一八四六）
【存　佚】已毀
【地　點】原碑曾立於新加坡恒山亭
【碑刻録文】

爲重開新冢具白布告事

竊謂冢山之建，蓋係仁人惻隱之心，欲俾死者所賴以安也。今觀夫恒山舊冢，因山地狹隘，歷年久遠，是故墳堆累累，疊成魚鱗，東西界限之内别無罅隙可尋，仁人君子一經觸目，寧不中心忉怛哉。爰是公議再建一山，地名柑仔園，涓此十月十二日吉辰，預備牲牷禱告山靈：厥後凡係福建人，倘有不測可從而葬焉，務依舊冢規例，仍向恒山亭爐主給字，然後舉行。兹已各事完竣，合應具白布告。本亭公議：凡有葬新冢山，定限每穴貳丈貳尺四方爲度，不得多占公司之地，又白。

道光貳拾六年葭月十日立，董事人漳郡蒲邑薛佛記謹立。

三九〇　重修恒山亭碑記

【碑刻名稱】重修恒山亭碑記

【材　　質】石材

【形　　制】長方形立碑

【尺　　寸】長二百三十四厘米、寬一百一十四厘米

【書　　體】楷書

【碑　　額】無

【碑　　題】重修恒山亭碑記

【碑文撰者】永春林一枝

【碑文書丹】無

【立 碑 者】薛茂元等

【立碑時間】清光緒五年（一八七九）

【存　　佚】已毀

【地　　點】原碑曾立於新加坡恒山亭

【碑刻録文】

重修恒山亭碑記

恒山亭者，爲妥冢山諸幽魂而作也。道光十年，文舟薛公董其事，暨同志諸公籌貲創建於星嘉坡舊冢山之麓。去坡三里許，枕山襟海，虎踞龍蟠，右則柔佛巴魯霧列，左則荒冢星羅，雖非山水形勝之區，頗負靈秀鍾毓之异，祀福德正神於亭中，復募僧以奉香火。自是以來，閩之商旅是邦者，彌覺富有日新，而祈禱斯亭者，亦見熙攘輻輳，信乎地之靈人斯杰也！迄今四十餘載矣，日徵月邁，雨蝕風殘，山川如故，廟宇改容。幸茂元君爲文舟公令嗣，有志修葺，遂以重新義舉，商於諸君，僉曰善善。乃相與捐金諏吉，革故鼎新，規模概依舊制，氣象不減當年。又見新冢山路徑崎嶇，往來甚苦，不惜浩工巨費，修築坦平以便行者。是役也，喜文舟公之有衆賢子，而又喜諸君之有善心焉！願後世登斯亭者，顧名思義，景仰前徽，傳斯亭日新又新，恒久不已，則當年名斯亭之深意，庶乎幾矣。兹者重修事竣，捐題芳名，宜備泐石，爰志數言，以垂不朽云爾。

大董事：薛茂元捐金捌佰元、林素蘭捐金陸佰元、陳明水捐金陸佰元、許行雲捐金陸佰元、龔淑惠捐金肆佰元、誰如號捐金肆佰元、林長水捐金肆佰元、王九河捐金肆佰元、邱正忠捐金肆佰元、陳金殿捐金肆佰元、陳桂蘭捐金肆佰元、楊金重捐金壹佰貳拾元、黄元和捐金壹佰貳拾元。大總理：高自得捐金貳佰四拾元、林生財捐金壹佰貳拾元、林榮美捐金壹佰貳拾元。信士：謝仍興捐金陸佰元；協振號捐金貳佰廿元；王滄周捐金貳佰廿元；豐源號捐金貳佰元；宋鶴鳴捐金壹佰六十元；洪振盛號捐金壹佰五十元；李振裕號捐金壹佰廿元；德源號捐金壹佰廿元；萬安號捐金壹佰廿元；王有海捐金壹佰廿元；陳金淵捐金壹佰廿元；陳□□山捐金壹佰廿元；章苑生號捐金壹佰元；邱清祝捐金壹佰元；宋長溪捐金壹佰元；李文明捐金捌十五元；黄霞玉記、萬山號、邱事成棧、春成號、邱瑞隆號、李清池，以上各八十元；陳元德捐金七十元；上林號捐金六十四元；廣福生、謝傳臚、興裕號，以上各六十元；龍崗公司捐金五十貳元；新恒順號、陳振元、范榮吉，以上各五拾元；陳春號、李善嘉，以上各四十八元；陳振成號、瑞春號、益源號、長源號，以上各四十元；林光笑捐金卅六元；豐吉號捐金卅貳元；洪盛振號、新振祥、瑞源號、吴水我，以上各叁十元；源安公司捐金廿八元；蔡捷勝號、林景祥、蕭長夏、侯清水，以上各廿五元；陳水源、陈允吉、陈允川、陳福英、陳英杰、新長盛號、楊長春號、順吉號、合吉號、永泰號、正源號、開盛號、陳百鶴、邱崇文、黄文法、鍾有成、鄭廣榮、瑞安號、成興號、錦山號、美茂號、楊佛敬、楊芳蕤、蔡貢生，以上各廿四元；陳振興號、新合發號、蔡長泰號、陳恒盛號、萬福昌號、鴻美號，以上各廿元；謝福賓、鄒錦祥、顔擬，以上各十八元；陳再成號、開茂號、合春號、豐昌號，以上各十六元；邱源興號、協利號，以上各十五元；振美利船、蔡開元號、馮德興號、薛錦興號、陳恒興號、傳成源號、温振泰號、新美祥號、新瑞合號、新萬發號、楊恒茂號、楊瑞泰號、萬興號、裕安號、德安號、順安號、順福號、長美號、協美號、協利號、協裕號、源裕號、復成號、瑞成號、瑞益號、豐春號、合春號、楊光喜、楊仕賢、陳清流、陳丁利、陳瑞芳、陳允順、陳桂林、陳武杰、陳岩、陳秀、林馮彭、林百老、林正堂、王秉春、王蓮藕、黄純禮、黄發成、黄紹基、梁澤林、顔福寧、趙錦順、開泰號、甘水生、何銀鑾、葉馮超、葉暖、鄭慶祥、柯富春、蔡鵬南、蔡古順、德發棧、鍾安然、邱清儔、魏丕承、朱協利、馬清水、張先寵、許友仁、吴水我、蘇宗漢、同心堂、張光寵，以上各拾貳元。

總共計收捐金壹萬貳千零玖拾伍元。

永春林一枝敬撰。時光緒伍年歲次己卯孟夏月穀旦吉立。

三九一　重修恒山亭續上碑

【碑刻名稱】重修恒山亭續上碑

【材　　質】石材

【形　　制】長方形立碑

【尺　　寸】長一百二十二厘米、寬六十六厘米

【書　　體】楷書

【碑　　額】無

【碑　　題】重修恒山亭續上碑

【碑文撰者】永春林一枝

【碑文書丹】無

【立 碑 者】薛茂元等

【立碑時間】清光緒五年（一八七九）

【存　　佚】已毀

【地　　點】原碑曾立於新加坡恒山亭

【碑刻録文】

重修恒山亭續上碑

承首碑共收捐金壹萬貳仟零玖拾五元。再發號、侯和海，以上各拾元；恒隆號捐金捌大元；新瑞和號、新振源號、陳恒成號、陳開成號、源成美號、會龍山號、林東成號、林新同鎰、藏興號、綿興號、長來號、福源號、恒順號、同美堂、同慈堂、蔡悦宣、謝龍泉、黄明山、林大閂、戴河水、鄭天全，以上各陸元；李藏裕號、新源順號、新順源號、新錦豐號、長發成號、洪協發號、瑞怡泰號、和泰公司、尤新合裕、蘇新和茂、葉合昌、恒興號、茂興號、怡興號、發興號、泰興號、新隆發、綿春號、柔遠號、合成號、泉順號、怡泰號、錦源號、薛元喜、謝啓對、和合號、合利號、東成號、協盛號、怡和號、生德居、林應簡、魏至瑾、捷利號、泉豐號、德美號、安發號、瑞美棧、鍾清波、陳元吉，以上各四元；新源發號、蘇開順號、錦協盛、德隆號、頂發號、億興號、捷成號、慶安號、新長成號、何錦昌號、協利號、合裕號、成發號、裕興號、源春號、廖天元、蔡長泰號、金振昌號、協隆號、合發號、晋發號、捷興號、榮裕號、林錦美，以上各三元。

總共計收捐金壹萬貳仟伍佰三拾四元，承柴碑計收捐金貳佰九拾貳元五角正，貳大條合共收大銀壹萬貳仟九佰廿四元伍角。

開買楹柴枋桷什柴共去大銀九佰七十乙元零七占、開買磚砙灰石沙塗共去大銀壹仟伍佰六十乙元零乙占、開還塗水柴工包工共去大銀三仟肆佰七十四元五角五占五、開還各税什費等項共去大銀陸佰九十元零伍角四占、開還花木包工漆料共去大銀貳佰零捌元三角八占、開還諸辛金并什工共去大銀壹仟貳佰七十貳元乙角五占、開修理新家路并橋共去大銀壹仟捌佰卅壹元貳角六占五、開做慶成建醮各費共去大銀壹仟三佰拾三元壹角四占五、開做石碑横碑工資共去大銀壹佰貳拾乙元九角五占，總共開費去大銀壹萬壹仟四佰四十四元五占。

時光緒伍年己卯孟夏穀旦。

三九二　二泊那福德堂二拾八宿解斷筶詩牌

【碑刻名稱】二泊那福德堂二拾八宿解斷筶詩牌
【材　質】木材
【形　制】長方形横牌
【尺　寸】長一百五十二厘米、寬八十六厘米
【書　體】楷書
【碑　額】無
【碑　題】二拾八宿解斷筶詩
【碑文撰者】無
【碑文書丹】無
【立 碑 者】福德堂弟子許錦章
【立碑時間】清道光十一年（一八三一）
【存　佚】現存
【地　點】印度尼西亞中爪哇二泊那福德堂
【碑刻録文】

一號

聖聖陰：角聲三弄響，無雪自心寒；勸君休愁慮，合營人馬安。

解曰：貴人扶持，諸事有理；眼前未遂，日後遇時。前程得路，喜得平安；骨肉和順，到老雙全。

斷：婚好，病安，孕男，求財得，行人至。

二號

聖聖陽：亢宿屬金龍，常行子丑宮；暗藏身在未，急急避他鄉。

解曰：缺月團圓，枯水再生；漫行三步，諸事難成。千年古鏡，改舊重新；三人和合，依然收成。

斷：病安，行人至，所求不吉，婚未成。

三號

陰陰陽：低頭偷舉眼，暗想好佳人；君與相談話，只恐未成親。

解曰：往去心事勞心費力，求財問事退步向頭；家門無氣財散人亡，食無求飽居無求安。

斷：訟無，病無，婚難，財無，行人未至。

四號

陰陽陰：房中生瑞草，孕婦喜臨盆；合眷皆來慶，麒麟是子孫。

解曰：牛郎織女難曾坐期，七夕相見後有分明；好事難得不可向前，向東望月日落西山。斷：訟吉，病無，行人吉；行未至，財無。

五號

陽陰陰：心事未分明，又恐被鬼驚；細思難解救，暗路失明燈。

解曰：人逢於善惡事莫作，不必憂愁自有貴人；作事如何勞心費力，休貪他馬失了自牛。

斷：求財有，婚不成，人未至，孕生女。

六號

陰聖聖：尾與頭相似，不寒亦不温；行人須且止，宿客便尋村。

解曰：閑事遲疑言三話四，眼前未遂日後遇時；先取其長後取其短，雲開見月依舊光輝。斷：財有，人至，病安，婚不成，求而得。

七號

陽聖聖：箕帚是夫妻，掃盡垢濁泥；一朝入王殿，便得貴人提。

解曰：

家閑見好身閑不間，求神作福老少平安；知足常足自然有福，有種有收失物有尋。

斷：財有，婚好，病安，事成，行人至。

八號

陽陽陰：斗秤不公平，恐他不至誠；兩邊交易了，到底亦相争。

解曰：凡事如求摘物在手，無根之物如何得久；毋失和氣不遇春時，人言以後且宜退步。

斷：財無，物失，事凶，婚不成，人未至。

九號

叁陽：牛飽欄中眠，牧童在眼前；若人知得我，快樂似神仙。

解曰：一尾金鱗變化成龍，西遂有路直上青天；半途走馬順水行舟，龍蛇有變滴水成田。

斷：財好，婚不成，行人至，病凶，訟不吉。

十號

叁陰：女子覓良媒，通情便得成；相看談未了，好事自天申。

解曰：啞子得夢有□難，病者難救失物難；暗處穿針自不知，雖然有路只得小。

斷：孕女，財無，婚難，物不見，行未至。

十一號

聖陰聖：虛心多感應，汝必用處誠；所求皆稱遂，頗知有汝情。

解曰：皎月當天却被雲遮，雲開見月依舊光輝；前世姻緣萬物來往，今生得樂子母雙全。

斷：訟吉，財無，行至，婚不成，孕生女。

十二號

陰聖陰：危途實可憂，未免得無愁；細思千里外，山水兩悠悠。

解曰：他要進前汝要退後，事有難言大家相操；夢中得寶醒後全無，水中摸針費盡工夫。斷：訟凶，財無，行不吉，婚不成，孕生女。

十三號

陽陰陽：室家事已成，四序盡和平；若要心頭快，青雲足下生。

解曰：好枝花柳雲裏逢避，冬天開花不遇春時；只宜退後不可向前，只宜守舊免得災殃。

斷：孕生男，行人至，財有，婚成，病得安。

十四號

陰陽陽：璧月挂雲間，游魚上急灘；欲捉魚與月，上下兩艱難。

解曰：天地有變龍門未開，勸人守待好事未來；金龍未變中在江湖，東風不遂不遇南陽。斷：病有，財無，行未至，婚不成，孕生女。

十五號

聖陽陽：奎星報與君，汝且听知聞；上看十一□，下看十八分。

解曰：勸贊詩書功名不誤，今朝得意青雲得路；開山得寶經紀得財，六甲生男緣分終成。

斷：行路至，病和；失物有，求財無。

十六號

聖陰陽：妝女頭戴米，身穿子路衣；人人皆道是，我且猶堪疑。

解曰：人生作事日用無私，貴人和合可遇公侯；終日期曾用力有功，前程有分營謀皆通。

斷：訟吉，婚好，病安，求財有，行程吉。

十七號

聖陰陰：胃肚脉和調，安身睡一宵；任他兵馬動，我且自無聊。

解曰：凡事悠悠未得成就，只有耐心依然如舊；寬心寬懷福祿如來，守舊當强割肉成瘡。

斷：訟吉，病安，財有，行人未至，失物可尋。

十八號
聖陽聖：昴星頭戴日，炎威亦不多；欲超去附搖，終久被他磨。
解曰：鑿石見玉淘沙見金，金爐瘩火氣象皆新；工夫艱難小船過灘，前程有路貴人相攀。
斷：訟凶，病安，孕男，求財無，婚好。
十九號
聖陽陰：畢竟西風起，定招遠客驚；秋來休嫌冷，惟有月華明。
解曰：人生老弱秋後扇涼，雖然命好馬凄毛長；金生得水晚景平安，積善之家到老雙全。
斷：訟凶，病安，財有，行人未至，婚好。
二十號
叁蓍：嘴舌昆山玉，凡人知吉凶；勸加念退步，恐久埋坑中。
解曰：神龍戰野其血玄黃，吉者得之難免災殃；北斗縷臨諸事近通，行人未至詞訟可進。
斷：訟吉，病安，孕女，財無，行人未至。
廿一號
叁聖：參宿元來吉，勸君不用疑；所求皆稱遂，好事大家知。
解曰：一枝好花芳菲爛漫，未曾結實狂風吹散；貪生怕死用力無功，久遠多在依事相向。
斷：訟凶，病安，財有，行未至，孕生女。
廿二號
陽聖陰：井泉清且甘，董風便是南；呼童來取水，躍出步高岩。

解曰：前程作事虎戲龍呼，饒人一步不可進前；作事相信不須煩惱，若要事好須問月老。

斷：訟凶，病安，行至，求財有，孕生女。

廿三號

陰聖陽：鬼祟作灾殃，關防守看羊；火中躍出馬，四蹄却無傷。

解曰：家門和好得財逢吉，病者安身因禍得福；知則心正行路遠歸，老者得福少者得祿。

斷：訟吉，病安，財有，行人至，物可尋。

廿四號

陽聖陽：柳絮舞春風，向西又向東；行人開口笑，可作老來翁。

解曰：遠望行人千山萬水，三朝五日終久相逢；若問前程得遇貴人，好人相逢問事得成。

斷：病安，訟凶，財有，行人至，婚宜成。

廿五號

陰陰聖：星辰光燦爛，河溪一路通；牛女終相見，泪後各西東。

解曰：凡事煩惱如船過灘，雖然得過見盡艱難；西南有路終不相親，病亦難救失物難尋。

斷：訟吉，病凶，財無，行未至，婚不成。

廿六號

陽陽聖：張舍出賢人，流傳代代新；到頭歸澗谷，此事實爲真。

解曰：喜遇天時好時正開，大凡作事萬事遲疑；前人種果後人得收，當時進步退後難留。

斷：孕女，訟凶，財無，行未至，婚不成。

廿七號

陽陰聖：翼飛萬里程，引去在雲塵；一旦風雲起，身歸黑裏沉。

解曰：喜氣欣欣宅舍興修，枯木再生又遇東風；開花結子枝枝相宜，星辰出初有功之日。

斷：訟吉，病安，行未至，財有，孕生男。

廿八號

陰陽聖：軫當念八位，思想不甘心；有話無相合，枉然□自吟。

解曰：世事朦朧天理分明，勸加遲慢是付寬心；山高水流日照在岸，人在其中百事宜成。

斷：病安，訟凶，行至，求財有，孕生男。

弟子許錦章敬立，大清道光辛卯年端月吉置。

三九三　安恤福德神廟建修碑

【碑刻名稱】安恤福德神廟建修碑
【材　　質】石材
【形　　制】長方形立碑
【尺　　寸】長七十二厘米、寬四十八厘米
【書　　體】楷書
【碑　　額】無
【碑　　題】無
【碑文撰者】無
【碑文書丹】無
【立 碑 者】特授巴國媽腰陳一礜
【立碑時間】清道光十九年（一八三九）
【存　　佚】現存
【地　　點】印度尼西亞雅加達安恤大伯公廟
【碑刻録文】

安恤福德神護庇巴人，聲靈赫濯矣。余海是邦，深資默相，有祈禱罔不效。但歲月久深，風雨剥落，其廟之外門壞矣，一帶木欄及旗杆朽矣，焚金之塔亦殘矣。余念神功，期修此報之。迨觀其殿宇及兩旁所有之室，其墻壁瓦礡皆剥蝕、銷鑠、蠹齧綫穿，岌岌乎有不克久之勢。此而不遽修之，其崩塌可立待也。於是概舉而修之。鳩工庀作，敝者易，壞者理，雖無丹青黝要，而綢繆補葺務期鞏固。凡兩閱月，厥工告竣，計費白金八百零四盾一六，而廟貌依然壯觀也。嗟乎，前人建之，後人修之，固其宜也，况沐其庥者乎。然今修之，過此以往，能保其永貞不壞乎，則修舉廢墜，又深有望於將來之人也。故志之。

道光十九年歲次己亥陽月，特授巴國嗎腰陳一譽立。

三九四　重修安恤大伯公廟碑

【碑刻名稱】重修安恤大伯公廟碑
【材　　質】石材
【形　　制】長方形立碑
【尺　　寸】長七十八厘米、寬五十二厘米
【書　　體】楷書
【碑　　額】無
【碑　　題】無
【碑文撰者】無
【碑文書丹】無
【立　碑　者】特授瑪腰許金安等
【立碑時間】民國十二年（一九二三）
【存　　佚】現存
【地　　點】印度尼西亞雅加達安恤大伯公廟
【碑刻録文】
竊聞安恤之福德正神廟建置於大明之末，迄今經有壹佰餘年，乃吧城四大廟之一也。前我華先游到此丘者，創之於始；而後游者華僑鋭行古人之遺風，保留古迹，以顯福神之威靈。夫如是者，能體前人之心神，斯爲紀念而致其誠也！蓋迨至大清道光拾九年，公堂大瑪腰陳公一譽經已修葺矣。前後亦有次第修復，然爲時景變遷，風雨肅殺，廟宇之壯麗，墻壁之堅固，不能無破壞之虞。誠哉孟子言：「苟得其養，無物不長；苟失其養，無物不消。」茲於民國十二年賴吧城公堂之櫃項，議舉復行整理，修補更漆，以壯觀瞻，以禮福神。則我等僅能繼述前人之志可也，是爲序云爾。

至聖貳仟四佰七十四年正月十五日，西曆壹仟玖佰貳拾叁年三月初二日，公堂總理、特授瑪腰許金安等仝立。

三九五　安恤大伯公廟完成水電工程牌

【碑刻名稱】安恤大伯公廟完成水電工程牌
【材　質】木材
【形　制】長方形横牌
【尺　寸】長八十厘米、寬四十五厘米
【書　體】楷書
【碑　額】無
【碑　題】無
【碑文撰者】余樹根
【碑文書丹】黄天柱
【立 碑 者】安恤大伯公廟董事部
【立碑時間】一九七四
【存　佚】現存
【地　點】印度尼西亞雅加達安恤大伯公廟
【碑刻録文】

安卒大伯公廟建立久遠，巍峨田野，龍氣浩然。顯赫威靈，普濟群生，遍施福澤，廣布人間。前人創廟之以前，後人修葺之以後，自古皆然。溯立廟以兹，年代悠久，期間曾無數次輪興常新，最近再加修葺竣工，廟貌一新，唯無水無電。每當朔望之期，善男信女拈香禮神，諸多不便。鄙人感念及此，乃發起募集緣金，完成水電工程。懇望善男信女，佛門子弟樂善捐輸，冀可集腋成裘，以成其事，神靈顯赫，必以相庇護也。是爲序。

弟子余樹根志，黄天柱書，一九七四年五月廿九日。

衆善信樂助芳名列後（恕不稱呼）：

速速騎汽車代理商、高百家大酒樓、Suzuki Service Centre、金山樹膠廠、亞細亞藥行、飛馬漆廠、東泰公司、余育頌、蕭崇文、梁宏宋、廖松桂、吴國昌、林敦聰、鍾耿良、林永元、黄桂芳、陳子興、李國洲、陳雀盛、林榮岳、星南號、李德旺、李漢林、連寶懷、楊金鋒、李光烈、李萬章、丘仁杰、盧植良、李震君、古明節、徐孟權、熊炳芳、徐瑞征、林鐵、廖鳳琴、林敦禎、潘振剛、葉田算妹、饒森興、鍾順文、劉雲妹、邱李蕙蘭、余樹根、梁喜權、何乾如、熊國珍、李卓亨、李國英。

三九六　勿里碧福德廟同興廟宇牌

【碑刻名稱】勿里碧福德廟同興廟宇牌
【材　質】木材
【形　制】長方形橫牌
【尺　寸】長一百六十厘米、寬五十六厘米
【書　體】楷書
【碑　額】無
【碑　題】同興廟宇
【碑文撰者】無
【碑文書丹】無
【立 碑 者】直葛峨羅抹里人
【立碑時間】清咸豐四年（一八五四）
【存　佚】現存
【地　點】印度尼西亞中爪哇勿里碧福德廟
【碑刻録文】

特授甲必丹陳昆淮捐金貳佰盾；欽賜雷珍蘭林光表捐金壹佰貳拾盾；鄭汶觀捐金壹佰柒拾盾；抹淡板光定刹力□捐金壹佰伍拾盾；戴霓觀捐金壹佰貳拾盾；家長梁志老捐金壹佰盾正；許彪觀捐金壹佰盾正；永興公司捐金陸拾盾；林鶴鳴、劉江山，以上二人各捐金叁拾六盾；陳得駕、倪元彪、趙陣觀、林信義、周三韜，以上五人各捐金叁拾盾；鄭文英、黃振興、黃超生、蘇振觀，以上四人各捐金伍拾盾；謝景招、謝粒觀、陳青松、黃趁榮、蘇應順、邱朝陽、林蘭亭，以上七人各捐金四拾盾；沈元芳、林光蔭、蔡天水、邱景良、陳啓容，以上五人各捐金貳拾五盾；許尚觀、邱文重、許晚觀、蘇錦水、林鶴寧、郭葛周、陳送觀、陳鳥觀、楊山觀、許才觀、李心觀、鄭十一、韓焕觀，以上十三人各捐金貳拾四盾；李海瑞、陳文觀、連小迭、黃允富、陳應瑞、宋庵觀、林福溪、陳登臨、陳添丁、陳招盛、蘇丁陽、陳件觀、黃顯祖、黃明士、陳容安、蘇初吉、林光强、陳南面、蘇寒觀、梁杭觀、劉一瑞、謝宇觀、曾先生、陳雅南、珠爺林文蘭，以上廿五人各捐金貳拾盾；周成邦捐金拾八盾；陳尚勇、林田觀、林公候、翁盂良、范國朝、林第六、雍瑞觀，以上七人各捐金拾六盾；陳廣枝、顏宗添、蔡葛生、蔡文沛、蔡天色、林百適、陳李觀、陳春熙、林百忍，以上九人各捐金拾五盾；林金波、林芳泰、尤振謨、林禧口、許現龍、陳客川、許閏德、蘇黎觀、陳剪觀、許尚觀、許錦龍、戴裕觀、黃榮觀、謝景泰、陳枝變、陳閣觀、林和水、梁元瑞、蘇光端、陳祈祥、蘇玉堂、蘇先老、謝景德、郭岩忠、陳小卿、鄭呈觀、曾潤澤、周加誥、紀天成、連瑞源、蔡嵩觀、歐鶴生、陳金水、林就觀、黃大章、李潛觀，以上卅六人各捐金拾貳盾；吳再生、黃鮮觀、吳近觀、黃順風、陳奇祝、曾日生、林馬信、黃沃水、戴武鄺、高春色、許民觀、戴明月、張福觀、李珠池、黄江水、王長觀、楊祢壽、林慶和、鄭禄民、陳偶美、黄俊觀、陳祈奚、葉光觀、許回彬、金賢得、林書觀、謝國順、□孟五、陳庚魯、陳光位、蘇哇□、陳芳明、王真求、曾剪益、林薫觀、鄧金章、蔡傅先、林讀觀、鄭霜觀、陳贊龍、林萬百、傅雨成、黄慶觀，以上四十三人各捐金拾盾；林宇五、陳永盼、陳桂觀、蘇丁躍、林振觀、林蜂觀、林爾金、方高濁、李治汶、蘇可葵、蘇口觀、曾根觀、劉俊士、蔡天福、陳昆山、許秋成、陳珍捧、陳宣枝、林朝生、郭天賜、許秉觀、詹慶觀，以上廿二人各捐金八盾；陳萬觀、廖安觀、陳芳觀、黄長清、陳益良、方關山、陳皆觀、林三士、林凛觀、蔡漢□、蔡逢觀、陳對觀、陳明九、黄玄章、蔡建觀、林明九、黄文章、蔡榮隆、劉三坪、黄有才、賴同觀、黄天一、陳閑觀、王冷水、鄧山觀、林傳觀、黄九如、洪榜觀、陳發現、陳寧觀、李元興、林潮觀、曾江准，以上三十四人各捐金六盾；邱瑞觀、林低萬、張加文，以上三人各捐金三盾；林加曾、戴卜堂、許若觀、郭三桂、甘南生、許容觀、吴漂觀，以上七人各捐金四盾；張幅觀、温長觀、張丙淑、劉興二、張靈妹，五人各捐金一盾半；鍾潤郎、曾柔古，以上貳人各捐金壹盾。

此碑自道光廿二年新興廟宇各題緣鈁，逐條名字俱各失真。兹抹家長梁志老、陳尚勇出首，鳩工再刻，逐條金字，永爲久遠。

大清咸豐歲次四年甲寅桂月吉旦，直葛峨羅抹里人仝立。

三九七　勿里碧福德廟重興廟宇牌

【碑刻名稱】勿里碧福德廟重興廟宇牌

【材　　質】木材

【形　　制】長方形立牌

【尺　　寸】長一百二十八厘米、寬七十厘米

【書　　體】楷書

【碑　　額】無

【碑　　題】重興廟宇

【碑文撰者】無

【碑文書丹】無

【立 碑 者】福德廟董事人等

【立碑時間】清光緒二十八年（一九〇二）

【存　　佚】現存

【地　　點】印度尼西亞中爪哇勿里碧福德廟

【碑刻録文】

將助重興諸信士之名字以及其緣項刻列于左：

太爹蘇思發捐緣銀壹佰盾，雷珍蘭蘇祥源公捐緣銀壹佰盾。家長：蘇龍泉捐緣銀壹拾盾；陳錦發捐緣銀壹佰盾；戴祈壽、陳正業、林添木、戴良曾，以上四人捐金各伍拾盾；陳能德捐緣銀七拾盾；戴良裕捐金銀四拾盾；蘇九陸、陳開美、許保安、蘇西輝，以上四人捐金各叁拾盾；許有坤捐金銀貳拾六盾；郭有坤捐金銀二拾六盾；陳能春捐金銀二拾五盾；陳龍春捐金銀二拾五盾；蘇援成、王禎吉、梁文發、梁安邦、郭有成、戴祈文、郭亞奠、許和振、蔡建娘，以上九人各捐金貳拾盾；戴安熙、陳揚祖、戴良美，以上三人各捐金壹拾五盾；蔡乖觀、邱同發，以上二人捐金銀各壹拾貳盾；林温述、陳清桂、陳長海、黃添丁、林九思、蘇援金、楊明錫、戴良輝、黃禮忙、嚴建義、陳順麟、黃振國、陳宗輝、楊深觀、陳傳勤、鄭聯泰、陳日彰、陳以洽、戴安業、陳松發、許淵泉、林漢能、嚴岐齡，以上二十三人各捐金銀壹拾盾；楊以仁捐金銀壹拾盾；梁文成、林志寬、蔡金水、邱長生、楊熊□、蘇榮智、林江泉、黃新禧、戴長安、陳顯文、鍾茄從、周金蓮、戴安榮、楊芳心、陳昭□，以上十五人各捐金銀五盾；陳文福捐金銀三盾；蘇住彭捐金銀貳盾；邱江隆、林光山，以上貳人捐金銀貳盾五角。值葛：林粦泉捐金銀伍拾盾□□；林壬澤、李九嬰、王加富、蘇妙新昆玉，以上四人各捐金銀貳拾盾；許振坤捐金銀壹拾貳盾；黃四海、永發號、周煌耀、陳順尊、林長庚、林瑞恭、林慶輝、聯昌號、王天水、厥祥棧、林天生、林國才、林秋漢、陳振耀、陳鴻儒、許振鄉、李俊生、劉錦美、郭春茂、榮興號、成安號、甘芳來、林長明、許必源、林忠超、謝德安、許志學、陳有恒、陳葛藟，以上廿九人各捐金銀壹拾盾；黃長裕、林金福、同美號、林一鴻、張雅言、錦茂號、梁同記、林紅桃、呂德祿、葉達盛、陳佳生、呂庚申、林榮義、顏贊官、郭陽明、協興號、歐陽丙儀、陳金練、王翼霧，以上拾九人各捐金銀五盾；陳寬裕、黃天送、陳清輝、蘇萃生、無名氏，以上五人各捐金銀貳盾五角。凹腰：許任平、張景安，以上貳人各捐金銀五盾。凹月受：戴祈明捐金銀壹拾伍盾、戴祈敏捐金銀壹拾盾、林順才捐金銀伍盾。致峇蘢：戴祈生、郭秋朝、陳芳彬、蘇寅丑，以上四人各捐金銀壹拾盾；蘇景明、梁文益、郭成章、傅重升，以上四人各捐金銀伍盾；許瑞安、邱有興，以上貳人各捐金銀三盾；許添寧、甘朝元、黃元宏、林西良、鍾順彬、曹必才、陳維源、顏德福、黃元順，以上九人各捐金銀貳盾五角。弄惹致：李光波捐金銀壹拾盾；謝東良、謝練源、葉雙林，以上三人各捐金銀貳盾五角。丹絨：張合順捐金銀壹拾伍盾；鄭振美、林清泉、楊芳金、葉長順，以上四人各捐金銀壹拾盾；張合成、陳順竭、黃速升、顏三泉、陳地坤、謝光興、蘇福源、鄭長榮、廖傅善，以上九人各捐金伍盾；杜有觀、張合嘉、陳彬德、廖傅芳，以上四人各捐金銀貳盾五角。羅奢里：黃然生、周振源，以上貳人各捐金銀壹拾盾；馮溪浚、周振泌、黃勝耀、陳源財、黃萬柳、李福山、黃寬仁、黃振輝、鄭長改，以上九人各捐金銀伍盾；黃恭山、李順德、陳長禮、陳碧安、林水輪、鄭在明，以上六人各捐金銀貳盾五角。里犁攏：蘇西興捐金銀貳拾盾；陳長信、陳貴蓮，以上貳人各捐金銀壹拾盾；陳貴温、陳順財、德美號、許果能，以上四人各捐金銀伍盾；林祥興、謝清忠、陳捷升、呂丁丑、陳潤澤、王長發、許涉川、謝清發，以上捌人各捐金銀貳盾五角。

光緒二十八年歲次壬寅，和一千九百〇二年，一九〇二。

三九八　三寶壟重修厚福廟碑記

【碑刻名稱】三寶壟重修厚福廟碑記
【材　　質】石材
【形　　制】長方形立碑
【尺　　寸】長一百二十八厘米、寬六十二厘米
【書　　體】楷書
【碑　　額】無
【碑　　題】重修厚福廟
【碑文撰者】無
【碑文書丹】無
【立 碑 者】厚福廟董事暨諸善信人等
【立碑時間】清道光二十五年（一八四五）
【存　　佚】現存
【地　　點】印度尼西亞中爪哇三寶壟厚福廟
【碑刻録文】

三寶壟大媽腰同甲必丹暨亞朗淡仔噸街福户衆弟子捐資重修芳名開列：

大媽腰瑞源公陳捐金壹佰貳拾盾、大媽腰順美公馬捐金壹佰貳拾盾、雷珍蘭源隆公陳捐金捌拾盾申、雷珍蘭高鴻公許捐金陸拾盾申、雷珍蘭聯振公詹捐金肆拾盾申、雷珍蘭源榮公黃捐金貳拾盾申、武直迷榮隆公林捐金貳拾盾申、朱葛礁福隆公林捐金陸拾盾申。信士：陳天南觀捐金壹仟肆佰肆盾申、林學禮觀捐金肆佰盾申、施有張觀捐金貳佰拾貳盾申、林紫六觀捐金貳佰盾申、何福老觀捐金貳佰盾申、何光成觀捐金貳佰盾申、湯仁生觀捐金貳佰盾申、鄭滾衣觀捐金壹佰貳拾盾申、郭連宗觀捐金壹佰貳拾盾申、劉石觀敬謝石碑并督字工資、謝速英觀捐金壹佰盾申、郭漢奇觀捐金壹佰盾申、陳連慶觀捐金壹佰盾申、李清陽觀捐金壹佰盾申、何光根觀捐金壹佰盾申、郭湖老觀捐金壹佰盾申、蘇寮輝觀捐金陸拾盾申、何富老觀捐金伍拾盾申、林垂統觀捐金伍拾盾申、王百年觀捐金叁拾陸盾申、温育老觀捐金叁拾陸盾申、林天生觀捐金叁拾陸盾申、柯綹生觀捐金叁拾陸盾申、謝媽才觀捐金叁拾盾申、鄭振觀捐金叁拾盾申、施岸觀捐金叁拾盾申、吴晤觀捐金叁拾盾申、瑞遠號捐金叁拾盾申、吴世觀捐金叁拾盾申、温麗水觀捐金貳拾伍盾申、謝得意觀捐金貳拾伍盾申、柯益觀捐金貳拾肆盾申、柯奇鳳觀捐金貳拾肆盾申、柯竹觀捐金貳拾肆盾申、柯禮觀捐金貳拾肆盾申、柯光利觀捐金貳拾肆盾申、謝助觀捐金貳拾肆盾申、林三弼觀捐金貳拾肆盾申、張大賚觀捐金貳拾肆盾申、莒碼觀捐金貳拾肆盾申、許樟槐觀捐金貳拾肆盾申、李堂受觀捐金貳拾肆盾申、翁可成觀捐金貳拾盾申、莊傅祖觀捐金貳拾盾申、林宴老觀捐金貳拾盾申、林九觀捐金壹拾貳盾申、歐蔭觀捐金壹拾貳盾申、薛仕觀捐金壹拾貳盾申、魏明杰觀捐金壹拾貳盾申、温賀生觀捐金壹拾貳盾申、湯金生觀捐金壹拾貳盾申、蔡喜觀捐金壹拾貳盾申、柯矍觀捐金壹拾貳盾申、鄭振安觀捐金壹拾貳盾申、鄭璽篇觀捐金壹拾貳盾申、林雙深觀捐金壹拾貳盾申、陳景和觀捐金壹拾貳盾申、鄭長隆觀捐金壹拾貳盾申、施燃老觀捐金壹拾貳盾申、陳北海觀捐金壹拾貳盾申、黃仕印觀捐金壹拾貳盾申、柯養件觀捐金壹拾盾申、柯文觀捐金壹拾盾申、柯敏生觀捐金壹拾盾申、柯艷生觀捐金壹拾盾申、林平正觀捐金壹拾盾申、郭抱觀捐金壹拾盾申、林含蕊觀捐金壹拾盾申、魏清淵觀捐金壹拾盾申、黃梓桂觀捐金壹拾盾申、鄭清水觀捐金壹拾盾申、謝秀茂觀捐金壹拾盾申、黃理明觀捐金壹拾盾申、施春隆觀捐金壹拾盾申、曾文溪觀捐金壹拾盾申、顏洋水觀捐金壹拾盾申、黃天祿觀捐金壹拾盾申、吳清河觀捐金壹拾盾申、胡光完觀捐金壹拾盾申、鄭天賜觀捐金壹拾盾申、林錫觀捐金壹拾盾申、林五彩觀捐金壹拾盾申、施媽曲觀捐金壹拾盾申、葉篆觀捐金壹拾盾申。

時大清道光二拾五年歲次乙巳桂月穀旦，董事暨諸善信人等仝立碑。

三九九　三寶壟重修厚福廟石碑

【碑刻名稱】三寶壟重修厚福廟石碑
【材　質】石材
【形　制】長方形立碑
【尺　寸】長一百五十厘米、寬七十八厘米
【書　體】楷書
【碑　額】無
【碑　題】重修厚福廟石碑
【碑文撰者】無
【碑文書丹】無
【立 碑 者】厚福廟總理葉墩海等
【立碑時間】清同治九年（一八七〇）
【存　佚】現存
【地　點】印度尼西亞中爪哇三寶壟厚福廟
【碑刻録文】

重修厚福廟石碑

重修厚福廟并建公厝捐緣本福户名次開列于左：

湯坤山官捐金壹百五十盾；誥授直奉大夫王志禄捐金壹佰廿十盾；林金寧官捐金壹佰盾；瑞遠棧捐金壹佰盾；何炎老官捐金捌十盾；林三粥官捐金六十盾；施友張官捐金六十盾；王百年官捐金六十盾；柯天忝官捐金五十盾；林金鼎官捐金五十盾；吴文助官捐金五十盾；林聳然官捐金五十盾；陳金泉官捐金五十盾；陳英燦官捐金五十盾；柯新響官捐金五十盾；柯招源官捐金五十盾；邱米弁官捐金五十盾；郭春江官捐金五十盾；湯德發官捐金五十盾；林語成官捐金五十盾；謝媽助官捐金五十盾；蘇燎輝官捐金四十盾；黄磚官捐金四十盾；陳盛五三捐四十盾；劉文和官捐金四十盾；鄭昌隆官捐金四十盾；林金安官捐金四十盾；林丁西官捐金四十盾；葉墩海官捐金三十盾；葉墩山官捐金三十盾；葉墩漢官捐金三十盾；葉墩厚官捐金三十盾；黄清添官捐金三十盾；林芳盛官捐金三十盾；郭再興官捐金三十盾；陳瑞麟官捐金三十盾；阮錦南官捐金三十盾；鍾元應官捐金三十盾；鄭仰潤官捐金三十盾；甘辛卯官捐金三十盾；魏景泰官捐金廿五盾；新怡昌官捐金廿五盾；葉肇錢官捐金二十盾；陳清沉官捐金二十盾；吕泉官捐金二十盾；鄭長江官捐金二十盾；蔡戴官捐金二十盾；鄭衮衣官捐金十五盾；顔溪漳官捐金十五盾；曾内官捐金十四盾；林金款官捐金壹拾盾；何金源官捐金壹拾盾；蘇繩武官捐金壹拾盾；曾才能官捐金壹拾盾；曾才賢官捐金壹拾盾；陳著官捐金壹拾盾；林丁蘭官捐金壹拾盾；許繩馨官捐金壹拾盾；許繩香官捐金壹拾盾；林開興官捐金壹拾盾；魏清淵官捐金壹拾盾；陳贊統官捐金壹拾盾；許丕瑞官捐金壹拾盾；鄭清水官捐金壹拾盾；陳丁香官捐金壹拾盾；王景福官捐金壹拾盾；楊清朝官捐金壹拾盾；鄭福泉官捐金壹拾盾；王淑泉

官捐金壹拾盾；温仁義官捐金壹拾盾；鼎俠公司娘捐金壹拾盾；郭維韓官捐金壹拾盾；葉燉淋官捐金五盾；葉炳耀官捐金五盾；陳傳芳官捐金五盾；謝炭官捐金五盾；蘇鴻雁官捐金五盾；黄有芳官捐金五盾；温鴻謀官捐金五盾；顏洋美官捐金五盾；鄭學盧官捐金五盾；柯炳榮官捐金五盾；高南海官捐金五盾；劉潤官捐金五盾；潘江蔭官捐金五盾；施肇木官捐金五盾；施新安官捐金五盾；郭熙和官捐金五盾；張德興官、陳英才官、陳鍊官、柯沃官、温長祖官、李萬泉官、黄龍遠官、何朝海官，各捐金四盾；林才官、王來官，各捐金叁盾；黄德祥官、魏朝水官、李英才官、陳光耀官、李英瑞官、洪壬忠官、吴文德官、曾老幹官、陳圓官、潘怡官、許其源官、吴天來官、柯源發，各捐金貳盾；共收緣銀二千五百七十八盾正。

時大清同治九年歲次庚午桂月穀旦，總理葉燉海、董事柯天忝、董事林烟明仝立。

四〇〇　三寶壟厚福廟新創公業章程序碑

【碑刻名稱】三寶壟厚福廟新創公業章程序碑
【材　　質】石材
【形　　制】長方形立碑
【尺　　寸】長一百二十厘米、寬六十二厘米
【書　　體】楷書
【碑　　額】無
【碑　　題】厚福廟新創公業章程序
【碑文撰者】晋江林藜光
【碑文書丹】無
【立 碑 者】厚福廟董事林清水等
【立碑時間】清光緒十七年（一八九一）
【存　　佚】現存
【地　　點】印度尼西亞中爪哇三寶壟厚福廟
【碑刻録文】

厚福廟新創公業章程序

事有一而三善備者，即萬難措手，每不憚委曲焉，以求其必濟，非仁人君子之好爲其難也。機有可乘而事尚棘手，自非有大識見大膽量者，出乎其間，力任其難，而以權宜處之，是天下終無得爲之事矣，烏乎可哉！厚福廟之肇創於壟，以紀福德正神也久矣。同治九年重修，草創規模，爲華人流寓者之頂祝所。而形勢未甚宏敞，距離門數十武，民居屋角直冲神座，以故爐下動多挫跌，堪輿家輒歸咎焉，而無從措手，斯誠一大恨事也。今春仰賴神庥，冲犯之屋適欲覓購，董事諸君子亟張羅而最成焉。爰集巨貲，購買幔帕街之一七五三號、碗街之一七一七號空屋兩間，既得後，改而葺之，以爲祀業。而厚福廟既免直冲之憾，又得以所稅之資，時備修葺，善舉矣。而諸君子曰未也，蓋以祀神之餘力，推惠於窮民，先是客壟貧歿者，舊佽白金十盾，今因而加倍之。司其事者，年舉正副二人，遇仲秋神誕後，核所出入，榜於廟左，是一舉而三善於是乎備。遂創爲明約曰：凡有捐貲者，先以所得之租項，如數取盈，既足乃備三者之用。權宜之計，亦兩便之術也。僉嘉其不以難自諉以成，此善緣用泚筆而志之。自今以往神鑒明德，鬼誦仁恩，昌熾興隆，預卜其蒸蒸日上矣。是爲序。

鄉進士敕授文林郎揀選縣知縣壬午科舉人晋江林藜光敬撰。

謹將捐金置公業諸君芳名列左：

陳正昌捐緣金伍佰盾；温鴻儒捐緣金伍百盾；林金寧捐緣金二百盾；温德馨捐緣金一百二十盾；葉燉厚、鄭美祥、鄭柏章、許天賜、鄭柏泉、合昌棧，以上各捐銀一百盾正；洪維恭、陳添成、曾文東、江水生，以上各捐銀五十盾；顏貴和捐緣金二十五盾正；鄭國珍官、胡有喜、柯光盡、林金款，以上各捐銀二十盾；總計十九條共捐銀貳仟貳佰貳拾伍盾正。
一　置幔帕街碗街門牌一七五三號、一七一七號厝各一間，共銀貳仟陸拾貳盾伍角。
一　還闢刀僞仔去銀一百盾正。
一　加財副八仙并印紙單賬部共去銀一十八盾正。
一　加叻并印紙共去銀四十四盾五角正。
合計四條共置并費去銀貳仟貳佰貳拾伍盾正。
兩訖。
大清光緒十七年歲次辛卯二月吉日，董事林清水、葉墩厚，總理陳正昌、温鴻儒，正副爐主鄭美祥、洪穉恭等，同謹識。

四〇一　三寶壟感福廟捐緣碑

【碑刻名稱】三寶壟感福廟捐緣碑
【材　質】石材
【形　制】長方形立碑
【尺　寸】長一百八十厘米、寬七十八厘米
【書　體】楷書
【碑　額】感福廟
【碑　題】無
【碑文撰者】無
【碑文書丹】無
【立 碑 者】感福廟董事何長源等
【立碑時間】清光緒二十六年（一九〇〇）
【存　佚】現存
【地　點】印度尼西亞中爪哇三寶壟感福廟
【碑刻録文】

瑞美瑪腰捐金壹佰貳拾盾；泰源甲必丹捐金壹佰盾正；瑞泰甲必丹捐金壹拾盾正；恒慶公司捐金貳佰伍拾盾；煌

隆公司捐金壹佰盾正；寶發公司捐金伍拾盾正；豐榮公司捐金貳拾伍盾正；宏川公司捐金貳拾伍盾正；順良公司捐金壹拾盾正；甲首林亞義捐金四佰拾盾正；楊開成官捐金貳佰盾正；陳建昌號捐金貳佰盾正；李武平官捐金壹佰伍拾盾；王長庚官捐金壹佰伍拾盾；盧鳳興官捐金壹佰貳拾盾；李亞惜官捐金壹佰盾正；林克念官捐金壹佰盾正；何長源官捐金壹佰盾正；楊開普官捐金柒拾伍盾正；陳德改官捐金柒拾盾正；吳榮標官捐金伍拾盾正；李源隆官捐金伍拾盾正；馬松江官捐金伍拾盾正；林正振官捐金伍拾盾正；陳丁文官捐金四拾伍盾；沈時順官捐金四拾盾正；盧銀倫官捐金四拾盾正；林貴旺官捐金四拾盾正；洪天撥官捐金四拾盾正；李利智官捐金四拾盾正；麥蓮錦官捐金叁拾伍盾；盧鳳明官捐金叁拾伍盾；鄭柏泉官捐金叁拾伍盾；吳榮福官捐金叁拾盾正；許茂寅官捐金叁拾盾正；黄奕碧官捐金叁拾盾正；黄合成官捐金叁拾盾正；會桂淋官捐金貳拾陸盾；鄭柏章官捐金貳拾伍盾；陳清淋官捐金貳拾伍盾；林茂岩官、吳榮輝官、温伍福官、藍愈耐官，以上各捐金貳拾伍盾；陳黄傳官捐金貳拾盾；黄遠生官捐金貳拾盾；葉金麟官捐金貳拾伍盾；陳涌才官捐金貳拾伍盾；林長夏官、王文德官、林源壽官、葉燉厚官、嚴臺登官、張文燦官、王振芳官、吳榮發官、周文龍官、林拱照官，以上各捐金壹拾伍盾；陳景水官、陳利香官、藍海航官、吳義於官、林佰齡官、石秋登官、林福星官、王金堆官、伍雲郎官、林番茄官、李源基官、陳天禄官、馬國成官、謝福泰官、許春禧官、郭仁成官、吳榮全官、鄭昌福官、林福壽官、陳天惠官，以上各捐金拾盾；蘇元德官、許長順官，以上各捐金陸盾；潘於高官、林正水官、王亞洲官、鄭合全官、陳金娘娘、郭順榮官、周和安官、黄樹道官、吕添丁官、林桂中官、黄光心官，以上各捐金伍盾；謝錦恩官、阮景美官、曾國珍官、雅女王淑、雅女蔡貫生，以上各捐金叁盾。

收來前大伯公存來現四仟六百八十五盾；一，收來前後計九十六名，捐金三仟六百九十八盾；一，收來大伯公厝税共銀一千九百四十六盾；林亞義爐主五年存公銀六千 一百九十五盾；又補利息八仙銀二百六十七盾；以上計五條合共銀一萬六千七百三十五盾。

壬辰年和一八九二福户大伯公前有買厝一間，銀一萬四千七百十三盾三；癸巳年和一八九三存買厝一間，銀八百出税厝收大伯公費用；庚子年和一九〇〇有修造大伯公廟一間，開費用家需各項合共銀三千八十二盾四十五；以上三條合共開用去銀□萬□千□十盾□。將不敷銀一千七百九十三盾二，總理林亞義補足。

大清光緒廿陸年庚子桂月，董事何長源、陳建昌號仝立。

四〇二　重修峨嶆大伯公廟題捐碑

【碑刻名稱】重修峨嶆大伯公廟題捐碑
【材　質】石材
【形　制】長方形横碑
【尺　寸】長四十五厘米、寬二十三厘米
【書　體】隸書
【碑　額】無
【碑　題】無
【碑文撰者】無
【碑文書丹】無
【立 碑 者】董事王閆律觀等
【立碑時間】清道光二十七年（一八四七）
【存　佚】現存
【地　點】新加坡梧槽路大伯公廟
【碑刻録文】

峨嶆大伯公，顯赫靈感，恩國庇民，神恩浩蕩，黎庶沾澤。原自昔年有福德堂古廟，歷年以久，棟宇傾頽，墻壁毀壞，故諸善男信士同心義唱，捐金鳩集，擇地起蓋，樓棟墻新，以優雅觀。經已告竣，合應芳名勒石，永垂不朽于萬世矣。

大董事總理：王閩律觀；協理：陳驅硯、蔡九觀。

陳坤水觀捐銀貳拾大員、謹立號捐銀伍大員又廟壹所、王閩律觀捐銀拾捌大員、大埔余蔭師捐銀拾伍大員、洪拖盛號捐銀壹拾大員、曾舉薦觀捐銀壹拾大員、童潮觀捐銀伍大員、林成家觀捐銀伍大員、胡生記捐銀伍大員、王大黃觀捐銀伍大員、金長發鵤捐銀伍大員、陳德禄觀捐銀伍大員、李珍元觀捐銀伍大員、李建安觀捐銀伍大員。

道光貳拾柒年丁未歲桂月董事等公立。

四〇三　重修梧槽宮碑記（前碑）

【碑刻名稱】重修梧槽宮碑記（前碑）
【材　　質】石材
【形　　制】長方形立碑
【尺　　寸】長四十三厘米、寬三十五厘米
【書　　體】楷書
【碑　　額】無
【碑　　題】重修梧槽宮碑記
【碑文撰者】無
【碑文書丹】無
【立　碑　者】大董事福建詔安王水斗等
【立碑時間】民國九年（一九二〇）
【存　　佚】現存
【地　　點】新加坡梧槽路大伯公廟
【碑刻録文】

重修梧槽宮碑記

大董事福建詔安王水斗出銀壹仟捌佰元、大董事宮主林經招信女出銀壹仟貳佰元。到宮喜捐，開列于左：

邱阿校捐銀壹佰元、連明捐銀七十元、林炳祥捐銀五十元、林栳捐銀四十元、陳清棟捐銀四十元、天公大道捐銀三十元、林福捐銀三十元、沈水盛捐銀二十元、張薦來捐銀二十元、邱武藝捐銀二十元、郭協順捐銀貳十元、林玉泰捐銀十六元、楊清部捐銀十四元、洪約捐銀十貳元、王大鼻捐銀十貳元、邱瑞泰捐銀十貳元、葉桂泉捐銀十貳元、林朝篤捐銀十貳元、唐承炭捐銀十貳元、陳春和捐銀十貳元。

中華民国九年歲次庚申八月吉立。

四〇四　重修梧槽宮碑記（後碑）

【碑刻名稱】重修梧槽宮碑記（後碑）
【材　　質】石材
【形　　制】長方形立碑
【尺　　寸】長五十八厘米、寬四十九厘米
【書　　體】楷書
【碑　　額】無
【碑　　題】重修梧槽宮碑記
【碑文撰者】無
【碑文書丹】無
【立 碑 者】大董事福建詔安林虱母等
【立碑時間】民國十七年（一九二八）
【存　　佚】現存
【地　　點】新加坡梧槽路大伯公廟
【碑刻録文】

重修梧槽宮碑記

大董事詔安林虱母出銀三千大元、詔安宮主信女林經蕉出銀六佰大元。

到宮喜捐列名：

鄭泰裕捐銀一佰元、白廩捐銀一佰元、林長江捐銀一佰元、林梲允捐銀五十元、薛金錸捐銀五十元、張炎捐銀五十元、王水門捐銀四十元、王寶興信女捐銀二十元、林井捐銀三十元、劉烏協捐銀二十元、劉秀梅信女捐銀二十元、陳遥端捐銀二十元、張阿祐捐銀一十五元、謝持基捐銀一十元、謝烏蔴捐銀一十元、林水梅捐銀一十元、林瑞源捐銀一十元、陳和發捐銀一十元、陳友好信女捐銀一十元、吴和喜捐銀一十元、孫玉泉捐銀一十元、塗水合捐銀一十元。

中華民國十七年歲次戊辰九月初九吉立。

四〇五　三多廟擴建捐緣碑

【碑刻名稱】三多廟擴建捐緣碑

【材　質】石材

【形　制】長方形立碑

【尺　寸】長一百二十八厘米、寬五十二厘米

【書　體】楷書

【碑　額】無

【碑　題】三多堂

【碑文撰者】無

【碑文書丹】無

【立 碑 者】三多廟董事等

【立碑時間】清咸豐七年（一八五七）

【存　佚】現存

【地　點】馬來西亞馬六甲三多廟

【碑刻録文】

竊思呷國有大伯公於來，凡廣東省永定縣之衆，孰不沾恩沐德，獲福無疆矣。故自祭祀之烝嘗，前人已立有會底，將利息使用已有余矣。至若每年七月普渡，其使用未有所出，故爰衆商議，再向衆捐提，感得俱各同心協力，將所提之銀又買瓦屋一間，其所出之税，以應施孤之使用，則庶乎福有攸歸矣。今將芳名勒石于左，是爲序。

咸豐七年吉立。

貢生廖拔琦捐金壹百陸拾員正；梁戊秀五拾元；余振記拾元正；余五合拾元正；孫景合拾元正；戚社音拾元正；李發合捌元正；蔣任生捌元正；張四合陸元正；何榕先陸元正；卓嘉省陸元正；五大元：張慶光、伍文寧、彭亞化、黄仕合、吴亞思、陳元秀、黄德合、石亞科、王桂飄、蔡桂龍、蘇昌合、鍾梅均、黄奴合；三大元：吴亞行、鄭門合、吴亞華、吴應貴、饒戊合、湯添合、朱五合、張泰生、張來富、林金貴、胡四滿、王存福、李亞秉、郭慶龍、謝潤星、寶興店、宋寶盛、劉勝合、陳勒沐、梁景合、黄四英、孔慶合；二大元：謝南佑、黎增合、賴深合、余松章、余鴻表、伍學鴻、卓亞友、鄧五龍；壹大元：古四合、饒松喜、陳進福、謝發合、何金保、胡添郎、申天生、黄亞意、羅亞城、王亞松、寶泉店、饒亞鴻、謝福合、楊二合、楊辛合、薛壽合、鄧金聲、黎遠香、李壬合、梁元合、何群勝、曾長合、黄長合、裕珍合、蔡添郎、泗興店、吴德合、曾三合、朱世祥、郭炳華、吴三友、吴福合、何華合、萬順店、劉義福、陳由合、梁巧合、源利店、游亞文、鄭羅秀、鄭二鳳、何金寶、劉敬福、恒和店、劉亞勝、伍孝祐、彭秀合、惠興香、涂甲秀、趙亞滿、伍南興、毛生合、李左聲、協興店、利連鳳、余亞添、朱滿合、房開郎、林振發、吴桂合、曾福興、温金合、怡隆店、楊九合、源勝店、房仕郎、邱開合、余亞春、陳林保、林觀壽、鄧賜合。

四〇六　三多廟芙蓉爐骨捐題銀芳名碑

【碑刻名稱】三多廟芙蓉爐骨捐題銀芳名碑

【材　質】石材

【形　制】長方形立碑

【尺　寸】長八十六厘米、寬五十二厘米

【書　體】楷書

【碑　額】無

【碑　題】三多廟

【碑文撰者】無

【碑文書丹】無

【立 碑 者】三多廟董事等

【立碑時間】清咸豐七年（一八五七）

【存　佚】現存

【地　點】馬來西亞馬六甲三多廟

【碑刻録文】

芙蓉爐骨捐題銀芳名：

盛明利拾六元；李庚合十元；李賢合八元；泰和公司五元；蘇記合五元；楊四合五元；梁戊合五元；孔容基五元；黃英合五元；葉石合三元；黃壽合、協勝公司、李安合、沈錫合、宋廣順、邱順合、源興公司、黃福合、宋廣利、廣泰店、和順公司、朱連合、何金保、劉德貞，貳大元；吴煌文、謝厚合、高甲合、謝積合、鄭富合、陳森宜、邱二雲、何深合、李七合、李協興、葉元豊、悦順公司、涂威合、徐德壽、李奇臘、李錦華、李盛合、楊福合、李英合、羅什合、朱讓合、李三富、邱良合、曾發合、何金合、陳安合、饒壬合、孔木養、巨萬公司、譚保合、朱六合、陳福合、蔣壽合、賴有合、曹甲合、賴玉合、宋玉合、葉四合、汪開合、張巧合、許福合、張開合、余旺合、盧文合、黃科合、鍾義合、曾三合、温三合、新萬源、李全合、謝增郎、祥興店、合興號、鄺喜合、彭石福、朱養合、徐亞勝、利桂合、黃三合、王明合、謝逢春、劉交合、蔡三合、陳三合、李京郎、鍾六合、鍾四合、邱盛巧、徐應壽、李運郎、廣興公司、賴壬合、黃義合、梁隆合、高炳官、廖七合、廖登合、練雲公司、葉養合、饒慶安、李連斬、李興公司、朱添合、協興店、李甲生、李日合、藍興合、合盛店、翁梅合、嘉盛公司、鍾景郎、謝興合、朱龍合，壹大元。

四〇七　修整三多廟捐緣碑

【碑刻名稱】修整三多廟捐緣碑
【材　　質】石材
【形　　制】長方形立碑
【尺　　寸】長一百三十六厘米、寬七十八厘米，共兩片
【書　　體】楷書
【碑　　額】雙龍朝日
【碑　　題】三多廟
【碑文撰者】無
【碑文書丹】無
【立 碑 者】三多廟闔廟衆紳商等
【立碑時間】清光緒二十年（一八九四）
【存　　佚】現存
【地　　點】馬來西亞馬六甲三多廟
【碑刻録文】

今將己丑年修整三多廟題捐芳名開列于左：

光緒廿年歲次甲午仲春，闔廟衆紳商等仝立。

大總理劉錫藩題出大銀三百貳拾柒元貳角；李全麟捐題五百一十員；邱建伍捐題四百五十員；葉致英捐題四百二十員；葉德來捐題三百五十員；葉杰良捐題貳百五十員；趙煜榮捐題貳百五十員；黃兆經捐題貳百五十員；蕭邦榮捐題貳百五十員；金焜連加題大銀貳百員；葉泗公捐題貳百員；劉錫藩捐題一百五十員；葉潤房捐題一百五十元；潘其浚捐題一百四十員；葉蘭芳捐題一百三十員；老義興捐題一百二十八員；許捷水捐題一百二十五員；余岳朝捐金一百元；王聚秀捐金一百元；陳國香捐金一百元；陳金蘭捐金一百元；黃浩昌捐金五十元；卜紹雲捐金五十元；葉昌意捐金五十元；張有始捐金五十元；高秀山捐金五十元；和昌當捐金五十元；廣祥升捐金五十元；羅奇生捐金五十元；德發號捐金五十元；曾吉興捐五十元；葉和盛捐四十元；沈豐羌、楊天祐、吳德聲、朱林生、廣和生、歐陽才、鄭升馨、羅振經、鄭厚昌、張長公、莊錫聲，以上各捐三十元；劉海秀、余觀連、李學振、黃立慶、林華生、黎添福、林亞啓、葉均生、鄧鈞勝、熊錦堂、熊增興、和成發、李金祖、温龍、黃肇昌、甘慶霖、羅南生、陳桂林、蔡谷蓮、蕭杏公、吳兆棠、蕭官帶、陸如佑、辛秉合、吳華章、蔡逢旭、黃秀源、謝義合、李聚生、姚得勝、葉慎芝、葉兆璜、胡宋合、陳源秀、林國榮、謝日瑛、祥和號、彭發茂、區許惠、蔡傳章、郭名顯、陳文科、莫昌公、張亞傳、吳華登、黃抱雞、李順招、戴仁合、譚松佑、陳潤明、林德忠、成利豐、何亞顯、黃振榮、劉義昌、潘亞秉、李一清、魏餘瑞、黃亞旺、龍逢新、高陳氏、張春福、余積谷、梁吳氏、葉蘭娘、侯鳳磷、毛玉磷、林金利、新就發、新大順、葉振生、何大鵬、葉順源、謝二合，以上各捐二十元。

三多廟碑記

葉萬生、新永興、何鉅貽、區榮、黃苟合，以上每名捐題銀貳拾大員正；新同順、隆昌號、永祥和、和利昌，以上每名捐題銀拾五大員正；郭慶龍、李立本、杰成號、馮瑞雲、吴興合、葉列合、協興號、黃景德、陳李全、吴華章、信利號、李伯東、劉義順、永萬豐、葉福合、馮貫合、葉茂倫、鄭連昌、蔡裕興、徐氣嵩、鄭忠合、隆興號、劉氏、伍觀海、德茂豐、陳瑞金、黃陸合、吴添合、乾成公司、賴木合、劉源玉、符鴻琦、協成隆、新同昌、蕭欽明、羅聚和、卜科郎、張昌和合、廣生堂、鍾九犇、黃敷和、余觀成、萬發興，以上每名捐題銀拾大元；廣馥馨捐銀陸員；新廣生、協珍號、羅石松、協昌隆、茂昌號、黃石芝、永泰豐、新順華、曾永傳、何九合、新就源棧、杏濟堂、宋壽德、協和成、嚴蘭合、其昌號、張錦榮、楊鳳騰、葉清倫、羅興合、廖福祥、新義生、廣鴻昌、王克安、海盛、廖發合、彭王合、利豐號、姚進興、孫凌雲、陳貴聰、利福舞、新榮安、鄧錦祐、廣發隆、廣就盛、廖木隆、吴文邦、錦昌隆、賴化卿、温秋貴、郭始發、吴凑合、薪恒發、楊壽合、新安泰、郭觀賢、成利棧、符用枚、萬美號、和珍號、張芝樓、陳國中、李來、葉怡記、葉通基、麥澤華、沈邦合、湯唐、李士乾、德隆號、萬春堂、黃桂生、廣其昌、萬濟堂、湯壽霖、謝源禎、天和堂、廣發生、李鐵拐、潮升號、隆埔錦花、余觀三、葉明華、張乾發、胡培、黃榮基、新義盛、新怡興、永合號、李嘉仁、萬豐號、福生堂、新合公司、詹所德、潮順號、張建文、戴琳合、新萬順、新昆華、潮昌號、陳淑收、兩成發、黄彩星、陳世坤、葉久欽、徐焕秀、同利號、陳寶隆、新其泰、粵興號、賴利棧、泰志紳、萬利館、張鵬南、蔡顯榮、曾吉合、廖全合、林炎合、潘正昆、新奇昌、新廣合、陳華章、黄渭泉、新三記、翟結合、余錦章，以上每名捐題銀伍大員。

四〇八　新建檳嶼福德祠并義冢凉亭碑記

【碑刻名稱】新建檳嶼福德祠并義冢凉亭碑記

【材　　質】石材

【形　　制】長方形立碑

【尺　　寸】長一百二十八厘米、寬七十六厘米

【書　　體】楷書

【碑　　額】無

【碑　　題】廣東省暨汀州衆信士新建檳嶼福德祠并義冢凉亭碑記

【碑文撰者】寧邑庠生梅明雨

【碑文書丹】無

【立 碑 者】總理林啓發等

【立碑時間】清咸豐十年（一八六〇）

【存　　佚】現存

【地　　點】馬來西亞檳城廣東省暨汀州義山

【碑刻録文】

廣東省暨汀州衆信士新建檳嶼福德祠并義冢凉亭碑記

義冢之設，所以聯類聚之衆心，妥羈旅之孤骸，生順死安，誼美恩明，安鴻兼也。我粵東暨汀州人，自國朝乾隆末間，游新埠者，陸續輻輳，營生理者，漸次豫大。因籌義冢，卜吉於升旗山之左，自西南聳起綿亘數十里，走至東北隅，迤邐下垂，若倒地木形，兩株叠接，雖肩膀護峰不起，而珠海前潮，於斯爲聚。遂以始葬，名大伯公墳。崇其窀穸，廣其壇壝，爲之宗主。後來挨次附葬，初在上株，今葬於下，彌覺藏風聚氣，此同以人之和，得地之勝矣。惟祭掃人衆，斯叙飲筵多，舊亭雖廣猶未能容。

咸豐庚申，倡捐再建，上下略相連，更於其間立一大伯公廟。歷壬戌歲告成，設司祝，奉明禋，俾看守山墳有專任，意至深且遠也。而從此肆筵設几，酣飲合歡，綽有餘地，易此謂可以酬酢，可以佑神者，此物此志也。爰立祭掃定期，以敦和睦。每逢清明之日，則義興館；前期一日或二日，則海山館；前期三日或四日，則寧陽館。凡各府州縣及各族姓，便隨訂期，同祭分祭，總不離清明前十日、之後十日者。是展同心之歡娱，慰旅魂之零落，縱彼不得歸葬故鄉，當亦無憾於异地，於野之慶何如也。且尤有可喜者，居蠻地而舉鄉風聲名文物不隨俗變。當其祭掃出行，遠十有餘里，而儀仗燦著，陳設煒煌，鍾鼓喧天，衣冠耀日，較省垣擺游，有過之無不及者。不獨樂奏八音，禮行三獻，情至而文生已也。繁華觀美，中有太和洋溢之概。蓋地雖夷年而亦華，人雖涣也而亦萃。觀是舉也，類皆仁人君子之用心，其芳名允垂不朽，而興發更未可量矣。僕適於是年兩游斯埠，備知始末，爰詳叙之，以弁其首焉。

寧邑庠生梅明雨敬撰。

總理：林啓發、黃進德、梅遠湛、黃百齡；勸捐人：孫廣林、梅耀廣、阮仁備、吴百福、羅占贅、王武昌、黃城柏、胡瑞蘭、戴連科、石衍瑞、陳茂洪、官群益、鄺觀沂、郭阿勝、涂繼昌、伍積齊。

義興館捐銀壹仟伍佰壹拾陸員零叁錢六分五厘、寧陽館捐銀貳佰大元正、海山館捐銀壹佰大元正、潮州公司捐銀陸拾大元正、伍積賀官捐銀伍拾大元正、和勝館捐銀四拾大元正、惠州館捐銀四拾大元正、仁勝館捐銀叁拾大元正、從清館捐銀叁拾大元正、永大館捐銀叁拾大元正、伍積齊官銀叁拾大元正、嘉應館捐銀貳拾伍元正、岡州館捐銀貳拾大元正、南海館捐銀貳拾大元正、順德館捐銀貳拾大元正、胡泰興官銀貳拾大元正、肇慶館捐銀壹拾伍元正、香邑館捐銀壹拾伍元正、番禺館捐銀壹拾大元正、東安館捐銀壹拾大元正、五福堂捐銀壹拾大元正、洪順義社銀壹拾大元正、六合灰行銀壹拾大元正、鄭信明官捐銀伍大元正。

大清咸豐拾年歲次庚申十二月吉旦立。

四〇九　浮廬喏里建造福安廟牌

【碑刻名稱】浮廬喏里建造福安廟牌
【材　質】木材
【形　制】長方形横牌
【尺　寸】長一百五十厘米、寬七十厘米
【書　體】楷書
【碑　額】無
【碑　題】福緣壽慶
【碑文撰者】無
【碑文書丹】無
【立 碑 者】福安廟董事總理特授雷珍蘭黄秀茂等
【立碑時間】清咸豐八年（一八五八）
【存　佚】現存
【地　點】印度尼西亞中爪哇浮廬喏里福安廟
【碑刻録文】

蓋凡物各有主神也者，地之主也，福而有德，正則爲神，而人莫不共尊以祀哉。我同志諸人，爲貿販來番邦，寓［居］浮爐蓼里，僉議興廟欽祀，以祈連鄉吉慶，合境平安，故名福安廟。前雖築成，未曾繪畫，迨咸豐戊午年，合衆人等議題派，先油漆，後造墻，而緣銀安定每員祈鈔三盾，至名次之内，有共一字，係出油漆［暨］造墻。若無共一字，或單出油漆，或單出造墻而已。捐［緣］姓氏芳名，録爲序次而左：

董事總理特授雷珍蘭黄秀茂捐銀共柒拾大員，甲首林天球捐銀共叁拾大員。信士：黄蓮觀捐銀共肆拾貳員、黄仕瑃捐銀共叁拾陸員、楊騫觀捐銀共貳拾陸員、黄淵泉捐銀共貳拾大員、藍合果捐銀共壹拾陸員、黄□觀捐銀共壹拾陸員、陳大目捐銀共壹拾肆員、林柿觀捐銀共壹拾叁員、楊露觀捐銀共壹拾叁員、曾福相捐銀共壹拾貳員、余光□捐銀共壹拾貳員、黄脱觀捐銀共壹拾貳員、余光騰捐銀共壹拾貳員、高孝李捐銀共壹拾貳員、楊學觀捐銀共壹拾貳員、郭梧隱捐銀共壹拾貳員、許沃觀捐銀共壹拾貳員、黄振興捐銀共壹拾貳員、藍合觀捐銀共壹拾貳員、郭永賢捐銀共壹拾貳員、黄連捷捐銀共壹拾貳員、施任生捐銀共壹拾大員、林水言捐銀共壹拾大員、林營觀捐銀共壹拾大員、黄光霜捐銀共玖大員、鄭榮生捐銀共玖大員、林瓜彩捐銀共玖大員、林瑞福捐銀共捌大員、康麒麟捐銀共捌大員、陳速喜捐銀共捌大員、康首房捐銀共捌大員、連占露捐銀共捌大員、戴榮明捐銀共捌大員、丘大炳捐銀共捌大員、郭子禽捐銀共捌大員、黄德觀捐銀共柒大員、陳榮觀捐銀共柒大員、黄派觀捐銀共柒大員、陳諸觀捐銀共柒大員、黄清雙捐銀共柒大員、陳回觀捐銀共陸大員、黄恩觀捐銀共陸大員、黄是觀捐銀共陸大員、請爲夫捐銀共陸大員、郭春水捐銀共陸大員、珠□□捐銀共陸大員、德光書捐銀共陸大員、黄帆觀捐銀共陸大員、洪光渾捐銀共陸大員、陳墩祐捐銀伍大員、楊活觀捐銀伍大員、郭祥觀捐銀伍大員、藍恭□捐銀共肆大員、吴□□捐銀共肆大員、林瑞共捐銀肆大員、陳勞治捐銀肆大員、鄭禎禄捐銀肆大員、郭光力捐銀叁大員、許定其捐銀叁大員、藍□生捐銀叁大員、楊勞觀捐銀叁大員、王秋觀捐銀叁大員、陳金永捐銀叁大員、許仲合捐銀叁大員、張蓮禄捐銀叁大員、陳究視捐銀叁大員、洪光正捐銀叁大員、陳神祐捐銀叁大員、康□視捐銀叁大員、余濤述捐銀叁大員、高問竟捐銀叁大員、郭聘懷捐銀叁大員、□德川捐銀叁大員、王峰□捐銀叁大員、楊有觀捐銀叁大員、曾福有捐銀叁大員、陳□□捐銀叁大員、陳活觀捐銀叁大員、江□觀捐銀叁大員、吕木觀捐銀叁大員、黄柴□捐銀貳大員、康牌觀捐銀貳大員、黄攀觀捐銀貳大員、康闖觀捐銀貳大員、黄紅觀捐銀貳大員、張［侖］觀捐銀貳大員、孫［震］觀捐銀貳大員、陳迎觀捐銀貳大員、楊粗觀捐銀貳大員、陳進月捐銀貳大員、黄烏泉捐銀貳大員、林桂觀捐銀貳大員、許瑞成捐銀貳大員、王昆環捐銀貳大員、胡珍發捐銀貳大員、邱澤捐銀貳大員、施心正捐銀貳大員、林［瓜］子捐銀貳大員、［邱］葉泰捐銀貳大員、連猫汝捐銀貳大員、林務貂捐銀貳大員、［蔡］祀觀捐銀貳大員、陳德安捐銀貳大員、黄虔觀捐銀貳大員、鄭永道捐銀貳大員。

時咸豐捌年仲秋題。

四一〇　浮廬喏里重建福安廟牌

【碑刻名稱】浮廬喏里重建福安廟牌
【材　質】木材
【形　制】長方形横牌
【尺　寸】長一百六十八厘米、寬七十厘米
【書　體】楷書
【碑　額】無
【碑　題】福緣壽慶
【碑文撰者】無
【碑文書丹】無
【立　碑　者】福安廟董事人等
【立碑時間】清光緒五年（一八七九）
【存　佚】現存
【地　點】印度尼西亞中爪哇浮廬喏里福安廟
【碑刻録文】

豐安大公司黄超群捐銀壹佰盾正、甲首李振馬捐銀捌拾盾正、甲首邱協泰捐銀伍拾盾正、陳超群□□□□壹佰伍拾盾正、和原亞片瞨捐銀柒拾盾正、黄清波捐銀陸拾盾正、孫武砌捐銀伍拾盾正、郭青松捐銀肆拾盾正、康金水捐銀肆拾盾正、許天文捐銀叁拾盾正、許四珍捐銀叁拾盾正、郭青林捐銀叁拾盾正、郭□吉捐銀貳拾伍盾、柯福老捐銀貳拾盾正、葉忼觀捐銀貳拾盾正、楊文來捐銀貳拾盾正、黄淵泉捐銀貳拾盾正、蘇尚焕捐銀貳拾盾正、林如心捐銀壹拾伍盾、魯字亞片瞨捐銀壹拾伍盾、林□發捐銀壹拾伍盾、柯彩雲捐銀壹拾伍盾、楊媽量捐銀壹拾伍盾、陳永抄捐銀壹拾伍盾、温陽□捐銀壹拾伍盾、婆韓□□捐銀壹拾伍盾、陳福觀捐銀壹拾貳盾、楊□觀捐銀壹拾盾、施文瑞捐銀壹拾盾、鄭景□捐銀壹拾盾、郭釋觀捐銀壹拾盾、鄭福章捐銀壹拾盾、□景星捐銀壹拾盾、□添志捐銀壹拾盾、郭媽心捐銀壹拾盾、許景招捐銀壹拾盾、李春臨捐銀壹拾盾、蔡文發捐銀壹拾盾、郭明宣捐銀壹拾盾、陳登觀捐銀壹拾盾、葉把觀捐銀壹拾盾、李建春捐銀壹拾盾、郭麒麟捐銀壹拾盾、黄長駿捐銀壹拾盾、曾宗陣捐銀壹拾盾、婆黄振興捐銀壹拾盾、郭紹興捐銀壹拾盾、翁新娘捐銀壹拾盾、李永亮捐銀壹拾盾、黄建祥捐銀壹拾盾、些里亞片瞨捐銀壹拾盾、藍來春捐銀壹拾盾、陳長庚捐銀壹拾盾、藍源英捐銀壹拾盾、陳如淑捐銀壹拾盾、曾坤水捐銀壹拾盾、陳九觀捐銀壹拾盾、許玉娘捐銀壹拾盾、李玉□捐銀壹拾盾、郭武西捐銀壹拾盾、陳振滿捐銀壹拾盾、許瑞隆捐銀捌盾、李和尚捐銀捌盾、陳東海捐銀捌盾、黄杮福捐銀捌盾、陳輝貞捐銀捌盾、葉長庚捐銀□盾、黄□觀捐銀陸盾、戴□壽捐銀陸盾、鄭義洲捐銀陸盾、陳子周捐銀陸盾、郭長芳捐銀陸盾、許永順捐銀陸盾、陳□烈捐銀陸盾、戴□順捐銀陸盾、楊東玉捐銀陸盾、陳青龍捐銀陸盾、藍四源捐銀陸盾、婆馬

清捐銀陸盾、王瑞德捐銀陸盾、黃珍觀捐銀陸盾、陳正月捐銀陸盾、馬〔爵〕觀捐銀陸盾、孫美觀捐銀陸盾、潘
勤□捐銀陸盾、黃財六捐銀陸盾、陳德順捐銀陸盾、洪岐嚴捐銀陸盾、康勝觀捐銀陸盾、甘金結捐銀陸盾、陳迎
觀捐銀陸盾、鄭□庇捐銀陸盾、楊謙源捐銀陸盾、宋德良捐銀陸盾、劉芳深捐銀陸盾、黃振□捐銀陸盾、王坤昔
捐銀陸盾、戴群明捐銀陸盾、孫□德捐銀陸盾、康連觀捐銀陸盾、宋獻福捐銀陸盾、郭金山捐銀陸盾、黃思觀捐
銀陸盾、郭乾財捐銀陸盾、陳英娘捐銀伍盾、康錯觀捐銀伍盾、郭玉觀捐銀伍盾、紀雙杰捐銀伍盾、陳育順捐銀
伍盾、黃源德捐銀伍盾、黃再生捐銀伍盾、陳語觀捐銀伍盾、□□□捐銀伍盾、紀五桂捐銀伍盾、郭□觀捐銀伍
盾、李亞五捐銀伍盾、陳茄錐捐銀伍盾、魏克豐捐銀伍盾、郭亞礁捐銀伍盾、許維觀捐銀伍盾、黃足藝捐銀伍
盾、余光□捐銀伍盾、林正森捐銀伍盾、黃柿安捐銀伍盾、楊偕清捐銀伍盾、曾文山捐銀伍盾、黃九嬰捐銀伍
盾、林四結捐銀伍盾、許萬寶捐銀伍盾、郭□觀捐銀肆盾、沈神貞捐銀肆盾、何文彩捐銀肆盾、王福□捐銀肆
盾、郭□壽捐銀肆盾、林□□捐銀肆盾、陳長春捐銀肆盾、洪光正捐銀肆盾、鄭永福捐銀肆盾、孫珍觀捐銀肆
盾、孫文範捐銀肆盾、許萬逸捐銀肆盾、黃□順捐銀肆盾、郭□觀捐銀肆盾、陳有全捐銀肆盾、陳忠觀捐銀肆
盾、楊東庇捐銀肆盾、方湿觀捐銀肆盾、陳珍觀捐銀肆盾、黃江觀捐銀肆盾、胡珍發捐銀肆盾、楊貫觀捐銀肆
盾、施天化捐銀肆盾、鄭貳觀捐銀肆盾、黃珠白捐銀肆盾、張調修捐銀肆盾、黃三觀捐銀肆盾、鄭德昌捐銀肆
盾、陳勝觀捐銀叁盾、紀金石捐銀叁盾、陳美安捐銀叁盾、郭克水捐銀叁盾、黃錫□捐銀叁盾、楊蚩觀捐銀叁
盾、黃遷陳捐銀叁盾、郭田觀捐銀叁盾、李景和捐銀叁盾、紀永□捐銀叁盾、楊陳觀捐銀叁盾、郭嫣漳捐銀叁
盾、洪順泰捐銀叁盾、王文專捐銀叁盾、林艷輝捐銀叁盾、施平和捐銀叁盾、高銀洲捐銀叁盾、陳長壽捐銀叁
盾、鄭□欽捐銀叁盾、楊成鳥捐銀叁盾、許文漳捐銀叁盾、楊□觀捐銀叁盾、郭文英捐銀叁盾、郭春水捐銀叁
盾、紀登呀捐銀叁盾、康三合捐銀叁盾、楊油觀捐銀叁盾、黃□福捐銀叁盾、溫和盛捐銀叁盾、紀順忠捐銀叁

盾、潘福泉捐銀叁盾、蔡輝足捐銀貳盾□角、楊招生捐銀貳盾、黃恭觀捐銀貳盾、黃銀觀捐銀貳盾、郭長福捐銀貳盾、王貴全捐銀貳盾、鄭景美捐銀貳盾、林永壽捐銀貳盾、吳亞昌捐銀貳盾、吳文貴捐銀貳盾、郭中正捐銀貳盾、黃虎觀捐銀貳盾、江□觀捐銀貳盾、鄭天吉捐銀貳盾、郭四立捐銀貳盾、黃萬順捐銀貳盾、郭原盛捐銀貳盾、丁亥福捐銀貳盾、林正順捐銀貳盾、葉兜觀捐銀貳盾、郭長順捐銀貳盾、許依淡捐銀貳盾、曾文秀捐銀貳盾。

總共貳佰壹拾壹名，合共倡捐緣銀壹仟玖佰捌拾盾零伍角正。

時光緒伍年仲秋題。

四一一　重修丹容吧嗃大伯公祠宇碑

【碑刻名稱】重修丹容吧嗃大伯公祠宇碑

【材　　質】石材

【形　　制】長方形立碑

【尺　　寸】長八十八厘米、寬四十四点五厘米，共三片

【書　　體】楷書

【碑　　額】無

【碑　　題】重修丹容吧嗃大伯公祠宇碑

【碑文撰者】茶陽生員劉紉芳

【碑文書丹】無

【立 碑 者】客社八邑人等

【立碑時間】清咸豐十一年（一八六一）

【存　　佚】現存

【地　　點】新加坡珊頓道珀瑪律望海大伯公廟

【碑刻録文】

重修丹容吧嗝大伯公祠宇碑

上片

大伯公祠宇簿序

嘗謂事有缺陷，賴人力以補助之。余於本年新春來游是邦，輒聞枏嘧吧嗝前人創祀大伯公祠靈顯非常，商旅胥受其福。奈日久傾圮，有心者爰釀金葺治，因捐貲告竭，尚未觀成。兹各當商鋪户，慨其半途中止，欲繼起修復，索叙於余，以作鼛鼓。余曰此舉甚善！夫神者，誠也，惟誠乃可以通神；故欲神靈之呵護，必先妥其式憑之所。今欲復原式，尚需以數百金；但大厦非一木可支，成裘必藉集腋。惟願諸同志好善樂施，共襄美舉。鼓量争操，捐貲不拘夫多寡；輸誠恐後，題助毋論乎後先。各具虔心，共邀清福，俾得塗墍塗丹，廟貌日增焕彩；美輪美奂，神光益著威靈。固其垣墉，永作夷邦之保障；介爾景福，齊乘捆載以榮旋。斯誠纍纍福田，與山河并永；綿綿善果，偕化日俱長矣。是爲引。

總理：劉恒興；經理：鄭成登、嘉豐當、劉德斌。

時咸豐十一年歲次辛酉花朝後五日，茶陽生員劉紉芳敬撰。

應和公司出銀伍拾元；豐永大公司出銀伍拾元；劉恒興出銀伍拾元；蕭鵬搏出銀叁拾元；嘉豐當出銀貳拾伍元；黄木生捐銀廿四元、梁振豐出銀貳拾壹元；饒恒昌出銀貳拾元；劉洪輝出銀拾伍元；謝瑞興出銀拾伍元；楊廣和出銀拾伍元；賴寶德出銀拾伍元；鎮泰店出銀拾伍元；饒復豐出銀拾叁元；陳大昌出銀拾叁元；陳利昌出銀拾貳元；萬和當出銀拾貳元；怡興當出銀拾貳元；輔仁當出銀拾貳元；譚豐源出銀拾貳元；宋芳蘭出銀拾壹元；饒清豐出銀拾壹元；謝德盛出銀拾元；鄭成澄出銀拾元；劉德斌出銀拾元；鍾甘寧出銀拾元；陳繼業出銀拾元；傅奇當出銀拾元；劉文能出銀捌元；陳利興出銀捌元；張杏春出銀捌元；應順當出銀柒元；陳利和出銀柒元；陳萬有出銀柒元；泰成當出銀陸元；饒慈祥出銀陸元；李錦英出銀伍元；楊修業出銀伍元；蕭義華出銀伍元；張齊榮出銀伍元；永定胡豐盛出銀伍元；永定張李英出銀伍元；埔邑余宰兆出銀肆元伍角；應嘉劉銘才、劉成美、羅嘉興、賴寶盛、埔邑陳益利，各出銀肆元；永定胡源合出銀叁元伍角；李濟和、范其章，各出銀叁元。

中片

葉泰合、陳良合、天盛店、協興店、埔邑楊世簪、永邑陳勝利、曾瑞光，各出銀叁元；嘉應王逢祥、鄒樹勛、邱戊合、許濟昌、劉焕文、劉欽鴻、梁福壽、梁熙寶、梁德盛、葉錦昌、蕭華亨、夏華盛、李寶順、楊德郎、賴阿存、徐發貴、陳萬利、林藍合、林裕興、廖和昌、壽寧堂、延齡堂、泗和店、泗合店、同昌店、錦昌店、南昌店、怡泰店、興盛店、益豐店、温阿八、龔恒盛，各出銀貳元；鎮邑黄炳三，豐順謝玉瑯、劉俊合、饒寧合，永定饒繼昌、胡連豐、徐耀星，埔邑廣興義記、何純來、余忠昌、張旅昌、張同春、張春福、張大盛、張嘉清、劉采芝、陳昌熾、陳蔣較、陳萬全、蕭達新、蕭德舞、黄慰熙、蘇謙益、饒倫興、藍天盛，曹廣順店，各出銀貳元；嘉應李順興、李達宮、劉福發、劉湘源、劉志□、劉□□、黄□□、□□□、羅□和、□□□、鍾義□、鍾裕興、侯全合、侯同興、傅喜曾、林喜合、傅萬和、葉松盛、張廣豐、張和盛、葉佛德、葉合利、梁泮星、陳順昌、陳萬昌、陳金生、陳理合、謝四合、楊景合、曾炎合、賴廣昌、鄭德星、朱對星、謝其勛，各出銀壹元；長乐田玉琳、宋金生、同盛店、進順店、源盛店、協和店、聯興店、義和店，各出銀壹元；嘉應嘉盛店、森和店、卜石橋、鍾道四、李阿泰、謝暢元、謝五合、謝珍合、許添合、吴洛合，各出銀壹元；□□楊田合、鄧可合，德盛胡立合、張永嬌，□邑楊添郎、范添義、謝桂生、温欽合、廖六合、葉聰合、李南合、張基文、張永盛、張維始、張功錦、張合茂、張錦和、陳叠儒、陳叠端、陳日果、羅懷雄、陳福生、賴而寧、賴琳山、賴仁曾、賴應泰、曹振元、曹順興、邱世興、鄒萬興、蘇欣火、蘇勛甲、致和堂、李長江、田華和、池正和、饒佩焕、余景集、馬文廣、盧曾應、新未盛、悦興店，各出銀壹元。

下片

陳利泰出銀柒大元；余增涌出銀貳元五角；范進財、濟寧堂，各出銀貳元；邱雙才、萬興店，各出銀壹元五角；饒炳文、彭喜生、羅嗣盛、吴仕慶、吴鳳合、吴康壽、楊龍雅、盧復隆、劉竈五、廖輝賢、黎協成、李泗和、鄒和合、黄彩記、蕭恒戊、葉仕合、何雲岳、曾開連、黎調元、賴寶興、謝福昌、鍾廣基、余師蔭、邱三合、宋烈合、謙益店、順和店、黄進合、鄧廷芳、林玉成、黄阿香、陳德隆、福豐店、嘉隆店、麥滿合、賴世運、賴新龍、徐庚義、陳和昌、謝均鼎、鄭川盛、朱應榜、黄友長、吴隆泰、曾統合、葉樹春、黄應和、楊達贇、徐萬成、餚岱合、劉七合、譚興合、簡見合、劉雙合、謝三合、謝鼎合、謝川合、曾旺合、梁裕發、鍾捷興、楊心合、履豐店、裕源店、錦盛店、永記店、雙和店、萬和店、同和店、裕隆店、順興店、雙興店、萬興店、廣盛店、同盛協記、洪王嬌、楊阿南、楊添興、葉亞三、協和店、錦豐店、楊祺官、楊亞七、陳廣賢，各出銀壹元；張詔賢、楊四蘭、黎九有、宋福郎、房舉郎，各出銀壹中元；賴炳富出銀貳元；梁錫焕出銀貳元；王官姝出銀伍元；陳文三、余炳綬、葉戊生、張積始、廖連三，各出銀壹中元；黄路姐出銀貳元。

客社八邑人等創立。

四一二　高興港福德祠碑

【碑刻名稱】高興港福德祠碑

【材　　質】石材

【形　　制】長方形立碑

【尺　　寸】長一百六十厘米、寬八十二厘米

【書　　體】楷書

【碑　　額】無

【碑　　題】高興港

【碑文撰者】無

【碑文書丹】無

【立　碑　者】高興港福德祠董事人等

【立碑時間】清同治五年（一八六六）

【存　　佚】現存

【地　　點】馬來西亞檳城高興港福德祠

【碑刻録文】

高興港

大清國衆弟子等在西洋檳榔嶼高興港居住貿易，今合衆建造福德祠，捐題芳名開列于左：

林福星捐銀伍拾伍員；豐和店捐銀貳拾貳員；兩利公司捐銀貳拾員；林居賜捐銀拾陸員；許義居捐銀拾陸員；恒發公司捐銀拾貳員；義發公司捐銀拾貳員；阮亞榮捐銀拾員；恒和店捐銀拾員；楊月明捐銀拾員；何保壽捐銀拾員；葉金菊捐銀拾員；林箱捐銀拾員；董事人陳蓮英、何保壽、葉遠祥、廣振店、曾泗入、葉金菊、林福星、許當合、枝發店、新萬和，各捐銀柒元；龔文修、蘇烏猪、張天命、楊右明、張隆盛、邱赤、景盛店、陳亞盎，各捐銀陸元；魏亞獅、紀連科，各捐銀伍元；李丹桂、歐陽丙、張明智、林稞賴、林天賜、平和店、楊乾、楊若合、鄭書翁、振豐店，各捐銀肆元；李及時、兩利店、曾龍壯、邱亞化、黎亞八、陳暹英、□□、蘇道、曾泗八、林媽、駱亞齋、黄大第、陳紅甘，各捐銀叁元；李調貴、葉本、葉亞佛、和順店、李亞勸、李力，捐銀貳元伍；吴前、雙和店、林福壽、杜水笑、陳洪盛、張亞三、翁符司、萬勝發、紀大弟、恒茂店、蔡亞德、王即□、李亞賤、詹顯秀、黎錦棠、陳松安、張亞東、林蘇、羅三女、黄九子、張建朔、周亞贈、杜蛋、伍振英，各捐銀貳元；馮亞順、胡百勝、褚文龍、周憐祥、張亞魚、葉亞廷、李亞用、郭松、詹秋桂，各捐銀壹元伍；梁翼平捐銀壹元貳；林福進、林准、林措、黄泄、林尾、王茂、陳奕、陳仙、伍亞昌、曾南、伍于國、林來盛、黄亞萬、王亞球、陳亞彭、謝亞英、梁丙利、譚亞喜、伍學安、關亞梅、江亞棕、鄭亞道、邱亞岸、洪玉珍、莊占魁、許宗枝、莊占魁、莊再、林幵、陳孰、施瑞、蘇潘、楊請、林磁、林鏡、葉應、黄女、蔡周、林君子、曾九靈、程亞福、翁亞鴻、廣源店、趙亞就、馬亞紅、黄枝合、葉國項、張亞洪、謝百祥、謝亞俊、黄林乾、林順喜、李清周、李金秀、鄭亞、賴文發、張亞春、林藝香、蔡亞板、源發店、蔡開振、蔡大典、何亞、陳泰利、王亞來、兩合店、林獅、馬桂文、周阿蕓、胡亞來、林加椿、曾基厥、許亞堂、張金榜、林仙桃、余亞現、容靈、黄毛女、程亞、蔡亞、林鴨，各捐銀壹元。

時同治五年歲次丙寅秋月吉置。

四一三　高興港高興宮碑

【碑刻名稱】高興港高興宮碑

【材　質】石材

【形　制】長方形立碑

【尺　寸】長一百八十厘米、寬七十六厘米

【書　體】楷書

【碑　額】雙龍朝日

【碑　題】高興宮

【碑文撰者】無

【碑文書丹】無

【立 碑 者】高興港福德祠董事人許武安等

【立碑時間】清光緒八年（一八八二）

【存　佚】現存

【地　點】馬來西亞檳城高興港福德祠

【碑刻録文】

豐和號喜題叁佰三十元；新合成喜題叁佰十五元；協發號喜題壹佰六十五元；桂合號喜題壹佰元；林淮泗喜題八拾六元；李榮合喜題五拾二元；新合隆喜題五拾元；林天賜喜題五拾元；祥泰號喜題四十七元；徐容合喜題四十一元；黃廣合喜題四十元；紀成源喜題四十元；同源號喜題四十元；榮裕號喜題三十五元；源興號喜題三十四元；合興號喜題三十二元；蔡圍合喜題三十元；許秀卿喜題三十元；長合喜題三十元；都龍勝號喜題三十元；詹黨合喜題二十六元；陳的合喜題二十五元；景承號喜題二十五元；邱托合喜題二十五元；新宏興喜題二十四元；泉利號喜題二十四元；萬利號喜題二十一元；順美號喜題二十一元；穩成號、源珍號、和合順、義合順、吳應造、楊雜合、林朝龍、蔡龍合、謝朝安、黃租仁、萬順公司、許文通，以上二十元；周帖合喜題十八元；張天命喜題十七元；公生號喜題十七元；以下十六元：景和號、林港合、永合興、謝佑合、源發號；以下十五元：陳如吉、新福勝、賴安合；新裕美喜題十四元；連秦各喜題十三元；洪甜合喜題十三元；蕭古合十二元；江智明、楊海合、員利號、錦豐號、萬興號、林坐合、楊保全、鄗溪泉、陳蠘合、許丁炎、萬利公司、源昌號，以上十二元；以下十元：許惜弟、復興號、廣升號、楊合申、羅烏豆、楊助合、張娘送、許枝星、新成興、紀順發、蔡壬和、陳尋合、陳取合、張怒合、黃望合、陳尾合、李扁頭、洪廣乾、陳瑝合、合茂號、甘松記、新德興、三和堂、萬寧堂、江神弟、羅順源、張盾合、泰盛號、協源號、永合興、陳包合，以上十元；源茂號、連娘惜、蔡衫合、杜香合、劉瑞合，以上八元；景福號、萬和號、萬茂號、鄭娘田、陳指合、戴永合、許朝宗，以上七元；廣生堂、林尾合、甘仁正、陳輝合、許友吉、吳朝王、廣興號、陳鳳池、陳歪合、李發合、柯瑞賜、姚加合、李引進、林甜合、侯廷合、王足合、黃飯馮，以上六元；吳狗合、黃重合、紀合、唐四合、陳苗合、歐九合、蘇萬和、陳□□、莊吮合、王雷合、洪合、林田合、邱秋榮、裕成號、王鈞合、陳志合、李改合、許愈合、雙合號、許武合、萬美公司、陳球合、張陳、振裕號、黃搭合、都赴合、伍穩昌、李亮合、李合、謝壽田、曾龍狀、陳才星、許戊戌、黃子新、雙盛號，以上六元；和盛號五元；陳憶半五元；陳薦志四元；歐兩合四元；張和興四元；新協成四元；吳江四元；余合四元；萬昌號四元；信合號四元；李合四元；孫文楷四元。

光緒八年歲次壬午菊月吉置。

董事人許武安、林福星、林淮泗、新合成、新合隆、新振豐、林天賜、詹黨合、蔡園合、源合號、新宏興、榮裕號、黃祖仁、林輝龍仝立。

四一四　丹我巴東福德祠新建大伯公廟捐題碑

【碑刻名稱】丹我巴東福德祠新建大伯公廟捐題碑

【材　　質】石材

【形　　制】長方形立碑

【尺　　寸】長一百八十六厘米、寬八十厘米

【書　　體】楷書

【碑　　額】無

【碑　　題】無

【碑文撰者】無

【碑文書丹】無

【立　碑　者】福德祠總理陳德高等

【立碑時間】清同治七年（一八六八）

【存　　佚】現存

【地　　點】印度尼西亞丹我巴東福德祠（大伯公廟）

【碑刻録文】

同治七年戊辰歲新建大伯公廟捐題芳名開列于左：

何肇祥題銀貳佰盾；彭煥章題銀貳佰盾；王忠興題銀貳佰盾；雙麟公司題銀壹佰伍拾盾；何福興公司題銀壹佰伍拾盾；繳冬公司題銀壹佰伍拾盾；謝源美題銀壹佰肆拾盾；鴉片公司題銀壹佰肆拾盾；林鵬舉題銀壹佰盾；寶成公司題銀壹佰盾；錦隆當題銀壹佰盾；雙鳳公司題銀柒拾伍盾；李業輝題銀陸拾盾；永豐公司題銀陸拾盾；茂昌公司題銀陸拾盾；陳月華題銀陸拾盾；羅德和題銀陸拾盾；劉滿甲、曾鴻實、雙合公司、連盛公司、悦豐公司、三合公司、福成公司、香鎮公司、雙興公司、利昌公司、酒公司、陳德高、陳鳳書、古恒興、曾亞堂、新順昌、王開記、李川國、林癸爹、炦亞惹，以上廿名各題銀伍拾盾；雙和公司、順昌公司、王永順，以上三名各題銀四拾盾；大山公司、劉亞梅、黎長合，以上三名各題銀叁拾四盾；之份公司、鎮發公司、三興公司、東和公司、連興公司、雙興公司、廣隆公司、同和公司、同發公司、同利公司、羅生合、王亞生、周業章、曾福官、合興號、振奮號、源利號、盛合號，以上十八名各題銀叁拾盾；裕昌公司、德利公司、寶隆公司、錫寶公司、嘉信公司、同大公司、同盛公司、嘉盛公司、雙龍公司、寶昌公司、寶盛公司、萬隆公司、東盛公司、福昌公司、大昌公司、寶合、連昌公司、悦盛號、□亞聰、瓊福興、高祥二，以上廿一名各題銀拾貳盾半；立合號、永咸號、鄭亞五、永順記，以上四名各題銀拾貳盾；黄秀杏、陳二相、周亞葉，以上三名各題銀柒盾半；趙亞德題銀陸盾；永成號、國合號、大興號、□盛號、順□號、兩成號、祥合號、克源號、成利號、□維進、□□端、來合號、合成號、城合號、長利號、源榮號、順利號、王煥合、李寶合、張日合、李萬清、王仕文、東雲光、吕進發、林茂盛、鄧石保、段里烙、劉元合、劉辛合、文和公司、林業元、潘興合、鄺萬祉、黄盛合、□盛□、歐明昌、謝世昌、□文章、劉石合、□□號、李□普、陳德茂、王昌、李亮合、陳□榮、肅志端、羅永嶠、陳□榮、管士合、鍾雙有、□安全、趙亞正、葉祁秀、梁士合、李展雲、□業運、王大成、林添上、新成合、謝心蘭□□、輝力壬德、周瓊光、邱任□、劉寧合、陳利盛、黄士邦、□連開、李餘合、何肇榮、林從二、張□□、陳永興、包唐嬌、□永光、謝敏順、□亞聰、□時門、包三粦、雙盛公司、李合、瓊福興、黃伯交、劉英輝、□德□、劉水□、高祥二、劉錦龍、陳大古六、□□□、□利、林庚伯、林喜四、昌興□、王高興、立合號、林能四、張炳五、李□□、王□興、永咸號、林裕五、鄧德郎、劉興昌、鄭亞五、鎮雲公司，以上九十八人各題銀貳拾伍盾；何新發、林□四、何□□、永順記、徐金龍、陳福合、嘉盛隆幫、胡壬興、林德合、鍾炳秀、陳社合、林添壽、梁增喜、□振□、符昌蘭、春發號、炭山隆幫、陳國光、賴添□、符亞□、雷合號、陳吻索、李發盛、王壬合、陳長豐、進記號、香鎮隆、梁水生、吳福合、□亞□、德發號、林亞郎、范成合、林忠興、□利□、葉明盛、彭足合、李雙合、陳興合、□□泰、廖亞雕、温鳳合、□士合、劉立合、□□□、王連昌、謝新五、韓得合、李四合、林泉文、陳書□、瓊萬益、符運生、陳鏡合、鄭德祥、陳四合、瓊順利、王寶章、張亞榮、林維邦、陳□合、楊肇臨、陳亞柱、羅威官、蘇成疆、□三合、黃歡合、楊亞仲、符世貴、郭三合、□仲合、曾壽妹、謝木妹、林開古、□五合、盛昌公司、潘大瑞、温石合、陳亞六、張合、昌□公司、潘于道、黃三合、徐拔才、朱寬合、鄭發合、符亞三、林成登、利亞全、王四合、何獅合、王門存、林煥二、□義德、陳進合、湯戍生、□三合、劉長合、陳德生、徐四合、劉昌富、陳亞生、曾增舞、池軒合、何興、黃朝顯、張玉琳、謝戊合、李順合、符東合、邱慶桂、林外合、吳天見、徐德合、高四合、曾勛舞、楊元爹、李亞更、李亞榮、何二人、黃五合、曾登秀、李桂合、林添福、藍來壽、鄧和明、黃亞榮、廖長合、廖三伯、葉二合、李昌合、曾仕文、唐亞山、李君仁、林清秀、潘清合、黃慶二、諸龍合、廖四合、雙興□、楊亮合、王有進、彭亞振、同興公司、符昌明、曾長合、鄭相合、謝秀四、彭海合、楊陶三、王亞貴、韓翼合、鍾芳合、張通合、陳壽合、黃可□、邱亞德、鄧文喜、楊亞明、熊秋葉、李發合、劉貴四、鄧來合、□福昌、林亞元、林禄興、古亞惕、梁里合（下略）

總理陳德高、何肇祥、彭煥章、王忠興、謝源美；（另總理十六名略）衆等吉日仝立。

四一五　巨港福正廟樂捐碑文

【碑刻名稱】巨港福正廟樂捐碑文
【材　質】石材
【形　制】長方形立碑
【尺　寸】長一百五十二厘米、寬七十六厘米，共兩片
【書　體】楷書
【碑　額】雙龍朝日
【碑　題】無
【碑文撰者】無
【碑文書丹】無
【立 碑 者】福正廟董事人等
【立碑時間】清同治八年（一八六九）
【存　佚】現存
【地　點】印度尼西亞巨港福正廟
【碑刻録文】

蓋聞天地覆載，則萬物各賦其生，神聖保護，而衆民曁成其美；故凡同類者，集腋以襄廟，奉祀於我福德正神

焉。且尊神之福大者也，非止百祿，是攬其德盛矣乎。實唯萬壽無疆，悉固所以配乎博厚！是其何方之不享，何人而不庇也。即謹列芳名前後云爾。

媽腰蔡巨川捐銀貳佰盾、力蘭蔡咸寧捐銀肆拾盾、董事陳朝眷捐銀佰陸盾、信士王欽明捐銀佰陸盾、陳吾樹捐銀佰陸盾、李天送捐銀佰陸盾、許天賞捐銀伍拾盾、謝媽興捐銀肆拾盾、謝理水捐銀肆拾盾、王清香捐銀肆拾盾、江温裕捐銀貳拾肆盾、王有静捐銀拾陸盾、林德遠捐銀拾陸盾、林福星捐銀拾貳盾、許九呼捐銀拾貳盾、魏保全捐銀拾貳盾、蔡若蘭捐銀拾貳盾、謝勇全捐銀拾貳盾、陳開興捐銀拾貳盾、簡存業捐銀拾貳盾、鄭亞四捐銀拾盾、僧化然捐銀捌盾、利源號捐銀捌盾、郭三奇捐銀陸盾、許文廣捐銀陸盾、郭季隨捐銀陸盾、游芳齡捐銀陸盾、温登山捐銀陸盾、李澤來捐銀陸盾、蔡孟春捐銀陸盾、林光照捐銀陸盾。

同治八年歲次己巳臘月穀旦立石。

陳連官、鄭啓明、顔文長、關慶蘭，各捐緣銀四盾；知母、温照，各捐緣銀三盾；蔡如水、郭威官、謝賢聘、謝碧桃、陳光福、郭慎志、温漢水、柯得意、楊芬明、謝尚官、謝雙合、魏水、鄭振普、鄭景玉、黄茂碩、蔡白禄、温永昌、王有八、許抱悦、鴻美號、鄭挺官、王德坑、成美號、林祈全、林長順、李南坤、郭春城、黄鬃官、王振昌、盧振德、尤遇瑞、林連招、謝開善、李輝山、林崇坤、鄭獅官、黄光聘、王宗杰、郭正官，各捐緣銀二盾；温碧珠、謝脱來、林昌官、林必卿、康秋容、温聯捷、謝博宗、李厚水、謝錦義、謝錦英、徐碧山、謝清雲、歐亞輦、王文喜、謝清廉、柯德祥、謝謀官、蔡紫蘭、謝露水、徐蒼珍、林振成、黄全柔、蔡集福、陳景和、楊生官、王澄清、謝大定、李長海、蔡玉衡、謝永川、林楓官、鴻興號、振盛號、謝日本、謝六合、王茶官、黄昌官、林玉振、陳光富、胡世仕、許天送、曾祝官、魏廣得、魏永諒、王廣興、王先勝、振興號、王達官、謝汜水、謝得露、謝傳官、許亞高、郭雍官、郭興官、郭石頭、郭孟津、謝萬官、謝聳官、陳寬諒、杜振成、黃利官、楊澳官、陳歪官、陳綁官、林石官、許仕官、潘舉官、康居仁、謝大□、和興號、中和堂、恒興號、柯德招、蔡端田、沈獅官、嘉興號、王永春、徐光錫、郭江寧、謝樣官、鄭銀三、陳根官、朱迎來、温有德、林九經、徐隆官、合發號、林豊隆、謝雹官、吴寛官、黃亞德、雍光福、張承宗、許武元、郭宗文、謝清景、林銘之、謝光猛、黃春泰、蔡夫珍、林夏池、顏瑞源、王仙丹、謝清烈、柯德新、雍景淵、謝永成、謝純仁、謝朝清、顏俊麟、李□官、黃淑傲、蔡財源、康奇春、魏景昌、蔡朝元、黃茂松、蔡和官、李深淵、謝共官、郭述官、洪藕官，以上各捐緣銀乙盾。

四一六　烏敏島大伯公廟佛山亭碑

【碑刻名稱】烏敏島大伯公廟佛山亭碑
【材　　質】石材
【形　　制】長方形立碑
【尺　　寸】長三十六厘米、寬三十三厘米
【書　　體】楷書
【碑　　額】無
【碑　　題】佛山亭
【碑文撰者】無
【碑文書丹】無
【立　碑　者】福建泉州南安林見修
【立碑時間】清同治八年（一八六九）
【存　　佚】現存
【地　　點】新加坡烏敏島佛山亭大伯公廟
【碑刻録文】

佛山亭

福建泉州南安□林見修造諟。
傅托觀、德興號、德隆號。
同治八年吉立。

四一七　佛山亭大伯公重修宮宇碑

【碑刻名稱】佛山亭大伯公重修宮宇碑
【材　　質】石材
【形　　制】長方形立碑
【尺　　寸】長八十七厘米、寬六十五厘米
【書　　體】隸書
【碑　　額】浮雕飛龍
【碑　　題】佛山亭大伯公重修宮宇
【碑文撰者】無
【碑文書丹】安□
【立　碑　者】金捷興、林根興等
【立碑時間】清光緒三十三年（一九〇七）
【存　　佚】現存
【地　　點】新加坡烏敏島佛山亭大伯公廟
【碑刻録文】

佛山亭大伯公重修宮宇

光緒三十三年八月吉　安□書。

金捷興□□銀乙佰□拾伍元；曾忠□□□□□□□□；林根興喜題銀叁拾元□□□；曾賢□林□□□□□□□□□□□；

傳□□以上，春和號以上題銀□□□□□□□□□□□□；陳順興各人三合興之拾伍元□□□□□□□□□□□□；振

源興貳拾四；興□銀五元□□□□□□□□□□□□□；新合順以上□□明□銀貳元；□□□□□□□□□□□□；新

益勝各□□□□；以上旭發號□□□□□□□□□□□□□；曾勛戎題銀張□發各□銀□海號各□□□□□□□□□□□；揚福

永□拾泉成號順良永發號與福盛□□□□□□□□□□□；孟原玉大元□泉成貳大泉合號□□□□□□□□□□□□；成亞

□□□益順福光號福成號五角□□□□□□□□□□□□□；金隆□万元；福泉泰題銀乙□□□□□□□□□□□□□；□福成

以正記號以上金捻奧殿貳號傳興木林□□□□□□□□；泉泰生上林瑞德各人□□□□□□□□一同五□□□□□；泉春號洪宗

尊四元；□□□開石碑銀□□；一開□□□□□□；泉順號人王仙本以上大□□開捕□銀一十八元五；一開□□□□□；海

水題良陳素□各人□合計各共用銀□；一開□□□□□□；郭進源五陳明□題銀□頭人歐陽奉生□一開□□□□□□；李成

列元郭紹莪貳元□；頭人郭朝義□□□□□□□□□□。

四一八　佛山大伯公靈籤牌

【碑刻名稱】佛山大伯公靈籤牌

【材　質】銅材

【形　制】長方形横牌

【尺　寸】長五十一厘米、寬三十一厘米

【書　體】楷書

【碑　額】無

【碑　題】佛山大伯公靈籤

【碑文撰者】無

【碑文書丹】無

【立 碑 者】佛山亭大伯公廟

【立碑時間】一九六九

【存　佚】現存

【地　點】新加坡烏敏島佛山亭大伯公廟

【碑刻録文】

佛山大伯公靈籤

一　角聲三弄響，無雲自心寒；勸君休愁慮，合營人馬安。

二　亢宿屬金龍，常行子丑宮；暗藏身在未，急急避他鄉。

三　低頭偷舉眼，暗想好佳人；君與相談話，只恐未成親。

四　房中生瑞草，孕婦喜臨盆；合眷皆來慶，麒麟是子孫。

五　心事未分明，又恐被鬼驚；福患難解救，暗路失明燈。

六　尾與頭相似，不寒亦不温；行人須旦止，宿官便尋材。

七　箕帚是夫妻，掀盡垢濁泥；一朝天王殿，便得貴人提。

八　斗秤不公平，恐他不老誠；兩逢交易子，到處亦相争。

九　牛飽欄中卧，牧童在眼前；若人知得我，快樂似神仙。

十　女子覺良媒，通音便得成；相看談未了，好事自天來。

十一　虚心多鴻雁，汝必用虔誠；所來皆稱遂，頗知有汝情。

十二　危途實可憂，未免得無愁；細思千里外，山水兩悠悠。

十三　室家事已成，四序盡和平；若要心頭快，青雲足下生。

十四　璧月挂雲間，游鱼上急灘；掀捉魚與月，上下兩艱難。

十五　奎星報與舌，汝且聽知聞；上看十一口，下看十八分。

十六　婁氏頭戴木，舟服子路衣；人人皆游是，我且堪猶疑。
十七　胃肚腹和調，安身睡一宵；隨他兵马動，我且自無聊。
十八　昴星頭戴日，炎盛亦不多；掀起無炎熱，終久被他磨。
十九　毕竟西風起，悠悠遠客鳴；秋來休慊冷，惟有月華明。
二十　嘴舌见山玉，凡人知吉凶；勸君念退步，恐久埋坑中。
廿一　參宿元來音，勸君不用疑；所来皆稱遂，好事大家知。
廿二　井泉清且甘，薰風便是南；呼童來取水，躍出步高岩。
廿三　杞祟作灾難，關防守舊年；火中躍出馬，四蹄却無傷。
廿四　柳絮笑春風，向西又向東；行人開口笑，可做老來翁。
廿五　星痕光嫁娶，河溪一路通；牛女纔相見，泪後各西東。
廿六　張舍出佳人，流傳代代新；到頭歸澗谷，此事實爲真。
廿七　翼飛萬里程，引去在雲霄；一旦風雲起，身歸异里飄。
廿八　軫當念八位，思想不甘心；有話無相合，遠然口自吟。
一九六九年辛春季立。

四一九　烏敏島佛山亭大伯公廟修繕牌

【碑刻名稱】烏敏島佛山亭大伯公廟修繕牌
【材　質】銅材
【形　制】長方形横牌
【尺　寸】長一百厘米、寬三十五厘米
【書　體】隸書
【碑　額】無
【碑　題】無
【碑文撰者】無
【碑文書丹】無
【立 碑 者】梁啓根
【立碑時間】二〇〇八
【存　佚】現存
【地　點】新加坡烏敏島佛山亭大伯公廟
【碑刻録文】

本廟始立于清朝同治八年（公元一八六九年）。一百卅九年來，護佑石山島民，出入平安，風調雨順。唯經百年

滄桑，廟顏棟宇，日呈老邁，浮羅敏佛山亭伯公廟理事諸公有鑒于此，特議決撥巨資加以修繕一番。經數月努
力，終使廟宇煥然一新，氣宇廓朗。特立此牌匾，以志其事。
天運戊子仲秋之月，公元二〇〇八年十月，弟子梁啓根鐫贈。

四二〇　烏敏島佛山亭大伯公廟捐助修廟基金善信芳名祿牌

【碑刻名稱】烏敏島佛山亭大伯公廟捐助修廟基金善信芳名祿牌

【材　質】銅材

【形　制】方形牌

【尺　寸】長九十八厘米、寬九十八厘米

【書　體】題名爲隸書

【碑　額】無

【碑　題】烏敏島佛山亭大伯公廟捐助修廟基金善信芳名祿

【碑文撰者】無

【碑文書丹】無

【立 碑 者】無

【立碑時間】二〇〇九

【存　佚】現存

【地　點】新加坡烏敏島佛山亭大伯公廟

【碑刻録文】

二〇〇八年—二〇〇九年捐助修廟基金善信芳名禄烏敏島佛山亭大伯公廟，廣種福田，功德無量

吳文約	$4600	周汶樑	$3008	陳志堅	$2008				
WEE LEONG TRADING& TRAN $PORT PTE LTD					$2000				
吳源忠	$1050	茂盛（泉紀）建築私人有限公司			$1000				
華庚寅嫂	$1000	李進華	$1000	陳樹海	$1000	沈金生	$500	郭榮大	$500
朱瑊嵾	$500	卓文輝	$300	陳春勇	$300	孫志斌	$280	陳瑞禄	$218
周峻永	$208	周德成寶號	$200	郭漢蛾	$200	陳　源	$200	陳錦發	$200
張玉喜	$200	YESS GROUP PTE LTD			$200	王秀華	$100	王通發	$100
王丁發	$100	李正華	$100	李裕廷	$100	李碧玉	$100	李亞麗	$100
李益光	$100	李耀星	$100	林成峰	$100	林藝彤	$100	楊忠鴻	$100
楊莉蔣	$100	劉楠國	$100	劉益豐寶號	$100	廖華砂	$100	廖順發	$100
廖勇毓	$100	戴慈賢	$100	戴永和	$100	許錦華	$100	許中隆	$100
駱信屹	$100	朱錦汶	$100	柳金龍	$100	周文興	$100	孫健源	$100
蔡金鶴	$100	陳志偉	$100	吳音鴻	$100	薛真水	$100	何紹文	$100

胡章協 $100	蔡盛峰 $100	黃財亮 $100	美美生果貿易 $100	328 加東叻沙 $100
吉福建築材料工程（陳金煥）$100		洪捷德 $100	日日新寶號 $100	陳兩吉 $100
余意月 $100	梁啓根 $100	45C號牌車店 $100	朱泗弟 $100	岑容帺 $100
郭寶中 $100	王開成 $50	王沐成 $50	王永堅 $50	王巧嫦 $50
王秀鑾 $50	王俊强 $50	王俊賢 $50	王培華 $50	王木連 $50
朱勁龍 $50	朱進勝 $50	王巧惠 $50	黃觀德 $50	黃旺成 $50
黃美風 $50	黃錦泉 $50	黃玉城 $50	黃朝漢 $50	黃兹青 $50
黃　依 $50	黃麗琴 $50	張届宏 $50	張俊生 $50	張俊尼 $50
張峻强 $50	張玉蘭 $50	張勇坤 $50	林書興 $50	林靖順 $50
林興利 $50	林振聲 $50	林海利 $50	陳協平 $50	陳亞娜 $50
陳通水 $50	陳伴順 $50	陳順成 $50	陳亞弟 $50	陳永洲 $50
陳文興 $50	蔡金環 $50	蔡正勝 $50	蔡偶笑 $50	蔡惜茵 $50
蔡建榮 $50	蔡昭治 $50	蔡合華 $50	羅豪健 $50	羅光星 $50
羅桂蓮 $50	羅炳光 $50	李江明 $50	曾俊威 $50	曾易發 $50
劉升華 $50	劉運逵 $50	柯碧華李有蒼 $50	柯碧華李慧君 $50	鄭樹德 $50
鄭培漢 $50	周福源 $50	周福蓮 $50	周連河 $50	許瑞意 $50
許先生 $50	黃奠依 $50	白庭華 $50	4896BBQ $50	樟宜村 $50
梅林寶號 $50	龔建君 $50	鍾德琴 $50	蘇濕仔 $50	楊靖忠 $50

華達利 $50
傅維裕 $50
洪再江 $50
謝永祥 $50
林泗輝 $30
陳仁合 $20
林秋榮 $20
黃翠娘 $20
禤麗蓮 $20
吳福安 $20

UBINLODGE（WLLIAMLEOW）

曾愛嫃 $12
林珠德 $10
沈瑞花 $10
黃金文 $10
蔡鮮玉 $10
吳正隆 $10
陳毅謙 $10

吳美玉 $50
莫和頻 $50
白友順 $50
高成寶 $50
八　妹 $30
陳美鳳 $20
林立峰 $20
王瑞泉 $20
張佐尼 $20
曾月好 $20
林金山 $10
林　安 $10
陳月花 $10
黃吉朋 $10
蘇金水 $10
吳中祥 $10
陳建豐 $10

郭妹妹 $50
鄧雲福 $50
林方强 $50
洪坤良 $50
王麗彬 $30
陳明亮 $20
林相整 $20
善心者 $20
蔡金花 $20
張岳富 $20
$20
林亞和 $10
王有水 $10
陳彩風 $10
黃培展 $10
傅庶度 $10
鄭國忠 $10
黃廣文 $10

潘龍坤 $50
洪添福 $50
余巧蓮 $50
董洋藩 $50
侯加木 $30
陳鏗安 $20
黃清海 $20
許亞九 $20
丁金玉 $20
沈財寶 $20
林愛箐 $15
林福榮 $10
王水財 $10
陳强興 $10
黃清松 $10
曾榮發 $10
鄭金梅 $10
黃良甫 $10

億多寶 $50
蘇合家 $50
曾南洋 $50
郭玉霞 $40
曾　情 $30
林亞嬌 $20
黃炳河 $20
余信華 $20
方亞沓 $20
顏清池 $20
洪福生 $15
林龍海 $10
沈水美 $10
陳麗珠 $10
蔡金英 $10
謝文華 $10
鄭文法 $10
何偉龍 $10

張添有	$10	郭澍豪	$10	莊添福	$10	杜亞四	$10	馮耀廣	$10
許陳彩湊	$10	洪榮慶	$10	楊亞惠	$10	丘翊財	$10	曾杜生	$10
莊添福	$10	新南發寶號	$10	01—72	$10	2048	$10	梅尊華	$10
趙國光	$10	蔡再偉	$10	王亞英	$10	侯弟子	$5	黃綉瑛	$5
茹耀基	$5	鄺亞風	$4	陳金玉	$2°				

若姓名或款額有錯訛，請向負責人指出，俾修正之。

四二一　新加坡浮羅敏佛山亭修建大伯公廟宮碑

【碑刻名稱】新加坡浮羅敏佛山亭修建大伯公廟宮碑
【材　質】銅材
【形　制】長方形横牌
【尺　寸】長七十七厘米、寬五十六厘米
【書　體】楷書
【碑　額】無
【碑　題】新加坡浮羅敏佛山亭修建大伯公廟宮碑
【碑文撰者】無
【碑文書丹】無
【立 碑 者】無
【立碑時間】一九□□
【存　佚】現存
【地　點】新加坡烏敏島佛山亭大伯公廟
【碑刻録文】

新加坡浮羅敏佛山亭修建大伯公廟宮碑

公历一九□□年旦月，農历□□百年四月　立。

樂捐芳名列下（恕不稱呼）：

建昌石廠六佰元、李均壹佰貳拾元、林再有壹佰零壹元、立成石廠壹佰元、黃榮沐壹佰元、陳海亮壹佰元、陳木池壹佰元、周德成壹佰元、黃瑞懷壹佰元、楊春伍拾元、蕭光抛伍拾元、蔡松正伍拾元、陳須南伍拾元、劉益成伍拾元、吴氏伍拾元、錦發石廠伍拾元、協成隆伍拾元、鍾自熙伍拾元、陳道寬伍拾元、智利石廠伍拾元、王水龍石廠伍拾元、李漢貞石廠伍拾元、劉益豐肆拾元、林存福肆拾元、陳基叁拾元、王寧振叁拾元、李建安叁拾元、陳潮成叁拾元、益華石廠叁拾元、黃鳳叁拾元、李培興叁拾元、陳亞財叁拾元、樟東□船貳拾伍元、李而海貳拾元、胡炳銓貳拾元、吴多財貳拾元、謝賓來貳拾元、羅林貳拾元、陳樹海貳拾元、李啓漢貳拾元、黃琪貳拾元、賴華貳拾元、羅來賢貳拾元、陳利□貳拾元、蔡興盛貳拾元、楊廿泗貳拾元、謝保海貳拾元、林宏陽貳拾元、楊照盛貳拾元、林存華貳拾元、陳崇孝貳拾元、林英輝貳拾元、查春和貳拾元、黃嚴華貳拾元、光明电器貳拾元、陳詩養貳拾元、吴娟娟貳拾元、黃中山貳拾元、林光明貳拾元、六八七九船貳拾元、裕豐壹拾伍元、陳精謀壹拾伍元、李德財壹拾伍元、李有壹拾伍元、李標壹拾伍元、黃松富壹拾伍元、黎福財壹拾伍元、黃英壹拾伍元、蔡瑞源壹拾伍元、陳樹文壹拾伍元、複成發壹拾伍元、馮亞帶壹拾元、張照壹拾元、陳亞味壹拾元、何東壹拾元、蕭海亮壹拾元、林生友壹拾元、陳韶杰壹拾元、羅耀壹拾元、□□福壹拾元、陸□□壹拾元、楊隆壹拾元、林巧泉壹拾元、許春福壹拾元、薛邦河壹拾元、姚信壹拾元、郭水明壹拾元、楊亞順壹拾元、林清榮壹拾元、楊文星壹拾元、李順忠壹拾元、楊禮壹拾元、林和清壹拾元、林傅李壹拾元、楊成發壹拾元、楊三壹拾元、許吉壹拾元、薛鎮海壹拾元、潘英壹拾元、賴熙典壹拾元、陳英偉壹拾元、陸達宗壹拾元、黃英槐壹拾元、鍾亞練壹拾元、陳牡丹壹拾元、陸達輝壹拾元、鍾春寶壹拾元、陸來奎壹拾元、鄒明啓壹拾元、楊走壹拾元、梅業成壹拾元、陳細木壹拾元、黃福貴壹拾元、梁安倫壹拾元、黃財壹拾元、王木奎壹拾元、林伍壹拾元、黃來南壹拾元、楝□壹拾元、蘇□壹拾元、卓清泉壹拾元、蔡熟地壹拾元、謝歸長壹拾元、謝衍慶壹拾元、賴華壹拾元、王忠居壹拾元、陳光壹拾元、陳吉壹拾元、林炳好壹拾元、廖水雙壹拾元、李成力壹拾元、林振昌壹拾元、李順强壹拾元、辜忠正壹拾元、楊捷來壹拾元、林振達壹拾元、周佑壹拾元、陳元木壹拾元、陳奎壹拾元、謝寶發壹拾元、林奎記壹拾元、陳氏壹拾元、春美□壹拾元、楊十壹拾元、郭爲徒壹拾元、余來春壹拾元、陳明松壹拾元、朱漢戊壹拾元、張財□公司壹拾元、王開弟壹拾元、鄞永財壹拾元、曾錫泉壹拾元、吳德利壹拾元、張有財壹拾元、陳業懷五元、王彬五元、陳橋五元、吳文騰五元、楊芳五元、吕福五元、王金水五元、黃初五元、林順有五元、黃石五元、王金春五元、王庶泵五元、梁金五元、卓建龍五元、蔡來俊五元、李秀南五元、朱仲五元、陳康五元、黎南五元、傅立泉五元、陳碗五元、許奎星五元、林奇强五元、林清貴五元、賴亞帶五元、何文五元、羅喜春五元、陳炳忠五元、莊天福五元、吳家財五元、鍾春發五元、高伸寶五元、黃如祥五元、黃元記五元、洪榮華五元、陸足成五元、陳細元五元、郭成蛟五元、謝林王五元、許金英五元、陳金□五元、林又星五元、李友五元、潘福林五元、梁金財五元、李攀五元、譚標五元、黎瑞貴五元、潘植興五元、黃亞月五元、王堅五元、鄧添五元、英木耀五元、王金玉五元、鄧少仲五元、許逢順五元、鋭奇蛟五元、福華生五元、白元告五元、楊萬來五元、陳再發五元、林森福五元、王文松五元、楊双爲五元、黃官華五元、潮合發五元、蘇麗明五元、吳亞九五元、李貴五元、王金井五元、張天贈五元、李雲安五元、蔡基粦五元、李貞華五元、黃亞旺五元、王開港五元、蘇木五元、楊爲虎五元、蔡合源五元、葉亞沓五元、黄美創五元、郭貴五元、邵鐃五元、林春成五元、陳進寶五元、陳瑞光五元、陳亞咪五元、王聞池五元、蔡芳而五元、楊建國五元、陳樹枝五元、□坤雅五元、黄金柳五元、李瑞福五元、謝深居五元、趙順水五元、李國耀五元、姑氏五元、□槐力五元、陳海光五元、陳十八五元、關建霞五元、黄光忠五元、王永豐肆元、林亞沓肆元、陳慶泉肆元、陳德良叁元、温七妹叁元、林福叁元、許杏明叁元、陳亞嬌叁元、林月美叁元、梁貞叁元、王亞三叁元、陳潮城叁元、嚴雲海貳元、任亞立貳元、吴伸忠貳元、盧二妹貳元、林海錢貳元、吴添生貳元、張謄貳元、林協春貳元、何興貳元、楊鳳林貳元、李三妹貳元、胡美珍貳元、李秀沓貳元、朱亞柳貳元、徐亞沓貳元、莫細妹貳元、盧亞英貳元、任羅菘貳元、任詩侖貳元、許亞眼貳元、李昌新貳元、許金聯貳元、蔡建安貳元、蔡振漢貳元、黄怡剛貳元、王邦庫貳元、王亞珠貳元、張德光貳元、郭喜洲貳元、蔡丰華貳元、張双恤貳元、江瑞仁貳元、張福壽貳元、昭玉□貳元、□□微貳元、周紅毛貳元、朱細眼貳元、林巧明貳元、林化心貳元、蔡程光貳元、福亞生貳元、陳福南貳元、陳亞添貳元、林清坎貳元、林仁發貳元、李格□貳元、卓守德貳元、林清敬貳元、陳炳文壹元、鍾世問壹元、賴華壹元、賴亞九壹元、福如繞壹元、林亞狀壹元、吴□妹壹元、梁亞柳壹元、陳珠壹元、林給弟壹元、陳德英壹元、林里郁壹元、徐褒壹元。

四二二　知甲福德廟築造廟宇捐題碑

【碑刻名稱】知甲福德廟築造廟宇捐題碑
【材　質】石材
【形　制】長方形横碑
【尺　寸】長一百一十厘米、寬六十厘米
【書　體】楷書
【碑　額】無
【碑　題】無
【碑文撰者】無
【碑文書丹】無
【立 碑 者】知甲福德廟董事人黄井泉、陳金章等
【立碑時間】清光緒壬申年①（一八七二）
【存　佚】現存
【地　點】印度尼西亞中爪哇知甲福德廟

① 光緒朝無壬申年，此處紀年誤。

【碑刻録文】

光緒壬申年知甲築造福德廟宇衆弟子捐題緣金立明在石牌爲據。

黄井泉觀銀二千九百盾；陳金章觀銀二千四百盾；黄君寶觀銀五百盾；王清宇觀銀四百盾；馬立本觀銀三百盾；方金生觀銀三百盾；蔡心記觀銀三百盾；王漳水觀銀一百五十盾；林景州觀、陳尊興觀、王協力觀、郭遠民觀、郭顏蕓觀、林光德觀、戴功養觀，以上銀一百盾；楊文焕觀銀七十五盾；郭瓊琳觀銀六十盾；曾和郾觀、陳民江觀、陳金聲觀、陳啓昌觀、葉新安觀、胡亞信觀，以上銀五十盾；張全成觀銀四十盾；郭顏祐觀銀三十盾；梁友榮觀銀三十盾；許梓禧觀、許梓固觀、黄有德觀、陳瑞清觀、陳振榮觀，以上銀二十五盾；王吉星觀、蔡忠宇觀、蔡忠清觀、郭越長觀、陳大目觀、池有恭觀、王博討觀、吴基福觀、葉以守觀、陳開明觀、郭光坑觀、徐文郁觀、徐仕永觀、陳宗泰觀、陳炎木觀、黄長明觀，以上銀二十盾；陳振順觀、鄭光員觀、何肇基觀，以上銀十五盾；曾碧蘭觀、曾光亮觀、鄭彩結觀、郭如川觀、鄭聯江觀、黄吉里觀、曾添壽觀、劉金水觀、林懷生觀、柯清池觀、劉一吉觀、歐永泉觀、蕭長壽觀、蕭長水觀、池芳林觀、李雙輝觀、李光赤觀、張亞三觀、鍾亞良觀、鍾懷生觀、鄭水蛟觀、朱良生觀、許掌概觀、郭蓮沛觀、甘受和觀、佘瑞英觀、黄拱碧觀、陳霞茂觀、陳烏番觀、陳永羡觀、陳光運觀、陳正忠觀、陳學規觀、張全來觀、曾榮發觀、陳光機觀，以上銀一十盾；又承公項銀七百一十五盾；合共捐銀壹萬雙零四拾盾。

董事人黄井泉、陳金章同具。

四二三　福壽宮捐緣碑

【碑刻名稱】福壽宮捐緣碑

【材　　質】石材

【形　　制】長方形立碑

【尺　　寸】長一百八十厘米、寬七十六厘米

【書　　體】楷書

【碑　　額】雙龍朝日

【碑　　題】福壽宮

【碑文撰者】無

【碑文書丹】無

【立　碑　者】福壽宮董事人周濱王等

【立碑時間】清光緒三年（一八七七）

【存　　佚】現存

【地　　點】馬來西亞檳城福壽宮

【碑刻録文】

嘗思莫爲之前，雖美弗彰；莫爲之後，雖盛弗傳，天下事大抵皆然。玆福宮大伯公，同波池滑之所共祀者也。念經營之在玆，爲子孫之餘地；際時會之升平，修梓材而鳩庀。始基其美，何難指日更新；衆力易派，自□臨時告竣。將是民居稠密，千百年永獲康寧之慶，謹記。

今將芳名開列于後：

邱天德捐銀五拾大員；李成茂捐銀肆拾大員；捐銀：鄭西川、江芳時、邱天來、李將興、徐睬建，以上各捐銀貳拾元；謝德順、邱義寶、徐保安、周觀、楊仙化，以上各捐銀壹拾陸元；胡領觀、□點觀、李金五，以上各捐銀壹拾肆元；黃觀捐銀十元；施歆觀、謝錦榮、葉觀、謝天、邱泉源堂、黃波、林娘，以上各捐銀□元、王芳、黃謝觀、葉歲觀、□□觀，以上各捐銀□元；許相待、林玉里、李榮春、王登觀、胡維棋、林百年、柯清、□昌號，以上各捐銀□元；邱紅蟳、邱四芳、王文慶、謝綉咩娘、謝綉枝娘、王當觀、江院觀、李大使、黃和認、李報觀、邱青山、李商觀、謝和泰、陳來觀、楊係觀、李振傳、沈文嬌、葉合吉、邱裕杖、林晚喜、劉時紹、林侯觀、邱雙全、茂春堂、蘇怡昌、何仲觀、王石娘、蔡有諒，以上各捐銀肆元。

董事人周濱王、黃文芽、李金王、杜俗語、許英安仝立。天運光緒三年歲丁丑桂月穀旦。

四二四　重修福壽宮碑記

【碑刻名稱】重修福壽宮碑記
【材　質】石材
【形　制】長方形立碑
【尺　寸】長一百八十六厘米、寬八十二厘米
【書　體】楷書
【碑　額】雙龍朝日
【碑　題】重修福壽宮碑記
【碑文撰者】無
【碑文書丹】無
【立 碑 者】福壽宮董事人李丕峻等
【立碑時間】清光緒十年（一八八四）
【存　佚】現存
【地　點】馬來西亞檳城福壽宮
【碑刻録文】

重修福壽宮碑記

蓋聞重修廟宇，皆有捐資之義舉。茲我坡池滑福壽宮，崇奉福德正神，威靈遠震，澤被黎民。斯宮建蓋有年，久被風雨飄零，咸睹傾圮之傷。即欲乘時修葺，但碍工料浩繁，鞭長莫及。是以爰集同人，酌議鳩金，重新修葺其宮。雖有住持朝夕供奉福神，奈無餘所安身，故就宮側新蓋護厝數椽，如有善信進香，亦可以少息。一舉數美，義實堪嘉。今已葺蓋告竣，謹將捐資芳名勒石，以志不朽。是爲序。

邱宜保捐銀乙百元；邱啓福捐銀八十二元；崇茂號、邱天德、邱允恭、莊允粒，以上各捐六十元；謝德順捐銀四十八元；高源號、成豐號、李振傳、蔡有裕、沈文昭，以上各捐銀二十四元；萬振豐、豐成號、錦昌號、謝應菜、謝允協、林再忠、沈福元、張嫣珍、邱伍觀、勝發號，以上各捐銀十二元；蔡有諒、謝清江、浩源號、黄文芽，以上各捐銀十元；甘明、曾春景，以上各捐銀八元；楊鴻泰、邱榮利、再興號、林恒茂、慶源號、裕源號、怡泰號、瑞福號、得昌號、承啓泰、萬源號、興利號、萬寶號、周源興、新再源、王元清、何遠、楊章柳、邱有用、顏金水、林甘興、梁梓財、甘連博、邱心歡、王川尚、謝夏賞、王芳觀、信女王鶴娘，以上各捐銀六元；胡喜純、曾來勝、葉敏良、楊勝記、李若芝、信女謝顏娘，以上各捐銀五元；源龍號、和春號、新益興、再興號、何錦源、江有本、甘松客、洪添慶、沈點觀、柯雙春、邱文里、李商觀、鄭聰明、王玉實、謝謙才、洪光夏、王文夥、蔡建通、葉頁觀、周發鳳、楊忠成、張首訓、甘緑柳、黄烏觀、李富觀、信女阮瑞夏、信女賴阿房，以上各捐銀四元。以上合共捐銀乙千零七十二大元。

光緒十年歲次甲申蒲月吉旦，董事人李丕峻、張嫣珍、沈福元、邱啓福、沈文照、洪添慶仝勒石。

四二五　新建廣東暨汀州總墳旁築凉亭碑序碑

【碑刻名稱】新建廣東暨汀州總墳旁築凉亭碑序碑
【材　質】石材
【形　制】長方形立碑
【尺　寸】長一百二十八厘米、寬七十六厘米，共兩片
【書　體】碑題篆书，碑文楷書
【碑　額】無
【碑　題】新建廣東暨汀州總墳旁築凉亭碑記
【碑文撰者】無
【碑文書丹】粤東西湖藝苑樓
【立 碑 者】大董事潘緒來、大協理湯春相等
【立碑時間】清光緒十一年（一八八五）
【存　佚】現存
【地　點】馬來西亞檳城廣東省暨汀州義山
【碑刻録文】

新建廣東暨汀州總墳旁築凉亭碑序粵東西湖藝苑樓刊石

嘗思陽和陰樂，致無淒風苦雨之悲；而木本水源，每切春露秋霜之感。我粵東暨汀州士庶客游檳嶼者日繁，世處檳城者日愈盛，保無老成凋謝，殘疾淹留。咸驚故冢纍纍，勢形逼仄；欲購新山叠叠，議費躊躇。今幸寧陽有伍積齊君者，具寬洪之大度，挾豪邁之高襟，不靳厚貲，特推大義，獻山地一大段，以爲粵東暨汀州新義冢之區也。集議首建總墳，旁築凉亭。夫義舉既倡於先，而襄成宜踵於後，凡我同人，大啓資囊，共成美舉。鼎以衆擎而易舉，裘以集腋而斯成。爰披荆棘，刈荒蕪，總墳其既成矣，凉亭其告竣矣。先靈有窀穸之安，墓門增美；蒼庶值春秋之祭，山檻停踪。所賴仁人樂善，德齊日月而彌新，君子推恩，名與山河而并壽矣。

衆善士芳名臚列于左：

新寧縣伍積齊送出新山地一大段、廣州府衆善士彙零捐銀叁佰拾柒員伍毫、肇慶府衆善士彙零捐銀叁拾肆員正、惠州府衆善士彙零捐銀貳拾員正、潮州府衆善士彙零捐銀玖拾伍員柒毫、嘉應州衆善士彙零捐銀叁拾叁員正、雷州府衆善士彙零捐銀肆拾伍員正、瓊州府衆善士彙零捐銀肆拾玖員正、汀州衆善士彙零捐銀壹百壹拾員玖毫、新街衆善士彙零捐銀捌百叁拾員正、增城鄭嗣文捐銀陸百大員正、嘉應謝雙玉捐銀叁百大員正、嘉應萬裕號捐銀叁百大員正、嘉應邱建伍捐銀貳百大員正、順德陳文泰捐銀壹百伍拾大員正、汀州胡泰興捐銀壹百大員正、嘉應陳昌四捐銀壹百大員正、潮州許武安捐銀壹百大員正、倫豐號捐銀壹百大員正、潮州王永興捐銀壹百大員正、新會朱寶蘭捐銀壹百大員正、新會羅廣生捐銀壹百大員正、新寧梅同安捐銀壹百大員正、惠州温娘田捐銀壹百大員正、廣州致和號捐銀陸拾大員正、裕生號捐銀伍拾大員正、新會羅茂生捐銀伍拾大員正、番禺崔祥和捐銀伍拾大員正、新寧新同盛捐銀伍拾大員正、潮州紀來發捐銀伍拾大員正、潮州萬豐號捐銀伍拾大員正、順德陳俊榮捐銀伍拾大員正、順德黃秋滋捐銀伍拾大員正、新寧義和酒廊捐銀伍拾大員正、增城鄭景勝捐銀伍拾大員正、新寧和盛號捐銀伍拾大員正、潮州新合成捐銀肆拾大員正、惠州湯春相捐銀肆拾大員正、汀州蘇燕堂捐銀叁拾大員正、廣州廣安號捐銀叁拾大員正、番禺廣同棧捐銀叁拾大員正、新寧同和號捐銀叁拾大員正、廣州瑞生號捐銀叁拾大員正、嘉應廣福勝捐銀貳拾伍大員正、新寧黃錦慎捐銀拾伍大員正、潮州怡記廊捐銀貳拾伍大員正、香山鮑達和捐銀貳拾肆大員正、瓊州周中權捐銀貳拾貳大員正、新寧廣源利捐銀貳拾大員正、廣州新合成捐銀貳拾大員正、新寧陳宗國捐銀貳拾大員正、順德三記號捐銀貳拾大員正、四會吴信賢捐銀貳拾大員正、南海陳儀琴捐銀貳拾大員正、新安廣利祥捐銀貳拾大員正、南海二隆號捐銀貳拾大員正、番禺十泰號捐銀貳拾大員正、新寧茂興號捐銀貳拾大員正、潮州福紫泰捐銀貳拾大員正、潮州同泰號捐銀貳拾大員正、潮州恒興號捐銀貳拾大員正、潮州李來茂捐銀貳拾大員正、潮州益興號捐銀貳拾大員正、惠州朱雲秀捐銀貳拾大員正、成泰號捐銀壹拾伍大員正、新會集蘭堂捐銀壹拾伍大員正、百和堂捐銀壹拾伍大圓正、新寧宏興昌捐銀壹拾伍大員正、潮州鮑成記捐銀壹拾伍大員正、汀州胡喜純捐銀壹拾伍大員正、汀州胡金捐銀壹拾貳大員正、新寧陳潤德捐銀壹拾貳大員正、嘉應黃城柏捐銀壹拾大員正、新寧戴文吉捐銀壹拾大員正。

汀州胡能忠捐銀壹拾伍大員正、嘉應謝尚崧捐銀壹拾大員正、新會彩生號捐銀壹拾大員正、香山林啓發捐銀壹拾大員正、廣州怡豐號捐銀壹拾大員正、新寧集源號捐銀壹拾大員正、新會周賢隆捐銀壹拾大員正、順德公昌號捐銀壹拾大員正、新寧黃秋龍捐銀壹拾大員正、新寧李若芝捐銀壹拾大員正、番禺富生號捐銀壹拾大員正、番禺富昌號捐銀壹拾大員正、新財利捐銀壹拾大員正、新同利捐銀壹拾大員正、龍門宏興號捐銀壹拾大員正、新會怡隆號捐銀壹拾大員正、義和棧捐銀壹拾大員正、新寧怡昌號捐銀壹拾大員正、番禺榮棧號捐銀壹拾大員正、順利號新寧捐銀壹拾大員正、順德太和堂捐銀壹拾大員正、新寧中和堂捐銀壹拾大員正、香山馬英全捐銀壹拾大員正、新寧瑞珍號捐銀壹拾大員正、新寧怡茂號捐銀壹拾大員正、新寧伍佐文捐銀壹拾大員正、新會羅普生捐銀壹拾大員正、廣聯發捐銀壹拾大員正、新寧承興號捐銀壹拾大員正、益記號捐銀壹拾大員正、新寧義安號捐銀壹拾大員正、潮州吴瑪雲捐銀壹拾大員正、嘉慶邱對昌捐銀壹拾大員正、瓊州何宏齡捐銀壹拾大員正、嘉應羅和生捐銀壹拾大員正、瓊州新寶綸捐銀壹拾大員正、瓊州李大輝捐銀壹拾大員正、瓊州王蘭徽捐銀壹拾大員正、瓊州廣興號捐銀壹拾大員正、瓊州陳昌琚捐銀壹拾大員正、新寧集源號捐銀壹拾大員正、新會周賢隆捐銀壹拾大員正、瓊州王道學捐銀壹拾大員正、瓊州王志輝捐銀壹拾大員正、瓊州邢太玉捐銀壹拾大員正、瓊州翁世位捐銀壹拾大員正、瓊州鄭樹美捐銀壹拾大員正、雷州鄧大儒捐銀壹拾大員正、潮州王序封捐銀壹拾大員正、潮州合裕號捐銀壹拾大員正、潮州振成號捐銀壹拾大員正、潮州清芬樓捐銀壹拾大員正、潮州許三葵捐銀壹拾大員正、潮州源盛號捐銀壹拾大員正、潮州豐利號捐銀壹拾大員正、潮州萬順利捐銀壹拾大員正、汀州胡德志捐銀壹拾大員正、汀州戴崇盛捐銀壹拾大員正、汀州周鳳興捐銀壹拾大員正、汀州周源麟捐銀壹拾大員正、汀州會龍武捐銀壹拾大員正、惠州楊勝記捐銀壹拾大員正、惠州林悦滔捐銀壹拾大員正、惠州傅□連捐銀壹拾大員正。

大董事：許武安、胡泰興、黄進聰、瑞生號、謝雙玉、温娘田、潘緒來、林秋泉、王蘭徽、梅福星、伍時信、朱昌懷、吴信賢、胡文門；大協理：湯春相、古裕元、文乃念、許德賢、羅通幹、宋庚子、陳昌琚、張德禄、林生、李象來、陳有成、周興揚、羅文增、傅連、蘇貴培、黄美勝、胡衍仁、林悦滔、潘和息、鄺新發、林樹春、林榕章、林舉俊、陳永聰、馬英全、伍叢林、陳瓚良、李明開、朱雲秀、巢以章、鮑關瑞、鄭興海，仝立石。

光緒十一年歲次乙季秋穀旦。

四二六　重修東壁廟捐緣牌

【碑刻名稱】重修東壁廟捐緣牌
【材　質】木材
【形　制】長方形横牌
【尺　寸】長一百零六厘米、寬五十二厘米
【書　體】楷書
【碑　額】無
【碑　題】無
【碑文撰者】無
【碑文書丹】無
【立 碑 者】東壁廟董事林淼金等
【立碑時間】清光緒二十四年（一八九八）
【存　佚】現存
【地　點】印度尼西亞中爪哇三寶壟東壁廟
【碑刻録文】

重修東壁廟捐題芳名詳列于左：

馬瑞美媽腰捐金五百盾；建源寶號捐金五百盾；何恒慶公捐金三百盾；馬厥猷公捐金三百盾；陳□口官捐金三百盾；陳紹立官捐金三百盾；林淼金官捐金貳百盾；李武平官捐金貳百盾；吴榮□官、吕鳳池官捐金貳佰盾；瑞和寶棧捐金貳佰盾；建成寶棧捐金貳百盾；振成公司捐金貳百盾；朱有祥號壹百伍拾盾；義裕寶棧壹百伍拾盾；昆成寶棧壹百伍拾盾；永綿利棧壹百貳拾盾；林玉成官捐金壹百盾；陳有義官捐金壹百盾；陳景輝官捐金壹百盾；洪泰山官捐金壹百盾；孫束帶官捐金壹百盾；李亞惜官捐金壹百盾；吴繼昌官捐金壹百盾；朱富蘭官捐金壹百盾；周生寶號捐金壹百盾；廣隆寶號捐金壹百盾；王長庚官捐金捌拾盾；温榮焕官捐金捌拾盾；邱豐榮公捐金陸拾盾；甘欽福官捐金伍拾盾；張竭諒官捐金伍拾盾；胡昭不官捐金伍拾盾；胡得利官捐金伍拾盾；紀清□官捐金伍拾盾；魏嘉益官捐金伍拾盾；許仕姜官捐金伍拾盾；劉禾水官捐金伍拾盾；藍愈耐官捐金伍拾盾；胡昭龍官捐金伍拾盾；胡清水官捐金伍拾盾；李麗水官捐金伍拾盾；吴文彩官捐金伍拾盾；林克念官捐金伍拾盾；錦源寶棧捐金伍拾盾；豐興寶棧捐金伍拾盾；戒林堂藥鋪捐金伍拾盾；蔡有實官捐金肆拾盾；黄良謀官捐金肆拾盾；陳有仁官捐金肆拾盾；陳天忠官捐金肆拾盾；陳泥金官捐金叁拾盾；李益全官捐金叁拾盾；貲萬寶棧捐金叁拾盾；陳陽芳官捐金貳拾盾；陳德貞官捐金貳拾盾；陳紹恒官捐金貳拾盾；陳悦觀官捐金貳拾盾；林榮瑞官捐金貳拾盾；鄭文叫官捐金貳拾盾；蔣玉印官捐金貳拾盾；蔡聯芽官捐金貳拾盾；瑞成寶號捐金貳拾盾；振隆寶號捐金貳拾盾；新和興號捐金貳拾盾；楊亞增官捐金貳拾盾；林源全官捐金貳拾盾；黄通草官捐金貳拾盾；施新祺官捐金貳拾盾；張光羨官捐金貳拾盾；葉源和官捐金貳拾盾；合盛寶號捐金貳拾盾；金源順號捐金貳拾盾；鄧保記號捐金貳拾盾；共銀陸千伍百盾。

光緒廿四年戊戌，董事林淼金、林玉成、孫束帶、馬厥猷、吕鳳池、李武平、胡昭不、吴繼昌敬書。

四二七　重修東壁廟福德正神像牌

【碑刻名稱】重修東壁廟福德正神像牌

【材　質】銅材

【形　制】長方形立牌

【尺　寸】長八十六厘米、寬四十八厘米

【書　體】楷書

【碑　額】無

【碑　題】無

【碑文撰者】無

【碑文書丹】無

【立 碑 者】東壁廟正爐主黄瑞篇等

【立碑時間】一九五六

【存　佚】現存

【地　點】印度尼西亞中爪哇三寶壟東壁廟

【碑刻録文】

東街東壁廟福德正神重修金身諸信士樂捐芳名列詳：

黃瑞篇先生樂捐銀壹仟盾正、黃有土先生樂捐銀壹仟盾正、太平洋寶號樂捐銀壹仟盾正、陳培榮先生樂捐銀壹仟盾正、游永汀先生樂捐銀壹仟盾正、陳紹維先生樂捐銀壹仟盾正、鄭君立先生樂捐銀伍佰盾正、楊振榮先生樂捐銀伍佰盾正、孫登科先生樂捐銀貳佰盾正、晶金香寶號樂捐銀貳佰盾正、新豐寶號樂捐銀貳佰盾正、亞非藥房寶號樂捐銀貳佰盾正、姚亞喉先生樂捐銀壹佰盾正、陳家先生樂捐銀壹佰盾正、八一商店寶號樂捐銀壹佰盾正，計十五條共銀捌仟叁佰盾正。

一　開修金身費去銀陸仟盾正。
一　開厨仔左右各一個銀壹仟一百五十盾。
一　開法師七名各作敬資銀柒佰五十盾。
一　開工資費二名去銀壹佰盾正。
一　開銅灼臺二對去銀伍拾盾正。
一　開刻銅板字工資銀貳佰五十盾；

計六條共銀捌仟叁佰盾正。

上下和合。

正爐主黃瑞篇、副爐主黃有土，公元一九五六年五月廿二日歲次丙申四月十八日立。

四二八　詩巫永安亭修造捐緣碑

【碑刻名稱】詩巫永安亭修造捐緣碑

【材　質】石材

【形　制】長方形立碑

【尺　寸】長一百六十八厘米、寬七十厘米，共兩片

【書　體】楷書

【碑　額】無

【碑　題】永安亭

【碑文撰者】無

【碑文書丹】無

【立 碑 者】福建省衆董事人許鳳浩等

【立碑時間】清光緒二十三年（一八九七）

【存　佚】現存

【地　點】馬來西亞沙捞越詩巫永安亭

【碑刻録文】

永安亭

大清光緒二十三年歲次丁酉桂月　同修造吉。

嘗聞有其誠斯有其神，無其誠則無其神。此言雖有然，□□特未可擬議於我福德之伯公者。蓋伯公之爲神也，正直聰明，位次天子，以一温柔寬福寶首諸侯者三。憶其來守此土也，無此疆彼界之分，日日存愷惻，時時普惠澤，陰施神惠，顯著神光。夫固有求必應，無遠弗届者也。惟然一言，欲建立廟宇，凡來兹地者，士農工商，莫不殫心喜捐，竭力赴作，無幾日月，而廟貌輝光，遂見其燕賀落成矣。今欲明費項之多少，與樂捐之芳名，爰修二碑，并開列于左：

本坡福建公司喜助緣銀貳仟大元、加帛公司喜助銀肆佰大元、怡發號喜捐銀叁佰伍拾肆元、長發號喜捐銀貳佰陸拾陸元、協和號喜捐銀貳佰叁拾玖元、永發號喜捐銀貳佰零陸大元、振吉號喜捐銀壹佰玖拾肆元、豐源號喜捐銀壹佰捌拾柒元、錦源號喜捐銀壹佰捌拾壹元、振發號喜捐銀壹佰貳拾玖元、錦隆號喜捐銀壹佰壹拾捌元、源安號喜捐銀壹佰零貳大元、頂逸坡福建公司喜捐銀壹佰大元、和利號喜捐銀壹佰拾元、年盛號喜捐銀捌拾玖大元、正興號喜捐銀捌拾叁大元、桑裡坡福安和公司喜助緣銀捌拾大元、成發號喜捐銀陸拾捌元、怡振瑞喜捐銀伍拾大元、順源號喜捐銀肆拾貳大元、廣東錦興號喜捐銀叁拾元、春發號喜捐銀叁拾大元、安發號喜捐銀貳拾陸大元、長盛號喜捐銀貳拾伍元、錦豐號喜捐銀貳拾大元、義源號喜捐銀貳拾元、山有號喜捐銀貳拾大元、瑞順號喜捐銀貳拾大元、長順號喜捐銀貳拾貳元、勝讓順香號喜題緣銀貳拾元、順興號喜捐銀貳拾元、和利棧喜捐銀壹拾捌元、瑞源號喜捐銀壹拾陸大元、怡盛號喜捐銀壹拾陸元、南昌港喜捐緣銀壹拾陸元、蓮發號喜捐銀壹拾伍大元、振春號喜捐銀壹拾伍元、錦和號喜捐銀壹拾伍元、保發堂喜捐銀壹拾貳元、泗里街順發號喜捐銀壹拾貳元、恒春號喜捐銀壹拾貳元、振美號喜捐銀壹拾貳元、林科官喜捐銀壹拾貳元、永春號喜捐銀壹拾貳元、協成號喜捐銀壹拾貳元、協和棧喜捐銀壹拾貳元、成興號喜捐銀壹拾貳元、勝珍號喜捐銀壹拾貳元、錦美號喜捐銀壹拾元、豐德號喜捐銀壹拾元、合發號喜捐銀壹拾元、天來號喜捐銀壹拾元、峰發號喜捐銀壹拾元、長發號喜捐銀壹拾元、怡言坡新合美喜捐銀壹拾元、錦春號喜捐銀壹拾元、同利華喜捐銀壹拾元、利記號喜捐銀壹拾大元、義合號喜捐銀壹拾大元、廣合益捐銀壹拾大元、梁錦求喜捐銀壹拾大元、源興號喜捐銀壹拾元、怡興號喜捐銀壹拾元、怡成號喜捐銀壹拾元、青成號喜捐銀壹拾大元、協發號喜捐銀壹拾大元、錦隆號喜捐銀壹拾大元、韶興號喜捐銀壹拾大元、怡言坡鄭烏官喜捐緣銀拾大元、順吉號喜捐銀捌大元、振源號喜捐銀捌大元、順發號喜捐銀捌大元、沈深淵喜捐緣銀柒大元、開順號喜捐銀陸大元、豐安號喜捐銀陸大元、自發號喜捐銀陸大元、元發號喜捐銀陸大元、源美號喜捐銀陸大元、居記號喜捐銀陸大元、萬盛號喜捐銀陸大元、順安號喜捐銀陸大元、順興號喜捐銀陸大元、振成號喜捐銀陸大元、振記號喜捐銀陸大元、長美號喜捐銀陸大元、源成號喜捐銀陸大元、恒發號喜捐銀陸大元、錦發號喜捐緣銀陸大元、錦成號喜捐緣銀陸大元、錦安號喜捐緣銀陸大元、恒發號喜捐緣銀陸大元、楊永昌喜捐緣銀陸大元、峇抵成利號喜捐緣銀陸大元、錦泰號喜捐緣銀陸大元、錦芳號喜捐緣銀陸大元、源發號喜捐銀陸大元、香吉號喜捐銀伍大元、黃雲官喜捐銀伍大元、乾裕號喜捐銀伍大元、廣連發喜捐銀伍大元、豐順號喜捐銀伍大元、合利號喜捐銀伍大元、順發號喜捐銀伍大元、和安號喜捐銀伍大元、錦昌號喜捐銀伍大元、豐發號喜捐銀伍大元、福成號喜捐銀伍大元、順安號喜捐銀伍大元、協利號喜捐緣銀伍大元、沈楹官喜捐銀伍大元。

茲將福建省衆董事人許鳳浩、長發號、豐源號、陳文仲、協和號、錦源號、怡發號、振發號、錦隆號、永發號、振吉號、年盛號等立。

砂嘮坡福建公司喜題銀陸拾陸元壹角、砂嘮坡上合號喜題石牌貳大片、衆船許雙豆喜題俌位緣銀壹佰壹拾貳元、許用官喜題俌位緣銀玖拾玖大元、順美發船喜題俌位緣銀捌拾肆大元、協順發船喜題俌位緣銀柒拾大元正、福順和船喜題俌位緣銀陸拾大元正、福隆發船喜題俌位緣銀陸拾大元正、金霞美船喜題俌位緣銀伍拾肆元正、福春船喜題俌位緣銀貳拾四元正、萬永成船喜題俌位緣銀壹拾柒元正、金振美船喜題俌位緣銀壹拾壹元、勝讓船喜題俌位緣銀壹拾大元正、張申官喜題俌位緣銀玖大元正、文那呀林碗發喜題緣金大銀叁拾大元正、孫古黨喜題緣金大銀貳拾元正、孫里宜喜題緣金大銀壹拾陸元正、沈坤耀喜題緣金大銀壹拾伍元正、鄭蓋官喜題緣金大銀壹拾四元正、張亞芳喜題緣金大銀壹拾貳元正、張亞慶喜題緣金大銀壹拾貳元正、張亞連喜題緣金大銀壹拾貳元正、亞良官喜題緣金大銀壹拾元正、孫安静喜題緣金大銀陸元正。

一，捐慶成緣金銀計貳仟貳佰元正。

又買石硃盤計壹拾貳粒該銀貳拾伍元。

一，計拾玖條喜捐緣玖仟壹佰陸元、又買沙合共去英大銀貳佰柒拾陸元正。

一，開買杉料銀陸佰壹拾捌元玖角四占、又買干灰合共銀貳佰捌拾零玖角捌占、又買□寸磚共銀肆佰玖拾貳元叁角五占、又買塘山瓦合共英銀壹佰零壹元柒角、又買尺四塘山磚叁仟個銀壹佰伍拾元、又買越大瓦合共英大銀陸拾陸元壹角、又買哈石合共銀肆拾陸元四角陸占正、又買瓦同共銀伍拾貳元伍角貳占貳鐳、又買花窗壹佰個英大銀壹拾叁元伍角、又開畫門神像工該英大銀玖拾伍元正、又買連隊壹佰個英大銀柒元柒角伍占、又開墻圍工資合共英大銀陸拾叁元正、又買白茶共銀叁拾四元貳角貳占貳鐳、又開漆宮内及畫工合銀叁佰捌拾伍元、又買瓷器碗合共英大銀四拾伍元陸角、又開什費共銀壹仟貳佰四拾七元貳角□占、又開萬豐船俤銀柒佰四拾陸元柒角六占、又開慶成什費并演福州戲銀貳仟零貳拾元、又開築宮土工合共英大銀捌佰大元正、又開鐵器合共英大銀計捌拾大元正、又開築宮木匠銀壹仟貳佰拾柒元捌角四占、又開仕軍俤位計貳條共銀壹佰貳拾元、又開造屏漆及工合共英銀壹佰貳拾元。

計貳拾四條開費用銀玖仟壹佰零陸大元。

茲將福建省衆董事人列明：越坡陳文仲、協和號、錦源號、許鳳浩、長發號、振吉號、怡發號、豐源號、錦隆號、永發號、振發號、年盛號，等仝立。

四二九　羅社里福德廟重修廟宇牌

【碑刻名稱】羅社里福德廟重修廟宇牌
【材　　質】木材
【形　　制】長方形立牌
【尺　　寸】長一百八十厘米、寬五十六厘米
【書　　體】楷書
【碑　　額】無
【碑　　題】無
【碑文撰者】無
【碑文書丹】無
【立　碑　者】福德廟董事人等
【立碑時間】清光緒二十三年（一八九七）
【存　　佚】現存
【地　　點】印度尼西亞中爪哇羅社里福德廟
【碑刻録文】

茲於羅奢里福德正神之廟，自昔日建造以來，延今歷年累久，其廟堂瓦桷，概各毁壞，不堪受風吹雨打。如有風

來雨至，廟内皆以濕水，愈久而愈荒廢也。是以三位家長及庶人議會，要重修廟宇，即各到廟中求神指下，而神明亦經許祝。故將出此題緣於諸鄰里鄉黨，列位善男信女以及起頭貴商，有誠敬之心，苟以諒之。如有其誠，則有其神，不可不遵哉。諸仁人君子之芳名列明于左：

直葛甲必丹許高泰公司捐緣金壹佰盾正、抹雷珍蘭蘇祥源公司捐緣金陸拾盾正、沸里汶甲必丹陳景美公司捐緣金貳拾伍盾正、芝日洛雷珍蘭郭源榮公司捐緣金貳拾盾正、洪里汶雷珍蘭鄭逢源公司捐緣金貳拾盾正、雷珍蘭鄭隆源公司捐緣金貳拾盾正、雷珍蘭郭源美公司捐緣金壹拾盾正、葛里家長黃然生官捐緣金叁拾盾正、丹絨家長陳彬德官捐緣金貳拾盾正、汶里家長蘇美璋官捐緣金壹拾盾、厥祥棧捐緣金陸拾盾正、林瑞泰官捐緣金伍拾盾正、蘇順良官捐緣金伍拾盾正、林淼泉官捐緣金伍拾盾正、林任澤官捐緣金肆拾盾正、吴庚申官捐緣金肆拾盾正、葛家長林紫荊官捐緣金叁拾盾正、陳振耀官捐緣金叁拾盾正、陳鴻儀官捐緣金叁拾盾正、林查某官捐緣金叁拾盾正、黃葛柳官捐緣金叁拾盾正、許振鄉官捐緣金叁拾盾正、陳垂統官捐緣金叁拾盾正、永發號官捐緣金叁拾盾正、林長庚官捐緣金貳拾盾正、林長洲官捐緣金貳拾盾正、林忠地官捐緣金貳拾盾正、葉長順官捐緣金貳拾盾正、陳有恒林清源官捐緣金貳拾盾正、鄭錦盛官捐緣金貳拾盾正、郭寬准官捐緣金貳拾盾正、林超觀官捐緣金貳拾盾正、林九嬰官捐緣金貳拾盾正、王加富官捐緣金貳拾盾正、温長齡官捐緣金貳拾盾正、黃虎魚官捐緣金壹拾四盾正、戴祈壽官捐緣金壹拾貳盾正、謝德安官捐緣金壹拾盾正、周烟耀官捐緣金壹拾盾正、鄭振美官捐緣金壹拾盾正、陳順理官捐緣金壹拾盾正、林清泉官捐緣金壹拾盾正、張合順官捐緣金壹拾盾正、張三合官捐緣金壹拾盾正、陳源和官捐緣金壹拾盾正、周振庇官捐緣金壹拾盾正、黃振輝官捐緣金壹拾盾正、陳錦香官捐緣金壹拾盾正、陳金川官捐緣金壹拾盾正、周清濕娘捐緣金壹拾盾正、美昌號捐緣金壹拾盾正、杜越友官捐緣金壹拾盾正、陳有金官捐緣金壹拾盾正、蘇福壽官捐緣金壹拾盾正、林維昌官捐緣金壹拾盾正、謝德昌官捐緣金壹拾盾正、周振源官捐緣金壹拾盾正、黃英雄官捐緣金壹拾盾正、林天生官捐緣金壹拾盾正、林大本官捐緣金壹拾盾正、陳馬痣官捐緣金壹拾盾正、黃長裕官捐緣金壹拾盾正、福瑞號捐緣金壹拾盾正、黃述信官捐緣金壹拾盾正、謝北源官捐緣金壹拾盾正、鄭清禄官捐緣金壹拾盾正、鄭友義官捐緣金壹拾盾正、王珍春官捐緣金壹拾盾正、甘興添官捐緣金壹拾盾正、林爾章官捐緣金壹拾盾正、冬宇年陳長清官捐緣金壹拾盾正、實叻陳志拋官捐緣金壹拾盾正、林鎮官捐緣金壹拾盾正、蘇成美官捐緣金壹拾盾正、鄭友信官捐緣金壹拾盾正、鄭錦紳官捐緣金壹拾盾正、陳錦發官捐緣金壹拾盾正、鄭神祐官捐緣金陸盾正、鄭長榮官捐緣金陸盾正、許萬全官捐緣金陸盾正、鄭耀生官捐緣金陸盾正、鄭龍井官捐緣金陸盾正、鄭伯讓官捐緣金伍盾正、陳源財官捐緣金伍盾正、林世輝頊閏官捐緣金伍盾正、黃拱養官捐緣金伍盾正、謝盛金官捐緣金伍盾正、李福山官捐緣金伍盾正、黃寬仁官捐緣金伍盾正、黃加賄官捐緣金伍盾正、鄭宗衛官捐緣金伍盾正、陳珍邦官捐緣金伍盾正、張蘭生官捐緣金伍盾正、李順德官捐緣金伍盾正、吳榮宜官捐緣金伍盾正、林朝陽官捐緣金伍盾正、顏金安官捐緣金伍盾正、林新禧官捐緣金伍盾正、瑞和號捐緣金五盾正、家長林淙官捐緣金伍盾正、林順德官捐緣金伍盾正、張合成官捐緣金伍盾正、陳地坤官捐緣金伍盾正、楊以仁官捐緣金伍盾正、同美號捐緣金伍盾正、景茂號捐緣金五盾正、許漢奇官捐緣金伍盾正、蔡成福官捐緣金四盾正、周明意官捐緣金四盾正、李文杰官捐緣金四盾正、顏長機官捐緣金四盾正、林清井官捐緣金四盾正、黃維財官捐緣金叁盾正、蘇楊柳官捐緣金叁盾正、蘇九陵官捐緣金叁盾正、吳爐官捐緣金叁盾正、黃縉忠官捐緣金叁盾正、吳玉娘官捐緣金叁盾正、林望呀官捐緣金叁盾正、林討魚官捐緣金叁盾正、鄭長泉官捐緣金貳盾五角、林順隆官捐緣金貳盾五角、黃德懷官捐緣金貳盾五角、林能忠官捐緣金貳盾五角、連活財官捐緣金貳盾五角、楊龍池官捐緣金貳盾五角、陳成奇官捐緣金貳盾五角正、黃源水官捐緣金貳盾五角正、吳榮時官捐緣金貳盾五角正、曾振禮官捐緣金貳盾五角正、新怡和號捐緣金貳盾五角正、陳國官捐緣金貳盾五角正、豐裕號捐緣金貳盾五角正、陳源盛官捐緣金貳盾五角正、李俊生官捐緣金貳盾五角正、黃新基官捐緣金貳盾五角、張合利官捐緣金貳盾五角、李八逸官捐緣金貳盾五角、楊柳里官捐緣金貳盾五角、江巨川官捐緣金貳盾五角、鄭銘官捐緣金貳盾五角、黃縉祐官捐緣金貳盾五角、黃茂盛官捐緣金貳盾五角正、茂源號捐緣金貳盾五角正、林芳綽官捐緣金貳盾五角正、建成號捐緣金貳盾五角正、義裕棧捐緣金貳盾五角正、壽德堂捐緣金貳盾五角正、蕭長明官捐緣金貳盾五角正、陳能德官捐緣金貳盾五角正、雍文雅官捐緣金貳盾正、康建成官捐緣金貳盾正、郭生輝官捐緣金貳盾正、林茂樹官捐緣金貳盾正、林清池官捐緣金貳盾正、馮溪浚官捐緣金貳盾正、陳碧安官捐緣金貳盾正、黃拱山官捐緣金貳盾正、黃順成官捐緣金貳盾正、施淑良官捐緣金貳盾正、陳頭文官捐緣金貳盾正、戴良庇官捐緣金貳盾正、郭楊路官捐緣金貳盾正、陳瑞昌官捐緣金貳盾正、康元泉旦官捐緣金貳盾正、黃鳳梧官捐緣金貳盾正、蔡淑貞官捐緣金貳盾正、林清海官捐緣金貳盾正、陳瑞馨官捐緣金貳盾正、林桂娘官捐緣金貳盾正、黃天雪官捐緣金貳盾正、黃甘露官捐緣金貳盾正、蘇福才官捐緣金貳盾正、許桂三官捐緣金貳盾正、戴良曾官捐緣金貳盾正、陳佳生官捐緣金貳盾正、鄭耀顏官捐緣金貳盾正、鄭海内官捐緣金貳盾正、郵長官捐緣金貳盾正、洪生求官捐緣金貳盾正、陳五一官捐緣金貳盾正、黃維祥官捐緣金貳盾正、施豹詁官捐緣金貳盾正、蔡同臨官捐緣金貳盾正、黃維良官捐緣金貳盾正、曾玉碧官捐緣金貳盾正、陳清源官捐緣金貳盾正、范榮春官捐緣金貳盾正、孫溪錢官捐緣金貳盾正、陳文楚官捐緣金貳盾正、郭順福官捐緣金貳盾正、林長壽官捐緣金貳盾正、黃財娘官捐緣金貳盾正、黃水湖官捐緣金貳盾正、蔡同輝官捐緣金貳盾正、連淡水官捐緣金貳盾正、黃雙喜官捐緣金貳盾正、黃紹興官捐緣金壹盾正、鄭龜官捐緣金壹盾正、陳天球官捐緣金壹盾正、陳碧珪官捐緣金壹盾正、洪成德官捐緣金壹盾正、謝光泉官捐緣金壹盾正、黃順陽官捐緣金壹盾正、楊百林官捐緣金壹盾正、李天協官捐緣金壹盾正、黃和昌官捐緣金壹盾正、王清合官捐緣金壹盾正、鄭隆水官捐緣金壹盾正、鄭初音官捐緣金壹盾正、張振長官捐緣金壹盾正、黃紹發官捐緣金壹盾正、李隗紳官捐緣金壹盾正、陳德錐官捐緣金壹盾正、曾安輝官捐緣金壹盾正、謝良泰官捐緣金壹盾正。

右計貳佰壹拾陸條，總合共捐緣銀壹仟捌佰柒拾叁盾正。

大清光緒廿三年歲次丁酉仲冬之月吉旦立。

四三〇　重修福德祠募緣碑

【碑刻名稱】重修福德祠募緣碑

【材　　質】石材

【形　　制】長方形立碑

【尺　　寸】長一百六十八厘米、寬七十六厘米

【書　　體】楷書

【碑　　額】飛龍朝日

【碑　　題】無

【碑文撰者】無

【碑文書丹】無

【立 碑 者】福德祠董事等

【立碑時間】清光緒二十五年（一八九九）

【存　　佚】現存

【地　　點】馬來西亞霹靂州太平福德祠（大伯公廟）

【碑刻録文】

謹將重修福德祠募緣芳名列明于左：

杜啓明捐銀拾二元；瑞美號捐銀叁十元；黃期諒捐銀叁十元；黃期諒捐銀叁十元；

鄭景貴捐銀陸十元；柯祖仕捐銀陸十元；隆成號捐銀伍十元；黃期諒捐銀叁十元；瑞美號捐銀叁十元；杜啓明捐銀叁十元；萬隆僞捐銀叁十元；裕生公司捐銀貳十四元；鄭亥官捐銀拾陸元；新裕隆捐銀拾二元；王開邦捐銀拾二元；黃怡成捐銀拾二元；綿德號捐銀拾二元；榮德號捐銀拾二元；陳文雅捐銀拾二元；芳美號捐銀拾二元；連乾元捐銀拾二元；邱文弁捐銀拾二元；振美號捐銀拾二元；張雙來捐銀拾二元；新福春捐銀拾二元；協利公司捐銀拾二元；協成號、新萬源、福得利、永和號、合源號、王文屎、永隆號、鴻源號、鄭鳳圻、新連美、郭明祥、福興春、莊蚶井，以上每名壹拾元；再發號捐銀捌元；瑞裕號捐銀捌元；鄭列恒土井捐銀陸元壹戈；鄭极素捐銀陸元；其昌號、源珍號、合利號、忠興號、長興號、祥興號、黃福土井、莊蚶土井、同安居、朱松溪、萬益號、柯武我、葉教官、福發公司、鄭屎官、謝伴官、泉春號、李葉土井、福瑞成公司、新成茂公司、新永興公司，以上每名捐銀四元。計共銀七佰七十元零四角；柴牌計壹百叁拾貳名共銀二百乙十七元伍角；散緣計銀二佰零六元乙角；總共捐銀乙仟乙佰九十四元。

計開土木工料磚瓦漆油等費葉銀乙仟乙佰乙十七元陸角壹拾四分。對除以外尚存銀七十六元叁角捌分塾作慶成之用。

光緒二十五年歲次己亥吉旦，董事等仝立。

四三一　重遷福德廟碑記

【碑刻名稱】重遷福德廟碑記
【材　　質】石材
【形　　制】長方形立碑
【尺　　寸】長一百厘米、寬五十八厘米
【書　　體】楷書
【碑　　額】無
【碑　　題】重遷福德廟碑記
【碑文撰者】寧陽林懋勛
【碑文書丹】無
【立 碑 者】福德祠總理等
【立碑時間】清光緒二十七年（一九〇一）
【存　　佚】現存
【地　　點】新加坡萬山港福德祠
【碑刻録文】

重遷福德廟碑記

星嘉坡萬山港有福德廟，不知始自何時也。聞之同治初年卜遷缸瓦窑，繼遷椰水塘。虽歷變遷而愈著顯靈，游石叻者莫不藉婆心之呵護矣。余年未弱冠時常嬉戲廟前，見夫竹帛酬恩排豚報德者熙熙而來也。今春重游斯土，適埠之各屬紳耆商賈聚廟議成，有集腋攟图購地遷廟之舉焉。經營于庚子冬，落成于辛丑夏，董事請叙于余，爰書以爲記。

兹將總理倡建勸捐緣首值事芳名開列：

正總理：林振泰號；副總理：同安號；協理：鄧世錦；倡建勸捐紳商：五品藍翎林德溥、劉以田、何慎大、就和號、馬廣源、保和堂、福生堂、黄達記、麥廣昌、梁光齊、胡福秀、莫和勝、許源興；緣首：林濟星、九華堂、廣利南、鄧光盛、莫智艾、梅日、鄭相；值理：李彦照、賴榮宗、林連元、張瑞南、羅文錦、梁瑞成、鄧添意。

兹將喜認工金芳名開列：

許源興號捐銀壹佰大員，另捐紅磚叁仟個；林振泰號捐銀壹佰大員，另捐紅磚叁仟個；新源和捐銀叁拾大員；和益號捐銀叁拾大員；何慎大捐銀叁拾大員；莫和勝捐銀叁拾大員；順興號捐銀貳拾大員；同安號捐銀貳拾大員；均和號捐銀貳拾大員；順源號捐銀貳拾大員；陳華耀捐銀貳拾大員；羅奇生捐銀貳拾大員；朱廣蘭捐銀貳拾大員；就義號捐銀貳拾大員；榮和號捐銀貳拾大員；連鈺堂捐銀壹拾大員；同生號捐銀壹拾大員；梅端成捐銀拾大員；錦盛廠捐銀拾大員；廣合興捐銀拾大員；廣南昌捐銀拾大員；邱雁賓捐銀拾大員；鍾成興捐銀拾大員；温社記捐銀拾大員；祥興號捐銀拾大員；新山蔡黄氏捐銀拾大員；陳二姑捐銀拾大員；廣榮昌捐銀拾大員；振昌隆捐銀拾大員；義和號捐銀拾大員；譚振源捐銀拾大員；黃達記捐銀拾大員；美和號、新振昌、義勝樓、朱富蘭、司徒俊拔、何福盛、朱有蘭、余薦中、羅致生、賜脉園、新高興、新錦興、何錦堂、廣致生、湯廣生、新廣和、廣恒、群樂樓、廣源、李取、南興隆，已上捐銀拾大員；群英樓、歐齡潤、曹益和、榮興寶、曹合和、梁炳歡、心安、陳協隆、就和號、張源安、順意楼、廣悅盛、陳阿秀、陳泗隆、廣利南、羅阿蘇、振源興、新山悅心楼、公興號、群馨、義發樓、巨發廠、陳宜熊、就源號、文釗地女捐、陳源源、新山柔盛公司、福昌號、陸寅杰、錦隆廠、陳宜挹、龐敦武、張仙竈、梅怡和、金昌號、陳星南、甄倫記、鄧世錦、林濟星、協源當、曹鳳麟、梁瑞成、永生號、成發當、協興號、梅萬順、新義盛、萬源當、譚楹昌、梁光齊、益榮號、龍生、永盛號、楊阿義、興隆號、廣同發、福興隆、何壯猷，以上捐銀伍大員。

兹将壬子年重修捐助芳名列左：

沙嘴炮會助銀拾元；甄良紹、梅德耀、陳榮祐、林振泰、許源興、李旺記、萬和，以上助銀五大元；梅乃題助銀三元；李命助銀二元；何貽燦、鄭夫芳、阮本裕、周廷華、張源安、梁春、陳益、黃位、源和興、吴金水、振芳公司，已上助銀貳元。

時光緒二十七年歲次辛丑孟冬日立，寧陽林懋勛撰。

四三二　重修本廟石碑

【碑刻名稱】重修本廟石碑
【材　　質】石材
【形　　制】長方形立碑
【尺　　寸】長七十四厘米、寬四十五厘米
【書　　體】碑題篆書，序文行書，列名隸書
【碑　　額】無
【碑　　題】重修本廟石碑
【碑文撰者】寧邑林懋勳
【碑文書丹】寧邑吳耀南
【立 碑 者】福德祠總理等
【立碑時間】清光緒三十四年（一九〇八）
【存　　佚】現存
【地　　點】新加坡萬山港福德祠
【碑刻録文】

重修本廟石碑

石叻萬山港中有土地廟，然其始自何時均不記。而生也惟父□相傳，古之作客于是邦者，以其神靈故为之立廟云，然則斯廟之由来蓋古矣。

迨光緒辛丑年，林君惠、鄧君注、陈君祐昌亦以斯神多靈迹，且以是廟之狹小，慨古人之志□未竟也，因邀集衆善諸君子與各大紳商，籌資購地，遷廟於萬山港之沙岡。由是斯廟之規模愈敞，由是斯神之靈迹益著。凡此邦人士之有所疑、有所惑者，皆取决於是神。婚姻嫁娶、行藏進止者，亦莫不取决於是神。無朝無暮，往來如織，紅男緑女，斗列星羅，喃喃之語，鐘鼓之音，徹於霄漢，此誠萬家之生佛也。

然自鶯遷以來，倏忽又十餘年於兹矣。衆善諸君以是廟歷有年所，蟻市蟲城者多有，棟梁折墜，風雨莫蔽，欲再加重修，略爲潤色。深恐大厦非一木所能支，千鈞非獨力所能舉，因以其事告予，屬予爲序，求助于同胞衆善之君子。予嘉其見義勇爲，急公樂善，一念之誠，亦不揣固陋，樂爲之序。同胞好善諸君，其有同志乎，解囊樂助，共襄此舉，則是廟之革故鼎新，永遠鞏固，以垂於千秋萬世而不朽者，所賴於諸君，豈淺鮮哉！是爲序。

寧邑林懋勛敬撰。

總理：林振泰；協理：鄧世錦；爐主：鍾寶興；勸捐緣首：張瑞南、新材昌、悦來樓、賴永昌、甡記號、艷紅樓、林舉修、林濟星、均和隆、李良翁、譚福祥、梁九翁、就源號、譚良翁、瑞興隆、美鳳樓、譚添記、勝花樓。

兹將喜助工金芳名列左：

吴金育捐銀貳拾員；林德溥捐銀拾伍員；許源興捐銀拾大員；陳祥豐捐銀拾大員；麥衍奏捐銀伍員三角；福瑞隆捐銀伍大員；福興隆捐銀伍大員；林英連、侯文佩、新材昌、鄧昌茂、梁象安、成發梁九、廣合益、源和窑、侯俊拔、陳潤翁、梅德翁、李命翁、新美發，已上助銀伍元；吴金水捐銀四大元；均和隆、林舉修、鄧昌煖、梅乃題、朱福翁，已上助銀三元；廣合發、譚添記、廣發利、廣榮順、廣榮昌、黄宣梅、伍松連、甄良絡、同益堂、鄧昌滿、同安號、龍元享、埅濟公司、余榮和、何恒隆、恒生號、同盛號、源和興、司徒文杰、賴榮宗、廖大翁、阮本立、李合翁、陳南利、勞貴翁、蘇英記、瑞興隆、美鳳樓、李英娘、余趙氏、富榮樓、林氏、彩珍號、合振園，已上助銀貳元。

光緒三十四年歲次戊申季秋吉旦，寧邑吴耀南敬刻并書。

四三三　重修萬山福德祠廟碑記

【碑刻名稱】重修萬山福德祠廟碑記
【材　　質】石材
【形　　制】長方形立碑
【尺　　寸】長七十七点五厘米、寬四十五点五厘米
【書　　體】序文行書，列名隸書
【碑　　額】無
【碑　　題】重修萬山福德祠碑記
【碑文撰者】鶴山李劍膽撰序，惠郡龍邑張泮撰記
【碑文書丹】無
【立 碑 者】福德祠總理梅文翁等
【立碑時間】民國八年（一九一九）
【存　　佚】現存
【地　　點】新加坡萬山港福德祠
【碑刻録文】

時至廿世紀，潮流亟受動劇，皮歐美□沾替，非聖無術，惟日以革新爲□。吁嗟乎！國粹之不□失者蓋寡，而神學家言尤毅然□也。今對於萬山福德祠，前修於庚子，今修於己未。中更廿稔，世變益□，不禁□□感焉。誠以神道設教之旨，今□不絶如縷，則修之□而總協理，即熱心□君子□能勉爲生□，既焕然□新矣。則他日爲魯靈光殿之巋然獨存，□因此□□□不□□□用□□精義謂以□□果焉，亦無不可，而諸君子之功不更偉乎，爰□爲之記。

鶴山李劍膽敬撰。

正總理：梅文翁、甄貴翁、鄧旦翁、廣利號、温□號；值理：梁盛慶、鄧昌煖、福興隆、御水生、新長發、鄧光炳、阮保、陳濯、廣協興、陸南興、新英堂、廣和盛、新勝堂、就升棧、李旺、祥盛、錦發、阮炳記、永禎祥、杰鳳棧、鄭源勝、蔡聳、廣□、廣爲□。

兹將各翁捐助芳名列于左：

龐敦武捐銀壹佰大員；廣利號捐銀伍拾元；阮本立捐銀伍拾元；何永康捐銀伍拾元；阮本裕捐銀伍拾元；鄭帝穩捐銀伍拾元；黎維捐銀伍拾元；許源興捐銀伍拾元；陳祥豐捐銀伍拾元；梅乃題捐銀叁拾元；鄧日捐銀叁拾元；陳趙氏捐銀叁拾元；合成捐銀叁拾元；振泰捐銀貳拾元；怡昌捐銀貳拾元；梅景山捐銀貳拾元；何宗業捐銀貳拾元；同興泰捐銀拾大元；李俊如捐銀拾大元；馮美貞、陳耀、譚漢長、萬昌葉、和寶歐、李章榮、黄氏、榮新、李命、司徒耀、通源、永壽年、陳廠、劉華禮、鄭廣基、劉同杰、温倫、陳金殿、李勝記、廣順昌、賽報樓、譚恒興、游智、梅闻光、司徒水生、許源興、益昌、信勝、同盛、和興、梅成福、李崇聽、□天明、林十、陳備、馮怡順、均和、梁成□、馮松柏、何益□、□蘭、岑壽文、民升、同信、李七、長□、張孟、陳□、陳明、徐百孫、林安、廣記、譚祥、鄭炳□、□□堂、惠榮、鄭和發、杰安、葉門合家、李雁□、陳廣發、阮廣發、同生公司、馬□快、何丙子、馮昆富、梁合勝、陳潮泮、趙氏、劉社勝、福興隆、周裕福，以上捐銀拾員；昌合、曹才記、卵伯權、司徒乾、同興、順發樓、陳孔鑾、義和、新嫩鳳、廣協具、關春和、郭寬、葉九、陳南盛、梁昌源、新愛蓮、黃模桂、雷德、鄧昌煖、新長發、陳益、永華降、梅和利、黃知、譚遇、永禎祥、杰鳳棧、鄭源勝、李揚、鄧光炳、伍穩、永豐隆、楊德、梁光齊、李土、永禎祥、鄧官長、永南隆、隆記、陳秀玉、羅天和、李四、永裕祥、陳興隆、廣生祥、萬源當、李翹芬、許五、鄭帝舉、朱松福、甄炳桂、生隆、中興當、譚祥盛、林浩源、陳興、魏明慶、何福、張邦、謝金、陸南興、許大、梅官長、鄭天方、盧恭、林源、雲崇錦、張□、林炳、黃文我、陳協□、梅堂□、龍□、然記、曾信泰、勝記、曹炳盛、□□□、榮□、王□振、李堅、□□□、□□紹、□□添、鄧明、劉□、龐崇敖、成昌和、黃世振、甄有才、黃□□，以上捐銀伍大元；陳崇□捐銀伍□□。

惠郡龍邑張泮撰，中華民國八年歲次己未孟秋吉旦立。

四三四　重修萬山港福德祠碑記

【碑刻名稱】重修萬山港福德祠碑記
【材　質】石材
【形　制】長方形立碑
【尺　寸】長八十五厘米、寬四十五厘米
【書　體】楷書
【碑　額】無
【碑　題】重修萬山港福德祠碑記
【碑文撰者】台山何光炎
【碑文書丹】無
【立 碑 者】福德祠正總理黄根等
【立碑時間】一九五四
【存　佚】現存
【地　點】新加坡萬山港福德祠
【碑刻録文】

重修萬山港福德祠碑記

萬山港建立福德祠，爲前重修石碑叙明。同治初年卜遷缸瓦窑，繼遷梛水塘，变遷數次。是廟始初創立於何時，無從獲悉矣。而神之靈，香火顯著，爲求必應，經營斯土者履此地，無報不爽者也，惟長受風雨飄零，加以日本南侵期間，爲地雷砲彈爆炸所牽連而震動，將見棟折梁崩，難免墻壁傾頽。因此集議捐款，重修是廟；但工程偉大，固非勘數人所能爲力，亦非勘數款而能成也。是必要地方人士群策群力，一德一心，集腋可以成裘，衆擎庶爲易舉。由是備給緣部發動勸捐，景仰地方善士仁人，見義勇爲，當仁不讓，推慈祥之福心，作慷慨之善舉，誠心解囊，玉成其美，廟宇崇新，略爲潤色而壯觀瞻，永垂於千秋萬世而不朽者，皆賴諸君子之功，豈非淺鮮哉！是以爲序。

台山何光炎敬撰。

正總理：黄根；副總理：王進貽；名譽總理：何林；名譽總理：欧陽煒；財政：泉昌號；文書：何光炎；理事：謝子藏、曹芳、雷倫盛、梅彦、楊宏基、劉新、唐景源、李保基、司徒旺、司徒卓；勸捐緣首：伍澤南、張執、司徒就、何潮、陳贊林、林善、伍翹、劉順、林松、陳祥毛、林培順、侯寥容、文炳南、方福昌、譚保良，譚保和。

兹将重修福德祠捐款芳名開列：

泉昌號捐銀叁佰元；黄根捐捐銀壹佰元；王進貽捐銀壹佰元；盧江捐銀壹佰元；美隆捐銀壹佰元；譚保良捐銀壹佰元；中央營造公司捐銀壹佰元；歐陽煒捐銀捌拾元；司徒就捐銀伍拾元；徐權捐銀伍拾元；袁富捐銀伍拾元；

連成發捐銀伍拾元；譚保和捐銀叁拾元；萬和楓沓公司捐銀叁拾元；司徒森捐銀叁拾元；梁乃怡捐銀叁拾元；謝子藏捐銀貳拾元；陳和益捐銀貳拾元；楊添華捐銀貳拾元；司徒旺捐銀貳拾元；黃駿渠捐銀貳拾元；蕭南林捐銀貳拾元；李順美捐銀貳拾元；鳳森捐銀貳拾元；祥興號捐銀貳拾元；鄭灼捐銀貳拾元；德盛隆捐銀貳拾元；沈輝光捐銀貳拾元；松興捐銀貳拾元；曾容捐銀貳拾元；張柱佳捐銀貳拾元；曾相好捐銀貳拾元；成豐捐銀貳拾元；金南公司捐銀貳拾元；裕成號捐銀貳拾元；黃亞開捐銀拾伍元；余庭捐銀拾伍元；羅金頂捐銀拾伍元；陳枝捐銀拾伍元；黎耀友捐銀拾伍元；林社芳捐銀拾貳元；伍澤南、侯賡容、新盛昌、鄧如好、張讓、陸仁耀、朱文波、雷倫盛、伍翹、李標、鄧榮、劉敬、何祥、廖麗娟、張執、劉新、邱作、周國崴、陳上林、陳金成、司徒卓、何光炎、唐景源、黃亞養、李錦榮、吕子育、尹妹、乃珍、曹芳、李保基、歐陽榮昌、黃榮娘、羅煖、梅汝平、和發公司、陳贊林、文炳南、林合成、謝錦榮、林錦荷、林照福、南興隆、林松、方福昌、温國樂、張帶喜、林錦卓、冼橋、徐林開、楊無基、何迎祥、謝明曉、張瑞志、吴文創、泰興號、羅十三、林善、黃康、葉浩、文森、陳熾秋、李月蘭、吴傳瑛、劉順、李壽民、陳紹、陳進葵、李逵、許羅生、馮積、梅彦、謝子穩、蔡紹、張水根、向貴來、胡天佑、譚達成、材培順、梅乃秋、泰朱本、吕貽芳、蔡楝、陳克謙、陳銀桂、馮兆明、魏家鶴、鄭長成、梁金校、莊洪均、陳滿春，以上每名各捐銀壹拾元。

時公元一九五四年歲次甲午季秋吉旦立。

四三五　修理福德殿壁報平安碑

【碑刻名稱】修理福德殿壁報平安碑
【材　　質】石材
【形　　制】長方形立碑
【尺　　寸】長四十厘米、寬三十厘米
【書　　體】楷書
【碑　　額】無
【碑　　題】修理福德殿壁報平安
【碑文撰者】無
【碑文書丹】無
【立　碑　者】葉痕等
【立碑時間】一九八〇
【存　　佚】現存
【地　　點】新加坡萬山港福德祠
【碑刻録文】

修理福德殿壁報平安

兹將一九七九年度至八〇年歲次庚申司祝弟子敬將全年善信香油收入餘款，敬以作修理正殿全部墻壁焕然一新潔净，物雖微，乃发自于誠意，也效抛磚引玉之舉，如是草書記之。

葉痕、葉浩、繆錦標、朱貴賢、朱貴豪、李友義、鄒錦權、曾瑞南、周業成、莊德進、陳國强。

四三六　萬山福德祠殿壁重修記

【碑刻名稱】萬山福德祠殿壁重修記
【材　質】石材
【形　制】方形碑
【尺　寸】長四十厘米、寬四十厘米
【書　體】隸書
【碑　額】無
【碑　題】萬山福德祠殿壁重修記
【碑文撰者】無
【碑文書丹】無
【立 碑 者】第九十三屆董事
【立碑時間】一九八一
【存　佚】現存
【地　點】新加坡萬山港福德祠
【碑刻録文】

萬山福德祠殿壁重修記

通過同人觀察全祠殿壁，鑒于自二十餘年前重修迄今，雖年年粉飾，然不免亦有昏黄陳舊之感，且發現有微破之象，殊不雅觀。同人有見及此，應本爲廟貌整潔堂堂之莊嚴相。兹通過董事會決定，即撥款發起從新修理全部殿壁，裝飾毛石工程事宜。兼蒙善信君子商翁報效捐助良多，簡略如是并記之。

一九八一年四月歲次辛酉尾春吉旦立。

弟子吴亞培報效捐助兩側門面毛石工料并此志。

第九十三届董事名表如左：

林柏耀、江耀波、李友義、陳榮康、繆錦標、黄添發、陳金成、祥興、曾國培、梅彦、吴振升、陳榮光、葉浩、鄒錦權、謝明曉、林德開、劉少安、朱貴賢、陳亞才、甄福常、何繼棠、麥禮根、林福耀、陳亞福、葉痕、何錦芳、陳國財、陳國强、陳金發、謝長基、朱連就、甘福鴻、劉忠發、莊德俊、司徒國勇、鍾木章、蘇福保、李华仔、王就根、麥禮錫、黄培基、楊添华、楊福洪、李順美、伍德長、裕成號。

四三七　重修裝飾殿壁碑

【碑刻名稱】重修裝飾殿壁碑
【材　質】石材
【形　制】長方形立碑
【尺　寸】長三十三厘米、寬二十六厘米
【書　體】楷書
【碑　額】無
【碑　題】無
【碑文撰者】無
【碑文書丹】無
【立 碑 者】弟子李保基等
【立碑時間】一九八一
【存　佚】現存
【地　點】新加坡萬山港福德祠
【碑刻録文】

爲響應支持萬山福德祠董事部發起重修裝飾殿壁全部毛石工程美意，門前雙柱由沐恩弟子李保基、文炳南虔誠心報效。

時爲一九八一年四月歲次辛酉三月吉旦留念。

四三八　福德祠裝修殿壁略志碑

【碑刻名稱】福德祠裝修殿壁略志碑
【材　　質】石材
【形　　制】長方形立碑
【尺　　寸】長四十二厘米、寬三十三厘米
【書　　體】隸書
【碑　　額】無
【碑　　題】福德祠裝修殿壁略志
【碑文撰者】無
【碑文書丹】無
【立 碑 者】謝長成等
【立碑時間】一九八一
【存　　佚】現存
【地　　點】新加坡萬山港福德祠
【碑刻録文】

福德祠裝修殿壁略志

茲爲響應鼎力支持福德祠貴董事部發起重新修理殿壁全部裝飾毛石工程美意起見，衆擎易舉，獨力難支，堆沙成塔，集腋成球（裘），我等衆心一意，聯合捐助觀音殿壁裝飾毛石工料。尚望諸君勿以見笑也。

沐恩弟子：謝長成、鄒錦權、何繼棠、葉痕、李友義、司徒國勇、朱貴豪、曾瑞南。

時爲一九八一年四月歲次辛酉春三月吉旦立。

四三九　萬山福德祠重修殿壁毛石工程報效碑

【碑刻名稱】萬山福德祠重修殿壁毛石工程報效碑
【材　質】石材
【形　制】長方形立碑
【尺　寸】長三十三厘米、寬二十六厘米
【書　體】楷書
【碑　額】無
【碑　題】無
【碑文撰者】無
【碑文書丹】無
【立 碑 者】甄福常合家兄弟
【立碑時間】一九八一
【存　佚】現存
【地　點】新加坡萬山港福德祠
【碑刻録文】

爲響應支持萬山福德祠董事部發起重修裝飾殿壁全部毛石工程美意，四柱毛石工料由沐恩弟子甄福常合家兄弟誠心報效。

時爲一九八一年四月歲次辛酉三月吉旦留爲志。

四四〇　萬山福德祠重修紀念碑志

【碑刻名稱】萬山福德祠重修紀念碑志
【材　　質】石材
【形　　制】長方形立碑
【尺　　寸】長一百零四厘米、寬八十四厘米
【書　　體】隸書
【碑　　額】無
【碑　　題】萬山福德祠重修紀念碑志
【碑文撰者】無
【碑文書丹】無
【立 碑 者】萬山福德祠理事會
【立碑時間】一九八五
【存　　佚】現存
【地　　點】新加坡萬山港福德祠
【碑刻録文】

萬山福德祠重修紀念碑志

萬山福德祠大衆廟宇從光緒二十七年遷至今，略重修粉飾。今屆理事商議號召大事重修，得蒙商翁賓號善男信女響應鼎力支持。八四年甲子秋至八五年乙丑春重修落成，使廟宇煥然一新。樂捐一錢也，有功有德，必有餘慶之家也。

此碑志由壹佰元上姓名録。

一九八三至一九八四。

理事：

正主席：梅彦；副主席：甄福常；副主席：何繼棠；正總務：吴振升；副總務：劉紹安；正財政：葉浩；副財政：曾國培；秘書：李順美；中文書：葉照、劉笑州、陳金發；正查數：林柏耀；副查數：江耀波；正宣傳：劉忠發；副宣傳：黄添發；正交際：楊添華；副交際：鄒錦權；交際員：繆錦標、嚴國華、陳亞福、陳榮光、陳國財、謝長基；委員：司徒國勇、朱連就、朱貴貲、伍德長、林福耀、林德開、蘇福保、楊福洪、陳亞財、陳榮康、陳金成、黄培基、謝明澆、莊德俊、鍾木章、曾瑞南、麥禮錫、麥禮根、李華仔。

捐五仟元：品花樓、甄福常；捐貳仟元：歐陽林章；捐壹仟貳佰元：林月明；捐壹仟元：六人氏、謝明澆、廖惠幹、郭琰梅、郭萬全、黄蘭君、黄靖發、黄春發、侯更容、謝長成、嚴錫權、嚴國華、金能椿、曾國培、何炳耀、何國榮、新金陵酒家、泉昌醬園、國明電器、楊添華、張根龍、張裕來、陳榮康、林金英、林先武、林友明、吴國慶、吴金成、阮健貴、蔡亞興、馬素女、鄭璿輝、顔蘇、葉浩、王蘭君；捐捌佰元：甘福鴻；捐柒佰肆拾貳元：茅山德道教；捐伍佰元：唐景源、鍾木章、程鍾松、譚保良、羅秀國、許玉蘭、陳偉榮、郭麗霞、黃亮豪、鄭文龍豐成企業有限公司、黃順發噴漆、東成興菜館、三枝香香莊、聯合發寶號、曾漢賓闔家、順發商店、專業影社、龍龍電器、歐陽炳順、歐陽重好、歐陽元寶；捐叁佰元：馬國海、馮順、富榮華酒樓、聚春園酒樓、緻聯汽車修理廠；捐貳佰元：陳玉興、陳勝錦、陳愛珍、吳振升、吳福海、沈榮發、沈亞玉、江金嬌、江耀波、紀力榮、侯添壽、梁炳雄、王長源、王祿書、王綉媜、黃吉寧、黃武濟、黃琴香、洗基發、萬和興香廠、九龍樓酒家、華英餐廳、司徒國强、蕭文基、關轉利、關榕芬、關國志、李文源、劉建中、劉大華、符雅徨、林清根、林鳳嬌、林廷超、顏翠珊、袁耀棠、梅彥、黎耀發、何振鉷、謝長基、鍾亞細；捐壹佰伍拾元：洪文環、楊臞榮、洪亞咪、陳福耀、銘華東健身社；捐壹佰貳拾元：陳金發、劉國安、豐盛昌；捐壹佰元：廣明洗衣電器、新都眼鏡公司、百齡咖啡粉廠、高機威奈華、上海洋服、幸福鞋業、大扁花店、司徒愛蓮、司徒炳林、司徒國莊、司徒國雄、司徒國永、司徒國勇、陳順闔家、新發興記、黎汝華、黎銀愛、黎木水、張謝治、張聯成、張碧雲、王燕瓊、王瑞明、王紫申、王慶發、王俏蓁、謝善猷、謝秉瑨、沈梅湖、沈亞有、沈金娘、沈秀燕、沈樹興、黃春中、黃國榮、黃阿雅、黃桂英、黃德偉、黃承士、黃寶興、黃愛蓮、黃添發、黃福昌、黃世强、鄧亞妹、鄧舉湖、鄧有蓮、鄧觀、鄧妹、陳文福、陳韋良、陳裕順、陳美玉、陳亞寶、陳俐君、陳國佑、陳秋蘭、陳榮卿、陳峇峇、陳炳貴、陳雪英、陳觀娣、陳玉英、陳亞有、陳合嫦、陳錦祥、陳文忠、陳奕利、陳國强、陳亞力、陳麗卿、麥美芬、麥志能、麥禮錫、麥禮根、鄭綏澐、鄭璇雲、林牛奶、林美珍、林錦祥、林清水、林映龍、林愛金、林柏耀、林展鵬、林明睶、林笑、馮遠發、馮愛美、馮愛娟、馮福成、馮松田、馮順利、馮順發、馮金美、馮亞妹、何寶珠、何金玉、何廣東、何繼棠、何大蘇、何南昌、何惠明、何蓮好、吕蓮、劉燕霞、劉春嬌、劉笑州、劉忠發、劉紹安、劉保恒、劉鏵鋗、李保基、李順美、李玉鳳、李佛光、李佩霏、李慶發、李富容、朱連就、朱齊全、朱財强、朱亞牛、朱貴賢、朱坤、許亞力、許映豐、許錦德、許美卿、許平明、許松、KOH YEW MONG、雷添喜、梁炳亮、梁英才、梁子榮、梁福光、郭耀光、郭亞珠、郭素珍、郭錦盛、楊秀蘭、楊玉鳳、楊福洪、潘伯强、潘月明、潘順財、葉亞昌、葉文禧、葉力嘉、葉傅智、葉照、譚喜女、譚寶河、譚麗明、吴慧珠、吴瑞妹、吴騰英、巫德光、高三娣、天蓮宮、顔亞鳳、顔美堅、歐寶鑽、歐文勝、莫達英、莫明、杜承築、杜承錕、裴樹華、裴樹川、雲昌淞、雲淑明、廖彩霞、廖成昌、胡永基、胡興江、鍾溪炎、鍾彩珍、蔡棋亨、蔡漢順、洪春發、洪明安、徐文鳳、紀傳城、柯金枝、鄺其光、方福成、甄明仔、藍惠杰、符家堂、温菊英、梅秋林、文炳南、彭麗愛、伍銀好、袁大洸、蕭瑞明、汪國秋、白鴻光、康淮苓、馬亞嬌、關耀豪、莊光榮、羅美玉、羅家爲、羅昭良、周金盧、周新源、許錦如、林來發、林克良、鍾志光、張德泉。

一九八五年歲次乙丑夏吉立。

四四一　重修土地廟碑記

【碑刻名稱】重修土地廟碑記

【材　　質】石材

【形　　制】長方形立碑

【尺　　寸】長四十二厘米、寬三十一厘米

【書　　體】楷書

【碑　　額】無

【碑　　題】重修土地廟碑記

【碑文撰者】無

【碑文書丹】無

【立 碑 者】陳祥豐等

【立碑時間】不詳

【存　　佚】現存

【地　　點】新加坡萬山港福德祠

【碑刻録文】

重修土地廟碑記

十元：陳祥豐；五元：林振泰；三元：梅萬順、許源興、廣奇生；以下二元：茂隆、梅合利、振發號、廣合盛、永禎祥、陳公安、永華隆、譚廷；以下二元：和興、余榮和、梅德伯、甄良紹、源和記、梁盛廣、豐成號、陳木富、南興；以下一元：廣悅盛、廣華興、朱鴻發、梁江升、成昌和記、永豐隆、陳廣祥、廣祥生、昌盛隆、廣德昌、廣順昌、泰生當、益華棧、義興號、廣洽盛；以下一元：劉成興、張成茂、黃彩嬌、德壽棧、曹修慶、關崇款、順利園、潘和興、無名氏、同興泰、阮本立、勝如樓、葉十八、李壽如、無名氏、林松振、廣南興、吳福、林然、潤記、振興、陳捷、岑何女、何合益、李合利、致源、就源、同信、英順、裕和、仁和、榮盛、榮利、何伶、鄭□、順□、萬□、合□、黃□、林舉、源和、張合、藍□、祥□、蘇□、義□、郭□、南□、張□、劉□、□□。

四四二　重建三邑祠碑記

【碑刻名稱】重建三邑祠碑記
【材　質】石材
【形　制】長方形立碑
【尺　寸】長一百三十五厘米、寬六十一厘米
【書　體】楷書
【碑　額】無
【碑　題】重建三邑祠碑記
【碑文撰者】埔邑張振勛
【碑文書丹】無
【立 碑 者】三邑祠總理陳龍祥等
【立碑時間】清光緒二十八年（一九〇二）
【存　佚】現存
【地　點】新加坡三邑祠
【碑刻録文】

重建三邑祠碑記

序

星洲三邑祠，乃豐永大各族簽題創造，設主位建嘗業爲靈爽式憑之所也。自光緒壬午歲創建以來，三邑諸人凡生斯土與游斯地者，每當春露秋霜，咸怵惕而念英靈，此固各族永賴，雖百世不容變遷者矣。然制欲盡善度貴得宜，方克仗先妥侑。茲因歲延日久，爲風雨剥蝕，墻傾棟折。爰集三邑各族同人會議改造，謹詹吉日，將從前舊式概行拆去，直入鋤進七尺，照舊分金格式，重建新祠，方不致如萍麗水空浮失氣也。但工鉅費侈，宜分族簽題，願三邑各族殷實諸君解囊捐助，以襄美舉。其非殷實者，每名題銀伍角，庶集腋可以成裘，行見制度得宜，群叨祖蔭，不特行商坐賈之士利獲奇贏，而樂土謳思者亦丁男日盛焉。是爲引。

光緒二十七年辛丑歲仲秋月吉旦，花翎二品銜前星嘉坡總領事遇缺儘先前用道埔邑張振勛謹撰。

總理：陳龍祥、張光韶；副理：何雲卿、譚增振、陳龍昌、吴壽山、鄧朝宗、藍賚臣、張榮森、劉晋廷、胡耀昌、楊篤臣。

張弼士題銀伍拾元；余進生題銀三拾元；張讓溪題銀貳拾元；羅娘淵題銀拾四元；張光韶題銀拾大元；張浮昌題銀拾大元；張幹臣題銀拾大元；張榮森題銀拾大元；廖顯銓題銀拾大元；陳禹三題銀拾大元；陳筱山題銀拾大元；楊振鈞題銀拾大元；邱荆圃題銀拾大元；饒開祥題銀拾大元；藍秋山題銀捌大元；曹添舉題銀陸大元；張子光五元；卓順美五元；卓順合五元；錢昭喜五元；鄧同興五元；鄧順隆五元；池元議五元；曹雙九五元；袁栢軒五元；鄭源和五元；楊篤臣五元；胡華盛五元；張星初五元；張勛史五元；張發育五元；陳成熾五元；藍喜生五

元；藍梅芳五元；謝耀先五元；余曾添五元；饒乃深五元；賴春和五元；賴耀誠五元；劉炳南五元；劉篤能五元；劉春榮五元；孫良萬五元；張繁昌五元；張逢昆五元；胡萬泰四元；胡玉和四元；藍爵禄四元；賀玉雲三元；賀振興三元；鄧子駿三元；池叔喜三元；李龍雲三元；陳成謀三元；陳熾能三元；陳鏡輝三元；陳嘉財三元；陳登雲三元；曹瞻舉三元；曹恬吉三元；曹松錦三元；鄒太元三元；楊正中三元；楊鴻勛三元；楊沭清三元；楊雨田三元；楊飴南三元；胡東發三元；胡義豐三元；朱報響三元；張顯秀三元；藍東情三元；藍夢泉三元；藍巨鰲三元；藍對生三元；藍雙王三元；謝仕源三元；余宜獻三元；余昌松三元；余順生三元；饒思揆三元；賴財順三元；劉騰驤三元；劉喜泰三元；劉世禮三元；卓愛榮二元；豐裕廠二元；卓唐詩二元；賀竹城二元；賀雄記二元；賀霖泉二元；賀炳相二元；錢炳喜二元；鄧杜城二元；鄧詒堂二元；鄧詩菁二元；鄧建衙二元；鄧有章二元；鄧友松二元；池德榮二元；池福禄二元；池百盛二元；池文祥二元；池元灝二元；池雨妹二元；詹獻芳二元；詹始循二元；詹雲品二元；廖釗茂二元；廖禎祥二元；廖毓生二元；廖瑞能二元；廖毓香二元；廖尊榮二元；郭吉川二元；郭速根二元；蘇聯品二元；蘇酒意二元；蘇瑶山二元；李沛霖二元；李郁文二元；李毓麟二元；李兑化二元；李秀川二元；李奕祥二元；李財合二元；李慶賀二元；陳雲從二元；陳其天二元；陳忠黄二元；陳士豪二元；陳蘭湯二元；陳陽春二元；陳混開二元；陳成鐸二元；陳足財二元；何善安二元；何恒興二元；何展才二元；何采藻二元；何儀豐二元；鄔係興二元；鄔引昆、鄔道生、鄔千松、官駿烈、官駿熙、官標章、官采卿、官林始、官瑞祥、官暎光、官鑄光、曹生階、曹松章、曹瞻竹、曹瞻魯、曹瞻彼、戴瑶階、鍾達寬、鍾聲振、鍾如龍、鍾湖振、鍾如晏、鍾早發、鍾見興、袁子韶、鄭火樹、鄭耀升、萬和堂、楊佛陽、楊俊臣、楊睦曾、楊娘保、楊文命、楊念椿、楊廣財、楊可珍、楊發芹、楊建廉、楊娘健、楊咸貞、楊占五、楊載賡、楊瑶嚮、楊疏勒、楊昆龍、楊用賓、楊迪璜、楊新香、王靠時、王仁錫、王佐衡、王伯盤、胡協瑞祥、胡萬茂、胡泰春、胡煌奎、胡榮玉、張升三、張德卿、張訪廊、張斯贊、張達錫、張興進、張鴻盛、張東山、張世雄、張始鹿、張新彩、張始創、張壽卿、張亨合、張學承、張推業、張新溪、張承秀、張立聲、温功讀、鍾浩振、張炳昌、張讓皋、藍啓明、藍閏頌、藍耀彛、藍瑞忠、藍惠疇、藍文合、林玉傍、林春潭、林唐階、邱敬庭、邱娘喜、邱鎮興、邱自添、邱能杰、邱城記、曾子雲、曾泰和、曾紀巧、謝仕洋、謝郊弟、謝伊弟、謝奎芳、謝宜佐、謝象璋、謝立廷、連安仁、連習慶、連益進、連娘順、余曾贊、余曾勝、余敦恭、余忠獻、余敦軒、趙錫錦、饒維能、饒可棟、饒迪如、饒從源、賴大利、賴金盛、賴振興、賴連興、賴萬盛、賴愛記、賴梅陞、賴維韋、周蘭階、周廉波、劉晋亭、劉佐臣、劉添賞、劉永成、吴炳發、趙從敏、劉安才、劉子深、孫良日、孫良璧、羅奕瑶、羅允藏、羅贊興、□芳朗、譚增振、譚增思、譚曉雲、吴煌蕃、吴森華、吴元順，以上題銀貳大員；謝愛芳、謝慶有共三元。

光緒二十捌年歲壬寅季秋月吉旦立石。

四四三　重修豐永大三邑崇德祠堂記

【碑刻名稱】重修豐永大三邑崇德祠堂記
【材　　質】銅材
【形　　制】長方形横牌
【尺　　寸】長九十厘米、寬四十五厘米
【書　　體】楷書
【碑　　額】無
【碑　　題】重修豐永大三邑崇德祠堂記
【碑文撰者】無
【碑文書丹】無
【立　碑　者】豐永大公司總理胡月梯等
【立碑時間】一九五三
【存　　佚】現存
【地　　點】新加坡三邑崇德祠
【碑刻録文】

重修豐永大三邑崇德祠堂記

蓋聞記者以志其事，銘者以名其功，用昭不朽而垂後世也。我豐永大三邑前賢，因緣野亭之分支，廣闢義山於荷蘭律之原，并建義祠以安三邑英靈，迄今已八十有餘年矣。每逢春秋佳日，舉行祭祀，追念先賢德澤，杯酒聯歡，敦睦屬僑鄉誼。登斯堂也，大有敬恭桑梓去國懷鄉之思。惟以祠宇年久失修，蟻蝕蟲蛀，三邑人士惄焉憂之。

癸巳春，衆議重修，推舉總理胡月梯暨受托人及董事何啓榮、黃渭川、胡超凡、藍如晏、藍允藏、鍾橋才、陳樂生、黃定標、張夢生、藍乃蕊、曾生江、彭輝星、張惠民、黎省三等爲修建小組委員，負責籌劃，積極進行，聘堪輿招工匠。擇於是年四月十七日辰時出火，同時興工，將中堂神龕及上下堂梁柱，概由木質改用鋼骨水泥、洗磨雲石，以垂久遠。不兼月遂告厥成，巍峨祠宇，煥然一新。旋於五月廿四日巳時還火，是日也天朗氣清，人同蜂聚，車水馬龍，往來道上。笙歌疊奏，鼓吹休明，歡宴梨觴，以娛嘉賓，觥籌交錯，共慶落成。入夜遍山電炬大放光明，各族人士皆於祖墳備酒安龍，連宵達旦，如同白晝，誠盛事也。

夫建祠設祭，乃前輩之崇德報功，繼往開來，樹後人之楷模式範。謹將始末泐志於此，使後來者知斯祠之重修緣由也。

新嘉坡豐永大公司癸巳年度職員值年職員：

受托人：黃渭川、胡超凡、藍如晏、藍允藏；總理：胡月梯；財政：何啓榮；協理：陳樂生、黃定標、張夢生、藍允藏；管契：黃渭兆、曾開文、鍾橋才、黃英煊；查數：梁建彰、曾志文；董事：陳志城、蔡志民、鍾奕民、胡友明、賴暢賢、吴乃泉、藍乃蕊、張惠民、劉寶星、何紹初、藍晋强、彭輝星、黎省三、胡信哉、曾生江、徐建善、藍少華、陳漢捷、藍建海、黃紹文、藍乃福、吴敏之，仝志。

一九五三年七月廿六日，癸巳年六月十六日立。

四四四　豐永大公司重建三邑義山祠路序碑

【碑刻名稱】豐永大公司重建三邑義山祠路序碑

【材　　質】石材

【形　　制】長方形立碑

【尺　　寸】長二百一十厘米、寬七十厘米

【書　　體】楷書

【碑　　額】無

【碑　　題】豐永大公司重建三邑義山祠路序

【碑文撰者】無

【碑文書丹】無

【立 碑 者】豐永大公司總理張夢生等

【立碑時間】一九五八

【存　　佚】現存

【地　　點】新加坡三邑義山祠

【碑刻録文】

豐永大公司重建三邑義山祠路序

星洲爲東南亞交通樞紐，舟車輻輳，商賈雲集，而道途之平坦整潔，環島暢通，往来稱便。我豐永大義山位於星洲武吉知馬荷蘭律之原，崗陵起伏，地勢清幽，安三邑先靈於斯者數十年矣。惟義山祠路因年久失修，凹凸崎嶇，車行顛簸，晴則塵土飛揚，雨則泥濘載道，每當春秋祭期，車輛塞途，行者苦之。丙申春（一九五六），值年總理胡君月梯接任之初，輒以修路爲當務之急。此議一出，得新舊董事一致贊同。迨第二次董事會議，遂決定重修祠左右兩路，計劃成立募捐委員會，向三邑人士作將伯之呼。不數月，募得八千餘元，足見鄉人對重建祠路之重視也。越年丁酉（一九五七）值年總理張夢生暨董事部同人，爲完成重建祠路之宏願，繼續推動，并決定加修辦事處、左邊八角亭路一段。各路以大石爲基，三合土爲面，期能一勞永逸。預計全部工程需費五萬餘元之鉅，乃議決能捐助五千元以上者，即以路命其名。首由張夢生君昆仲捐壹萬元，胡清才君昆仲捐陸仟元，何啓榮君昆仲捐伍仟元，更得三邑各熱心仕女踴躍輸將，共底於成。而張、胡、何三君則願以所捐之項紀念其先人，旋議決八角亭路命名爲張雲卿路，祠左路爲虎豹路，祠右路爲何曾奎路。夫善及先人，名垂後代，漪歟美哉。蓋裘之成衆，腋所集也。斯路之成，三邑人士熱力所共持也，所有輸將人士，應有以彰其德。經衆議決，凡捐壹拾元以上者，將芳名勒石，藉垂永念焉。

重建祠路興工於一九五七年十月一日，完成於一九五八年二月廿八日，三月二日舉行開幕。

茲將捐款芳名列左（恕不稱呼）：

張夢生捌仟元；虎豹兄弟有限公司陸仟元；何啓榮伍仟元；張夢賢貳仟元；賴暖娘壹仟元；黄定標陸佰元；蔡志

民、朱省三、楊如陵、何氏總墳，以上四名各伍佰元；鍾橋才肆佰元；胡月梯、王□彥、胡浪曼、裕源商行、蕭畹香、東華公司、丘功對、張氏總墳，以上八名各叁佰元；四强公司貳佰伍拾元；陳漢捷、李天笑、劉煥光、李仲南、群昌當、張慎初、胡少坤、藍建海、乃乃公司、黄渭川、陳樂生、黄渭兆、張耀勛、何紹光、楊天垣、林倫英、平平眼鏡公司、李泰光、雍睦堂、劉氏總墳、客屬黄氏公會、胡氏總墳、曾氏總墳、楊氏總墳，以上廿四名各貳佰元；萬春棧、吴伯濤、中華藥業有限公司、亞東眼鏡公司、萬隆有限公司、福美公司、丘氏總墳，以上七名各壹佰伍拾元；何虎群、林新興、源豐金鋪、順泰號、徐建善、劉亞勉、胡載坤、鄧照南、鄧照南夫人、藍如晏、李概經、福昌公司、陳紹南、廖汝昌、吴漢揚、何捷忠、黄鈞憲、鍾橋才、鍾橋才夫人、藍允藏、藍少華、永和公司、黄世正、黄紹文、蕭憬我、陳佩良、陳介眉、大達公司、姚永芳、民聯當、金湯公司、榮德當、饒瑜璋、永隆新衣行、永健藥公司、蕭氏總墳、四海貿易公司、宏昌參茸行、鄧氏總會、吴氏總墳、彭氏總墳、藍氏總墳、鄒氏總墳，以上四十三名各壹佰元；鍾氏總墳陸拾元；曾開文、曾昭河、聯邦藥行、徐興傳、胡雲裕、信孚行、華孚行、源豐、南昌公司、徐代賞、黎省三、東亞公司、復華興、奇新號、萬春華、萬興、曹承宗、萬山興記、大新棧、陳雪橋、鐵鷹公司、羅曉川、達隆、趙海君、趙良星、林淑愷、友聯鐵廠、李慶華、林士龍、强興公司、黄自强、羅恩元、劉萍、蕭娘順、張惠民、永和鞋莊、吴敏之、張慶春、大鴻鞋莊、蘇福三、永光眼鏡公司、順德銀業公司、大東眼鏡公司、大中眼鏡公司，以上四十四名各伍拾元；吴振利、何生記、松柏藥行、大華當、永生堂、曾榮豐、杜明茶、高家灼、杏仁堂、楊泰興、黄小品、萬泰和興記、豐裕、何燮兆、懷安堂、永順何、源萬和、五强當、廣隆春、朱務生、源和金碹店、福和、蔡地娘、曾良材、大美、陳韵豐、曾氏總墳，以上廿七名各叁拾元；卓娣娘、萬安棧、大成藥業、杏生春、杏森泰、厚德堂、生和堂、樂意、建華公司、何壽吾、萬山堂、祥興公司、德信行、彬森號、陳重拔、曾松章、萬川、天祥藥局、金興、曾繁軒、美昌金鋪、恒興當、成美、泰安堂、大春和、福永源、大康公司、永成昌、乃發號、華南公司、南成、振裕、榮昌、合昌、合和、福盛公司、廣發、邱光發、萬和洋服、南强、新發明、永美、廣和成、萬安隆、福興家俬、瑞成、徐聯興、永豐藥行、振合、公和、桂林堂天、和堂、陳順發、何氏藥房、朱新拔、黃鴻庭、聯興金碹店、源興、黃臺賢、鍾奕民、廣順昌、楊氏眼鏡公司、亞洲藥公司，以上六十三名各貳拾元；萬春堂、義和行、萬順群記、許璧和、萬山濟、培元堂、賴仕滔、廣隆、虎山商行、萬成發、福潮發、大同藥行、東成當、東方行、陳永和、鄧公利、公和、百泰公司、鄧頌如、黃仁和、廣泰公司、永萬興、永成泰、天盛、光盛、聯興、新生藥業、順興、永安棧、萬祥藥局、萬川棧、萬裕和、成發、明新、南昌、功善藥局、張佑娘、萬安和、勝利公司、萬安堂、南祥、復泰堂、永和成、彭永昌、永强公司、佳必多、謝亞淡、競業公司、黃隆喜、孫家源、藍仁元、林榮輝、吴鏡光、張仲權、徐亞對、福成、聯昌達記、余亮，以上五十八名各壹拾元。以上共捐來銀四萬二千七百一十元正；又拾元以下者共捐來銀二百零三元正，總計兩條來銀四萬二千九百一十三元正。又，藍建海報效建造祠堂左右灰溝。全部建路費共去銀五萬六千一百三十三元八角一占正。

丁酉年值年職員表：

受托人：黃渭川、胡超凡、藍如晏、藍允藏；總理：張夢生；財政：張耀勛；協理：黃渭兆、曾開文、陳漢捷、何啓榮；管契：朱省三、曾志文、鍾橋才、謝裕民；查数：蘇福三、張惠民；董事：陳樂生、陳志城、蔡志民、黎省三、張慶春、胡月梯、胡鐵君、胡信哉、胡雲裕、賴暢賢、徐建善、曾良材、藍乃蕊、張慎初、藍建海、黃小品、藍迺福、吴敏之、張桂生、羅錫泉、楊如陵、吴大同。

公元一九五八年三月二日立。

四四五　豐永大三邑崇德堂重修記

【碑刻名稱】豐永大三邑崇德堂重修記

【材　質】銅材

【形　制】長方形横牌

【尺　寸】長一百二十厘米、寬六十厘米

【書　體】楷書

【碑　額】無

【碑　題】豐永大三邑崇德堂重修記

【碑文撰者】無

【碑文書丹】無

【立 碑 者】豐永大公會總理賴畅賢等

【立碑時間】一九八一

【存　佚】現存

【地　點】新加坡三邑祠

【碑刻録文】

豐永大三邑崇德堂重修記

夫崇德堂，乃吾三邑前賢於公元一八七六年創建於荷蘭律三邑義山之原，爲崇祀三邑先靈，敦睦桑梓者也。隨以斯境居民蕃衍，而慎終追遠，興學育材，素爲吾民族所并重，爰假斯堂興辦南同小學。閱三十載，惟以環境變遷，義山於七三年被徵購，斯處居民他徙，於是南同小學於七七年停辦。

一九八〇年，豐永大公會董事會與三邑同人，鑒於崇德堂已歷廿餘年未加修葺，且義山被徵用，先人骨灰暫置於木架寮屋之間，深感不安。於是産生義山發展小組委員，正主任周通盛，副主任賴暢賢、楊智中，委員黎輝光、胡冠仁、羅秋圃、楊衛生，進行修葺祠宇，安置先靈骨灰，及其他之發展。

爲隨潮流，適應環境，遵照先賢遺訓，依照原式，全部美化。於八〇年庚申三月初十日未時興工，換屋瓦，鋪地磚，修飾門墻，正堂增加六級神主位，横梁建鋼骨水泥骨灰架，共費星幣廿萬玖仟玖佰玖拾肆元貳角。同年庚申腊月廿二日舉行慶祝修成，延僧追薦，盛况异常。

當此修葺大功告成，爰將梗概志之，俾後人知其由來云爾。

豐永大公會一九八〇年庚申歲職員：

受托人：黄渭川、曾良材、卓濟民、羅秋圃；總理：賴暢賢；協理：楊智中、胡冠仁、羅秋圃、周道盛；財政：黄世尚；管契：黎輝光、胡雲魁、張惠民、李耀南、陳燦緒；查賬：胡鉗芳；董事：劉佐熾、黄渭兆、何僑生、馮柏松、張忠衡、曾啓東、曾仕呈、胡雲洪、楊友榮、胡萬可、胡良浩、劉錦光、余達水、楊衛生、廖根泉、何吉昌、楊益民、黄安榮、陳□才、廖湘傳、羅上林、李强，同志。

公元一九八一年（辛酉歲）十一月立。

四四六　重建順天宮碑記（大碑）

【碑刻名稱】重建順天宮碑記（大碑）

【材　質】石材

【形　制】長方形立碑

【尺　寸】長一百六十厘米、寬六十三厘米

【書　體】隸書

【碑　額】雙龍朝日

【碑　題】重建順天宮碑記

【碑文撰者】同安王道宗

【碑文書丹】無

【立 碑 者】順天宮諸董事

【立碑時間】清光緒二十八年（一九〇二）

【存　佚】現存

【地　點】新加坡順天宮

【碑刻録文】

重建順天宮碑記

蓋聞天道無私，順之則吉，神威有赫，祀之必虔誠，以榮德報功，理當如是，匪特爲祈福禳禍計也，若順天宮之崇祀福德正神庶乎近之。宮在新嘉坡路班讓街，建自嘉道之際，其時規模粗具，因陋就簡，尚未有以記其事者也，故其詳不可得聞。光緒辛巳，閩商新順成號暨黃君玉琫感神靈之赫濯，嘆廟貌之傾頽，勸募而興修之，謹將助款氏號備書粉版，亦未有溯源沿流而勒石以志之者。越辛丑春，距重修時二十餘年，風雨剥蝕，湫隘益甚。粤商梅端成號捐獻地址而增拓之，合舊址得英度長五丈八尺許，廣丈三尺有奇。由是僉舉坡衆之有聲望者，分董其事，重新起蓋爲堂二。前供福神尊像，後爲廟祝寢息處，并以藏器物焉。是年夏四月八日興工，冬十二月落成，黝堊丹漆，錯采鏤金，蓋視始創而倍覺壯麗焉。所需木石工料七千餘金，均出自坡中閩人之好義者。事竣僉曰：兹盛舉也，不可無記。遂政其原委，撮其要略，援筆而書之。所有商董及捐貲芳名例得附刊，以垂不朽。其支銷款目則另鎸一石。時光緒二十八年春壬月之下浣也。

誥授中憲大夫五品銜加二級廣東補用知縣即補縣丞同安王道宗薰沐拜撰。

大董事：邱瑞昌、陳合春；總理：陳長泰、葉珠盤、黃玉琫；協理：德發興、陳水教、陳根水、新成發、葉嫣旦、新金興、曾長成、曾長順、新順成；緣首：梅瑞成獻地址壹段，邱瑞昌捐金四百元，陳合春、金福裕各捐貳百元。

葉珠盤捐金壹百貳拾元；黃玉琫捐金壹百貳拾元；陳長泰捐金壹百元；陳水教捐金壹百元；德發興捐金壹百元；

陳根水捐金壹百元；新成發捐金六十元；陳開和捐金六十元；鄭聯盛捐金六十元；邱建芳捐金六十元；宋新合順

捐五十二元；葉媽旦捐金五十元；新順成捐金五十元；新金興捐金五十元；曾長成捐金五十元；陳開成捐金五十元；陳協興捐金五十元；張順美捐金五十元；謝長成捐銀五十元；王長源、顏聯發、源晋成、源成發、顏昌順、黄成發、源順泰、新協興、蘇湖直、郭福記、昆泰號、陳裕興、馮德興、金福發，各三十元；顏聯珠二十二元；德春二十一元；李振裕、林和坂、顏發盛、上林號、陳合隆、捷成號、張萬慶、久昌號、萬安和、蔡怡源、邱益昌、永和興、振成興、益隆棧、德源號、順源棧、瑞盛號、楊集茂、新成興、豐榮號、洪銅官、洪源順、福安堂、東發號、源茂號、協成美、成振美、成順號、蔡尊官、林冬祐、紀彪官、陳巨昌、錦豐號、陳福和、振豐號、新德成、長榮號、萬發堂、協成發、怡興號、新德成、新德興、森茂號、新協興，各二十元；協隆號捐金十六元；安和號、捷源號、怡豐號、恒裕成、振德號、和源號、益裕號、龍發號、金興裕、金德隆、東成棧、謝升官，各十五元；金德勝、義泰山、永吉號、萬春堂、曾瓜官、曾姜官、陳札官、許媽相、福祥號、陳文欽、邱育成、新萬成、張集源、新發興、葉媽源、黄萬隆、和濟堂、陳盛春、陳福星、倪如㻋、曾福官、曾丕官、福成號、建源號、隆春號、和山堂、張利興、陳上和、洪源順、新泉泰、李蔭官、朱建昌、承振順、金源合、長茂當、源協興、振美號、鍾猛官、成發號、振安號、德茂號、顏源和、萬山號、金裕興、金福和、捷興號、陳鳳毛、黄協興、黄心鏡、遂隆號、福長興、新泉泰、陳全池，各十二元；振成公司、杏林堂、新長益、源成興、王協興、李家凜、林永寶、和順發、福茂號、謝蒼吉、林鼎興、萬鼎安、福泉棧、新協發、瑞裕號、建源棧、恒通號、張鷺官、東興號、協利號、久章號、鄭裕成、永豐源、和興號、順慶號、新合吉、協榮茂、薛協源、劉順成、興利號、發利號、林查某、黄碧福、恒昌號、建利號、陳源安、黄心意、長豐號、開茂號、復安號、德和源、鼎和興、隆順號、陳瑞興、福和棧、岩泉號、邱宜興、顏源成、苑盛號、陳泰安、瑞春號、瑞源厚、建隆興、永義成、捷隆號、鄭成德、順安號、萬德隆、金振美、金榮春、捷美號、信發號、源和成、永泰號、合茂

號、陳成茂、順福費、德隆號、林發興、余仰昌、同成興、洪源成、葉協利、元隆號、成隆號、振隆號、瑞昌
隆、新和興、錦興號、怡和號、恒興號、泉盛公司、振成隆、成和號、順昌號、新豐吉、邱益興、建成號、豐和
號、振發成、金勝美、苑春號、李插官、錦南興、源盛號、榮裕號、豐春號、永安號、新萬發成、金榮源、德安
號、李源成、協成號、建順號、萬錦源、泰成號、益順號、竹安號、金順美、成豐號、振源棧、傅成源、崇源
號、盈豐號、謝和記、同萬興、萬茂號、林和成、萬春和、陳文廟、協振號、顏祥合、林長和、萬隆號、永協
隆、成德號、德怡發、陳萬厚、慶源號、振慶號、張溫德、金福成、義安號、協利發、成春號、福源號、和成
號、塗慶玉娘、劉成春、阮福記、唐渺官、榮隆成、茂勝號、建通號、鍾水泮、安源號、萬建成、萬建興、萬隆
號、萬福興、金合發、榮安號、金成發、鍾漢水、金源順、新福成、金玉美、德春號、長成號、同成號、合成
號、葉正順、長成號、成興號、白協發、復發號、甘鐵官、許叠生、豐隆號、邱瑞泰、葉夫注、郭豐順、鄭作
官、張煥鎰、林猜官、陳東成、楊勝官、新徑江、石昌官、張用官、王兆鴻、新永發、林龍旺、德成美、通利
棧、王水三、金勝發、朱通喜、源豐號、曾汪官、李鳥隆、金源泰、陳清號、傅亞灣、陳芳要，各十元。

大清光緒二十八年歲次壬寅仲春穀旦立。

四四七　重建順天宮碑記（小碑）

【碑刻名稱】重建順天宮碑記（小碑）
【材　　質】石材
【形　　制】長方形立碑
【尺　　寸】長八十厘米、寬五十厘米
【書　　體】楷書
【碑　　額】無
【碑　　題】重建順天宮碑記
【碑文撰者】無
【碑文書丹】無
【立 碑 者】順天宮諸董事
【立碑時間】清光緒二十八年（一九〇二）
【存　　佚】現存
【地　　點】新加坡順天宮
【碑刻録文】

重建順天宮碑記

一　收大捐計三百四十二條合銀陸仟貳佰伍拾柒元正。

一　收柴牌總捐四百九十七條合銀壹仟零柒拾叁元壹角七占正。

一　收爐主慶成捐來銀伍佰元零貳角正。

總共叁大條合收捐銀柒仟捌佰叁拾元零叁角柒占正。

一　開金福裕號土木工料全盤包造及貼價計去大銀叁仟陸佰乙拾元正。

一　開福泉成號打石工料并碑門乳貼價計去大銀捌佰乙拾玖元正。

一　開陳祥司、苔司做竈桌并牌計去大銀壹佰伍拾陸元正。

一　開林本司王樓司油漆蓋金并漆竈桌工料計去大銀四佰陸拾元正。

一　開置順天宮貯存公物壹切計去大銀叁佰玖拾柒元伍角八占。

一　開雜費筆資并貼司阜升梁一切計去大銀玖佰零柒元捌角三十占。

一　開做慶成宮中理選計費去大銀伍佰伍拾叁元零捌占伍。

一　開做慶成爐主手理選計費去大銀四佰柒拾捌元貳角柒占伍。

總共計八大條合開費去大銀柒仟叁佰捌拾乙元柒角柒占正。

對除開費以外尚存大銀肆佰肆拾捌元陸角正。

大清光緒二十八年歲次壬寅仲春仝立。

四四八　路班讓順天宮新宮落成碑

【碑刻名稱】路班讓順天宮新宮落成碑
【材　質】石材
【形　制】長方形立碑
【尺　寸】長九十厘米、寬六十二厘米
【書　體】楷書
【碑　額】雙龍朝日
【碑　題】路班讓順天宮新宮落成
【碑文撰者】無
【碑文書丹】無
【立 碑 者】順天宮諸董事
【立碑時間】一九九四
【存　佚】現存
【地　點】新加坡順天宮
【碑刻録文】

路班讓順天宮新宮落成

第六屆董事會暨第四屆理事會

名譽主持：釋賢悟；法律顧問：朱鈞杰律師、李玉雲律師；會務顧問：黃南和；名譽董事：許誠家、郭敬通、黃清海；董事部：易南星、傅金龍、朱有信、潘鑫構、黃聯成、朱國禎、卓進金、劉亞富、卓林茂、呂良時、黃志生、王連能、柯豐慶、柯進發、魏昆侖、葉民新、郭子燕、吴連城、余森泉、紀文山、林漢舟、黃思快、謝清暉、楊寶泉、林慶和。

農曆甲戌年正月十六日，公元一九九四年二月廿五日立。

四四九　順天宮重遷碑記

【碑刻名稱】順天宮重遷碑記
【材　　質】石材
【形　　制】長方形立碑
【尺　　寸】長一百八十五厘米、寬一百二十厘米
【書　　體】隸書
【碑　　額】雙龍朝日
【碑　　題】無
【碑文撰者】無
【碑文書丹】無
【立 碑 者】順天宮諸董事
【立碑時間】一九九七
【存　　佚】現存
【地　　點】新加坡順天宮
【碑刻録文】

順天宮原本坐落于梧槽律之一旁道嗎拉沓街門牌七十三號，舊稱路班讓白沙浮，是一座古老廟宇，建于滿清嘉慶

道光年間，至今已有一百六十多年悠久歷史。廟内有碑文記載可考證，具有文化古迹價值，廟内供奉福德正神，歷年香火鼎盛。先輩敬神不忘教育，爲培育英才，于一九三八年在小坡亞裡哇街興辦崇正學校與崇本女校，將每年香緣收支盈餘充作學校輔助經費，以至一九八四年兩校喬遷爲止。由於神靈顯赫，風調雨順，國泰民安，爲叩答神恩，衆商家善信擇定于每年農曆八月十四日起，由數個小組織個别舉行慶祝酬神。此舉既耗費財力，又分散凝聚力；于是乎爲集合力量共同慶祝，得到各小組織之共識，于一九八二年二月九日成立并注册爲慈善機構，名曰順天宫（大公司）有限公司。

一九八三年，廟宇因受興建地鐵影響，須搬遷順天宫（大公司）有限公司。與城市重建局以及民意處理組經過數次洽商，幸得到民意處理組主席陳清木議員從中鼎力協助，最後達成協議，准許在小坡亞沓街一七五號爲暫設廟址，合約爲期五年。在衆善信合作之下，終于丙寅年正月廿三日完成搬遷。爲長遠之計一勞永逸，董事會立即成立籌建新廟委員會，策劃推動建廟工作。一呼萬應，即刻得到各界熱心人士響應與支持。在一九九〇年初，購置芽籠廿九巷十九號地段。并于一九九二年興工建築，至一九九三年全部落成。并擇于一九九四年二月二十五日農曆甲戌年正月十六日，舉行晋宫升座儀式。此後將香油錢全數充作教育與慈善基金，不分界域，不分種族，志在造福社會，永留青史。

注册發起人芳名列左：

易南星、卓進金、余森泉、朱有信、吴連城、陳炳森、劉亞富、葉民新、紀文山、吕良時、黄錦美、王連能、林漢舟、郭子燕、柯豐慶、吴金發、林有土、林土生。

公元一九九七年丁丑年仲春立。

四五〇　順天宮（大公司）有限公司建廟基金碑

【碑刻名稱】順天宮（大公司）有限公司建廟基金碑
【材　質】石材
【形　制】長方形横碑
【尺　寸】長六百厘米、寬一百二十二厘米
【書　體】楷書
【碑　額】無
【碑　題】順天宮（大公司）有限公司建廟基金
【碑文撰者】無
【碑文書丹】無
【立 碑 者】順天宮諸董事
【立碑時間】一九九七
【存　佚】現存
【地　點】新加坡順天宮
【碑刻録文】

順天宮（大公司）有限公司建廟基金

衆善信樂捐芳名録：

義務繪測師謝永光、許誠家貳拾叁萬叁仟叁佰元；黄再茂私人有限公司貳拾萬元；郭隆興私人有限公司伍萬元；陳聰成貳萬伍仟元；朱金卜貳萬伍仟元；以下各捐貳萬元：易兄弟控股私人有限公司、南隆布莊私人有限公司、南興布莊私人有限公司、鄧家祥、聯泰玩具私人有限公司、新興泉記私人有限公司、捷勝進出口私人有限公司、泉建發公司、黄南泰酒莊；吴弟子壹萬叁仟壹佰元；朱國禎壹萬壹仟叁佰元；以下各捐壹萬元：星馬窗簾布總匯、瑞遠企業私人有限公司、新同利私人有限公司、林淑好、梁寶樹、立益制服匯總公司、顔挺堯、李國金、易南星、曾欽泉、顔期偉、傅聯興私人有限公司、聯勝玩具私人有限公司；陳美金柒仟柒佰元；楊莉雲柒仟伍佰元；傅金龍柒仟元；謝潤堅柒仟元；芮結波伍仟伍佰元；許木泰陸仟柒佰貳拾元；南友合記伍仟伍佰元；明和船務運輸私人有限公司陸仟元；松茂貿易私人有限公司伍仟壹佰元；以下各捐伍仟元：振華漆業私人有限公司、豐成私人有限公司、聯勝貿易公司、協勝企業私人有限公司、和成發五金私人有限公司、大同玩具私人有限公司、大生私人有限公司全體職員、怡昌隆布莊、立華行貿易公司、王山興、李喜溪、易春生、易美生、易裕生、易勤生、易僑生、易國生、易健忠、易健民、陳祥風、黄清海、易秀拈、易李謙、易金盤、易建國、郭清泰、陳明德、陳寄坡、謝亞秀、洪建國；利昌金鋪珠寶工業私人有限公司肆仟玖佰元；蔡漢華肆仟柒佰元；新加坡珠寶工業私人有限公司肆仟陸佰元；易新生肆仟元；張德順肆仟元；鄭好景叁仟捌佰元；辜襟債叁仟叁佰元；傅自强叁仟貳佰肆拾元；錦樺模具五金製品廠叁仟壹佰元；徐詩德叁仟壹佰元；許宏福叁仟另伍拾元；許其新叁仟另伍拾元；以下各捐叁仟元：胡惠珠、柯長源、郭敬全、陳順展、黃瑞卿、顏期巢、合魁機器廠、橋北路大伯公壇、新興公司永美紡織品有限公司、華達五金私人有限公司、晋業順貿易有限公司、一生膠品私人有限公司、民生玩具私營有限公司、進隆公司布莊、協隆五金工業私人有限公司、金福源、美珍香孔雀標肉干；李文華貳仟柒佰柒拾元；吴昆溪貳仟伍佰元；何冬妹貳仟伍佰元；新山大山零件私人有限公司貳仟貳佰肆拾貳元；陳亞妹貳仟叁佰元；林金坤貳仟貳佰元；楊永康貳仟貳佰元；劉鴻基貳仟貳佰元；潘金木貳仟壹佰元；李玉雲律師貳仟壹佰元；東升出口私人有限公司貳仟壹佰元；以下各捐貳仟元：丁增加、王其彬、吕良時、林添水、施能達、郭隆順、陳文福、陳岳梅、黃志高、童亞禮、黃朝生、黃思快、鄭賽娼、鄭朝梛、鈍志堅、新興重型機械私人有限公司、民生機械私人有限公司、黃聯成、協裕公司出入口商、光輝球臺、新裕發、聯大參茸藥業私人有限公司、金隆玩具私人有限公司；吴昆燦壹仟玖佰伍拾元；黃明基壹仟柒佰貳拾元；吴碧月壹仟玖佰伍拾元；陳臺源壹仟柒佰貳拾元；永福五金有限公司壹仟陸佰捌拾元；謝其才壹仟伍佰元；葉新發壹仟伍佰元；蘇志堅壹仟伍佰元；蘇明發壹仟伍佰元；沈神助壹仟伍佰元；章金福壹仟伍佰元；黃錦美壹仟伍佰元；蘇福明壹仟伍佰元；洪順德壹仟肆佰元；沈國財壹仟肆佰元；葉秀忠壹仟肆佰元；華興行壹仟叁佰柒拾元；陳桂花壹仟叁佰元；黃錦耀壹仟叁佰元；隆安記私人有限公司壹仟貳佰元；鍵億機械公司壹仟貳佰元；友誼旅行社壹仟貳佰元；蘇良喜壹仟貳佰元；劉利順壹仟貳佰元；黃龍壹仟貳佰元；柯寬裕壹仟貳佰元；林源茂壹仟貳佰元；黃沛林壹仟貳佰元；林惠卿壹仟壹佰伍拾元；吕良山壹仟壹佰元；胡清發壹仟壹佰元；葉堯智壹仟壹佰元；沈永明壹仟壹佰元；郭威成壹仟壹佰元；周春英壹仟壹佰元；曹桂枝壹仟壹佰元；卓念山壹仟壹佰元；陳漢松壹仟壹佰元；以下各捐壹仟元：陳炳森、白玉華、朱有信、朱奕如、李亞羽、余文光、吴瑞燕、易茂昌、林瑞鳳、林美花、林永春、周紀裕、林亞妹、洪天賜、唐水英、陳天助、陳鳳蓮、陳桂英、陳祥發、黃來發、彭笑娼、黃升發、蔡繩東、蔡合家、蔡炳仁、朱奕浩、朱秀清、朱秀三、吴旺春、吴宗洋、吴潮藩、林桂清、林晋存、林秋音、柯進發夫婦、柳雅貴、陳文傳、洪成協、郭發楠、許明源、曹錦鉅、郭芳來、程欽貴、郭乃菁、黄清隆、蔡少輝、劉楊夫婦、劉桂枝、朱錫濤、朱文堂、朱瑩琳、李享店、李嫣泉、林慶和、周亞裕、林惠英、林亞東、俞進喜、柯生加、洪飾鎔、張自章、郭育民、陳俊昇、陳亞漢、陳有榮、陳柄森、楊金茵、楊應孝、蔡妙卸、鄭連德、潘鑫構、鈍耀漢、謝亞妹、韓玉瑛、謝偉昌、韓麗瓊、蘇湲確、孫瑞成、松根私人有限公司、新成公司、慧蓮手藝宗教文物中心、原發五金私人有限公司、萬福發展私人有限公司、藍占勤、範公司船廠服務、彦名木器設計工程、松興均記、成利布莊、啓順貿易私人有限公司、百年如意、福泉安、興盛公司、林明和船務（私人）有限公司、冠藝企業雲石加工廠、鴻業布莊貿易公司、中友布莊公司、宜通私人有限公司、怡爰具社、林萬成五金商、友榮貿易公司、榮順發五金、義福五金公司、協隆公司、鴻利成公司、集榮有限公司、南春香、同福玩具私人有限公司；陳啓標玖佰伍拾元；劉寶珠玖佰伍拾元；嚴德折捌佰伍拾元；曾松亮玖佰肆拾元；劉國中玖佰貳拾元；謝安球玖佰元；陳英嬌捌佰捌拾伍元；域名利亞清淵不禮中元會捌佰叁拾玖點叁元；以下各捐捌佰元：卓祐社、卓念真、顔福春、豐興發、林尤全、洪新梶、徐德旺、陳金檀、劉成義、劉成輝、謝宜仕；洪綢柒佰伍拾元；陳朋榮柒佰伍拾元；陳鍾聲柒佰伍拾元；李誠嘉柒佰元；李强豐柒佰元；吕坤平柒佰元；李處娘柒佰元；嚴榕生柒佰元；大東方制服布總匯柒佰元；王亞蓮陸佰捌拾元；劉偉培陸佰捌拾元；劉添慶陸佰捌拾元；劉添賜陸佰捌拾元；邱麗雅陸佰捌拾元；陳菜花陸佰伍拾元；趙順南陸佰伍拾元；以下各捐陸佰元：沈金華、李炳炎、李典苓、林淑玉、林世安、洪亞緼、孫駿河、陳福成、郭賽英、張炳初夫婦、許楚如、陳惜音、黄麗嬌、黄鉅清、楊善璧、蔡來存、劉永生、劉永和、劉永中、劉永仁、韓豪冬、謝亞發、林長發五金；劉添壽伍佰陸拾元；南慶貿易私人有限公司伍佰伍拾元；以下各捐伍佰元：王坤華、王吉龍、吴金來、吴華福夫婦、吕兄弟、林榮茂、林奎、柯文忠、陳門弟子、陳録德、陳衍方、張延吉、許門合家、陳月桂、黃信實、黃慧、雍真真、楊廣和、王桂容、吳榮輝、林展浩、洪海、陳楚明、陳玉賽、陳金桔、黃亞海、楊秀如、王立仁、沈加俊、周鴻標、侯金源、陳普妙、陳門合家、許錦煌、黃水保、蔡華泉、王加順、李承蕓、周錦祥、胡秀鳳、陳明德、張自强、郭瑞安、黃鈿鼎、鄭應祥、王木成、王金獅、王連能、沈鈿富、李淑女、何亞妹、林素金、林錦鴻、林佳薇、柯振昌、梁榮吉、陳良啓、陳澄治、陳汶順、郭子山、陳天成、陳添福、曹天佑、陳進再、郭修智、黃順成、曾臺萍、曾俊朋、楊寶泉、鄭金炎、劉惠珠、劉金蘭、丘江源、吳木新、卓意明、陳賽花、陳松强、張紹華、彭亞發、楊寶興、鄭淑娟、謝明發、協益椅桌、顏廷節、蘇水心，强華棧貿易私人有限公司、大坡美珍香、倡明工業社、聯順公司布莊、大興玩具私人有限公司、洪利成有限公司、楊德成、美珍香合衆食品私人有限公司、平治汽車零件商、新吉成、美聯電器、泉芳、富都印刷出版社、歌樂福卡拉OK歌坊、能通貨運私人有限公司、華嘉機械私人有限公司、益興機械私人有限公司、萬源公司、民成私人有限公司、福泉貿易公司東方聯合布出入口商、新成興機械私人有限公司、和記五金私人有限公司、協和五金私人有限公司、新隆成（星）私人有限公司、榮利私人有限公司、力營私人有限公司、明華機械工程、松利棧公司、福成公司、吳裕興、安然貿易有限公司、山華利私營有限公司、如茂捷記紙料私人有限公司；張貴珠肆佰柒拾伍元；謝廣霖肆佰伍拾元；以下各捐肆佰元：王碧祥、卓水龍、莫璧立、陳和良、顏成、王桂芳、林振報、郭進源、黃家慶、羅泰祥、朱喜深、林亞香、陳素嬌、黃碧嬋，建南興出入口商、芮明波、周苡粿、莊平海、黃玉琴、吳桂花、林德順、陳星月、黃裕舉、聯達寶號、呂順益、洪炳昌、莊承豪、鄭永福、長成工程私人有限公司、李娥枝、洪國長、陳友財、駱錦南、鄭清香、洪來發、陳金泉、蕭炳欽、林瑪莉、洪偉坤、陳金英、蕭慧愛；林夢福叁佰陸拾元；林和弟叁佰陸拾元；林亞谷叁佰伍拾元；林景蘭叁佰伍拾元；吳天佑叁佰肆拾元；王子叁佰貳拾捌元；陳孝捷叁佰貳拾元；林亞才叁佰貳拾元；梁炎叁佰貳拾元；藝林工業私人有限公司叁佰貳拾元；以下各捐叁佰元：方彩萍、吴國誠、吴亞蓮、卓素芳、胡慎家、張福、陳秀英、黄國聯、潘國鋭、謝楚明、王美益、李春發、沈現雄、林蘇來、胡開成、郭淑德、許秀琴、黄秀英、劉亞弟、謝耀宇、王媏嬌、何如光、李淑芬、林英河、侯維雄、陳清水、陳叁裕、楊錦榮、鄧光輝、鍾賽珍、江顯順、佘福成、吴道昆、林桂蓮、莫澤林、陳素英、陳子茉、鄒文澤、潘芝鎮、謝耀東、朱寶金、吕金芳、吴綉瑩、林惠音、孫輝光、陳志華、曾憲順、葉樹榮、鄭清香、蕭茂松、朱世良、邱繼顯、吕禮通、周榮才、梁楠柴、陳玉清、黄世藤、葉振輝、鄭鏡鴻、羅亞禮、李景年、余宜美、林金忠、卓培坤、徐春興、郭芝茂、黄淑斐、蔡念慈、鄭媏竭、蘇世雄、吕振源、何農、卓平、卓逬丁、唐紹榮、陳妙愛、彭榮光、蔡念雯、盧静恬、嚴俊賢、吴信女、宋龍妹、林和珠、洪碹、秦得江、陳俊成、黄岳山、蔡念彦、鈍木松、菘安企業、建高裝修工程、新發私營有限公司；藍惠直貳佰伍拾元；吴膺授貳佰伍拾元；關錦華貳佰伍拾元；洪秀卿貳佰伍拾元；卓福美貳佰伍拾元；柯東園貳佰伍拾元；張桃園貳佰伍拾元；陳宗松貳佰伍拾元；陳浩顯夫婦貳佰伍拾元；蔡金柳貳佰伍拾元；蔡各財貳佰伍拾元；吴錦盛貳佰伍拾元；蘇信僑貳佰伍拾元；林水地貳佰肆拾元；沈詩允貳佰貳拾柒點零壹元；劉巧嬌貳佰貳拾元；楊文表貳佰貳拾元；周紹平貳佰貳拾元；李建南貳佰貳拾元；以下各捐貳佰元：華方貿易公司、黄聯興、陳宏利瓷器、丁度豪、方兄弟、王亞明、吴景福、沈瑞榮、李榮玩、鄒文澤、李德根、何麗貞、吴亞五、林道鈿、林亞妹、林芳蘇、周樹通、林金蛛、洪偉殖、徐榮貴、張孫滚、陳傳書、陳友榮、張秀金、陳炳發、張専進、陳建李、陳有銀、陳淑華、童萬雙、王清松、王武材、王門林氏、沈楚鋭、吴漢欽、沈亞淑、汪福成、吕金郵、李賽花、李火炎、林美三、林麗平、周兢輝、林淑玉、柯福賜、徐幼娣、翁江福、陳碧嬌、郭文籐、郭吉成、陳慶凉、陳光媏、陳麗、陳山清、陳寶玉、陳麗娟、黄亞輝、方逸光、王仰存、王鳳珠、吴惠貞、李戕華、李建南、何勤娣、李茂僭、李少林、吴亞劉、林振光、林麗雲、林耀基、林亞美、胡文貴、梁序羅、唐金泉、陳金榮、陳月珠、陳紹武、陳再興、符文煌、張錫綿、張堅麟、陳寶福、郭鴻洵、黃錦榮、王騰芳、王福琴、王亞梅、吳若音、沈吳連城、李水連夫婦、李文財、吳錦墻、吳懷仁、林亞禮、林成發、周金德、周鼎生、洪美琴、洪維南、涂計士、莫禄根、陳初發、陳傳書、郭益安、陳春花、張培志、陳進展、陳德梅、張來福、陳南端、黃富明、王仰浩、王春寶、司徒瑞珍、李勝源、沈永潘、李麗靈、李清福、沈龍春、李鎮西、卓念丁、林本清、林金賢、林日財、柯弟子、姚映通、馬惠金、徐春才、陳國銘、郭文藤、莊應麟、陳明松、陳興明、陳松德、張秀華、陳麗珠、黃明江、馮源茂、王泉山、王首中、田洪流、李有島、杜丕勉、李明通、吳萍華、李添發、何嘉展、林春財、林彩金、林大頭、林愛蓮、洪玉樹、侯志明、徐春嬌、徐春華、陳惠英、陳月珠、郭進美、郭瑞、許玉蓮、陳進成、陳益千、陳福田、黃永玉、黃再凉、王明珠、王睦儒、任亞華、吳有德、李仕文、李珍、吳翰清、杜蓮英、李梨銖、林清體、林月蘭、卓成發、周國仁、徐春財、洪幼毛、倪立康、孫金樹、陳有答、陳開輝、莊亞才、陳其寶、陳秀珍、陳素珍、陳燈佑、陳瑞支、童世揚、傅添義、王福順、王真興、朱成金、李亞九、李慶樹、吳擱興、沈合家、李榮發、杜順發、林文經、林素月、林寶珠、周國賢、陳振玉、姚國隆、翁瑞榮、符史銘、陳門劉舜珠、陳美麗、郭琴珍、郭雪芳、張金祥、陳麗雲、陳素蘭、莊賽香、黃秀玉、黃聯生、王美頹、王永金、江俊鈺、吳木花、李清泉、李紹喜、李亞禮、吳天培、周輝煌、卓含笑、周彩鳳、周穎欽、張耀昌、柯豐慶、翁聖貽、陳福興、陳源淡、陳賜福、陳彥朱、許美雲、陳美玲、張銀華、郭妍君、黃再基、傅福全、張竣發、陳德華、郭恒美、黃亞玉、董國傳、黃敬垢、黃世旺、楊忠正、蔡弟子、劉鴛鴦、鄭永强、鄭相皆、謝德金、謝亞南、羅建發、黃錦泉、黃成安、黃美良、楊秀華、楊忠慰、蔡炎姓、鄭敬德、鄭恭集、劉顯姓、韓美元、謝思貴、羅雲光、黃芬元、黃慧雯、彭春木、詹金松、楊忠山、蔡瑞漢、鄭國龍、鄭文彬、鄭鴻明、應坤良、魏泰寶、譚容娟、黃杜貴、黃來福、彭玉珍、葉燕華、楊影霞、蔡惜琴、黎廷良、劉秀蘭、盧家霖、謝錦智、鈍松根、羅世情、黃奕買、黃德龍、黃嫌姨、方冬粉、楊寶興、蔡秀青、劉麗嬌、鄭福花、錢興華、薛麗珊、謝志興、譚耀錦、黃淑琴、馮健松、黃源昌、楊鳳、葉福財、蔡水標、劉利龍、劉朝源、賴俊大、戴慶煌、鄺潤益、蘇文達、黃素鑾、黃賜發、黃永慶、葉金敦、蔡如雲、蔡秋泉、劉寶貞、劉安定、戴豪君、謝廣申、顏箕德、嚴明仁、黃輝祺、黃亞興、葉賽珠、蔡楚南、鄭素真、劉亞吟、劉有達、韓文元、蕭漢强、顏興、黃麗鳳、黃聯葉、黃美確、格希填、廖錦全、鄭弟子、劉玩茶、劉信女、戴世珍、謝錦泉、顏文初、隆成私人有限公司、徐春興生果店、新合成、廖惠音、隆宏利瓷器、環球汽車商行、豐貿易私人有限公司、吉發棧米商、升輝交通代理商、林錦美蛋業、協豐五金工業私人有限公司、建成商店、捷勝體育用品公司、廟山佛祖、順隆五金機械供應、協成私人有限公司、凱地基工程、敏高電子私人有限公司、豐成佛具香莊、永裕機件公司、華洋私人有限公司、新義盛、瀛洲運輸私人有限公司、信發私人有限公司、源發私人有限公司、成發洋服、福豐號、順洲五金私人有限公司、建和軸承私人有限公司、新寶裕五金私人有限公司、聯豐隆、東方貿易公司、力成公司、順昌公司、達利、德記貿易公司、永春堂、聯和旅行社；陳開福壹佰捌拾捌點捌元；陳榮美壹佰陸拾捌元；王亞桃壹佰陸拾元；吴潤枝壹佰伍拾元；吴生金壹佰伍拾元；宋爐妹壹佰伍拾元；柯九英壹佰伍拾元；符咏丐壹佰伍拾元；陳石獅壹佰伍拾元；黃春豐壹佰伍拾元；劉天順壹佰伍拾元；謝昭如壹佰伍拾元；吴春興壹佰伍拾元；阮尚文壹佰伍拾元；林金成壹佰伍拾元；翁楓興壹佰伍拾元；陳成寶壹佰伍拾元；陳鴻榜壹佰伍拾元；湯道元壹佰伍拾元；龍田泉壹佰伍拾元；福南壹佰伍拾元；吴文勉壹佰伍拾元；邱天琳壹佰伍拾元；林正壹佰伍拾元；莊春發壹佰伍拾元；梁金菊壹佰伍拾元；陳映文壹佰伍拾元；黃華英壹佰伍拾元；謝小翠壹佰伍拾元；吴生全壹佰伍拾元；王碧英壹佰伍拾元；吴天全壹佰伍拾元；林金榮壹佰伍拾元；陳帥秀壹佰伍拾元；郭樹安壹佰伍拾元；陳水來壹佰伍拾元；劉慶炎壹佰伍拾元；鉀岫琅壹佰伍拾元；張清花壹佰肆拾元；陳添根壹佰叁拾元；朱文雄壹佰叁拾元；黃志良壹佰貳拾陸元；陳明漢壹佰貳拾叁元；何紹萍壹佰貳拾元；唐玉泉壹佰貳拾元；陳俊錦壹佰貳拾元；李亞才壹佰貳拾元；許麗心壹佰貳拾元；張淑麗壹佰貳拾元；王春燕壹佰貳拾元；陳景桐壹佰貳拾元；劉亞妹壹佰貳拾元；許巧順壹佰貳拾元；張義俊壹佰貳拾元；賴全古壹佰貳拾元；范月植壹佰貳拾元；張梅花壹佰貳拾元；黃是弼壹佰貳拾元；陳三妹壹佰貳拾元；李木深壹佰貳拾元；柯玉衣壹佰貳拾元；張清湖壹佰貳拾元；無名氏壹佰貳拾元；蘇英爐壹佰壹拾元；白國興壹佰壹拾元；盧子齡壹佰零捌元；林秋蘭壹佰零捌元；雲大權壹佰零捌元；雲重富壹佰零捌元；以下各捐壹佰元：丁惠蓮、丁國峻、丁啓濤、丁介明、丁進勝、丁長坤、王宏光、王徐貴、王振貴、王文玉、王貞燕、王光來、王亞興、王山萍、王光福、王來富、王翠華、王丹桂、王亞禮、王水夏、王美川、王震女、王素桔、王振益、王培儂、文亞榮、王美嬌、王加炳、方門莊氏、王寶鑾、王兆華、王林洲、王聲星、王慧玲、王德金、王建忠、方九仔、王紹桓、王俊饑、王靜芳、白亞龍、王清獅、王雄松、王涇兆、王馴智、王炳發、白蓮花、王春盛、王美英、王水沅、王原美、王建源、王亞妹、王龍德、王靜婷、王慶川、王建明、王再春、王秀茶、王文賢、王金針、王炳江、王素應、王金桔、王紹文、王冬、王茂坤、王鳳革、王麗芝、王建花、王平波、王平靜、王道杰、王明福、王砂、王金樹、王順福、王家泰、王天水、王進財、王平正、王道雄、王保炎、王進、王碧盛、王淑英、王雪娥、王桂英、王建隆、王振藝、王陰國、王志福、王德和、王亞嬌、王進添、王珍燕、王佩朋、王再成、王寶英、王平等、王平安、王德添、王明餘、王至清、王連捷、王火田、王餒立、王大東、王添基、王賽春、王昆吉、王文金、王亞福、王睦賢、王德材、王月花、王珠珍、王亞煌、林道亮、林逢士、林靜英、林明來、林展茂、林泉德、林再良、林永在、林思宗、林思義、林映卿、林伍珍、林東南、林秀春、林蓮貴、林榮金、林文祥、林天福、林慧清、林世炎、林亞連、林謀成、林鑽葉、林賜寶、林瑞祺、林作坤、林亞和、林夏蘭、林文芳、林聖初、林明山、林立欣、林亞戇、林蓮、林玉珠、

林錦松、林欽敬、林秀卿、林建輝、林冲富、林俊英、林楚鋭、林良正、林宋樺、林嫦卿、林樹茂、林棟保、林
順好、林木瓜、林尾、林亞來、林南玉、林源濼、林喜藤、林國忠、林清雲、林興城、林邦金、林惠芳、林惠
如、林田岸、林天來、林文友、林健民、林握治、林建邦、林維章、林來順、林竹青、林俊材、林素香、林明
治、林利通、林奕財、林亞河、林煜慶、林戴發、林素琴、林嘉敏、林登華、林建華、林金蓮、林燦、林亞發、
林美鳳、林秀發、林秀林、林志忠、林玉燕、林合家、林秀娥、林子欽、林浩發、林大福、林慶彪、林蕓香、林
慧貞、林文明、林來有、林典鋭、林玉治、林燕蓮、林榮坤、林樹賢、林天鐙、林炎福、林國炎、林添福、林湘
德、林勤英、林小珍、林麥英、林聯來、林子堅、林利珍、林亞妹、林春月、林國明、林炎興、林寶慶、林巧
寶、林玉成、林天助、林明源、林金泉、林素妝、林娘惹、林祥平、林如銀、林亞净、林瑞國、林亞曲、林意
明、林慶華、林小妹、林梅枝、林癸澤、林達志、林瑞東、林蓮寶、林月明、林財發、林亞燕、林育興、林筱
富、林來春、陳豆仁、陳清安、陳懷星、陳如龍、陳鎘得、陳賢月、陳均松、陳裕成、陳麗棠、陳亞峇、陳妙
香、陳昭梓、陳鳳眉、陳得展、陳家錕、陳如香、陳學春、陳金美、陳永堅、陳水耳、陳青榮、陳俊生、陳健
志、陳順發、陳培森、陳培鑫、許秀潔、陳國香、陳傳煒、陳門許氏、陳松波、許梅珠、陳煥復、陳清源、陳坤
江、陳志汶、陳長發、陳福財、陳德、陳哲烘、陳成財、陳美君、陳兩發、陳宏銓、陳景芳、陳叙鈺、陳素樺、
陳炎松、陳朝欽、陳福基、陳漢興、陳長源、陳慶興、陳存程、陳喜春、陳小姐、陳水安、陳香華、陳碧雲、陳
德勝、陳振榮、陳亞勤、陳桂馨、陳玉心、陳水蓮、陳明珠、陳健耕、陳再福、陳秀鑾、陳仲利、陳趙毅、陳金
鳳、陳咏惠、陳大華、陳鳳英、陳佳明、陳素貞、陳美華、陳好清、陳巧英、陳愛霞、陳患英、陳俊明、陳玉、
陳國富、陳玉容、陳碧金、陳文廷、陳來好、陳金治、陳淑婉、陳宗耀、陳汝愛、陳映榮、陳俊才、連永明、陳
欽鳳、陳江河、陳素蓉、陳兆忠、陳本和、陳紹喜、陳永迸、陳連順、陳火順、陳欽輝、陳月蘭、陳秀梅、陳慶

安、陳來富、陳亞興、陳麗能、陳泰理、陳貴彬、陳俊賢、陳才根、陳天福、陳映望、陳獻輝、陳亞華、陳松鶯、陳春發、陳翠英、陳玉成、陳素惠、陳玉英、陳成標、陳永水、陳茉莉、陳寶順、陳亞珠、陳福生、陳雪枝、陳桃、陳得倫、陳星月、陳明香、陳家福、陳映中、陳麗絲、陳錫群、陳界誠、陳伍弟、陳信女、陳英俊、陳鳳娟、陳英俊、陳偉發、陳意琴、陳吟盛、陳福强、陳亞弌、陳木順、陳椰寶、陳玉豪、陳富英、陳贇强、陳漢祥、陳國成、陳添平、陳亞自、陳福明、陳亞葉、陳永文、陳如明、陳秀卿、陳錦豐、陳源通、陳錦英、陳耀梭、陳樂賭、陳瑞琳、陳廣明、陳榮江、陳凱平、陳兩福、陳學坤、陳靜英、陳鶴齡、陳茉全、陳景樺、陳紹昆、陳炳福、陳亞福、陳明信、陳專津、陳文清、陳華蓮、陳麗祥、陳寶萍、陳維榮、陳奎延、陳錦勝、陳福魚、陳炳坤、陳浩哲、陳俊豪、陳亞味、陳士成、陳萊英、陳和珠、陳姿錦、陳順成、陳裕源、陳鈺石、陳建邦、陳添成、陳喜勝、陳學文、陳春贊、陳施錫、陳勁福、陳亞禮、陳輝星、陳麗燕、陳清琴、陳永記、陳亞祖、陳裕書、陳洛波、陳成福、李增紅、李玉風、李石星、李秀枝、李寶珠、李同宣、李寶華、李秀琴、李漢章、李星源、李明平、李金枝、李秀旭、李雪卿、李南源、李珠葉、李湘淋、李紹榮、李炎坡、李楚林、李玉香、李蓮發、李光福、李佑良、李錠河、李榮方、李天煌、李金源、李煥卿、李清森、李漢發、李應發、李金益、李錦松、李孝存、李孝字、李孝式、李亞貴、李寶勝、李鳳蘭、李烈好、李慶發、李增森、李素月、李裕安、李立賢、李玉寶、李玉成、李真珠、李秋華、李秀玉、李門老姆、李秋樺、李賜興、李明德、李連勝、李亞順、李瑞龍、李南偉、李秀英、李榮紅、李忠武、李來平、李筱石、李榮華、李文華、李富華、李禮珍、李鳳枝、何亞妹、李茂德、李桂葉、李國欽、李衍勝、李明珍、李配、李仕洲、李皆得、李絲珍、李光威、李炎最、李笑瑛、李文良、李輝安、李有成、李秋蘭、李强衍、李志衍、李如强、李進發、李文銘、李妹賢、李淑美、李鳳貞、李祈江、李祈慶、李金漢、李淑貞、李福來、李昭谷、李介進、李順財、李淑芳、李秀蘭、李富姑、黃麗華、黃義強、黃岳芬、黃亞慶、黃惠萍、黃德成、黃萬財、黃士録、黃思德、黃立敏、黃美英、黃素蓮、黃吉碧、黃清進、黃福華、黃永明、黃利群、黃玉枝、黃漢生、黃炳坤、黃家仁、黃勝音、黃玉瓊、黃鳳英、黃志平、黃家强、黃聯基、黃敏瑜、黃珮珠、黃欣清、黃五琴、黃海水、黃麗卿、黃秀德、黃鉄漢、黃玉葉、黃國盛、黃鳳珠、黃秀瑛、黃福忠、黃建清、黃美資、黃植英、黃有財、黃細弟、黃前至、黃金融、黃呈水、黃家偉、黃順興、黃素珠、黃水源、黃舜輝、黃和發、黃福慶、黃愈德、黃思存、黃明興、黃清福、黃植豪、黃建成、黃世福、黃桂香、黃文才、黃淑卿、黃健華、黃再來、黃進展、黃適志、黃佩芳、黃瓊花、黃永開、黃亞管、黃植成、黃繼通、黃世龍、黃清發、黃青海、黃耀麟、黃天從、黃健賢、黃文業、黃迷力、黃淑珍、黃美賢、黃俊標、黃民強、黃進強、黃金貴、黃長慶、黃奇良、黃瑞珊、黃益源、黃布、黃文峰、黃德生、黃亞呆、黃吉祥、黃股基、黃音娘、黃賽烈、黃翠治、黃柏超、黃寶英、傳水龍、黃耀宗、黃國恩、黃弟子、黃亞六、黃淑蓉、黃青海、黃潤金、黃蓮英、黃景雲、黃月娥、黃水坡、黃旗發、黃炳興、黃同利、黃源成、黃國亮、黃慶宗、黃淑芳、張木順、張振欽、張保玉、張淡嬌、張貴盛、張星輝、張文典、張永恭、張永正、張家花、張福春、張愫珍、張水仙、張亞美、張新民、張福全、張玉娟、張蘇鳳、張真珠、張延誏、張瑞發、張福水、張美麗、張長生、張來成、張榮光、張起群、張流彈、張蘭新、張亞枝、張玉靈、張芝祥、張仰展、張瑞達、張岳宏、張春資、張亞順、張甘花、張榮隆、張玉生、張永聰、張坤益、張浮雁、張添華、張碧珍、呂良順、呂紅沛、呂素英、呂寶恭、呂禮興、呂偉勝、呂水清、呂婉梅、呂良發、呂美金、呂良德、呂福海、呂寶尚、呂福泉、呂添源、呂振順、呂婉菁、呂俊義、呂坤峩、呂建治、呂素珍、呂清源、呂能清、呂典松、呂德福、呂建福、吴財順、吴其浜、吴亞華、吴其彪、吴雪玉、吴祥泉、吴耀强、吴發龍、吴順吉、吴建福、吴文世、吴維煌、吴炳忠、吴星弟、吴惠捌、吴秀燕、吴平福、吴其頗、吴雪玲、吴雪莫、吴雪輝、吴雪芳、吴雪清、吴秀容、吳國汕、吳令豐、吳文成、吳英芬、吳煥嬌、吳綉湘、吳俐秤、吳妙惠、吳春成、吳任貴、吳連根、吳罔市、吳鍾成、吳克福、吳彩琴、吳樹潮、吳烈興、吳樹錦、吳愛珠、吳文郁、吳偉光、吳秀雲、吳坤英、吳文凱、吳賽琴、吳天廟、吳健誠、吳文教、吳金陵、洪清池、洪鴻慶、洪亞九、洪義純、洪水祥、洪鳥鶴、洪有初、洪火石、洪澤華、洪玉蘭、洪琴、洪順英、洪文星、洪自在、洪再來、洪立樹、洪禮全、洪禮基、洪禮信、洪平士、洪俊謀、洪月英、洪仕、洪文良、洪成佳、洪慶福、洪秀謹、洪彬懷、洪偉鈞、洪維良、洪木耳、洪建華、洪漢宗、洪金合、洪合興、洪賜聡、洪志忠、洪振昌、洪民祥、洪玉珍、方極榮、方國忠、方玉歐、白亞裏、白亞香、白清民、白寶星、朱正雄、朱春和、朱永發、朱文葉、朱柳英、朱振順、朱月昭、朱恩用、朱桂雲、何寶珠、何子祥、何長福、何寶蓮、何寶珠、何亞成、何文華、何美珠、何全輝、何美雲、何成輝、何秀來、何志明、何佳展、何喜順、何志剛、何順江、何順友、何新成、何順喜、何順明、何國玖、何仁進、何寶珊、何寶珊、何亞雲、何勛費、何美英、吳春蘭、邱亞輪、丘蕓菁、邱秀蘭、邱玉香、邱偉誠、邱育群、邱桃、邱順英、邱玉娟、邱亞治、邱武謙、周亞蘭、周霖、周財輝、周明妙、周惠椿、周耀光、周金星、周含笑、周志光、周志敏、周財松、周清海、周文廷、周惠華、郭達南、郭振楠、郭修坤、郭桂花、郭良、郭發進、郭寶成、郭長禄、郭組昌、郭偉成、郭珍、郭斯華、郭俐寧、郭光楷、郭耀光、郭再有、郭原驊、郭敬華、郭德福、郭惠嬌、郭樹榮、郭嫦嬌、郭德梅、郭明智、郭木順、郭光根、郭國建、郭欽冬、郭秋煌、蔡金秀、蔡元德、蔡錦祥、蔡舜如、蔡耀華、蔡玉麟、蔡蓮花、蔡秀娥、蔡水堂、蔡水福、蔡天成、蔡元和、蔡玉環、蔡金傳、蔡雲卿、蔡鋭嬌、蔡錦儂、蔡漢芝、蔡玉霞、蔡依仁、蔡英、蔡香湘、蔡秋桂、蔡秋月、蔡來發、蔡煥庭、蔡仰平、蔡木賢、蔡鎮堅、蔡淑花、蔡素珍、蔡玉英、蔡直發、蔡罔玉、蔡秀慧、蔡金聲、蔡鋭深、蔡鋭發、蔡鋭椿、蔡鋭音、蔡鋭燕、蔡鋭芝、蔡鋭姍、蔡若英、蔡細娘、蔡亞妹、蔡秀姿、蔡秀秀、蔡玉榮、蔡成對、蔡美慶、蔡素香、蔡天順、蔡玉珍、蔡天明、蔡月明、蔡兩春、蔡德市、蔡源龍、蔡彬坤、蔡鎮强、蔡炳坤、蔡培祥、蔡秋木、蔡秋、蔡秋英、蔡加再、蔡國豐、蔡國良、司徒煉佳、邱炳修、邱焜修、自修明心、伍鈺潤、江偉善、江永强、吴其杰、毛噩珠、甘德榮、尤昭焕、文成立、邢良華、周麗珊、甘素英、甘安静、史君輝、白水龍、江振本、白忝録、江振忠、江寶發、何紅嬌、沈祺華、江青貴、江桂香、余樹志、何巧嬌、沈美玲、沈寶英、朱瑞資、江成修、何元英、杜世忠、余群英、杜麗玲、江美娥、江錦本、杜金鈎、何翼良、沈玉梅、杜興和、江葆燕、成瑞承、□寶玉、杜瑞玉、巫四、沈招順、余大榮、谷順清、甘白菜、石建坤、江妹耘、余柏權、白寶明、邢添財、成乙麟、杜鴻麟、沈榮鴻、沈祺喜、沈元玉、余美成、沈龍春、杜德財、狄慧臣、宋承姿、芮楚然、汪家芳、沈騰峰、沈慧妮、杜金水、邱偉明、余月華、沈象鴻、汪枷根、沈亞香、沈德源、沈亞西、沈玉花、余賽心、汪亞玉、杜清蘭、沈德舜、沈玩輝、宋福基、余克潮、宋吉麟、杜亞四、沈玉英、沈香雲、沈平順、卓英嬌、房連枝、卓良豐、卓妹孫、卓亞妮、卓襟倩、范杏章、范瑛桂、卓信國、卓清城、卓森鍾、卓發成、卓玉英、卓發興、卓林炎、林雪琴、易培生、林清發、冼國良、卓碹石、范來香、范筆群、卓明花、范焕金、卓其輻、柯秀桂、紀亞順、紀冠華、施丁源、姚炳娥、祝英、柯榮昌、紀維僑、紀暹珍、紀力有、紀萬德、施寶葉、俞再福、紀式順、紀式漢、姚鎮標、施至農、胡瑞揚、姚文舞、姚文清、姚嫦娥、柯美玉、紀祥珍、胡水金、柳俊因、紀松秋、施善明、紀偉凱、姚家質、胡福和、柯寶紅、洪亞花、柯翔維、施金獅、胡康榮、施寶玉、韋若賢、俞銘汕、施能龍、胡榮華、高春發、王鈺斌、高永偉、高永澤、高榮群、高美霞、高美智、施雲程、紀錦珍、袁耀棠、梁青玉、翁亞妹、唐金發、徐詩浩、徐膺俠、梁玫、袁焯坤、徐棟梁、唐玉鳳、梁準纓、徐騰峰、徐永晄、孫尤蘭、孫琴全、高妙燕、梁福南、唐德興、唐德城、唐德發、梁國欽、梁新維、涂亞興、梁惠芳、高天桂、梁金芝、徐清花、孫金發、習福興、翁翰墨孫、松林、陸亮程、高銘壽、梁義財、唐倫基、唐良辰、徐澄

蛟、梁春兩、孫福林、梁秀珠、徐明超、孫亞財、梁友福、柴湘如、莫沛林、孫福財、孫有星、梁良生、馬美
山、倪巧治、梁慶文、陸學平、梁添利、翁亞福、孫添發、梁亞春、翁聯和、涂福金、梁松迪、翁文麟、翁佛
生、梁幕玲、翁錦德、孫美娟、翁玉燕、梁孟秋、涂全春、張世豐、許玉雲、許李葉、許錦豐、莊璧瑜、郭家
金、郭子燕、郭耀南、郭獻元、郭介福、康綢春、孫秀琴、徐弟子、許志明、符致華、郭宏福、郭惠珠、許春
燕、符祥澤、莊麗玉、莊彩玉、郭淑卿、許慶年、許達龍、莊文才、許妙真、許銀花、郭綱治、麥超桂、郭來
忠、郭光森、曾麥克、曾亞臺、曾亞群、傅水德、雲昌文、温淑格、馮國堅、曾雲忠、温貴筆、曾慶森、曾國
强、馮社晃、曾榮慶、傅麗華、曾天福、楊富善、楊龍鎮、楊緑娘、農錦榮、楊香、葉振花、楊啓發、詹維奇、
廖慧、莊銙翔、連養成、許永明、許丁福、陳榮華、許賽文、莊和麟、許鑾卿、莊德利、符敦雄、陳俠發、符昌
治、曾隆寶、曾惜鈿、馮冠志、鄔汶康、曾國華、曾慶源、曾培洲、楊岳發、楊應鴻、楊妹妹、楊惠荃、楊岳
華、葉連發、楊緣來、楊啓炎、廖國維、麥世伶、麥慶良、許亞碹、許秀良、程國華、傅子牧、曾知順、黄文
祥、曾培蘭、雷門合家、葉坤全、楊水穩、楊清吉、雍真慧、楊福傳、葉滔雲、趙齊海、廖國益、許賽珠、許文
乙、許崇耕、許賽娥、許文平、傅秀鳳、曾昭明、湯月茶、曾群英、曾亞愛、曾培吟、傅降水、詹前强、葉素
珍、楊鳳英、楊明星、楊敬銘、楊玉鳳、葉淑工、廖金塔、莊瑞源、盛兆英、符月華、許良友、符祥平、郭木
豐、莊榮生、曾美清、耶錦開、雲天倫、楊亞金、葉好、楊淑模、楊成來、蒲水成、楊南存、關子恩、陳玉蘭、
陳日順、許莉英、李鎮順、許瑞榮、章微、許緑修、許良欽、董川芳、彭榮基、馮成人、程欽賜、曾秀娥、傅
木、彭慧珠、楊蓮英、楊孝義、楊子雲、葉明輝、葉民新、葉秀卿、葉亞珠、陳家霖、許四妹、許述志、盛勉
春、許木坤、莊世忠、莊泳然、莊愛蓮、傅松、程玉英、湯美珠、曾國民、曾國焕、曾國槐、紀玉鑾、葉蘇蕃、
楊亞偉、楊茹心、葉茂仔、楊時興、葉秋艷、楊文布、楊啓明、趙愛治、盛明隆、許炎福、許亞華、許宏福、傅

連生、曾俊鸞、彭大維、曾莉莉、彭玉和、馮紹鴻、傅深水、甄生、詹尊民、葉春漢、楊鴻霖、楊時盛、葉秉坤、楊計質、詹維堅、趙典星、許仁杰、盛金查、莊平捌、許亞嫩、章桂森、許萌原、李文御、曾振華、傅秀英、曾明達、曾培潮、馮國强、楊國君、甄國成、楊瑞成、楊玉花、楊秀芬、葉馨憶、葉良東、詹維漢、廖彬、廖清、廖明貴、潘順干、劉鑾俊、鄧啓光、鄧鏡珍、劉榮豐、潘韋光、潘樹青、鄧建好、鄭有東、鄭億慶、鄧水梅、鄭火娘、劉賢聰、鄭歷蜜、潘之清、潘樹坤、潘截、鄭添炳、鄭錦炎、劉素貞、鄧力銘、劉雪吟、劉玉綏、劉錦福、鄭秀德、劉詩業、鄭祥紹、鄭惠英、鄭治勇、鄭玉成、賴汶壇、賴文捷、賴遥英、盧振群、錢秀明、盧潮章、謝承峰、韓炎柿、謝庭峰、蕭甘草、謝勇昡、謝簣賈、謝荔花、鍾連安、謝妙香、謝亞秀、蔡權波、趙培基、廖素琴、趙仲華、趙寶玲、熊威鳴、趙社卓、廖振財、趙小蝶、趙祚錦、蔣文阮、廖既全、廖玉香、廖金峰、廖興源、廖偉雄、廖振德、鄭璧秋、劉漢生、潘碧桃、鄭清爽、劉廷森、鄭朝松、鄭秋豪、劉永香、鄭有恒、劉德龍、鄭秋波、鄭秋芬、鄭秋雁、鄭秋敏、鄭順發、劉爲貴、鄭慶成、劉瑞麟、劉福明、鄭德源、劉慶鑾、鄧慧玲、鄭仲清、劉昱汕、鄭秀聯、鄭式貽、鄭錦華、歐陽林、鄭亞味、劉秀娣、劉彩玉、鄭佩芳、潘樹立、鄭素幼、劉金英、劉淑英、鄭合娟、鄭福嬌、鄭月英、劉亞和、鄧能、劉益章、劉春麗、鄭錦新、鄭秀源、鄭福裕、鄭秀娟、鄭明星、鄭書聖、劉美美、劉榮源、鄭德幸、劉哈秀、劉火明、鄭重權、潘潰溪、劉瑞治、劉有源、練木强、歐陽發枝、歐陽永輝、劉有亮、劉有財、劉有成、劉文璧、劉賽玉、鄭福娘、劉春芳、鄭水蛟、劉茂吉、劉謫祥、鄭璧洵、鄭璧水、鄭璧燦、鄭璧彬、鄭璧鈿、鄭璧泉、鄭愛梅、劉玉珠、劉芳校、劉愛卿、劉美加、劉來源、鄭芳雄、鄭秀玉、劉玉成、鄭德貴、劉吟鳳、劉培嬌、劉秋益、劉俊華、劉美蓮、鄭秀鸞、劉國和、劉鳳蓮、鄧亞發、劉美玉、黎亞妹、黎秀枝、劉紋松、劉利能、盧楷深、賴道章、龍念樺、盧永康、賴祥吉、盧瓊樺、盧仕鑫、盧門何氏、賴永鑽、駱福興、盧樹强、駱惠蘭、賴彩英、賴振生、賴清榮、賴美清、錢翰民、錢秀琴、賴玉琴、賴福英、盧晟浩、賴秀珍、盧衍章、謝泰莉、蕭門合家、鍾美嫻、蕭淑蓮、韓明桄、魏清發、謝盛和、鍾亞添、謝杏嬌、謝佳崇、謝近、謝永潮、謝永欽、謝木允、謝王亞、謝天順、謝瑞天、謝惠儀、韓金英、謝細杏、韓國椿、鍾俊娟、謝慶發、謝杰城、謝明遠、韓慧玲、謝華明、鄺桂、簡偉光、謝永金、戴世照、謝惠琪、謝惠菁、謝惠芳、謝佩芳、謝惠婷、謝惠杰、謝定碼、謝漢珠、謝漢燃、顏偉儒、藍振明、藍國香、羅亞妹、蘇茉莉、蘇拉莉、鍾金來、謝漢春、謝漢波、顏蝶、譚通能、羅曝、譚志扁、蘇建發、蘇其峰、謝佩伽、謝漢尤、蕭鈍華、顏君榮、譚瑞欽、譚冠標、譚淑萍、蘇英寶、蘇章福、謝慶輝、謝漢卿、謝女英、顏華明、羅桂英、藍木娘、藍國金、蘇良順、龔詩煥、謝昭榮、謝漢忠、謝建强、顏秀娟、譚美華、藍佩蘭、羅信基、蘇牡丹、丘炳修、謝寶珠、謝金治、顏秀鳳、顏亞禮、譚楚娟、譚富鍾、羅信成、蘇其陽、丘亞輪、謝明唐、蕭順南、顏如玉、顏六初、羅光强、譚亦媚、蘇琪添、蘇亮鄙、丘焜修、謝漢炎、謝和平、顏業隆、顏碧瑤、羅福然、譚富文、蘇財泉、嚴凌莉、湯月珠、鍾谷瑤、謝惠琴、顏偉祺、顏秋雲、羅亞月、藍敬豪、蘇來鑾、蘇松强、和記自助市場、鑾福興公司、源發成光記、潮賢合號、銀座皮件、光誠行貿易公司、王瑞豐、摩騰有限公司、聯合吊秤私人有限公司、椿清電子貿易、鴻華源機械工程、文坤貿易公司、春來發古玩玉器、順真穩、利成五金私人有限公司、蔡宜成貿易公司、新鴻利時裝貿易公司、華岳燒豬、和發制衣廠、金香材私人有限公司、立豐貿易公司、陳桂蘭街福潮聯誼社、超級印務、魏建築公司、原利隆針車、德力國際私人有限公司、康頤傳統保健協、福發機器廠、德福南記、娜娜貿易公司、瑞榮貿易私人有限公司、優等歐産品有限公司、營安公司、再豐裕五金、和隆私人有限公司、普誠、王西果店、錦順針車公司、雅達工業、現代化木器公司、吴集成生果、新和興木器、福潮聯誼社、意大利室内裝修、旭記、新成美、誠電鋸廠、明安貿易、歌羅福民衆俱樂部婦女團、泉隆布莊、熱帶百貨商店、新光榮、成發洋服店、萬隆船務有限公司、鴻義貿易公司、新加坡機械私人有限公司、李南發公司、溢和發企業私人有限公司、何氏零件公司、進華機械私人有限公司、仁和捲門私人有限公司、泉福五金私人有限公司、永發公司、南利包裝運輸私人有限公司、聯榮五金私人有限公司、偉福工業（新）私人有限公司、德隆五金私人有限公司、永興機件公司、大華修理車廠、金豐包裝貨倉私人有限公司、利信興電池公司、共管汽車私人有限公司、銓發興業公司、激發私人有限公司、泉吉工業金屬私營有限公司、安順豐鳥店，卓坤旺、陳詠惠。

連接以下英文名録（英文名稱捐款者略）。

總計籌建基金緣捐壹佰捌拾玖萬伍仟伍佰元整。

公元一九九七年丁丑年仲春立。

四五一　重修瑪琅永安宮新建後堂佛祖殿及左平護室樂捐碑

【碑刻名稱】重修瑪琅永安宮新建後堂佛祖殿及左平護室樂捐碑
【材　質】石材
【形　制】長方形立碑
【尺　寸】長一百一十厘米、寬九十八厘米
【書　體】楷書
【碑　額】無
【碑　題】無
【碑文撰者】無
【碑文書丹】無
【立 碑 者】永安宮董事高啓恩等
【立碑時間】清光緒二十九年（一九〇三）
【存　佚】現存
【地　點】印度尼西亞東爪哇瑪琅永安宮
【碑刻録文】

一八九五年光緒乙未年重修永安宮新建後堂佛祖殿及左平護室，諸弟子捐金芳名臚列于左：

韓世泰公捐銀壹百盾；郭厥成公捐銀五拾盾；鄭福隆公捐銀壹仟盾；鄭周監、周暢情，各捐銀五百盾；黃文盛捐銀四百盾；鍾天麟、鄭瑞川，各捐銀叁百盾；胡江田、朱永發，各捐銀貳百伍拾盾；郭紹欽、李亞長、林通彌、林金都，各捐銀貳百盾；許紀鐵、許甘雨、黃德興、周乃注、鄭珠音、高三省、林龍化、蔡敦叙、成剛柔，各捐銀壹百叁拾盾；李開和捐銀壹百廿五盾；林愛琪捐銀壹百貳拾盾；林昆龍、黃應麟，各捐銀壹百壹拾盾；張存官、吴流泉、韓益泰、温以文、汪光輝、鄭克讓、林厘姑、綴必蘭吁，各捐銀壹百盾；林新來、陳紹遠，各捐銀九拾盾；唐紅官捐銀捌拾盾；新合和、周鍾桃、陳普岱，各捐銀七拾五盾；李正茂、韓振城、歐壽麟、鄭恒列、鄭仁和，各捐銀柒拾盾；游國棟捐銀六拾五盾；郭秀桐、郭生財、張文生、厨連、韓良泉、周暢懷，各捐銀六拾盾；蕭千金、唐清淵、陳連馨，各捐銀五拾五盾；郭智及、翁佬金、謝盛開、高啓恩、林榮協、王端林、許紀碧、湯祥發、韓振芳、韓文科、施國順、郭擇隣、薛福州，各捐銀五十盾；古海霖捐銀四十五盾；郭秉圭、郭增霖、黃清池、高慶通、高啓德、高兩順、林媽份、李良興、江三元、卓才生、翁亞五，各捐銀四拾盾；薛亨典、源源號、韓慎遠，各捐銀叁拾五盾；曾部官、王啓春、黃練成、李秀義、林中賢、林良城、林景全、邱文昌、許瑞昌、潘振順、唐元富、高啓仁，各捐銀叁拾盾；黃任坤、黃文飽、黃正秀、黃燦輝、連栽水、王源泉、韓梏官、韓瑞南、潘清福、祥盛號、鄭此官、鄭尊榮、林雲江、林維龍、莊天維、陳亞倉、陳積善、李開興、李其生、郭登美、郭順興、郭瑞周、郭秉維、郭傳經、郭紅麟、益壽堂、楊長平、楊利本，各捐銀廿五盾；郭秀桃、郭開溪、郭紹勛、郭乞官、林發裕、陳心發、陳媽養、楊元茂、俞細弟、賴中興、潘振善、黃長庚、翁能耀、周章金、李錫室、韓再興、施柴官、施全祥，各捐銀貳十盾；郭振斗捐銀壹拾六盾；邱平遠、邱仙基、李肇春、黃碧水、黃瑞榮、施景佑、方妙興、方妙勛、林中協、林金陽、林其祉、謝國治、陳其新、陳住住、陳景淑、陳景安、郭紹體、郭賤官、郭秃官、洪芳川、張亞琪、許瑞琪、莊九章、歐天章，各捐銀十五盾；余亞體捐銀壹拾五盾四角；林永松、魏克全、顏芋棵、陳春深、陳紹棟、郭長官、郭荷美、王啓吉、潘振茂、張金鞍、張金追，各捐銀拾貳盾五角；王屋官、高清泉、施元和，各捐銀拾貳盾；新怡盛、新源泉、郭孝先、郭南都、郭集成、郭光靂、郭吾秦、郭泮汶、郭文角、林清涌、林國本、林德泰、林啓秀、林慶郁、林居安、林景興、翁賢美、張玉其、張長興、張呼官、高局官、吳寧芳、胡石官、何如贊、蔡雙喜、蔡武環、柯恩同、莊林排、莊雪官、周順良、施振祥、王鴻發、王文山、韓良吉、許六官、許萃定、鄭建立、鄭子建、郭知川、郭如浚、郭如崗、陳亞川、陳順安、陳必端、陳必軒、陳益官、陳牛官、陳亞其、陳德馨、陳卿輝、伍恩郎、黃桂林、黃中輔，各捐銀壹拾盾；蕭家森、周亞連、張金蟬、郭見禧、李份官、黃登木、吳紹賢、翁降官、鄭松堆、鄭水官、鄭長生，各捐銀七盾五角；鄭長梓捐銀六盾；林啓順、林有生、林騰鳩、林秀植、林克寧、林維英、林矮婆、翁百官、翁見官、陳成規、陳魁官、陳文進、陳朝川、陳贊榮、陳保全、陳亞煖、陳景春、陳鈿鈿、陳陽川、郭江河、郭錦盛、郭永鎮、郭登文、郭連地、郭爐財、郭杰官、郭旺火、郭苟合、郭太陽、郭添佑、關捷進、江堪瑞、江堪美、施金鉗、施煥章、施路官、施欣端、施振榮、周順利、連肇南、曾戎官、曾有義、黃寧珍、黃宜苞、鄭斗官、鄭星輝、鄭福清、鄭石步、劉國財、韓振川、韓景倫、楊興仁、楊傳佑、楊德芳、楊德全、王寶春、王萬進、王鳳三、王啓昌、邱心匏、邱平賢、許秉均、許騰霄、許金龜、許金壽、許金福、葉所官、葉清秀、林紹安、高順隆、古毓禮、吳昭隆、潘真禧、蕭顯登、温瑞通、劉秉全、柯呈祥、柯尼姑、榮盛號、余香桂、藍長壽、張泉清、孫天生，各捐銀五盾；李資厥、郭鐵牛、翁惡川，各捐銀四盾五角；張水應、王國度、黃芳春，各捐銀四盾；曾對官、王龍韜、潘泉洞、古洪恩、郭飛愷、温天來，各捐銀三盾五角；黃寅官、許漏池，各捐銀叁盾；許秉嶂、許紹良、許知母、許騰輝、邱景壽、邱福壽、潘真德、林桂芳、林大喬、林福年、林良基、林慶義、林文年、林壽椿、林開基、林金山、李溪官、李長芳、李慶雲、李極煌、李克明、李振山、鄭春東、鄭祉

寧、鄭俊成、鄭朝官、鄭仁降、鄭水附、鄭邦科、鄭芋藍、蕭番薯、郭舉才、郭五淡、郭全科、郭老賽、郭秀
珍、郭連潭、郭蔡田、郭漏海、郭便官、郭長庚、郭瑞宗、郭元竹、傅再發、邱甘密、彭明水、趙天放、連福
耀、楊長泰、關燕官、梁亞湖、張財官、張漲官、張大麥、張相德、陳心通、陳謙容、陳奇泉、陳其全、陳地
官、陳抱官、陳成端、陳長平、高開端、高元技、劉傳家、劉順乾、翁通官、蔡慨官、蔡祥元、周章朱、周澄
水、周澄溪、周建正、黃春良、黃啓泰、黃福榮、黃真是、黃景比、黃梧換，各捐銀二盾五角；蔡康泰、蔡德
官、蔡智官、沈水淀、郭福財、高天爵、張律頭、董躍官、顏沙官、林碧金、葉金龍、郭碧恭、王有陟，各捐銀
二盾；黃和尚、曾永在、韓長河，各捐銀壹盾半；周紹德、黃漢成、黃五福、楊慶容、楊振泰、楊福星、楊三
泰、楊益楝、林厥基、林萬鍾、林禮官、林慶雲、邱熊祥、高德安、余有才、鄭烏官、鄭德鳳、鄭大魁、鄭江
根、鄭抱官、鄭起官、鄭正官、韓慶贊、韓景輝、何育丑、顏成美、蘇鐵丁、張求佑、林振玉、呂蕚官、顏金
傳、俞全官、謝隆安、葉錦鋒、張慶禧、張豆醬、朱順意、王瑞茂、王寶榮、李雅珍、李玉章、甘騰騎、蔡禿
厘、陳心匏、陳士賢、陳碧良、陳心良、陳茂順、陳紅沙、郭芳英、郭近官、郭瑞禧、郭寧寧、郭五典、郭奇
雅、郭理官、郭如松、郭瑞榮、郭芳贊，各捐銀壹盾；林應官五角；江泉官五角。
光緒乙巳一九〇五年孟春月、董事高啓恩、許紀鈸、黃德興仝録石。

四五二　重建水廊頭大伯公廟碑

【碑刻名稱】重建水廊頭大伯公廟碑

【材　質】石材

【形　制】長方形立碑

【尺　寸】長一百一十八厘米、寬六十厘米

【書　體】楷書

【碑　額】鐫刻大伯公

【碑　題】重建

【碑文撰者】無

【碑文書丹】無

【立 碑 者】陳冬發、劉崇正等

【立碑時間】清光緒三十一年（一九〇五）

【存　佚】現存

【地　點】新加坡博物館

【碑刻録文】

重建

光緒廿六年歲序庚子開初送地并建廟，劉崇正、陳冬發、振潮興仝立。

兹將各捐芳名登列于左：

貳拾元：劉崇正、陳冬發、振潮興、李清流、莊景利、王金田、胡朝陽、章壬銓、章壬和、章壬榮、章甲懋；壹拾元：楊有平、周瑞龍、林登順、楊福水、王坤錡、陳德美、李建溯、錦瑞號、厚德號、豐發號、長發春、發興號；陸大元：信女蘇女；伍大元：盧文聘、王廣源、梁四海、陳桂生、陳長財、鍾存仁、王坤吉、陳龍鳳、許金祥、蔡清淵、楊福和、曾聯祥、陳碧遠、王明星、林梓興、陳長音、慶源號、勝發號、怡寶號、振隆號、巨源號、遂德號、裕興號、欣記號、文合號；肆大元：居安號。

總共捐銀玖佰肆拾貳元零四占正。

光緒叁拾壹年歲次乙巳荔夏之月念伍日吉旦。

四五三　重修海珠嶼大伯公廟捐册序碑

【碑刻名稱】重修海珠嶼大伯公廟捐册序碑

【材　質】石材

【形　制】長方形立碑

【尺　寸】長一百二十八厘米、寬五十八厘米，共兩片

【書　體】楷書

【碑　額】無

【碑　題】重修海珠嶼大伯公廟捐册序

【碑文撰者】蕉嶺湯日垣

【碑文書丹】蕉嶺湯日垣

【立 碑 者】海珠嶼大伯公廟董事等

【立碑時間】民國十年（一九二一）

【存　佚】現存

【地　點】馬來西亞檳城海珠嶼大伯公廟

【碑刻録文】

重修海珠嶼大伯公廟捐册序

南洋風景，惟檳海最佳，檳海風景，惟海珠最奇。海珠負山面海，島嶼潆洄，山則岡巒起伏，逶迤以來；海則潮汐澎湃，舟楫以往。此木玄虚所謂吐雲霓潛靈居，惟神是宅，亦祇是廬也。誰爲神祇？大伯公是。大伯公爲檳海開山之初祖，生以爲英，没以爲神。昔史公登箕山，見尚有許由墓，余至海珠亦見尚有大伯公墓。墓側立爲廟，乃我惠州、嘉應、大埔、永定、增龍五屬之僑檳者所建，以崇德報功者也。五屬人之僑於檳，身其康强，子孫逢吉，莫不奉牲奉盛奉酒醴以告曰：大伯公之默佑也。富埒陶白，貲巨程羅，又莫不奉牲奉盛奉酒醴以告曰：大伯公之庇蔭也。五屬之僑民有所獲，不自以爲功而歸功於大伯公之靈。故南洋言佛輒稱三寶太神，或云三寶，即明太監鄭和也。南洋言神，群頌大伯公。墓碑一張一丘一馬，姓而不名，統尊之曰大伯公而已。我僑檳之五屬人崇敬大伯公，封墓立廟百餘年，祀之維謹。今廟之棟宇歷有年所，爲雨所漂，爲風所摇，爲日所炙，爲蟲所蝕，不亟亟鳩工庀材，繕完葺墻，恐梁木壞無以妥神靈矣。中秋後，我五屬紳商因集福德祠，議重修海珠廟。於是舉戴領事芷汀、吴君順清爲總理，梁君德權司財政。議畢擬編捐册，囑余序一言以勸募。余以爲大伯公之著靈於檳也，不動而敬，不言而信，不賞而勸，五屬信善必同□邪！於傾解恐後，固不待勸；而徂徠之松，新甫之柏，自雲集景從而重睹新廟之奕奕也。廟貌重新，可以增輝海珠嶼之風景，并赫濯大伯公之聲靈，余序以并弁於册，將拭目以觀厥成。

中華民國十年冬月吉旦，蕉嶺湯日垣敬撰并書。

兹將五屬同人重修海珠嶼大伯公廟職芳名列左：

名譽總理：戴芷汀；正幹事員：吴順清；副幹事員：梁衍初；財政員：梁德權；查賬員：曾國華；書記員：梁繼瓊；勸捐員：戴月姑、李彩臣、廖廷均、温火蘭、徐細妹、古秀階、姚鴻泰、胡萬珍、戴子丹、李瑞德、翁三、胡亮、周譚、廖貴、李昌、冼宗。

戴芷汀壹百元；仰光胡文虎壹百元；吴順清伍拾元；萬裕興伍拾元；梁德權伍拾元；汪水祥叁拾元；饒思九、廣濟堂、夏真、黎添（下略）熊浩、廣和、新新、□章、鄭長興、新麗華、温木麟、萬生和、同文書局、陳清、長興堂、振春堂、曾北海、廣大生、新裕興、雙美、新秦生、蔡成秀，以上俱壹元。

四五四　海珠嶼大伯公廟重修碑記

【碑刻名稱】海珠嶼大伯公廟重修碑記

【材　　質】石材

【形　　制】長方形立碑

【尺　　寸】長一百三十八厘米、寬六十六厘米，共兩片

【書　　體】楷書

【碑　　額】無

【碑　　題】檳榔嶼海珠嶼大伯公廟重修碑記

【碑文撰者】鄺國祥等

【碑文書丹】無

【立 碑 者】海珠嶼大伯公廟會長、董事等

【立碑時間】一九五八

【存　　佚】現存

【地　　點】馬來西亞檳城海珠嶼大伯公廟

【碑刻録文】

檳榔嶼海珠嶼大伯公廟重修碑記

海珠嶼大伯公，吾客族先賢張、丘、馬三公也。張公居長，丘公居次，馬公年最少。三公於前清乾隆十八世紀中葉南來檳榔嶼，或爲教讀，或業鐵匠，或營炭窑，而契合金蘭，義同兄弟。居常，聚則論道勵志，出則講信修睦，厚德高風，群倫共仰。一夕，張公忽坐化石岩中，即今廟址也。丘、馬二公因葬張公于岩石之側，碑書「開山地主張公」。丘公歿，馬公葬丘公于張公墳之旁，碑書「大埔清兆進丘公墓」。嗣後英人萊特少校經營是邦，移居之民漸衆，感受張、丘二公流風遺澤之化者亦日廣。

嘉慶四年己未，公元一七九九年，胡靖公以張公羽化之岩起廟。嘉慶六年辛酉冬，鄉先輩陳澤生等以公廟香火鼎盛，而交通未暢，頂禮不易，因就市區向政府領得地段九千九百九十六方尺，建築分祠，以便市民瞻拜，此即大伯公街福德祠也。嘉慶十四年馬公歿，吾族人士復葬馬公於張、丘二公墳下，碑書：「永定福春馬府君之墓」。居民感念三公之德之義，俱以神祀之，并尊爲大伯公。

一八四三年，檳城五屬同鄉以海珠廟地面積狹小，因加購相連地區一依格又三十方尺，所有祠廟產業，均立成規。由吾惠州、嘉應、大埔、永定、增城五屬客族人士，組織董事、信理兩部負責管理，并訂每年農曆二月十六日爲大伯公誕辰。本年慶祝神誕之日，同人等咸以海珠廟宇自一八六五年、一九〇九年及一九二一年三次重修之後，今又久經風雨剥蝕，傾坍堪虞，因於一九五七年五月廿六日召開五屬代表大會，一致議決重修正廟天面暨公所屋宇，改用鋼鐵水泥建築，俾垂永遠。擇吉于農曆八月廿五日興工，至年底告成，并推舉梁繼瓊、胡觀臣、洪日光、鄧漢章、鄺國祥五君，負責撰述大伯公略歷及重修事由，鎸記于石，藉留紀念焉。

茲列善信士女樂捐芳名：

戴國良壹仟元；胡順興叁佰元；藍允旋貳佰元；藍仲友貳佰元；張育生貳佰元；劉天賜貳佰元；何良安、張奕銘、羅霖帶、杏春公司、楊紹基、仁愛堂有限公司、李義文、霖廷光、陳世□、盧良山、盧佛養、温奈筠、成裕號、張經文、曾昭敬、楊慶□、王富成、林品熙、曾□强，以上各捐壹佰元；張啓鑫五十五元；林寶華、郭處仁、謝淑□、何捷才、郝錦雲、孫榮輝、胡文珍、游高明、黃耀南、謝友才、鄧仁華、沈樹杰、陳東瑛、朱□□、林慶□，以上各捐五十元；胡錦讓三十六元；曾書卿三十五元；陳勝過、丘□史、鍾芝□、陳□□、朱晋剛、賴迪民、羅文、謝修武、羅緣明、陳勝兑、謝健文、李紹鈞、楊銘記、張香□、蕭勛林、鍾家駒、莊嚴光、何瓊淵、謝開禎、林炳祺、謝南昌、陳茂生、大華□□有限公司、鍾尊三、同善堂、洪日光、賴接祥、李時芳、李娥妹、劉二妹、熊炳昌、江□榮、□□□、盧欣琴、陳湘成、林祝章、林宛章、周紹權、楊紹棠、蔡碧生、李海琴、林□生、葉□□、胡觀臣、張梧珊、林禄怡、鍾俊雄、蔡明時、翁登秀、黃錦泉、彭桂華、劉□瑛、童□□、廖甲昌、彭鏡清、卓滿妹、陳毅定、黃月茂、江有生、張瑞春、陳訓□、陳成明、陳□輝、陳金生、沈國平、李煉秋、廖啓城、謝紹權、胡順榮、胡順源、胡中發、游紹喜、廖仲明公□、胡榆芳、林甘棠、張維豐、張永年、沈煒生、胡梓亭、江榮盛、孫庭□、林慶章、李有紹、羅國棠、謝素妹、林瑞山、游鼎祥、胡亞娣、楊順意，以上各捐三十元。

正會長：戴國良；副會長：林廷光；正司理：姚森生；副司理：何錦雲；財政：古國鈞；查數：林禄怡、陳東漢；中文書：洪日光；英文書：劉天賜；董事：陳世烈、盧□□、藍允旋、江有生、李天柱、胡□臣；一九五八年度協助董事：梁潤洲、蕭錦泉、李國賢、鍾尊三、游高明、胡慶珍、陳亮善、黃耀南、張啓鑫、鄭成剛、何松英，敬立。

公元一九五八年一月十九日，農曆丁酉年十一月三十日吉旦。

四五五　重修海珠嶼大伯公宮碑記

【碑刻名稱】重修海珠嶼大伯公宮碑記
【材　　質】石材
【形　　制】長方形立碑
【尺　　寸】長二百三十六厘米、寬九十八厘米
【書　　體】楷書
【碑　　額】雙龍朝日
【碑　　題】重修海珠嶼大伯公宮碑記
【碑文撰者】無
【碑文書丹】無
【立 碑 者】海珠嶼大伯公宮總理馮登貴等
【立碑時間】清同治四年（一八六五）
【存　　佚】現存
【地　　點】馬來西亞檳城海珠嶼大伯公宮
【碑刻録文】

重修海珠嶼大伯公宫碑記

嘗思莫爲之前，雖美弗彰，莫爲之後，雖盛弗傳，天下事大抵皆然。茲海珠嶼大伯公固粤汀都人所藉□□□爲祈福□□□□經前人創立廟宇以來，敷德澤於南邦。商賈同沾樂利□□□□□□士庶共托㠐幪，其美之彰□□□日□□□亟爲重修，則榱桷枅楹，不無撓折之患；垣墉墻壁，難免傾頽之虞。即前人締造維艱之功業，亦於是乎墮。歲在乙丑，爰集□士，僉議捐題，抒誠樂助，集衆腋以成裘，指囷解囊，藉和衷以輯美。於是相宜度地，卜吉興役。前堂則基址之仍舊，後堂則創建之鼎新。經營共慶落成。斯舉也，鳩工庀材，規模彌加以式廓，塗塈琢石，制度益增其恢宏。自茲以往，行見廟貌巍峨，神靈益顯赫濯於萬載，而貞珉永固，衆信共泐芳名於千秋。庶幾見前人既彰其美於前者，後人亦繼傳其盛於後也。豈不懿歟！是爲序。

茲將重建大伯公廟宇衆信捐銀芳名開列：

胡泰興捐銀貳百伍拾大員；胡財勛捐銀貳百大員；伍積賀捐銀壹百伍拾大員；鄭景貴捐銀壹百壹拾大員；羅元友捐銀壹百大員；邱鴻才捐銀壹百大員；鄭景勝捐銀伍拾大員；劉三和捐銀伍拾大員；胡榮勛捐銀伍拾大員；涂繼昌捐銀叁拾大員；陳亞勝捐銀貳拾伍員；羅指會捐銀貳拾大員；廖伍捐銀貳拾大員；許栳合捐銀貳拾大員；鄧勝利裝捐銀貳拾員；廣悦來公司捐銀貳拾員；瑞和隆公司捐銀貳拾員；簡帶捐銀貳拾大員；李亞繼捐銀貳拾大員；廣祥安裝捐銀貳拾員；信義和裝捐銀壹拾伍員；李乙昌捐銀壹拾伍員；羅錦蘭捐銀壹拾伍員；謝安杰捐銀壹拾伍員；李遇賢捐銀壹拾伍員；德利裝捐銀壹拾伍員；鄧謀發捐銀壹拾伍員；李興捐銀壹拾肆員；黄陳慶捐銀壹拾叁員；義合裝捐銀壹拾貳員；王什捐銀壹拾貳員；蘇品堂捐銀壹拾貳員；李宗福捐銀壹拾貳員；李春生捐銀壹拾貳

員；黃宙捐銀壹拾大員；馮登貴捐銀壹拾大員；廖京生捐銀壹拾大員；仁愛堂捐銀壹拾大員；黃鑒銘捐銀壹拾大員；陳森捐銀壹拾大員；羅廣生捐銀壹拾大員；朱寶蘭捐銀壹拾大員；樂逢春班捐銀拾大員；吳富捐銀壹拾大員；陳應祥捐銀壹拾大員；劉亞玉捐銀壹拾大員；何義壽捐銀壹拾大員；新合成捐銀壹拾大員；黃進德捐銀壹拾大員；邱辛科捐銀壹拾大員；吳興發捐銀壹拾大員；宋繼隆捐銀壹拾大員；斗生公司捐銀壹拾大員；藍亞有捐銀壹拾大員；張科捐銀壹拾大員；駱榮珍捐銀壹拾大員；陳輝捐銀壹拾大員；洪和捐銀壹拾大員；林紹基捐銀壹拾大員；管榮章捐銀壹拾大員；黃火妹捐銀壹拾大員；黃亞華捐銀壹拾大員；古亞琛捐銀壹拾大員；盧亞水捐銀壹拾大員；同勝公司捐銀壹拾大員；余維厚捐銀拾大員；郭炳隆捐銀拾大員；羅蘭秋捐銀拾大員；鍾亞松捐銀拾大員；胡承昌捐銀捌大員；金祥泰裝捐銀捌大員；鍾隆捐銀捌大員；李承發捐銀柒大員；金水安裝捐銀陸大員；新同安裝捐銀陸大員；張寬祥捐銀陸大員；梅元英捐銀陸大員；梅燦遠捐銀陸大員；同安店捐銀陸大員；徐長慶捐銀陸大員；林滿捐銀伍大員；陸金全捐銀伍大員；張龍抱捐銀伍大員；胡潘應捐銀伍大員；胡華茂捐銀伍大員；曾始宏捐銀伍大員；戴順昌捐銀伍大員；陳殿聲捐銀伍大員；余獻崇捐銀伍大員；鄧洪耀捐銀伍大員；張盤殿捐銀伍大員；傅龍光捐銀伍大員；葉忠捐銀伍大員；金恒豐捐銀伍大員；瓊順益裝捐銀伍大員；新合源當捐銀伍員；劉如茂捐銀伍大員；鮑庚姐捐銀伍大員；梅遠林捐銀伍大員；陳潤德捐銀伍大員；張觀生捐銀伍大員；何志捐銀伍大員；崔生茂捐銀伍大員；陳壬先捐銀伍大員；黃天赦捐銀伍大員；梅耀廣捐銀伍大員；羅訓長捐銀伍大員；羅記炳捐銀伍大員；郭貴清捐銀伍大員；亨利店捐銀伍大員；新福昌捐銀伍大員；林裳長捐銀伍大員；新同合捐銀伍大員；梁秋貴捐銀伍大員；溫珍捐銀伍大員；李英合捐銀伍大員；郭興隆捐銀伍大員；劉林合捐銀伍大員；鄭琳光捐銀伍大員；盧道華捐銀伍大員；張經貴捐銀伍大員；石亞富捐銀伍大員；林萬和公司捐銀伍員；新茂昌捐銀伍大員；邱新科捐銀伍大員；范三右捐銀伍大員；盧連興捐銀四員半；泗勝合裝捐銀四員；廣泗隆捐銀

四員；梅文英捐銀四員；林發深捐銀四員；黃柏璘捐銀四員；梅遠湛捐銀四員；鍾南興捐銀四員；廣義泰捐銀四員；廣勝利裝捐銀四員；陳亞香捐銀四員；廖成欽捐銀四員；張亞廣捐銀四員；胡觀俊捐銀四員；永興店捐銀四員；新廣泰捐銀四員；新同盛捐銀四員；新合德捐銀四員；吳正輝捐銀四員；永利店捐銀四員；鮑秩昌捐銀四員；鄭文捐銀四員；官群益捐銀四員；瓊釡興捐銀四員；瓊寶利捐銀四員；金長興捐銀四員；瓊豐盛裝捐銀四員；吉興裝捐銀四員；金順隆裝捐銀四員；羅有容捐銀四員；李滿合捐銀四員；邱娘度捐銀四員；梁亞戊捐銀四員；李承發捐銀四員；李亞叁捐銀四員；李興捐銀四員；李三捐銀四員；胡賜捐銀四員；李三容捐銀四員；郭記隆捐銀四員；戴福華捐銀四員；林基捐銀四員；廖明捐銀四員；朱紹安捐銀叁員；謝冉捐銀叁員；邱德盛捐銀叁員；吳滿捐銀叁員；陳菊郎捐銀叁員；曾傳玉捐銀叁員；胡懷郇捐銀叁員；游鳳新捐銀叁員；徐春振捐銀叁員；羅作達捐銀叁員；宋輝捐銀叁員；瓊廣和裝捐銀叁員；瓊興利裝捐銀叁員；瓊順興裝捐銀叁員；瓊玉利裝捐銀叁員；瓊聯就裝捐銀叁員；新福成裝捐銀叁員；新財興裝捐銀叁員；瓊隆合裝捐銀叁員；瓊合就裝捐銀叁員；林協昌裝捐銀叁員；新聯合裝捐銀叁員；新萬福裝捐銀叁員；江海裕裝捐銀叁員；卓興捐銀叁員；新合利捐銀叁員；廣綸店捐銀叁員；廣裕隆捐銀叁員；新瑞豐捐銀叁員；榮豐店捐銀叁員；新廣發捐銀叁員；悅來當捐銀叁員；梁亞扶捐銀叁員；吳文信捐銀叁員；劉祝捐銀叁員；黃成清捐銀叁員；陳貴官捐銀叁員；梁和成捐銀貳員；林軒郎捐銀貳員；黎秀捐銀貳員；管伍捐銀貳員；李辛酉捐銀貳員；林火秀捐銀貳員；戴春桃捐銀貳員；楊煥隆捐銀貳員；楊鳴捐銀貳員；順發店捐銀貳員；曾網麟捐銀貳員；陳亞君捐銀貳員；徐相吉捐銀貳員；周德榮捐銀貳員；胡拔進捐銀貳員；胡炳然捐銀貳員；廖書泰捐銀貳員；胡烟勛捐銀貳員；曾始燦捐銀貳員；胡元捷捐銀貳員；羅鐵裕捐銀貳員；羅友產捐銀貳員；羅友度捐銀貳員；謝雙龍捐銀貳員；羅湘達捐銀貳員；羅位達捐銀貳員；陳崇興捐銀貳員；胡清彥捐銀貳員；曾奕昌捐銀貳員；陳喜安捐銀貳員；周興楊捐銀貳員；蘇衍堂捐銀貳員；殷金成

捐銀貳員；彭亞烏捐銀貳員；勝利園捐銀貳員；雷朋相捐銀貳員；朱亞金捐銀貳員；姚燠郎捐銀貳員；姚喜郎捐銀貳員；徐亞貴捐銀貳員；王海捐銀貳員；張瑞捐銀貳員；羅嵩捐銀貳員；李鳳捐銀貳員；張雲兹捐銀貳員；温石化捐銀貳員；何展□捐銀貳員；鄺以□捐銀貳員；陳少郎捐銀貳員；樊禶捐銀貳員；梅遠剩捐銀貳員；梅齊長捐銀貳員；阮有才捐銀貳員；曾安捐銀貳員；黄松貫捐銀貳員；徐觀福捐銀貳員；毛翼生捐銀貳員；莒秉熙捐銀貳員；黄長捐銀貳員；王連捐銀貳員；李竈捐銀貳員；伍榮連捐銀貳員；同壽堂捐銀貳員；同和店捐銀貳員；生源店捐銀貳員；德源當捐銀貳員；新瑞泰捐銀貳員；會興店捐銀貳員；新和盛當捐銀貳員；瑞振店捐銀貳員；悦珍店捐銀貳員；錦瑞店捐銀貳員；新寶珍捐銀貳員；振茂店捐銀貳員；怡源店捐銀貳員；貴華店捐銀貳員；茂珍店捐銀貳員；同聚店捐銀貳員；陳茂鴻捐銀貳員；麗源當捐銀貳員；遠昌當捐銀貳員；新合昌當捐銀貳員；麗生當捐銀貳員；泰源當捐銀貳員；益源當捐銀貳員；大成當捐銀貳員；大源當捐銀貳員；林啓發捐銀貳員；阮仁備捐銀貳員；隆順當捐銀貳員；阮郁捐銀貳員；廣發店捐銀貳員；鄧才貴捐銀貳員；潘調和捐銀貳員；怡利店捐銀貳員；岑廷楝捐銀貳員；譚悦香捐銀貳員；廣珍店捐銀貳員；品香齋捐銀貳員；聚仙樓捐銀貳員；泗勝合裝捐銀貳員；何英偉捐銀貳員；翁順遠捐銀貳員；羅雙慶捐銀貳員；合利店捐銀貳員；盛利店捐銀貳員；合勝店捐銀貳員；陳亞富捐銀貳員；何亞泉捐銀貳員；義生□捐銀貳員；斗盛公司捐銀貳員；合隆店捐銀貳員；廣萬、吴亞、陳亞、張木、胡亮、游元清、徐九杭、楊常魁、吴梯山、雷容光、胡寶、曾南壽、王友、曾成、孫廣、朱雲秀、陳金□、金卜□、何慶福、郭□□、廖成發、劉勝合、楊□□，各捐銀壹元。

總理：馮登貴、胡泰興；經理：郭炳隆、劉三和、羅訓長、胡潘應、余獻崇、李春生、鄭景貴、黄城柏、涂繼昌、孫廣林、羅指曾、陳金養等，仝立。

同治四年歲次乙丑冬月穀旦。

四五六　海珠嶼大伯公宫福緣善慶碑

【碑刻名稱】海珠嶼大伯公宫福緣善慶碑

【材　質】石材

【形　制】長方形立碑

【尺　寸】長一百三十六厘米、寬五十八厘米

【書　體】隸書

【碑　額】雙龍朝日

【碑　題】大伯公

【碑文撰者】無

【碑文書丹】無

【立 碑 者】海珠嶼大伯公宫董事人等

【立碑時間】清同治七年（一八六八）

【存　佚】現存

【地　點】馬來西亞檳城海珠嶼大伯公宫

【碑刻録文】

大伯公

福緣善慶。

董事人鄭景貴、涂繼昌經理修飭金漆碑。

州同鄭景貴銀叁拾元、貢元涂繼昌銀貳拾元、貢元郭炳隆銀貳拾元、劉三和銀貳拾元、胡泰興銀貳拾元、宋繼龍銀貳拾元、陳元生銀貳拾元、陳九合銀貳拾元、邱財盛銀貳拾元、陳萬興銀貳拾元、李如松銀貳拾元、李遇賢銀拾伍元、郭勝合銀拾大元、李觀貴銀拾大元、徐元貴銀拾大元、李觀帶銀拾大元、蔣進邦銀拾大元、朱紹安銀拾大元、伍齊林銀拾大元、陳勝合銀拾大元、陳阿錫銀拾大元。

同治七年戊辰歲仲夏吉立。

四五七　蘭城三寶山剪除草木碑記

【碑刻名稱】蘭城三寶山剪除草木碑記
【材　質】石材
【形　制】長方形横碑
【尺　寸】長九十六厘米、寛四十五厘米，共兩片
【書　體】楷書
【碑　額】無
【碑　題】蘭城三寶山剪除草木碑記
【碑文撰者】晋江静山王雲崧
【碑文書丹】無
【立 碑 者】寶山亭董事等
【立碑時間】民國十三年（一九二四）
【存　佚】現存
【地　點】馬來西亞馬六甲寶山亭
【碑刻録文】

蘭城三寶山剪除草木碑記

晋江静山王雲崧題撰。

《詩》有之「高山仰止，景行行止」。溯夫蘭城之有三寶山，雖不若高山之巍峨，而秀麗明媚，頗爲東北諸峰之冠。其初有李爲經甲必丹大者，爲我華人之領袖，德澤施及於人民，聲名洋溢乎中外，特將是山開闢。迨至甲必丹蔡士章再行擴充廣大，以作華人瘞葬之地。方二公之愛人以德，蕩蕩乎民無能名焉。然而歷年久遠，樹木陰翳，蔓草滋生，亂雜争植，滿山皆是；致使叠叠佳城，因之以蔽障，壘壘幽宅，更難於覓尋。況乎草木之暢茂，不無禽獸之居處，苟不爲早圖，則猶未免爲行人之貽害。乃者張君長才，有鑒于此，本具隨山刊木之主義，故於大英一千九百一拾五年即中華民國之乙卯年間，慷慨解囊，輸出鉅資，僱工剪伐芟除，躬行監督。謹始慎終，弗辭勞瘁，以期如極天净之秋山。厥後呷坡諸善士，奮然興起，見義勇爲，當仁不讓，親自樂捐金錢，共相贊助。經閲四春秋乃成此善舉，其急公尚義如張君暨諸善士者，均可以風。不特我華僑群相歌頌其勛勞，即在地下之幽魂，應亦咸感盛澤及於枯骨。爰將張君之事實與夫樂捐諸公之贊襄勒諸碑上，以彰盛德，同垂不朽，是爲記。

中華民國拾叁年歲次甲子孟冬穀旦。

兹將蘭城三寶山剪除草木捐款芳名列左，以供公覽。

張長才捐銀柒仟伍佰元、薛祈安捐銀壹仟柒佰柒拾陸元、曾清秀捐銀柒佰貳拾元、寶山亭公項捐銀六佰六拾壹元、余光源捐銀壹佰捌拾元、何勝業捐銀壹佰柒拾元、曾江水捐銀壹佰陸拾元、陳恭儈捐銀九拾壹元、曾西聘捐銀九拾元、徐垂清捐銀六拾元、王清禮捐銀伍拾元、廖保先捐銀叁拾元、徐文清捐銀叁拾元、陳思禄捐銀叁拾元、孟功成捐銀叁拾元、曾玉甘捐銀叁拾元、徐香清捐銀叁拾元、吴振美捐銀貳拾元，計拾捌條共銀壹萬壹仟陸佰陸拾柒元。

中華民國拾叁年歲次甲子孟冬穀旦。

四五八　笨珍大伯公宮重建捐緣碑

【碑刻名稱】笨珍大伯公宮重建捐緣碑

【材　　質】石材

【形　　制】長方形横碑

【尺　　寸】長九十八厘米、寬五十六厘米，共兩片

【書　　體】隸書

【碑　　額】無

【碑　　題】無

【碑文撰者】無

【碑文書丹】無

【立 碑 者】大伯公宮建筑委員會

【立碑時間】一九五七

【存　　佚】現存

【地　　點】馬來西亞笨珍大伯公宮

【碑刻録文】

公曆一九五六年歲次丙申孟秋之月，爲笨珍大伯公宮重新建築廟宇。兹將建築委員會職員芳名列左：

正主席：黃衍扁；副主席：李松湖；正總務：吴紅英；副總務：洪惠壽；財政：林君衢；正文書：正發號；副文書：林奕美；正查賬：李朝慶；副查賬：丁則安；正募捐：何清萬；副募捐：韓仿元、洪子義、頭益號、林猷雙、楊亞和、再發興；監工：黃漢添、林漳興、林友成、志成號、邱華提、劉亞木；委員：公發號、黃南利、永和成、漢利號、協興號、張繼廟、吴亞興、許謙利、張全色、張文昌、柯百合、張茂發、蔡炳松、陳金枝。

信托委員會：正主席：黃衍扁；副主席：韓仿元；正總務：吴紅英；副總務：許謙利；正財政：丁則安；副財政：黃南利；委員：洪惠壽。

公曆一九五六年歲次丙申孟秋之月，爲笨珍大伯公宫重新建築廟宇。兹將各方善男信女喜緣樂捐者，凡捐上拾元者，其芳名均各録志碑上。拾元以下者，亦概逐條詳書部上，裨留永久，此啓。

黃衍扁捐肆百元、泉成黃梨園捐貳百伍拾元、林金嬌捐貳百元、南榮黃梨園捐貳百元、順成粉廊捐壹百伍拾元、李朝厥捐壹百叁拾元、建南□廊捐壹百壹拾元、陳海興捐壹百元、莊成炳捐壹百元、陳猷濟捐壹百元、公利號捐壹百元、林看祈捐壹百元、泉和號捐壹百元、再來福捐壹百元（下略）

天地和合。

主席：黃衍扁；總務：吴紅英。

一九五七年三月卅一日歲次。

四五九　五合廟重修籌募基金通興港神會碑

【碑刻名稱】五合廟重修籌募基金通興港神會碑

【材　　質】石材

【形　　制】長方形横碑

【尺　　寸】長一百八十五厘米、寬五十厘米

【書　　體】細黑體

【碑　　額】無

【碑　　題】五合廟重修籌募基金通興港神會

【碑文撰者】無

【碑文書丹】無

【立 碑 者】通興港神會

【立碑時間】二〇〇五

【存　　佚】現存

【地　　點】新加坡通興港神會（後遷入五合廟）

【碑刻録文】

五合廟重修籌募基金通興港神會

陳金發壹仟伍百元正、鍾茂雄壹仟元正、王俊杰壹仟元正、友公司壹仟元正、味香園席館壹仟元正、優聯能源集團壹仟元正、楊妙貞壹仟元正、佘利順捌百元正、和順石油氣捌百元正、陳通發伍百元正、陳威波伍百元正、張有成伍百元正、李明樺伍百元正、吳清和伍百元正、張鴻富肆百元正、張澄富肆百元正、王兆强三百元正、陳禄順三百元正、陳樹欽貳百元正、陳亞標貳百元正、陳俐腺貳百元正、陳宥互貳百元正、陳燕蓮貳百元正、陳燕寶貳百元正、陳燕美貳百元正、陳燕麗貳百元正、陳愛嬌貳百元正、陳義元貳百元正、陳熾程貳百元正、陳鎮茂貳百元正、李釵城貳百元正、李平瑜貳百元正、歐海堅貳百元正、卓益水貳百元正、林子英伍百元正、王俊成伍百元正、王愛玲伍百元正、王治子伍百元正、方巧珍伍百元正、薛振榮伍百元正、張銘富肆百元正、王麗莎肆百元正、南發酒莊三百元正、佘允楷貳百元正、佘利木貳百元正、佘承財貳百元正、佘惜銀貳百元正、余麗珍貳百元正、余淑卿貳百元正、鍾漢雄貳百元正、鍾漢成貳百元正、鍾貿丞貳百元正、鍾惜珠貳百元正、吳清香貳百元正、吳佛保貳百元正、劉炳添貳百元正、黃瑞和貳百元正、許亞荅貳百元正、楊佳淞貳百元正、通合貳百元正、多利貳百元正、洪生泰貳百元正、元香西果餅店貳百元正。

善男信女。

肆仟陸百陸拾肆元正。

重修廟宇喜敬物品芳名如下：

會議桌、辦公桌及香燭架；劉麗華、蔡豐順：電視機、VCD播放機及冷氣機；陳樹欽：油畫四幅；林子英：伯公前神彩一幅；鍾貿丞：地主及虎爺香爐。

陳仁鵬：帆布及大門對聯；吳爲國、吳爲梓、吳爲銘：天公桌、拿督公及叔伯公之石臺與燭臺；楊應欽：

四六〇　通興港廟宇重修基金捐款者芳名録碑

【碑刻名稱】通興港廟宇重修基金捐款者芳名録碑

【材　質】石材

【形　制】長方形横碑

【尺　寸】長七十厘米、寬五十厘米

【書　體】細黑體

【碑　額】無

【碑　題】通興港廟宇重修基金捐款者芳名録

【碑文撰者】無

【碑文書丹】無

【立 碑 者】通興港神會

【立碑時間】二〇〇五

【存　佚】現存

【地　點】新加坡通興港神會（後遷入五合廟）

【碑刻録文】

通興港廟宇重修基金捐款者芳名録

先賢吴得花伍仟元、先賢蔡裕英伍佰元、先賢蔡鏡湖伍佰元、先賢林炳潮貳佰伍拾元、先賢陳祥勝貳佰伍拾元、先賢佘明興貳佰元、先賢陳粉清貳佰元、先賢歐海鵬貳佰元、先賢歐炳戌貳佰元、先賢孙桂興貳佰元、先賢苏祥吉貳佰元、先賢鍾金豐貳佰元、沈光榮壹仟陆佰伍拾元、林子英壹仟貳佰捌拾捌元、李伍添伍佰元、陳桂漢伍佰元、王俊杰貳佰伍拾元、王愛玲貳佰伍拾元、王麗莎貳佰伍拾元、王俊成貳佰伍拾元、張育成貳佰伍拾元、張鴻富貳佰伍拾元、張澄富貳佰伍拾元、張銘富貳佰伍拾元、陳微波貳佰伍拾元、陳冰冰貳佰伍拾元、沈豪义貳佰伍拾元、沈雁貳佰伍拾元、楊妙貞貳佰伍拾元、郭秀珍貳佰伍拾元、吴佩婷貳佰元、吴汶轩貳佰元、陳虹欣貳佰元、陳培才貳佰元、林朝寶貳佰元、黄妙齡貳佰元、蔡高生貳佰元、柴春梅貳佰元、曾亞杏貳佰元、郭梅英貳佰元、趙漢坡貳佰元、石華亮貳佰元、羅细妹貳佰元、卢昭炎貳佰元、許元清貳佰元、孫林存貳佰元、劉麗華貳佰元。

四六一　老撾萬象中華理事會福德廟第十五屆委員會芳名牌

【碑刻名稱】老撾萬象中華理事會福德廟第十五屆委員會芳名牌
【材　　質】紙質
【形　　制】長方形立牌
【尺　　寸】長四十五厘米、寬三十二厘米
【書　　體】楷體
【碑　　額】無
【碑　　題】老撾萬象中華理事會福德廟第十五屆委員會芳名
【碑文撰者】無
【碑文書丹】無
【立　碑　者】老撾萬象中華理事會
【立碑時間】二〇一四
【存　　佚】現存
【地　　點】老撾萬象福德廟
【碑刻録文】

老撾萬象中華理事會福德廟第十五屆委員會芳名

名譽顧問：張忠麒、林振潮、林澤民、黃勵榮、蔡妙雲；顧問：林俊雄、洪世珍、張貴龍、黃澤明、林保德、張同盛、姚賓、王貴華、盧志强、劉惠卿、李龍、謝欣、許衍源、張應源、陳錫榮、陳俊耀、□□□、□□□、□□□、吴建山、陳錫榮、李世榮；名譽主任：李燕金；主任：陳復謀；副主任：陳鎮業、吴建中、江家立、陳鋭壯、陳友聲；總幹事：陳木溪；副總幹事：郭仁貴、楊瑞榮、陳毅奮；財務：謝淑娟；副財務：汶她；會計：潘偉樂；稽核：古忠慶；交際：張楚坤、張嬋珠、吴妙蘭、陳麗玲、林秀英；理事：張少華、孫巧鳳、郭玉蘭、倪惠嬌、張楚廣、□□□、吴仁義、林玉嬌、陳碧娟、□□□、□□□、□□□、□□□、温榮楷；組織主任：□□□、許衍源；萬象中華理事會理事長：李燕金。

二〇一四年五月廿二日訂。

四六二　老撾萬象福德廟樂捐銅牌

【碑刻名稱】老撾萬象福德廟樂捐銅牌

【材　質】銅材

【形　制】長方形橫牌

【尺　寸】長一百厘米、寬五十厘米

【書　體】宋體

【碑　額】無

【碑　題】第二十六屆福德廟委員會樂捐興建辦公室芳名

【碑文撰者】無

【碑文書丹】無

【立 碑 者】老撾萬象董事會

【立碑時間】二〇一六

【存　佚】現存

【地　點】老撾萬象福德廟

【碑刻録文】

第二十六届福德廟委員會樂捐興建辦公室芳名

永珍善堂紫珍閣拾貳萬泰幣、老撾—中國和平統一促進會叁萬泰幣、王勇先生拾萬泰幣、丁國江先生拾萬泰幣、陳明娟女士捌萬泰幣、高得明先生叁萬泰幣、輝華公司叁萬泰幣、周雄先生叁萬泰幣、張應源闔家貳萬泰幣、洪世珍女士貳萬泰幣、張貴龍先生壹萬泰幣、張明强先生壹萬泰幣、楊瑞錦先生壹萬泰幣、吴道江先生壹萬泰幣、趙松先生壹萬泰幣、陳俊耀先生壹萬泰幣、鄭樹浩先生壹萬泰幣、肖揚先生壹萬泰幣、張乙杰先生壹萬泰幣、邱勉龍先生壹萬泰幣、許如木先生壹萬泰幣、陳復謀闔家壹萬泰幣、龐雲飛先生壹萬泰幣、張少華先生壹萬泰幣、陳自成先生壹萬泰幣、陳文英女士壹萬泰幣、林澤民先生伍仟泰幣、李世榮先生伍仟泰幣、楊瑞榮闔家伍仟泰幣、陳錫榮先生伍仟泰幣、張楚坤先生伍仟泰幣、劉麗華女士伍仟泰幣、蔡祖霖先生伍仟泰幣、潘宗騏先生伍仟泰幣、張華寶先生伍仟泰幣、丁新嬋女士伍仟泰幣、許衍源先生壹百萬老幣、陳炳發闔家壹百萬老幣、廖金安先生壹百美金、陳木溪先生壹百美金、□□□□拾肆萬泰幣。

主任張貴龍，二零一六年十月二十九日。